FRANCIS PARKER YOCKEY

IMPERIUM

Filosofia della storia e politica

Francis Parker Yockey (1917-1960)

Francis Yockey era un filosofo americano che credeva in un'Europa unita e potente. La sua opera più importante, "Imperium", parla di come l'Europa dovrebbe essere una forza dominante nel mondo. Yockey era un sostenitore del fascismo e delle idee di destra. La sua vita fu piena di controversie e morì nel 1960 in circostanze misteriose.

IMPERIUM
Filosofia della storia e politica

Titolo originale:
IMPERIUM - *The Philosophy of History and Politics*
Pubblicato per la prima volta nel 1948

Tradotto e pubblicato da

OMNIA VERITAS LTD

www.omnia-veritas.com

Tutti i diritti riservati. Nessuna parte di questa pubblicazione può essere riprodotta con qualsiasi mezzo senza la previa autorizzazione dell'editore. Il codice della proprietà intellettuale vieta le copie o le riproduzioni per uso collettivo. Qualsiasi rappresentazione o riproduzione totale o parziale con qualsiasi mezzo, senza il consenso dell'editore, dell'autore o dei loro successori, è illegale e costituisce una violazione punita dagli articoli del Codice della proprietà intellettuale.

INTRODUZIONE **13**
PROLOGO **43**
I - LA TORRE DI GUARDIA STORICA DEL XX SECOLO **46**

PROSPETTIVA 46
   I.. *46*
   II... *49*
   III.. *53*

2. LE DUE FACCE DELLA STORIA 56
3. LA RELATIVITÀ DELLA STORIA 59
4. IL SIGNIFICATO DEI FATTI 61
5. LA MORTE DELLA VISIONE LINEARE DELLA STORIA 64
   I.. *64*
   II... *67*

6. LA STRUTTURA DEL RACCONTO 70
   I.. *70*
   II... *74*

7. PESSIMISMO 76
   I.. *76*
   II... *79*
   III.. *81*

8. LA CRISI DELLA CIVILTÀ 85
   I.. *85*
   II... *88*

9. IL DARWINISMO 91
   I.. *91*
   II... *94*
   III.. *97*

10. IL MARXISMO 100
   I.. *100*
   II... *103*
   III.. *106*

11. IL FREUDIANESIMO 108
   I.. *108*
   II... *112*

12. LA PROSPETTIVA TECNO-SCIENTIFICA GLOBALE 115

    I *115*
    II *117*
    III *120*

13. L'IMPERATIVO DEL NOSTRO TEMPO 123

    I *123*
    II *127*
    III *130*

II - LA TORRE DI GUARDIA POLITICA DEL XX SECOLO 132

1. INTRODUZIONE 132
2. LA NATURA DELLA POLITICA 134

    I *134*
    II *137*
    III *139*

3. LA SIMBIOSI GUERRA-POLITICA 141

    I *141*
    II *144*
    III *147*
    IV *150*

4. LE LEGGI DELLA TOTALITÀ E DELLA SOVRANITÀ 153
5. LO STATO PLURALISTA 156
6. UNA LEGGE DI COSTANZA DEL POTERE INTERORGANICO 158
7. LA LEGGE DELLA COSTANZA DEL POTERE INTRAORGANICO 159
8. IL PLURIVERSO POLITICO 161
9. LA LEGA DELLE NAZIONI 164
10. L'ASPETTO INTERNO DEL DIRITTO DI SOVRANITÀ 167

    I *167*
    II *170*

11. ORGANI POLITICI E GUERRA 173
12. IL DIRITTO DELLA PLENARIA POLITICA 178
13. LA LEGGE DELLA PROTEZIONE E DELL'OBBEDIENZA 181
14. L'INTERNAZIONALE 183
15. LE DUE ANTROPOLOGIE POLITICHE 188
16. IL LIBERALISMO 190

    I *190*
    II *194*
    III *198*

17. LA DEMOCRAZIA 203

    I *203*

II *206*

18. Comunismo 207
19. Associazione e dissociazione di forme di pensiero e azione 209

   I *209*
   II *214*

III - VITALISMO CULTURALE - SALUTE CULTURALE 218

1. Introduzione 218
2. L'articolazione di una cultura 220
   Tradizione e genio 229
4. Un genio e l'età della politica assoluta 231
5. Razza, popolo, nazione, Stato 233

   I *233*
   II *234*
   III *237*
   IV *240*
   V *242*
   VI *246*

6. Significato soggettivo della razza 248

   I *248*
   II *251*

IV - VITALISMO CULTURALE - PATOLOGIA CULTURALE 254

1. La patologia della cultura 254

   I *254*
   II *256*

2. Parassitismo culturale 259

   I *259*
   II *263*
   III *267*
   IV *270*
   V *273*
   VI *276*

3. Distorsione culturale 279

   I *279*
   II *283*

4. Ritardo culturale come forma di distorsione culturale 285
5. Distorsione culturale derivante dall'attività parassitaria 290

I	*290*
II	*295*
III	*300*
IV	*303*
V	*306*

V - AMERICA 310

1. INTRODUZIONE 310
2. LE ORIGINI DELL'AMERICA 311
3. IDEOLOGIA AMERICANA 314
4. LA GUERRA CIVILE, 1861-1865 320
5. PRATICA DI GOVERNANCE AMERICANA 323

    I *323*
    II *328*

6. STORIA DELL'IMPERIALISMO AMERICANO 330

    I *330*
    II *334*

7. L'IMPERIALISMO AMERICANO NELL'EPOCA DELLE GUERRE DI ANNIENTAMENTO 337

    I *337*
    II *341*
    III *344*

8. LA RIVOLUZIONE AMERICANA DEL 1933 346

    I *346*
    II *350*
    III *352*

9. PROSPETTIVA GLOBALE 353

    I *353*
    II *357*

10. L'UOMO NERO IN AMERICA 360
11. ARRETRATEZZA CULTURALE IN AMERICA 364

    I *364*
    II *367*

12. PROPAGANDA 369

    I *369*
    II *373*

13. LA DIREZIONE DEGLI AFFARI ESTERI AMERICANI DAL 1933 377

 I *377*
 II *381*
 III *383*
 IV *386*

 14. Il futuro dell'America 388

  I *388*
  II *392*

VI - LA SITUAZIONE MONDIALE 396

 1. Il mondo politico 396
 2. La prima guerra mondiale 399
 3. La seconda guerra mondiale 403
 4. Russia 408

  I *408*
  II *411*

 5. Giappone 415
 6. America 418
 7. Terrore 422
 8. L'abisso 431

  I *431*
  II *432*

 9. Imperium 434

  I *434*
  II *436*
  III *438*

ALTRI LIBRI 441

INTRODUZIONE

L'EROE DELLA SECONDA GUERRA MONDIALE

Was mich nicht umbringt, macht mich stärker (Ciò che non mi distrugge, mi rafforza) NIETZSCHE

Nell'oscurità, riuscivo a scorgere la sagoma di quest'uomo, questo strano uomo solitario, attraverso lo spesso filo di ferro. Dentro di me, maledissi la pesante recinzione che impediva il nostro incontro faccia a faccia. Infatti, sebbene il nostro comune ospite fosse il carcere della contea di San Francisco e l'uomo che stavo visitando fosse rinchiuso al pari di ladruncoli e criminali, mi resi conto di essere in presenza di una grande figura e di sentire la Storia davanti a me.

Ieri i titoli dei giornali sono esplosi per la sua sensazionale scoperta. "L'uomo misterioso con tre passaporti è stato imprigionato qui", hanno annunciato. Un uomo misterioso - malvagio - era stato catturato. Un uomo abituato ad azioni oscure e - cosa ben più grave - anche a pensieri proibiti, hanno titolato i giornalisti. Un uomo che aveva attraversato la terra in missioni misteriose e che era stato ritenuto così pericoloso che la sua cauzione era stata fissata a 50.000 dollari, da dieci a venti volte la somma normale per la frode di passaporti. L'eccitazione dei giornali e il mistero che circondava il caso sembravano indicare che questo desperado fosse un gangster internazionale o un agente comunista di primo piano.

Almeno, questo è ciò che i giornali lasciavano intendere. Ma ora so che questa "stampa libera" ha sbagliato molte cose.

Ora so che l'unico vero crimine di Francis Parker Yockey è stato quello di scrivere un libro, e per questo deve morire.

È quasi sempre impossibile cogliere l'essenza della grandezza. Ci sono i fatti noti di una grande vita, ma i fatti sono inanimati e praticamente muti quando cerchiamo la realtà essenziale di una personalità creativa. Ma passiamo in rassegna alcuni dei fatti che conosciamo di una vita che è allo stesso tempo significativa, affascinante e tragica.

Francis Parker Yockey è nato a Chicago nel 1917. Ha frequentato le università americane, conseguendo il Bachelor of Arts nel 1938 e, tre anni dopo, la laurea in legge presso Notre Dame, dove si è laureato con lode.

Fin dall'infanzia Yockey si fece notare per il suo talento prodigioso, che suscitò il risentimento di molti. La storia rivela che la combinazione di originalità e alta intelligenza in pochi individui è essenziale per il progresso umano, ma noi mortali ammiriamo queste qualità più nelle biografie che nei compagni di classe, negli amici o nei sottoposti.

Yockey era un pianista di livello concertistico, ma anche uno scrittore di talento. Studiò le lingue e divenne un linguista. Come avvocato, non perse mai una causa. Aveva una straordinaria conoscenza del mondo della finanza... il che è sorprendente, perché sappiamo che nella sua filosofia l'economia è relegata in una posizione relativamente poco importante. È proprio come filosofo che Yockey è salito al vertice e sarà ricordato come tale; era un uomo di incredibile lungimiranza. Inoltre, la sua personalità era completata dal prezioso dono del senso dell'umorismo.

Come la stragrande maggioranza degli americani, Yockey si oppose all'intervento degli Stati Uniti nella Seconda guerra mondiale. Tuttavia, si arruolò nell'esercito e prestò servizio fino al 1942, dove ricevette un congedo medico onorevole. Negli anni successivi si dedicò alla pratica della sua carriera, prima in Illinois e poi a Detroit, dove fu nominato assistente del procuratore della contea di Wayne, nel Michigan.

Nel 1946, a Yockey fu offerto un lavoro presso il Tribunale per i crimini di guerra e fu inviato in Europa, in particolare a Wiesbaden, dove i nazisti di "seconda linea" dovevano essere processati e puniti. Nel 1946 l'Europa era un continente devastato dalla guerra, non la terra prospera che conosciamo oggi. Contemplando il massacro e vedendo con i propri occhi gli effetti del turpe Piano Morgenthau, il cui scopo era l'affamamento di trenta milioni di tedeschi e che si stava attuando in quel periodo, deve essersi sentito sicuramente rafforzato nella sua convinzione che l'entrata in guerra dell'America fosse stata un terribile errore. E sentendo la forza del sinistro potere dell'Est, si sarà probabilmente chiesto quali interessi tutelati da una simile "vittoria".

Come il senatore Robert A. Taft e molti altri uomini dell'epoca che ebbero il coraggio di dichiarare le proprie convinzioni, Yockey giunse alla conclusione che l'intera procedura dei "Processi per crimini di guerra" serviva gli interessi - ed era stata creata per servire gli interessi - del comunismo internazionale. L'uso della tortura, la falsificazione delle prove e l'uso di leggi ex-post-facto davanti a un tribunale che era giudice, giuria, pubblico ministero e difesa tutti insieme costituivano solo una parte delle assurdità legali. Ancora più importante era il ritorno alla barbarie insito in quello spettacolo: un ritorno così sottilmente esplorato più tardi dal britannico F.J.P. Véale in "Advance to Barbarism".

Per undici mesi, il lavoro di Yockey a Wiesbaden consistette nella preparazione di rapporti su vari casi. Avendo una conoscenza approfondita della storia, cercava di fare un lavoro obiettivo. Alla fine, a Washington, qualcuno si lamentò e lui fu chiamato dal suo diretto superiore: "Non vogliamo questo tipo di rapporti", gli fu detto. "I tuoi hanno un taglio sbagliato. Dovrai riscriverli in linea con la visione ufficiale".

Yockey sentì che era giunto il momento di prendere una decisione, anche se ciò significava rompere con il conformismo e immergersi nelle acque solitarie dell'ostracismo sociale. "Sono un avvocato, non un giornalista", disse, "dovrete scrivere la vostra propaganda"; e si dimise all'istante.

Dopo l'incidente di Wiesbaden, tornò in America dove rimase per cinque mesi. Ma secondo il gusto della Weltpolitik non riuscì a stabilirsi definitivamente. Non riusciva a liberarsi dall'insistente sensazione di doversi immolare nelle fiamme della controversia. Questa convinzione turbava talmente la sua mente che si rese conto di non avere altra scelta.

Alla fine del 1947 Yockey tornò in Europa. Si stabilì in una tranquilla locanda a Brittas Bay, in Irlanda. Isolato, concentrato su se stesso, iniziò a scrivere e in sei mesi - lavorando senza appunti - Francis Parker Yockey completò Imperium.

Il passo successivo fu il formidabile compito di pubblicarlo. Anche in questo caso Yockey dovette affrontare seri problemi, perché nessun editore voleva avere a che fare con il libro, ritenendolo troppo "controverso". Gli affamati editori dei nostri tempi avanzati sanno che qualsiasi mucchio di spazzatura, sporcizia, sesso, sadismo, perversione e follia venderà se viene avvolto tra due copertine sgargianti e gli viene dato il nome di libro, ma sanno anche che in nessun caso dovrebbero permettere ai lettori di entrare in contatto con un'opera seria a meno che non contenga gli accessori standard per le rivendicazioni di uguaglianza, democrazia e fratellanza universale.

Alla fine, però, Yockey riuscì a ottenere i finanziamenti necessari e il libro fu realizzato. La prima edizione di "IMPERIUM" è stata prodotta in due volumi. Il primo volume è composto da 405 pagine e tre capitoli. Il volume II era composto da 280 pagine e tre capitoli. Entrambi furono pubblicati nel 1948 sotto il nome di Westropa Press. Il primo volume è stato pubblicato da C. A. Brooks & Co. Ltd. e il secondo da Jones & Dale, entrambi di Londra. I due volumi misurano 5 x 7,5 pollici e hanno una copertina rossa con il titolo scritto in nero su sfondo bianco.

Si sa che furono completate solo 1.000 copie del primo volume e 200 del secondo. La discrepanza nella quantità e il cambio di editore sembrano indicare che ci furono difficoltà nel finanziare l'edizione. Le copie della prima edizione sono, ovviamente, oggi introvabili.

La combinazione più rara che si possa verificare in un uomo è quella tra il filosofo e l'uomo d'azione. Quando Yockey volle fondare un'organizzazione politica, dimostrò di non essere un'eccezione alla regola.... O forse non era ancora giunto il momento di dare vita a un movimento costruttivo? Nell'organizzare il Fronte di Liberazione Europeo nel 1949, lui e i suoi amici lanciarono un manifesto chiamato "The London Proclamation". Ma, a parte essere picchiati a Hyde Park, non ottennero altro. E anche in questo caso si scontrò con il vecchio problema. Anche tra i penetranti intellettuali e individualisti che erano i suoi compagni, la sua brillantezza brillava troppo. Era invidiato e lo sforzo era sprecato.

Avendo esaurito il suo denaro e le sue speranze immediate, Yockey accettò un lavoro con la Croce Rossa. Si dimette nel 1951 e viaggia per l'Europa.

Nel 1952, il Dipartimento di Stato rifiutò di rinnovare il suo passaporto. Egli ne fece ripetutamente richiesta, ma ogni volta gli fu negato. Iniziò così una partita tra l'FBI e Yockey, che aveva ricevuto l'ordine di tenerlo sempre sotto sorveglianza. Questa è una regola che da allora è stata applicata agli anticomunisti convinti in tutti gli Stati Uniti, soprattutto nel Sud. Quando si sapeva dove si trovava Yockey, l'FBI lo sorvegliava giorno e notte. Quando riusciva a sparire temporaneamente, come spesso accadeva, i suoi amici, parenti e conoscenti venivano costantemente interrogati dagli agenti che, sostenevano, "volevano solo parlare con lui".

E questa era senza dubbio la verità. Non volevano altro. Volevano sapere dov'era, cosa faceva, chi vedeva, cosa diceva e dove sarebbe andato.

Perché tutto questo interesse per l'autore Francis Parker Yockey? La risposta l'ha fornita lui stesso a un amico. "I miei nemici mi hanno valutato meglio dei miei amici", disse, ed era vero.

Mentre scrutavo attraverso le spesse sbarre della prigione di San Francisco e intravedevo la forma indefinita che indugiava dall'altra parte, quel 10 giugno 1960, mi resi conto che dovevo aiutare il prigioniero il più possibile. Non potevo fare altro.

Ho letto il tuo libro, ho detto all'ombra, e voglio aiutarti. Cosa posso fare?

Aspettate, ha detto. Aspettate e agite secondo coscienza". Nella settimana successiva ci furono molte notizie sull'apparizione di Yockey davanti al rabbino Joseph Karesh, il commissario degli Stati Uniti.

Ho assistito all'udienza due volte ed entrambe le volte sono rimasto affascinato da quest'uomo, Yockey. La sua altezza approssimativa era di un metro e sessantacinque centimetri; era magro, doveva pesare circa 145 chili, e agile. I suoi capelli erano neri e cominciavano a diventare grigi. Ma ciò che era indimenticabile era l'espressione del suo volto: riflessiva, sensibile, magnetica. Credo siano stati i suoi occhi. Scuri, che denotavano un'intelligenza rapida e profonda. I suoi occhi - sembravano rivelare grandi segreti, conoscenza e una terribile tristezza. In un'occasione, mentre si alzava per tornare nella sua cella, i suoi occhi scrutarono velocemente la stanza, fissando, disperati, anche se quell'espressione di decisa rassegnazione non lasciava mai il suo volto. Cosa cercava? Cos'altro poteva essere, in quella fossa di leoni, se non un'espressione amichevole? Ricordo che il suo sguardo si fermò su di me e, in una frazione di secondo, mi parlò con gli occhi. In quell'istante capii che non l'avrei mai lasciato.

Un venerdì mattina, il 17 giugno, mi svegliai come al solito. Ho sentito lo speaker della radio pronunciare parole che mi hanno stupito.

Yockey era morto.

"Dormirò ininterrottamente fino a domani" era il messaggio criptico che aveva lasciato al suo compagno di cella la sua ultima notte. Era la mattina che annunciava l'alba di una nuova era?

Fu trovato un biglietto accartocciato. Il medico legale dichiarò che si trattava di un suicidio e che il veleno usato era cianuro di potassio. Nessuno sapeva dove avesse potuto procurarselo. Il caso fu archiviato.

Come americani, fin dall'infanzia ci è stato insegnato a credere che viviamo in un Paese libero. Ma i tempi cambiano e l'America si è trasformata in molti modi. Spesso le vecchie formalità vengono rispettate, ma il significato e la realtà interna dell'America sono cambiati, e nessuno lo ha visto più chiaramente di Francis Parker Yockey. Prendiamo, ad esempio, il modo in cui la stampa ama vantarsi con le sue vittime - i suoi lettori - della sua libertà. Sì, la stampa può essere libera di mentire, travisare, omettere, fuorviare e calunniare, ma è libera di dire la verità?

Lo spettacolo di un uomo perseguitato, calunniato e indotto a morte solo perché ha scritto un libro non è quello che ci si aspetterebbe di vedere, a metà del XX secolo, nella terra dei liberi e nella patria dei coraggiosi.

Ma possiamo considerarci liberi quando a un cittadino americano, il cui unico crimine è stato quello di scrivere un libro, viene negato il passaporto dal Dipartimento di Stato, un privilegio che viene negato solo ai più noti degenerati e criminali? Solo il 24 aprile 1962 il Dipartimento di Stato decise di avviare un'inchiesta sul rifiuto dei passaporti ai più importanti agenti comunisti... ma la "libera stampa" curiosamente trascurò di dire che i rapporti di natura confidenziale provenienti dall'FBI o da qualsiasi altra agenzia non sarebbero stati usati contro un comunista a meno che non gli fosse stato concesso il "diritto" di confrontarsi con il suo accusatore. E, naturalmente, il diritto di appello, anche in questo caso, sarebbe stato scrupolosamente rispettato.

Siamo liberi quando un cittadino può essere arrestato senza un mandato e tenuto in prigione senza alcuna accusa a suo carico, e con la fantastica cauzione di 50.000 dollari?

Siamo liberi quando gli avvoltoi della "libera stampa" possono piombare sulla vittima e scagliarle addosso cumuli di calunnie e rifiuti, accusandola di aver fatto cose che non ha mai fatto o di aver detto cose che non ha mai detto per creare una "opinione pubblica" contro di lui? L'America può essere definita un paese libero quando un genio sensibile può essere gettato nella più lurida delle prigioni in compagnia di criminali bianchi e neri e gli vengono negati persino i vestiti puliti e il bagno? Siamo liberi quando a un tale "criminale" non è nemmeno permesso di incontrare le sue sorelle in privato, e quando un gruppo che si suppone sia stato costituito per difendere i diritti costituzionali dei cittadini - l'American Civil Liberties Union - preferisce difendere i "diritti" degli omosessuali, dei traditori, degli assassini e dei pornografi piuttosto che quelli di un sincero patriota come Francis Parker Yockey, i cui pensieri e sforzi sono stati dedicati ai suoi compatrioti? Siamo liberi, chiedo, quando un giudice può decidere che un prigioniero non deve avere un "processo rapido e pubblico da parte di una giuria imparziale..." come garantito dalla Carta dei Diritti, ma deve essere sottoposto a un esame mentale con l'ovvio scopo di sopprimere il processo con giuria? E, infine, siamo liberi quando un altro gruppo, molto più potente dell'Unione Americana per le Libertà Civili o del Governo stesso, così potente che la gente non osa pronunciare il suo nome ad alta voce se non in termini di elogio più servile, siamo liberi quando questa fazione può dettare al Governo la procedura da seguire per eliminare elementi scomodi come Francis Parker Yockey? Se cose come quelle che ho elencato possono accadere - e sono accadute - allora la nostra decantata "libertà" è uno sproloquio; una parola vuota che ci viene data dai nostri astuti vigilanti per tenerci felici e tranquilli, nello stesso modo in cui un padre dà un brillante gingillo al suo bambino.

È istruttivo analizzare i metodi utilizzati dai nostri padroni per combattere le idee e i movimenti positivi. Esiste una norma in queste tattiche, che le forze costruttive farebbero bene a studiare. La prima tattica è la soppressione e il fermo non riconoscimento del ribelle e delle sue opere. La stampa applicherà all'unanimità il noto "trattamento del silenzio". Anche in questa fase iniziale, se il movimento promette di consolidarsi, si prende in considerazione la possibilità di un assassinio, da attuare se necessario. L'assassinio del giovane Newton Armstrong Jr. a San Diego, la notte del 31 marzo 1962, è un caso emblematico. Attingiamo dal libro di Che Guevara sulle tattiche di guerriglia e sulla questione di quando sia necessario ricorrere all'assassinio:

"È generalmente contrario alla politica del Partito Comunista ricorrere all'assassinio.... Tuttavia, sono necessari due criteri e una decisione politica ..... I criteri per l'individuo in questione sono che deve essere altamente efficace e che la sua esecuzione deve essere d'esempio".

La tattica successiva è quella di screditare diffamazione, il travisamento, l'inganno e la semina di confusione, ove possibile. Una campagna negativa di discredito può essere per distruggere l'efficacia di un nemico, o una campagna positiva volta a mascherare la verità per consentire lo sviluppo di un movimento sovversivo. La falsificazione della verità su Castro, letteralmente coccolato da tutta la stampa e, naturalmente, dal Dipartimento di Stato, ne è un classico esempio. Di solito inizia sotto forma una campagna sotterranea di sussurri che si trasforma progressivamente in una campagna aperta quando interviene la "stampa libera".

L'obiettivo è isolare i nemici dell'attuale regime e screditarli. La terza tattica è l'infiltrazione di agenti nel movimento fino a dargli una falsa direzione per sabotarlo al momento giusto, mentre le energie dei patrioti vengono indirizzate verso attività controllate o sicure. La quarta e ultima fase viene utilizzata solo come ultima risorsa quando il movimento o la filosofia si sono istituzionalizzati e sono immuni da tattiche più crude. (È interessante notare che le filosofie contrastanti di Gesù Cristo e di Friedrich Nietzsche hanno sofferto di questa interpretazione mortale). Due o più delle suddette manovre sono comunemente utilizzate contemporaneamente. Ad esempio, oltre alla soppressione del suo "*Imperium*", Yockey fu vittima di una campagna diffamatoria; rischiò anche di essere assassinato e la sua fine enigmatica risolse il problema. Ora non bisogna essere profeti per prevedere che l'attuale ripubblicazione della sua opera avrà le stesse conseguenze.

Come si può sopportare l'assurdità cinica o ignorante dei liberali quando si lamentano della "libertà di parola" e del "diritto al dissenso" e agitano i pugni contro il "conformismo" e tutti i suoi giochi di prestigio, quando si sa che questi paralitici morali dall'etica perversa rivendicano le loro peculiari libertà solo per coloro che lavorano per la distruzione dell'Occidente? Abbiamo già visto l'atteggiamento che adottano quando coloro che si dedicano alla difesa dell'Occidente hanno bisogno del loro aiuto.

Un vecchio giornalista sensibile sussurrò a una delle sorelle di Yockey che, silenziosa e piangente, stava sprofondando nella sua solitudine. "Tuo fratello è un martire, il primo di una lunga lista... se vogliamo riconquistare il nostro Paese da coloro che ce lo hanno rubato".

Un sorprendente epilogo del caso Yockey si ebbe poche settimane dopo la sua morte. Improvvisamente, inspiegabilmente, l'uomo che era stato incaricato di rinchiudere Yockey in manicomio, il Procuratore degli Stati , si dimise, abbandonò moglie e figli ed entrò in un monastero.

Ammettiamo che almeno un devoto servitore della democrazia abbia una coscienza, anche se l'ha espressa un po' tardi.

Permettetemi di esporvi le mie idee in modo da non dare adito a fraintendimenti. Sono favorevole alla sopravvivenza del nostro organismo culturale occidentale. Amo coloro che lottano per l'integrità dell'Occidente, chiunque essi siano. E per quanto io tema e diffidi dei nemici esterni dell'Occidente, disprezzo ancora di più i nemici interni e i vigliacchi che li aiutano... e odio la loro putrida dottrina che battezza come inevitabile il nostro continuo degrado.

Inoltre, credo che l'Occidente possa sopravvivere. Tutto dipende dalla fede: fede nel nostro futuro, fede nella nostra superiorità e sopravvivenza. Scetticismo, sofisticazione, cosmopolitismo e cinismo hanno distrutto la vecchia fede, che non è stata sostituita da una nuova. Ma la fede è e sarà sempre l'ingrediente essenziale di qualsiasi forza storica. Solo una fede unificante può fornire il motivo comune di sopravvivenza - la giusta e profonda convinzione del nostro diritto alla vita - e illuminare la forza intollerante che può pulire e redimere il nostro ambiente in decadenza e in decomposizione. Semplicemente: l'imperativo di ispirare la fede è la questione cruciale del nostro tempo.

E quando dico "sopravvivere", intendo proprio questo. Perché siamo andati così lontano; le nostre filosofie, le nostre libertà e i nostri moduli culturali sono così pervertiti o erosi, che la mera sopravvivenza è tutto ciò che è possibile. Intendo dire che chi deve salvare l'Occidente deve rendersi conto, fin dall'inizio, di ciò che può essere salvato; che molto dovrà essere sacrificato e che la struttura che ne risulterà sarà diversa da quelle del passato. Chi ci ha preceduto ha permesso che i densi "venti del cambiamento" corrodessero la vecchia vita, e sono sorte molte tare che non possono essere eliminate del tutto. Una cosa è combattere per un ideale raggiungibile, un'altra è sacrificarsi per una causa persa. Ci vuole una filosofia della storia per determinare ciò che è realizzabile e ciò che è perduto per sempre.

E mentre il nostro compito è quello di ricostruire, non dobbiamo perdere di vista la realtà, perché non possiamo costruire finché non abbiamo conquistato. Il potere politico è il criterio essenziale, non le illusioni o i ciarlatani, e all'obiettivo del potere politico deve essere temporaneamente sacrificato tutto il resto. Fare altrimenti significa assicurarsi la sconfitta. Chi si trova a bordo di una nave che rischia di affondare in una tempesta può essere costretto a gettare in mare tutto ciò che possiede, se questo è necessario per la sopravvivenza comune. Oppure, per usare un'altra immagine: coloro che guidano l'Occidente verso lo Stige e lontano dalle tenebre devono prima attraversare le porte dell'Inferno.

Il problema pratico della riconquista del potere politico è duplice. Da un lato, è possibile formulare un'etica e una fede che, di per sé, offrano un fascino popolare almeno pari a quello della menzogna dipinta da Marx? Dall'altro lato, come possono coloro che guiderebbero naturalmente un tale movimento competere con il satanismo operativo leninista troppo sviluppato nella giungla selvaggia della lotta politica? È necessario? Dopo tutto, il complotto che abbiamo di fronte è un mostro orrendo sviluppato dopo quattro millenni di esperienza nell'impostura e nell'inganno, al punto che, di fatto, il suo principale alleato è sempre stato l'ottusa cecità di coloro di cui è preda. "Combattere", per un occidentale, significa proiettili, eserciti e navi da guerra. Ma per il nostro nemico le guerre internazionali hanno poco significato; "combattere", per lui, non significa guerra, ma politica, e in base a tale concezione ha affinato le sue armi in questo ambito di decisione finale. I soldati non sono mai stati buoni politici e, per la natura stessa dei loro rispettivi uffici, il soldato deve sempre perdere contro il politico.

Infine, nel formulare questa dottrina, dobbiamo chiederci: sarà in grado di sradicare i mali e i disturbi socio-politici del nostro tempo e di condurre l'umanità verso un mondo migliore?

Con questo criterio, e con nessun altro, dobbiamo giudicare l'opera di Francis Parker Yockey.

Abbandonare la ricerca di un tale concetto di etica significa abbandonare la storia come fanno i nichilisti intellettuali e spirituali: i liberali e i beatnik. Abbandonare la ricerca significa dare carta bianca al nemico per controllare le nostre vite, le nostre anime, i nostri destini.

L'incapacità di affrontare questa filosofia non può essere attribuita solo ai parassiti che vivono tra noi. Non è nemmeno colpa del camaleontico nemico all'interno dell'Occidente (il Culture Faker, per usare l'azzeccata espressione di Yockey) che insegue spietatamente tutti coloro che osano parlare contro il nostro rapido decadimento e la nostra degenerazione; anzi, è soprattutto colpa delle molte migliaia di persone che sanno qual è la posta in gioco e non hanno il coraggio morale di identificare il Culture Faker e combatterlo; o, peggio ancora, che sono riusciti, grazie a una diligente auto-persuasione, a convincersi che la battaglia per la sopravvivenza contro un nemico che non chiede altro che la resa totale possa essere combattuta, e vinta, da società esentasse, da parole misurate e "moderate" e dalla repressione degli "estremisti". Questi squisiti combattenti pullulano sui gruppi anticomunisti come formiche sullo zucchero. Con stridenti proclami anticomunisti corrompono le loro coscienze per vegetare in pace, e a volte arrivano persino ad accompagnare moralmente la crocifissione dei pochi che hanno coraggio morale. L'America ha troppi anticomunisti di questo tipo e pochi veri patrioti.

In "Imperium" ci sono molte cose che possono essere facilmente fraintese. C'è qualcosa con cui tutti saranno d'accordo. E c'è qualcosa con cui tutti non saranno d'accordo. Questa è una caratteristica di ogni inizio veramente vitale e rivoluzionario.

Il giudizio critico di Yockey sul darwinismo è un esempio della prima possibilità, e va tenuto presente che si riferisce al darwinismo giornalistico, non alla teoria dell'evoluzione. Qualcosa di simile vale per l'uso della parola "razza". Sarebbe stato utile per chiarire i concetti se fosse stata usata un'altra parola, che potrebbe essere "nobiltà", per descrivere coloro che sentono l'Imperativo del Tempo, perché l'interpretazione genetica della razza è necessaria, utile e valida, se vogliamo contemplare i nostri problemi in modo chiaro e accurato. Inoltre, Yockey cita alcuni test di dubbio valore quando afferma che i figli degli immigrati americani hanno misure antropologiche completamente diverse dai loro genitori. Indubbiamente c'è del vero in questo; ci sono differenze somatiche causate dalla dieta e dal clima, ma tali conclusioni possono condurci nel regno del lysenkoismo se non usiamo molta cautela. Trofim Lysenko è il ciarlatano e sommo sacerdote comunista russo che ha "dimostrato" con un gioco di prestigio che l'ambiente, e non l'eredità genetica, crea l'uomo. Questa teoria è la fallacia di base su cui poggia l'intera teoria comunista dell'uomo, anche se pochi se ne rendono conto. Ma l'ereditarietà è una questione di geni e i geni non cambiano mai se non per mutazione, a meno che geni di un tipo (razza) non si mescolino con geni di un altro tipo (razza). Uno dei migliori libri su questo argomento è "Evolution, Marxist Biology and the Social Scene" del Dr. Conway Zirkle. L'evoluzione, la biologia e l'eredità genetica devono essere trattate come questioni di fatto e qualsiasi teoria che punti al futuro deve farci i conti.

L'uso della parola "autorità" da parte di Yockey può essere fonte di fraintendimenti. Occorre ricordare che l'individuo godeva di molta più libertà sotto i monarchi europei che nell'America di oggi. I dubbiosi dovrebbero familiarizzare con Edmund Burke, Thomas Carlyle, Herbert Spencer e la recente opera di Otto von Habsburg "L'ordine sociale di domani". È chiaro che per "autorità Yockey non intende una sorta di collettivismo di stampo marxista".

Alcuni lettori hanno sollevato la questione dell'apparente anti-russismo di Yockey, che deve essere chiarita. Nelle opere successive Yockey chiarì le sue opinioni sulla

Russia; infatti, alcuni dei suoi carcerieri lo definirono "antiamericano e filorusso" durante il suo processo a San Francisco. Sebbene tale insulto sia stato pronunciato per il consumo dei lettori creduloni dei giornali, esso indica che alcuni dei suoi scritti successivi potrebbero essere interpretati erroneamente come filo-russi, così come "Imperium" mostra un atteggiamento anti-russo. Naturalmente, Yockey non era né filorusso né antirusso; ciò che lo preoccupava era la salute e la continuità dell'Occidente, e la sua visione del resto del mondo era sempre soggettiva in relazione a ciò che considerava in linea con gli interessi superiori dell'Occidente in quel momento.

Le accuse di "antisemitismo" - a meno che non si consideri tale il semplice fatto di avere una mentalità aperta sulla questione ebraica - meritano la stessa interpretazione. Il fatto che sia stato arrestato a casa di un amico ebreo - anche se questo amico lo ha poi rinnegato - è abbastanza istruttivo.

Si potrebbero commentare decine di pensieri e concetti brillanti esposti in "Imperium", come, ad esempio, la sua relegazione dell'economia al suo giusto livello organico, cioè all'apparato digerente. La sua difesa dell'unificazione europea, molto prima che quell'idea facesse progressi, è un esempio significativo. È forse una prova della sua affermazione che le cose che oggi sono considerate "estremismi" sono i dogmi di domani; il genio vive nel futuro, come dice lui, e mentre un tempo era considerato solo un po' "strano" dai suoi contemporanei, e veniva evitato o tollerato (a meno che, naturalmente, non incorresse nella giusta ira della Chiesa, nel qual caso le cose potevano diventare molto spiacevoli per lui) oggi il freudianesimo moderno lo dichiara malato di mente e indegno delle antiche protezioni della legge; e questo è sicuramente un indice del "progresso" che abbiamo fatto in mille anni.

Va notato il significato dello pseudonimo scelto da Yockey per l'autore di "Imperium", Ulick Varange. Ulick è un nome irlandese, derivato dal danese, e significa "ricompensa della mente". Varange, naturalmente, si riferisce ai Varangiani, quelle bande di eroi norreni che, sotto Rurik e su invito degli Slavi, civilizzarono la Russia nel IX secolo, costruirono lo Stato imperiale russo e formarono l'elegante e dotata aristocrazia russa fino a quando non furono massacrati dai bolscevichi, insieme ad altri venti milioni di cristiani e musulmani. Il nome, quindi, tratto dalle estremità occidentali e orientali dell'Europa, sta a significare un'Europa unita "dai promontori rocciosi della Galway agli Urali", come lui stesso esortava. Il cognome

Varange, infine, indica l'origine occidentale della Russia storica.

"Imperium" non è - per citare ancora l'autore - un libro, nel senso che presenta un argomento. È profetico, è l'opera di un veggente intuitivo. Per questo motivo, in "Imperium" non troverete né bibliografia né note a piè di pagina, nonostante l'autore fosse ovviamente un lettore incallito. Ed è profetico non solo in senso storico, perché Yockey pensava forse a se stesso e prevedeva la propria fine quando diceva che i profeti di una nuova era spesso muoiono di morte innaturale? Due volte svela questo pensiero: prima nel capitolo su "L'articolazione di una cultura" e poi in "Genio".

Un altro fatto interessante e misterioso del manoscritto completato a Brittas Bay, che ora tenete tra le mani, è che ha una chiave che permette di decifrare il nome dell'autore se si scopre il codice segreto. In questo modo, la questione dell'autenticità che viene sempre sollevata su una grande opera dopo la morte dell'autore non potrà mai essere sollevata con "Imperium".

È importante cercare le origini della filosofia di Yockey, perché siamo tutti obbligati a costruire su ciò che hanno fatto coloro che ci hanno preceduto e a vedere chiaramente che il passato significa comprendere meglio il presente. Con più esagerazione che precisione, Yockey afferma: "Non c'è nulla di originale nel contenuto di questo libro".

La conoscenza di Oswald Spengler è fondamentale per comprendere Yockey; si può infatti affermare che Imperium è di fatto il seguito del monumentale Declino dell'Occidente di Spengler. Spengler, naturalmente, è una persona non grata per gli "intellettuali" alla moda, per ragioni che sono ovvie per i lettori di Decadence, quindi questa resurrezione della sua influenza - una resurrezione inevitabile, aggiungerei - era destinata a sconvolgere le tenere menti dei beatniks, dei liberali e dei comunisti che hanno allattato a lungo alla mammella secca del conformismo storico. Questi bambini intellettuali sono sempre pronti ad assicurarci che Spengler è "superato", una delle loro armi semantiche preferite, comunemente usata quando vogliono evitare discussioni su alternative e fatti.

Ma Oswald Spengler, "il filosofo del XX secolo", come lo definisce Yockey in compagnia di Gregor Mendel, Thomas Malthus e Charles Darwin, ci ha mostrato il modello del mondo di ieri e la sua forma nel futuro, nel bene e nel male. Ognuno di questi giganti è fondamentale nel proprio campo di studi, e studiare la storia e rifiutare Spengler è stupido come studiare le malattie e rifiutare la teoria dei germi, o studiare la matematica e rifiutare i numeri. I patetici nichilisti intellettuali, i materialisti, gli egualitari e i "benpensanti" possono abbaiare, abbaiare alle calcagna di Spengler fino a diventare rauchi, ma la Storia non li sente.

"Così Spengler inizia "Decadenza", e continua con due densi volumi di deliziose e profonde escursioni nella storia del mondo, nella guerra, nella filosofia, nella poesia, nella musica, nell'arte, nella politica, nella religione, persino nella matematica.

Forse la migliore sintesi di Spengler - se una cosa del genere può essere concepita - è stata fatta da Egon Friedell nella sua "Storia culturale dell'età moderna", un'opera in tre volumi di cui, tra l'altro, Yockey era un profondo ammiratore. Friedell dice, citando pensatori di spicco:

Infine, con profonda ammirazione, arriviamo al nome di Oswald Spengler, forse il più potente e intenso apparso in terra tedesca dopo Nietzsche. Bisogna risalire alle più alte vette della letteratura mondiale per trovare opere di un talento così brillante ed esuberante, di un'intuizione psicologica così trionfante e di una cadenza così personale, suggestiva e ritmata come il suo "Declino dell'Occidente". Ciò che Spengler ci offre nei suoi due volumi è il "profilo di una morfologia della storia". Invece del "quadro monotono della storia mondiale in un concetto lineare", egli vede il "fenomeno di una pluralità di grandi culture". "Ogni cultura ha le sue nuove possibilità di autoespressione che crescono, maturano, decadono e non ritornano mai più. Non c'è una sola scultura, una sola pittura, una sola matematica, una sola fisica, ma molte, ognuna diversa dalle altre nella sua essenza più profonda, ognuna limitata nella sua durata e autosufficiente, proprio come ogni specie di pianta ha il suo particolare germoglio o frutto, il suo speciale tipo di crescita e morte. Queste Culture, essenze vitali sublimate, crescono con la stessa assenza di finalità dei fiori nel campo". Le culture sono organismi e la storia culturale è la loro biografia. Spengler presenta nove di queste Culture, la babilonese, l'egiziana, l'indiana, la cinese, la classica, l'araba, la messicana, l'occidentale e la russa, e getta la luce su ciascuna di esse a turno; naturalmente, la luce non è ugualmente brillante in ogni caso e, naturalmente, i nostri resoconti su di esse sono molto diseguali. Ma nel corso evolutivo di queste Culture regnano alcuni parallelismi, e questo porta Spengler a presentare la concezione dei fenomeni "contemporanei", intendendo con ciò fatti storici che "ciascuno nella propria Cultura, si succedono nelle stesse posizioni relative e, quindi, hanno un significato esattamente corrispondente". Sono "contemporanei", ad esempio, il sorgere dello Ionio e del Barocco; sono "contemporanei" Polignot e Rembrandt, Policleto e Bach, Socrate e Voltaire. Ma anche all'interno della Cultura individuale c'è una congruenza naturalmente completa di tutte le sue espressioni vitali e in ciascuna delle fasi della sua evoluzione. Così, ad esempio, esiste un profondo rapporto di forma tra la Polis classica e la geometria euclidea, tra la prospettiva spaziale della pittura a olio occidentale e la conquista dello spazio da parte di treni, telefoni e armi a lungo raggio. Attraverso questi e altri principi simili, Spengler giunge ora alle sue scoperte più interessanti e sorprendenti. La "bruna protestante" dei pittori olandesi e l'"aria di pianura" atea della scuola di Manet, la "strada" come simbolo primitivo dell'anima egizia e la "pianura" come leitmotiv del concetto di mondo russo, la cultura "magica" degli arabi e la cultura "faustiana" dell'Occidente, la "seconda religiosità" in cui le vecchie culture fanno rivivere le immagini della loro giovinezza, e il "fellahdom" in cui l'uomo riemerge dalla Storia, questi, e molti altri simili, sono indimenticabili bagliori di genio che illuminano, per un attimo, vasti tratti notturni, scoperte e allusioni incomparabili di un intelletto che possiede una visione veramente creativa delle analogie. Che i cimmeri dell'erudizione abbiano opposto a un'opera del genere solo stolidità e ottusa incomprensione non può sorprendere chi conosce i costumi e la mentalità della repubblica dell'erudizione".

Spengler pubblicò "Decadenza" nel luglio del 1918, e noi stiamo ancora nuotando nelle prime onde di quell'evento titanico. Infatti, "Il declino dell'Occidente" fu rivoluzionario per lo studio della storia nel 1918 come la teoria dell'elicottero di Copernico lo fu per lo studio dell'astronomia nel 1543.

Ci si può chiedere: qual è la causa principale della riluttanza ad accettare Spengler, a parte il fatto che è un ostacolo alla vittoria totale dell'intellettuale liberal-marxista? Le difficoltà principali, a mio avviso, sono due: la necessità di riconoscere la natura essenzialmente aliena di ogni anima culturale e l'apparente necessità di riconciliarsi con il triste fatto che anche il nostro organismo occidentale deve morire come tutti quelli che lo hanno preceduto.

Paradossalmente, il problema fondamentale della seconda obiezione risiede proprio nell'anima faustiana dell'Occidente, definita dallo stesso Spengler: "L'anima faustiana, il cui primo simbolo è lo spazio puro e illimitato", diceva; ed è vero, perché abbiamo bisogno, nei recessi più reconditi del nostro essere, della tendenza perpetua all'infinito. Da questa realtà spirituale scaturisce l'idea di un progresso illimitato, concetto profondamente e inestricabilmente inculcato in ogni uomo occidentale. Per questo, il pensiero della morte inevitabile provoca un rifiuto fondamentale e viene chiamato pessimismo.

Per quanto riguarda la prima obiezione, possiamo dire che dal riconoscimento della natura essenzialmente estranea di ogni anima culturale, consegue che se ogni cultura ha una propria vitalità interiore, non sarà influenzata dallo spirito di nessun'altra. Ciò si oppone anche alle convinzioni più profonde dell'uomo occidentale che, per più di cinquecento anni, ha catechizzato altri uomini di tutte le parti del mondo nella vana speranza di farli assomigliare alla propria venerata immagine.

Questo blocco psicologico è molto profondo in Occidente, così profondo che tale errore compare in tutti gli strati filosofici, e certamente non solo tra gli aderenti alla varietà di sinistra. Nominate qualsiasi filosofo, economista o ecclesiastico nella storia dell'Occidente, eccetto Hegel (sì, compreso lo stesso Spengler) e troverete sicuramente un uomo che ha cercato di stabilire leggi universali per la condotta umana; qualcuno che, in altre parole, non ha distinto le differenze essenziali tra le razze.[1] (Cosa farebbe, ad esempio, Lord Keynes con la sua teoria "universale" del risparmio extra se cercasse di applicarla in Ghana o ad Haiti?) La Chiesa cattolica romana è un esempio tipico. Gli occidentali tradizionalisti parlano della Chiesa come di un baluardo dell'Occidente. Purtroppo, il complimento non è ricambiato. La Santa Chiesa cattolica romana non è una Chiesa universale - una Chiesa per tutti gli uomini

---

[1] Estratti dall'interessante "Introduzione alla filosofia della storia" di Georg Wilhelm Friedrich Hegel:
"Il carattere peculiare dell'Africa è difficile da comprendere, per la semplice ragione che nel trattarlo dobbiamo abbandonare il principio che accompagna tutte le nostre idee: la categoria dell'universalità.... Un altro fatto caratteristico del negro è la schiavitù..... Per quanto ci possa sembrare cattiva, nella sua terra è ancora peggiore, perché lì esiste una schiavitù altrettanto o più assoluta; perché questo è il principio essenziale della schiavitù, che l'uomo non ha ancora accettato il concetto della propria libertà e di conseguenza si riduce a una mera Cosa: un oggetto senza valore. Tra i negri, i sentimenti morali sono molto deboli, o semplicemente inesistenti. I genitori vendono i figli e i figli vendono i genitori quando se ne presenta l'occasione.... La poligamia tra i negri è spesso finalizzata al possesso di molti figli per poi venderli. Ne consegue che la mancanza di autocontrollo contraddistingue il carattere dei negri. La loro condizione è incapace di sviluppo o di cultura, e come li vediamo oggi, sono sempre stati.... A questo punto lasciamo l'Africa, per non parlarne mai più. Perché l'Africa non è una parte storica del mondo; non ha movimenti o sviluppi da mostrare.

- che vede tutti gli uomini, ovunque si trovino e chiunque siano, come anime umane uguali i cui corpi dovrebbero essere portati nel sacro abbraccio della Città del Vaticano. È la prima a respingere l'empia insinuazione di dover essere radicalmente fedele all'Occidente. Le dimostrazioni scientifiche e filosofiche che gli uomini e le culture sono comunque diversi in molti aspetti fondamentali e che è malsano - antitetico - mescolarli possono sicuramente incontrare la stessa accoglienza inospitale che la Chiesa ha riservato a Copernico e Galileo. Nell'aprile 1962 tre cattolici di New Orleans sono stati scomunicati per aver osato difendere questa verità eretica.[2]

Cosa penseranno milioni di persone - cattolici e non - abituate a guardare a Roma come a un baluardo contro questa sporca e degenerata cospirazione (i cattolici onesti non dovrebbero sorprendersi o mortificarsi troppo; anche le sette protestanti sono state infiltrate o catturate dal falsario della cultura molti anni fa). Ma se le religioni egalitarie devono convergere, anche il Partito Comunista dovrà scendere a compromessi; essendo diventato intellettualmente fallito, il prezzo da pagare non sarà troppo alto. Una lettera anonima, presumibilmente scritta da un membro del Partito Comunista, è stata pubblicata nel maggio 1963 sul "*Truth Seeker*" (un giornale libero e sinceramente anticomunista). Eccone un estratto:

"Il Partito ha adulterato il suo ateismo per diversi anni e ora lo stiamo abbandonando del tutto. L'ateismo divide le masse e offende i buoni religiosi che lavorano a stretto contatto con noi nel Partito. Gli atei fanatici che insistono nel predicare le loro idee vengono espulsi... confondere i problemi politici che abbiamo con le questioni religiose è stupido. D'altra parte, il più grande progresso che il Partito sta facendo attualmente è attraverso le chiese.... Mi aspetto di vedere una completa convergenza tra la Chiesa cattolica e il Partito comunista nel corso dei prossimi cinquant'anni.... Un'anticipazione di questo stato di cose si può vedere chiaramente in Polonia. Avete mai sentito parlare di "Pax"? È un'organizzazione laica polacca gestita da sacerdoti comunisti... tollerata da

---

[2] Nella sua ultima opera, "Storia del popolo d'Israele", Ernst Renan scriveva che "il socialismo ci condurrà, con la complicità del cattolicesimo, in un nuovo Medioevo". E in effetti ci sono nell'aria alcune orribili voci sulla tradizionale ostilità della Chiesa nei confronti del comunismo. Il 7 marzo 1963, il Papa fu visto stringere la mano ad Alexei Adzheubi, un rappresentante ufficiale del bolscevismo, che finora ha ucciso almeno cinquanta milioni di patrioti in Russia, Cina e molti altri Paesi.

entrambe le parti, il Partito e la Chiesa.... Probabilmente si può ancora vedere il giorno in cui la dittatura del proletariato sarà proclamata dal Papa!

Un punto cruciale nell'affrontare questo argomento è la crescita e l'ormai totale supremazia dell'idea occidentale di tecnica. L'intero mondo della scienza è un riflesso dell'uomo occidentale e abbiamo visto la tecnica occidentale conquistare il mondo. Vediamo la nostra tecnica appropriarsi in vari gradi e modi di ogni cultura scimmiesca del pianeta che sia riuscita a superare il suo stadio arboreo.

I cittadini neri dell'età della pietra dell'odierna Africa, di Haiti, della Nuova Guinea e delle Filippine meridionali sono affascinati da orologi, radio e persino candele. Quando un comune americano vuole sbarazzarsi dei suoi vecchi tram, li vende al Messico amerindio. Gli arabi semiti guidano le loro Cadillac e usano fucili fabbricati in Belgio, e Cadillac e fucili sono stati acquistati con l'oro delle royalties del petrolio di Wall Street, Dallas o Londra. Gli orientali cinesi hanno imparato bene e ci si aspetta che siano in grado di far esplodere una bomba atomica in un momento. E persino i russi semi-occidentali, fin dai tempi di Pietro il Grande e persino di Rurik, hanno costruito le loro navi, i loro cannoni e i loro razzi con ingegneri europei. Ma l'appropriazione massiccia di tecniche occidentali ha qualche effetto sull'anima interna e distintiva della cultura che se ne appropria? La risposta è no, e non dovremmo permettere al nostro folle orgoglio di pensare il contrario.

L'altra causa del rifiuto di Spengler risiede nella difficoltà di riconciliarsi con l'apparente necessità della morte dell'Occidente come organismo culturale.

Ma non c'è bisogno, a mio avviso, di una tale riconciliazione. Infatti, sebbene la Cultura sia un organismo, è un organismo molto particolare; e anche se accettiamo l'analogia, possiamo cercare intelligentemente la possibilità di prolungare o rinnovare la sua vita.

Yockey rifiuta questa ipotesi e, da spengleriano convinto, prevede la fine dell'Occidente. Ma si può sostenere che l'introduzione del concetto di organico nella filosofia e nella teoria storica, sommata alla padronanza senza precedenti sulla Natura che l'Occidente ha raggiunto, e alle infinite possibilità di questo per il futuro, permettono di supporre che l'organismo occidentale non debba necessariamente subire lo stesso destino di altre culture che lo hanno preceduto e che non possedevano la sua conoscenza. In altre , ora abbiamo il concetto giusto, grazie a

Spengler, per la prima volta nella storia, abbiamo identificato la patologia della Cultura, grazie a Yockey. Inoltre, la tecnica occidentale ha creato mezzi fisici unici da applicare al problema.

Approfondendo questo esame, possiamo dire che la cultura occidentale supera tutte le altre culture apparse nella storia per i seguenti aspetti:

(1) L'ossessione per i fatti della storia.

(2) Lo sviluppo del concetto organico di Cultura e il riconoscimento della sua patologia.

(3) Lo sviluppo della scienza e dell'alta tecnologia. La padronanza del microcosmo e del tempo, del macrocosmo e dello spazio. Passiamo ora alla fase - finora - ultima e, secondo Spengler, "inevitabile" di una Cultura: quella imperialista. Innanzitutto, è in questo ambito che la teoria spengleriana, applicata all'"avventura di prevedere la storia", sembra vacillare, perché l'Occidente è in ritardo nel suo itinerario. Yockey lo racconta e lo attribuisce all'influenza ritardante del denaro. Probabilmente è vero. La domanda è: se il denaro può interrompere il ciclo, non possono farlo anche altre cose? A questo punto va sottolineato un altro fattore impareggiabile relativo alla situazione occidentale. Il caso della sovrapproduzione è un dato di fatto della vita quotidiana che quasi tutti i settori dell'opinione politica non sono disposti a riconoscere. Tuttavia, si tratta di una scelta fondamentale per l'umanità, con implicazioni diffuse. Finora la schiavitù era necessaria per mantenere un alto tenore di vita (e, naturalmente, la schiavitù è sempre stata giustificata dalla religione e dalla legge quando si è dimostrata economicamente desiderabile). Poi sono arrivate le conquiste straniere il cui scopo sfruttamento. Oggi non è più così. Il principale problema economico dell'Occidente è quello di smaltire la produzione in eccesso, e non di sfamare e ospitare le sue masse (questa verità elementare è nota a ogni sedicente "lavoratore", ma è sfuggita all'osservazione di teorici ed economisti sia di destra che di sinistra). La sovrapproduzione e la tecnologia, quindi, sembrano aver soppresso l'imperativo economico dell'imperialismo. Infine, la bomba atomica e i suoi ancor più terribili discendenti hanno infinitamente ridotto l'uso della guerra come strumento di politica nazionale. Da questi punti di vista, l'imperialismo come politica del profitto è morto come la tratta degli schiavi e la

corazzata. E se l'imperialismo non deve essere portato avanti come una politica deliberata di profitto, da quale punto di vista deve essere portato avanti? Dal fervore religioso? Dall'entusiasmo popolare per il capitalismo? No, il tempo delle crociate è passato anche per l'Occidente. Non vedremo più l'Occidente marciare alla conquista del mondo in altro modo che non sia Wall Street e i Corpi di Pace... a meno che la necessità di piazzare i nostri prodotti non possa essere soddisfatta solo con la "guerra, la soluzione vigliacca ai problemi della pace".

Ora, se si dovesse obiettare che le considerazioni sopra riportate hanno il sapore dell'aspetto causale della storia - contro il quale Yockey è inviso - e affermano che l'ultima fase della nostra Cultura è soggetta a fenomeni puramente spirituali, mi permetto di suggerire la possibilità di un errore di calcolo da parte di Spengler, derivante da una falsa interpretazione dei suoi stessi dati e delle sue stesse teorie che, guardate da un punto di vista leggermente diverso, non solo chiariscono il significato della teoria alla luce dei fatti attuali, ma la confermano completamente. Lo spazio a disposizione ci permette di fare un piccolissimo schizzo, che rischia di essere compreso solo da coloro che sono iniziati ai misteri dello spenglerismo.

Il metodo di Spengler consisteva nel mostrare la correlazione di tutti gli aspetti della storia di un organismo culturale. Come già suggerisce il citato testo di Friedell, Spengler traeva analogie da elementi apparentemente diversi di una cultura, ciascuno dei quali riceve forma e significato dallo "zeitgeist" (spirito dell'epoca) che è la creazione dell'anima culturale nel suo particolare Destino. Per questo, nella sua ricerca del passato, vedeva come stadio culminante quello che si esprime spiritualmente come universalismo. Nel campo della religione, si sviluppa una "seconda religiosità", che nasce come conglomerato di sette e culti che nessuno prende sul serio, ma in cui tutti si identificano (è quello che abbiamo oggi). Si chiama "vangelo sociale" e si manifesta in mille modi, sia profani che sacri. Non è vera religione, ma cultismo). Alla fine questa anarchia si stabilizza nella forma una religione genuina e generalmente accettata... e siamo a circa 200 anni di distanza da questo. Nel regno dell'economia c'è il grande capitale e il crescente potere del denaro, che, in ogni caso, viene infine piegato dalla forza della politica. Nell'arte, lo "zeitgeist" si esprime nellimportanza di forme d'arte esotiche e in tentativi assurdi privi di qualsiasi significato se non quello di una naturale degenerazione delle forme autoctone. Infine, nella prospettiva esterna, c'è l'imperialismo, l'espansione militare. Possiamo vedere chiaramente che tutto questo si sta realizzando tranne l'ultima fase. Perché? Semplicemente perché l'assoggettamento della tecnologia al servizio dell'Occidente e il dominio dell'economia in Occidente hanno sublimato questa fase di universalismo spirituale dell'imperialismo militarista in altre forme di espansione. In effetti, mai prima d'ora è esistito un esercito così aggressivo di espansionisti disarmati e imperialisti pacifisti. I fanatici del governo mondiale pullulano in tutto l'Occidente. Queste persone, e altre ancora, sostengono con forza le Nazioni Unite - un anacronismo che non può essere efficace in relazione agli scopi che sostiene di perseguire - eppure il sostegno a questo pericoloso fossile è una questione di moralità personale per milioni di persone. Lo Zeitgeist si riflette sempre nelle definizioni, e quindi oggi è l'insulto più grande per un uomo bianco essere chiamato "isolazionista" o "nazionalista". I bianchi devono essere tutti "liberi commercianti", "internazionalisti" e "cosmopoliti", e come ammiriamo il cittadino del mondo, qualunque esso sia. I nostri occhi sono intensamente concentrati lontano dai nostri confini; è molto più facile, abbiamo scoperto, risolvere i problemi degli stranieri che i nostri. I popoli non occidentali non sono illuminati come noi, e lo giustifichiamo con veemenza, usando un doppio modello cristiano appena scoperto che costituisce un segno di superiorità morale moderna, come l'appartenenza al Club del Libro Classico o il contributo alla Collezione Negro Pro-College. Cosa ha causato più sofferenza, si chiede Nietzsche, delle follie dei compassionevoli? È bene che le persone di colore siano nazionaliste; infatti, le incoraggiamo a esserlo e prendiamo gli Israel Bond con la sensazione di fare una buona azione. Siamo felici quando le persone di colore e gli ebrei mostrano il loro "orgoglio razziale", il peccato mortale e il tabù del nostro ambiente puritano (per inciso, perché nella nostra epoca luminosa si può discutere di tutto tranne che di un argomento? L'ateismo è ormai un argomento noioso. Il marxismo è ancora più noioso, dopo cento anni di popolarità. Un nuovo passo ci ha portato dal semplice sesso al sadismo e alla perversione; persino il Marchese de Sade sta perdendo colore. Quale frizzante argomento di conversazione è rimasto da discutere da quando gli egualitari hanno portato le benedizioni della democrazia? Solo un argomento non può essere discusso in un incontro educato: la razza).

Gli eroi di Wall Street raccolgono i frutti migliori di questo tipo di "imperialismo" e oggi, sia i piccoli che i grandi investitori sono interessati agli investimenti esteri che ricevono vantaggi fiscali rispetto a quelli nazionali (favoritismo fiscale: il criterio ultimo della nostra democrazia) - o sostengono gli "aiuti all'estero", senza dimenticare di stipulare, ovviamente, che una parte di questo trucco per smaltire la nostra produzione in eccesso sia destinata ai loro prodotti. La massima espressione di questo imperialismo militante con armi giocattolo è l'esilarante ma profondamente simbolico "Corpo di Pace", vera espressione dello Zeitgeist.[3] Ecco il vero simbolo di oggi: una creazione tipicamente americana di abissale stupidità con buone intenzioni e incapacità di apprezzare i sentimenti altrui unita a un'avidità illuminata.

No, non abbiamo bisogno dell'imperialismo finché avremo leader come Mennen Williams e Adlai Stevenson, saggi come Eleanor Roosevelt e Arnold Toynbee e altruisti come Herbert Lehman James Warburg e Douglas Dillon per risolvere i nostri problemi.

Per continuare questa indagine sull'attuabilità di Spengler oggi, è importante sollevare una questione di cui non si sente spesso parlare, grazie ai sostenitori della libertà e della democrazia. I neo-spengleriani che sono consapevoli dell'aspetto razziale della storia (chiamiamoli "razzisti", per dare loro un nome) sostengono che la fase "finale" di una Cultura - la fase imperialista - è l'ultima solo perché l'organismo culturale distrugge il suo corpo e uccide la sua anima attraverso questo processo.

Naturalmente, se vogliamo fare analogie tra culture e organismi, dobbiamo ammettere che l'anima dell'organismo muore solo perché muore il corpo. L'anima può ammalarsi - l'anima occidentale è ora malata, forse fatalmente - ma non può morire se non muore l'organismo stesso. E questo, sottolineano i razzisti, è proprio ciò che è accaduto a tutte le culture precedenti; la morte dell'organismo è il risultato naturale del processo suicida dell'imperialismo.

Una parola sull'aspetto razziale della storia prima di proseguire. Naturalmente la storia è scritta dal punto di vista marxista dell'economia, del progresso lineare e della lotta di classe, e Yockey confuta bene questo triplice errore. Prima della Prima guerra mondiale, la storia era generalmente scritta da un punto di vista razziale. La storia era vista come la narrazione drammatica dei movimenti, delle lotte e degli sviluppi delle razze, come in effetti è. La soppressione del punto di vista razziale raggiunse

---

[3] Qui la prefazione fa un gioco di parole intraducibile. "Peace Corps" - Peace Corps, ente filantropico-mercantilista inventato dal presidente Kennedy, lo trasforma in "Peace Corpse", che significa "Cadavere della Pace". (N. del T.)

il suo apice intorno al 1960 (non è un caso che il potere del contraffattore della cultura, in tutti gli altri campi, compresa la politica, cominciasse a mostrare segni - anche se deboli - di vacillamento proprio in quel periodo).

Forse la ragione principale della crescente tendenza dei bianchi a trattare le razze in modo oggettivo è, paradossalmente, perché sono stati costretti a trattarle in modo soggettivo. Non è un problema mantenere un mito nell'ignoranza. L'uguaglianza dei neri, o addirittura la loro supremazia, ad esempio, è più facile da accettare se non ci sono neri in giro a distruggere il concetto. In una parola, l'internazionalismo, nella pratica, si trasforma rapidamente in razzismo.

Per passare dall'esperienza agli argomenti accademici, quanti americani o inglesi conoscono il fatto stupendamente elementare di essere - in senso storico - germanici; di essere, volenti o nolenti, parte di quella grande famiglia teutonico-celtica che - millenni prima dell'alba di Roma e persino della Grecia - era un'unica tribù con un'unica lingua? Quante persone altrimenti intelligenti e benintenzionate, che finora hanno giudicato il loro patriottismo in base al grado di odio che nutrivano per i loro fratelli continentali, sanno che gli antenati della grande famiglia teutonico-celtica erano gli stessi ariani che hanno sottomesso l'India e l'hanno civilizzata, parlando la lingua sanscrita e istituendo il sistema delle caste che, tra l'altro, in origine non era altro che un sistema di segregazione razziale dotato di un significato religioso la cui funzione era quella di mantenerlo? O che, prima ancora, c'erano i Sumeri e i Persiani, e che il nome moderno Persia - Iran - è semplicemente una corruzione di Ariano?

Anche la Grecia e Roma furono create da questa grande razza di conquistatori portatori di cultura. Ovunque andasse nel mondo, si creava una civiltà diversa, ognuna delle quali aveva i suoi caratteri distintivi perché si sviluppava in base alle condizioni dell'ambiente, pur conservando sempre tracce indiscutibili della sua origine ariana.

Ci sono civiltà di cui sappiamo poco, per quanto riguarda gli elementi razziali. Tutto ciò che sappiamo con certezza degli Egizi è che erano caucasici e che, come tutti i proprietari di schiavi, mescolarono il loro sangue con quello dei loro schiavi neri. Per quanto riguarda le presunte civiltà amerindie, oggi sappiamo senza ombra di dubbio che la civiltà è stata sovrapposta ai selvaggi indiani da un ceppo razziale bianco. Nelle sue opere popolari "Kon-Tiki" e "Aku-Aku", Thor Heyerdahl rivela chiaramente la prospettiva razzista proibita, nonostante il fatto che un milione di persone che conoscono l'avventura descritta in questi libri ignorino totalmente il profondo messaggio razziale che vi ha scritto (è davvero triste che uno straordinario uomo di scienza, per rivelare una semplice verità, debba rischiare la vita e poi scrivere una storia d'avventura in codice che, una volta decifrata, mostra un fatto proibito).

In "Kon-Tiki", Heyerdahl scrive: "... Non c'è una sola traccia di sviluppo graduale nelle alte civiltà che un tempo si estendevano dal Messico al Perù. Più l'archeologo scava in profondità, più alta è la cultura, finché non si raggiunge un punto preciso in cui le vecchie civiltà emergono chiaramente senza alcun fondamento, in mezzo a culture primitive". Tutte le meraviglie dell'America centrale e meridionale prima dell'arrivo degli spagnoli sono state portate all'improvviso da una razza di conquistadores bianchi e, quando hanno lentamente mescolato il loro sangue con quello della popolazione nativa, la civiltà ha cominciato a degenerare. Il vero motivo per cui Cortés sconfisse così facilmente gli Aztechi fu perché Montezuma credeva che gli spagnoli fossero "i barbuti, dalla pelle chiara, venuti dall'Oriente" che, secondo la profezia di Quetzalcoatl, "sarebbero tornati"; e gli Inca del Perù avevano la stessa leggenda. Il nome "Inca", invece, è il nome della sola aristocrazia peruviana. Gli Inca erano bianchi e le loro principesse molto belle, tanto che molti ufficiali spagnoli le sposarono e le portarono in Spagna. Un semplice sguardo agli attuali "Inca" del Perù è sufficiente a dimostrare che non furono loro i creatori della grande cultura peruviana.

Uno dei migliori libri sull'argomento è "Conquest by Man" di Paul Hermann, un'opera estremamente preziosa pubblicata da Harper.

Un'origine ancora più nebulosa può essere attribuita alla civiltà cinese. Basti pensare che esistono numerosi indizi di movimenti primitivi di bianchi nella Cina settentrionale e che esiste una forte somiglianza tra la prima civiltà cinese e quella di Babilonia. Gengis Khan, un mongolo, proveniva da una tribù chiamata "gli uomini dagli occhi grigi", secondo il biografo Harold Lamb, e aveva capelli rossi e occhi grigi. I cinesi hanno dimostrato di possedere la capacità di mantenere una civiltà, ma non possiamo provare che siano mai stati in grado di crearne una.

L'intensa soppressione, il travisamento, la condanna e l'opposizione all'aspetto razziale della storia hanno avuto il loro prezzo. Non solo abbiamo molto da imparare (la superficie della preistoria è stata appena scalfita e non lo sarà mai più se gli scienziati continueranno a perdere tempo in progetti ben finanziati nella cosiddetta "culla della civiltà" in Medio Oriente), ma i risultati della perversione storica sono stati soddisfacentemente abbondanti in ambito sociale. Ha permesso al Falsificatore di convincere l'Europa che tutto ciò che ha l'Europa lo deve ai Greci, Romani e a un'oscura tribù di vagabondi che certi chierici lunatici chiamano "popolo eletto da Dio".[4] In "La testimonianza della spada", invece, Geoffrey Bibby dà conto dei risultati della sua ricerca archeologica sulle origini dell'Europa in Europa stessa piuttosto che nello strano Oriente; risultati che sorprenderanno chi è cresciuto credendo che i propri antenati fossero selvaggi vestiti di pelli di animali, che si sono civilizzati solo quando sono stati costretti a riconoscere la superiorità di Roma. In realtà, praticamente tutto ciò che l'Occidente ha lo deve a se stesso, compresi il Natale e la Pasqua (in origine feste teutoniche che celebravano il solstizio d'inverno e l'arrivo della primavera, con quest'ultima festa dedicata alla dea Eostre) e anche la legge, l'etica e le giacche.[5] Il mondo indossa pantaloni e scarpe di cuoio, non sandali e toghe. Abiti molto simili a quelli venduti oggi da Sears & Roebuck sono stati scoperti in Europa risalendo a tremila anni fa.

La cultura occidentale è nata molti millenni fa. È nata autoctona e si è sviluppata fino al punto in cui sull'orlo dell'annientamento fisico e spirituale solo perché ha smesso di credere in se stessa. Questa è la Lezione che riprendiamo.

Inoltre, c'è una correlazione troppo perfetta per essere una coincidenza: in ogni caso conosciuto di morte o paralisi di una cultura c'è stato contemporaneamente un tentativo abortito di digerire nell'organismo un numero significativo di stranieri culturali e razziali. Nel caso di Roma e della Grecia, la morte è avvenuta come conseguenza dell'imperialismo e dell'inevitabile disordine provocato dall'assoggettamento alla metropoli di popoli e razze come schiavi, con religioni esotiche, filosofie diverse; in una parola, prima la sofisticazione culturale, poi l'anarchia culturale. Nel caso della Persia, dell'India e delle civiltà amerindie, una razza di conquistatori ha imposto la propria civiltà a una massa di indigeni; la regione è fiorita per qualche tempo, poi la cultura si è affievolita o, nel caso dell'America,

---

[4] O, come dice Samuel Hoffenstein in questo distico sconclusionato: Che strano che Dio abbia scelto gli ebrei.
[5] Pasqua è "Easter", proprio alludendo alla dea Eostre.

stava per affievolirsi quando i discendenti dei conquistatori sono diventati molli, obesi e liberali e hanno preso sempre di più il sangue e i costumi della popolazione soggetta. Nel caso dell'Egitto, il sangue straniero fu importato nel corso di molti secoli con la cattura degli schiavi neri. Ne seguì un'inevitabile mescolanza razziale, da cui emerse l'Egitto che conosciamo oggi.

Questa è la vera ragione che porta all'"inevitabile" decadimento e distruzione di un organismo culturale. È perché, a un certo punto, una cultura sviluppa un "brutto caso" di universalismo. Dal punto di vista patologico, se non viene sublimato in canali sicuri attraverso un trattamento adeguato, causerà inevitabilmente la morte dell'organismo attraverso l'assorbimento di microbi estranei.

Pertanto, è il sottoprodotto naturale dell'universalismo che uccide l'organismo; la morte dell'organismo, di per sé, non è né naturale né necessaria!

Questa conclusione è raggiunta attraverso una sintesi degli approcci spengleriani e razzisti. L'uno tempera l'altro; insieme, possono sviluppare una teoria della storia completa e piena di speranza che ha un significato profondo per gli occidentali di oggi. Bisogna evitare a tutti i costi la fase imperialista del nostro sviluppo e prendere le misure contro la digestione di corpi estranei che abbiamo già parzialmente assorbito. L'Occidente non deve necessariamente morire se impara a sublimare l'attuale fase "universale" dell'Occidente in qualcosa di più costruttivo che non solo soddisfi l'anelito "inevitabile" dell'Occidente verso l'espansione e l'universalismo, ma che allo stesso tempo gli fornisca una base per un ulteriore sviluppo.

Cosa potrebbe essere?

Sul relitto di sette Culture si può ora scorgere un tenue raggio di speranza che dà a noi, uomini dell'Occidente, motivo di credere che il destino della nostra Cultura possa realizzarsi attraverso un percorso completamente nuovo. Questo raggio di speranza brilla dalle stesse realizzazioni che hanno portato l'Occidente alla sua indiscussa superiorità su ogni altra cultura. L'Occidente si è infatti imbarcato nella più grande avventura di tutta la Storia: il tentativo di conquistare lo Spazio! Il tentativo di portare l'Universo sotto il controllo della Razza! Questo imperativo non ha bisogno di altra giustificazione che quella data da Edmund Hillary quando gli fu chiesto perché volesse scalare l'Everest: "Perché è lì". Questa è la realtà incontaminata dell'anima faustiana dell'Occidente, che va oltre la logica dei razionalisti.

Può una meta essere allo stesso tempo così impegnativa, insolente e impossibile come questa, eppure così metafisicamente necessaria per i bisogni spirituali della nostra Cultura? E inoltre, può un obiettivo essere così perfettamente adattato alla situazione fisica in cui ci troviamo?

Il destino ha fornito all'Occidente tutti i mezzi per sopravvivere. A questo punto della storia, la nostra tecnologia, la sovrapproduzione industriale e l'"esplosione demografica" hanno raggiunto il loro apice, mentre ci rendiamo conto che l'Occidente ha finalmente i mezzi per tradurre in realtà l'imperativo poetico dell'impulso faustiano all'Infinito; anzi, l'imperdonabile necessità di farlo.

È vero infatti che, senza affrontare tutte le argomentazioni contrarie, l'uomo occidentale deve conquistare lo Spazio o morire nel tentativo. La spinta verso l'infinito e il grande spazio non è più limitata dai confini terrestri. Ora, infatti, abbiamo l'Infinito a portata di mano.

Quello che sto suggerendo è che l'uomo bianco ha finalmente reciso i suoi legami con la Terra. Sto affermando il semplice fatto che, escludendo le calamità causate dalla distruzione universale, fisica o biologica, siamo ora diretti verso le stelle e nessuna potenza in cielo o in terra può fermarci. I giorni futuri vedranno questa corsa verso lo Spazio amplificata mille volte... un milione di volte. Tutti i limiti alla possibilità di espansione sono scomparsi. L'espansione geografica sulla Terra è inutile e - peggio ancora - suicida. La Frontiera è tornata... una Frontiera che non potrà mai scomparire.[6] E con questa Frontiera arrivano opportunità letteralmente illimitate non solo per l'espansione fisica, ma anche per lo sfruttamento economico... e per l'anima dell'uomo faustiano di trovare la sua vera espressione.

Naturalmente l'uomo non può conquistare i cieli. Non può modificare il sistema solare, cambiare l'orbita dei pianeti, aggiungere trilioni di chilometri quadrati di terra alla superficie della Terra, avvicinare altri pianeti al Sole vitale per adattarli alla colonizzazione, rianimare il Sole quando comincia a spegnersi, né può realizzare la più nobile delle impossibilità: elevare la specie umana con una deliberata meccanica biologica; perché, nel tentativo di conquistare la natura, dobbiamo fallire; questa è l'eterna tragedia dell'anima faustiana, dice Spengler in "*Uomo e tecnologia*".[7] Ma - e

---

[6] La parola "Frontiera" ha un significato diverso per gli americani rispetto agli europei. La "frontiera" era la terra di nessuno tra i primi coloni yankee e gli indiani.

[7] In "Nature and the Faerie of Man", il biologo Garrett Hardin dell'Università della California ha fatto ciò che pochi accademici sanno fare: scrivere un libro tanto bello quanto di ampio respiro. Ma ahimè, le parole sono

questo è l'importante - possiamo provarci. E lo faremo. Il fine ultimo non ha importanza; il tempo non ha fine; conta solo la meta.

Allo stesso tempo, c'è il grave pericolo che, con l'attenzione rivolta alle stelle, possiamo soccombere alle sottili sollecitazioni del Contraffattore della Cultura e ignorare i nostri problemi domestici. La sfida dell'Infinito è indicibilmente eccitante, ma il problema mondano della qualità della vita degli uomini e del loro ambiente è di maggiore importanza. La nostra avventura verso l'Infinito sarà molto breve se torneremo a una Terra popolata da una specie umana in fase di accelerazione degenerativa; a notti che pullulano di selvaggi depravati e senza razza, con solo poche porte chiuse tra la giungla e il laboratorio fino all'alba; a una tirannia sul nostro governo, esercitata da minoranze predatrici e organizzate; ad assurdi sistemi di tassazione ideati per mantenere schemi di "Welfare" il cui scopo deliberato è quello di far proliferare gli inferiori a spese degli uomini produttivi e creativi; a una sporcizia organizzata che si fa chiamare letteratura; alla sifilide etica di Hollywood; alla menzogna sistematica che si spaccia per erudizione; alla propaganda ufficiale e giornalistica il cui unico scopo è la perpetuazione della decadenza culturale; all'asservimento a un sistema economico progettato per estirpare il merito individuale e la responsabilità personale; a una filosofia liberale e a una religione malata - perfetta per gli schiavi - che combatte ferocemente tutti gli sforzi creativi delle anime nobili, rivelando che la sua massima aspirazione è l'impianto di un inconscio desiderio di morte nel nostro popolo; a una vile ipocrisia che rende impossibile parlare dei problemi reali.... e tutto questo per il consolidamento della supremazia totale del Contraffattore della Cultura, che si nutre e ingrassa in queste condizioni.

Oswald Spengler, quindi, non va considerato come il profeta dell'inevitabile caduta, ma come uno sfidante, un veggente che - come tutti i creatori - non ha saputo vedere le conseguenze finali della sua creazione. Così l'importanza di Spengler diventa la misura del futuro - e tutti gli uomini che non sono nella morsa del distruttore devono accettare questo insegnamento storico come un imperativo categorico. Ciò che facciamo con questo imperativo - se abbiamo o meno il coraggio di costruire sulla struttura da lui ideata - dipende solo da noi. Dobbiamo sperare che altri uomini come Yockey aggiungano qualcosa di più al concetto da lui creato,

---

solo parole; solo la politica, ricordiamolo sempre, è l'arte del possibile.

perché lo sviluppo dell'organismo culturale occidentale non sta finendo, ma sta solo iniziando la sua vita.

Qual è il significato di "Imperium"? Semplicemente questo. Che ora, per la prima volta, i soldati arruolati al servizio dell'Occidente possiedono una teoria profonda che li ispira e li guida. L'"Imperium", dopo aver superato tutti i tentativi dei suoi nemici di sopprimerlo e distruggerlo - come è sempre accaduto in tutti i progressi costruttivi della storia dell'uomo - si rivela l'unico fondamento che può essere utilizzato per l'espulsione dei nemici interni, la riconquista dell'anima dell'Occidente e la preparazione della via del futuro.

Nonostante le opinioni contrastanti che "Imperium" promuoverà, una cosa è certa: questo è un libro fondamentalmente diverso da tutti gli altri, proprio come afferma l'autore nella prima pagina. Che segni o meno un punto di svolta nella storia, come sostiene l'autore, contiene una grande quantità di riflessioni fruttuose e di nuovi concetti di cui ogni persona intellettualmente libera sarà grata. Rompe la camicia di forza dell'attuale sterile intellettualismo che ci pone di fronte a mille futili torri di "alto accademismo" e fornisce al lettore idee che arricchiranno non solo lui ma anche la nostra Cultura. Se le profezie apocalittiche si avvereranno o meno, se si imporrà un'alternativa più costruttiva nella storia, se l'Occidente giungerà alla sua fine, non con uno schianto ma lentamente, solo il passare del tempo ce lo dirà; ma nessun uomo intelligente ignorerà "Imperium".

Da un certo punto di vista, "Imperium" è simile a "Das Kapital", perché Karl Marx ha dato al cospiratore Contraffattore della Cultura la maschera ideologica necessaria per mascherare la sua missione di distruzione spietata e totale. Ha creato una teoria dell'uomo infedele e invalida, ammantata di putrida uguaglianza, lacrimevole ipocrisia, dolori e dolori dell'altruismo indiscriminato e della "scienza" economica. In questo modo, fece rabbrividire i razionalisti con una verità del tutto pretestuosa e plausibile, qualcosa di cui le loro anime in preda ai sensi di colpa e con i capelli grigi avevano disperatamente bisogno dopo aver ucciso Dio.

Francis Parker Yockey ha svolto un lavoro simile per coloro che sono dotati di menti costruttive e hanno il coraggio intellettuale e morale di affrontare la realtà, cercare la verità ed esprimerla.

Ecco perché, sebbene i piani di Yockey per l'Occidente non siano forse così perfetti, contengono una forza atomica. Se un solo lettore di questo libro sarà influenzato a prendere l'iniziativa, e se altri riusciranno a vedere il mondo un po' più chiaramente di quanto non facciano ora - e se, di conseguenza, riusciranno a distinguere tra i veri amici e i veri nemici e a riconoscere la necessità di una leadership e di un'azione coordinata - allora la vita di sofferenza e persecuzione di Yockey e il suo monumentale risultato non saranno stati spesi invano, tutto sommato.

E qualunque sia il corso che il destino prenderà da oggi in poi, sarò sempre incuriosito da due domande.

Primo: la ripubblicazione di questo libro è di per sé una prova concreta che la sua profezia si sta avverando?

Infine - e ora dovete credermi sulla parola e non farmi più domande - mi sembra molto strano che due uomini, nessuno dei quali può essere considerato un credente nel "Fato" o nella "Giustizia eterna", questi due pagani e amari realisti, questi due razionalisti, se volete, siano stati gli unici ad avere abbastanza fede da fare in modo che "Imperium" non cadesse nell'oblio e arrivasse nelle vostre mani, cari lettori.

W. A. CARTO

PROLOGO

Questo libro è diverso da tutti gli altri. Innanzitutto, può essere considerato un libro solo nel suo aspetto formale. In realtà, è uno spaccato di vita in azione. È un punto di svolta nella storia europea; uno degli ultimi punti di svolta, ma autentico. Non c'è nulla di originale nel contenuto di questo libro; solo il libro stesso è originale. La mania dell'originalità è una manifestazione della decadenza, e la decadenza dell'Europa è la supremazia del barbaro.

Questa è la prima di una serie di opere: La letteratura politica dell'Europa. In passato, tutti i trattati politici di questo tipo erano rivolti a una sola nazione europea. Questo libro segna, tra l'altro, la fine del Rinascimento. Non la determina - solo il corso della storia, e non i libri, può determinare un evento di tale portata - ma suona solo le campane del suo funerale. Così l'aspetto imperativo della Vita ritorna alla sua fonte originaria, la volontà di potenza. D'ora in poi non ci saranno più polemiche sull'azione in termini di pensiero astratto.

Quest'opera si rivolge a tutta l'Europa, e in particolare al suo strato culturale. Essa chiama l'Europa a una lotta storica lunga due secoli. L'Europa prenderà parte a questa lotta, come partecipante o come bottino di potenze esterne. Se vuole agire, e non semplicemente subire, in questa serie di guerre gigantesche, deve essere integrata e c'è solo un modo per farlo. La cultura occidentale è malata e il prolungamento di questa malattia rappresenta il prolungamento delle condizioni "cinesi" in Europa.

La parola Europa cambia significato: d'ora in poi significherà Civiltà Occidentale; l'unità organica che ha creato, come fasi della sua vita, le idee-nazione di Spagna, Italia, Francia, Inghilterra e Germania. Queste nazioni precedenti sono tutte morte; l'epoca del nazionalismo politico è passata. Ciò non è avvenuto per una necessità logica, ma per il processo organico della storia occidentale. Questa necessità organica è la fonte del nostro imperativo e dell'integrazione dell'Europa. L'espressione dell'organico è che le alternative sono fare ciò che è necessario o ammalarsi e morire.

Il caos attuale - 1948 - è dovuto al tentativo di impedire l'integrazione dell'Europa. Di conseguenza, l'Europa è in un pantano e le forze extraeuropee si stanno sbarazzando delle vecchie nazioni europee come se fossero loro colonie. Questo libro contiene i fondamenti precisi e organici dell'anima occidentale, e in particolare il suo imperativo nella fase attuale. O l'Europa sarà pienamente integrata, o scomparirà dalla scena storica, i suoi popoli si disperderanno, i suoi sforzi e i suoi cervelli resteranno per sempre a disposizione di forze extraeuropee. Tutto questo non viene affermato con formule astratte e teorie intellettualizzate, ma in modo organico e storico. Le conclusioni, quindi, non sono arbitrarie, non sono una questione di scelta o di rifiuto, ma assolutamente vincolanti per le menti che desiderano partecipare ai problemi. Il vero autore è lo Spirito del Tempo, i suoi comandamenti non ammettono discussioni e la sua sanzione è la forza schiacciante della storia, che porta con sé sconfitta, umiliazione, morte e caos.

Vorrei condannare qui, per cominciare, i miserabili piani di spiriti ritardati di "unificare" l'Europa in una zona economica per la difesa dell'imperialismo dalle forze extraeuropee e per il loro sfruttamento. L'integrazione dell'Europa non è una questione di piani, ma di espressione. Tutto ciò di cui ha bisogno è di essere riconosciuta, e il perpetuarsi del pensiero economico del XIX secolo si dimostra del tutto incapace in questo caso. Né il commercio né le banche, né l'importazione e l'esportazione, ma solo l'eroismo può liberare l'anima integrata dell'Europa che si nasconde sotto gli orpelli finanziari dei ritardatari, il meschino statalismo dei politici di partito e le forze di occupazione delle potenze extraeuropee.

L'integrazione imperativa dell'Europa assume la forma dell'unità di Popolo, Razza, Nazione, Stato, Società, Volontà - e naturalmente anche dell'economia. L'unità spirituale dell'Europa è lì, la sua liberazione permetterà automaticamente la piena fioritura delle altre fasi dell'unità organica, che scaturiscono tutte dallo spirito.

E così questo libro è il rinnovo di una dichiarazione di guerra. Chiede ai traditori dell'Europa, ai miserabili politici di partito la cui carica dipende dalla loro continua obbedienza a forze extraeuropee: Pensavate che fosse tutto finito?

Pensate che la vostra miseria e la vostra vergogna rimarranno al sicuro su un palcoscenico mondiale attraverso il quale sono passati gli eroi? Nella guerra che avete scatenato, avete insegnato agli uomini a morire, e poi avete scatenato uno spirito che vi travolgerà, lo spirito dell'Eroismo e della Disciplina. Non c'è denaro che possa comprare questo spirito, che può superare il denaro.

Questo libro, in breve, è il primo colpo nella gigantesca guerra per la liberazione dell'Europa. Il primo nemico è il traditore interno all'Europa che rende possibile il suo sfruttamento e la sua sottomissione alle forze esterne. È il simbolo del Caos e della Morte. Tra lui e lo spirito del XX secolo c'è una guerra spietata.

ULICK VARANGE

Baia di Brittas, 30 gennaio 1948

I - LA TORRE DI GUARDIA STORICA DEL XX SECOLO

> *"Così, come non facciamo altro che ripetere la storia, così non facciamo altro che recitarla; anzi, nel senso più ampio, tutta la nostra vita spirituale è costruita su di essa. Infatti, considerando le cose in senso stretto, che cos'è la conoscenza se non un'esperienza registrata e un prodotto della storia, di cui il ragionamento e la convinzione, non meno dell'azione e della passione, sono materiali essenziali?".*
>
> CARLINO

> *"La vita dell'individuo non ha importanza se non per se stesso; la questione è se vuole fuggire dalla storia o dare la vita per essa. La storia non si occupa della logica umana".*
>
> SPENGLER

Prospettiva

I

Lontano, nell'oscurità esterna, dove non soffia il vento, non brilla la luce e non si sente alcun suono, si può intravedere questa terra rotonda. Nelle regioni astrali, la luce appartiene all'anima; quindi l'oscurità è totale, ad eccezione di questa particolare stella, e solo una parte di essa brilla. Da questa distanza si può avere una visione perfettamente chiara di ciò che accade sulla Terra. Avvicinandosi, i contingenti diventano visibili; avvicinandosi ancora, si vedono già i flussi migratori. Ma c'è un punto focale da cui la luce si irradia in tutte le direzioni. È la penisola europea a forma di tappo. In questa piccola appendice della grande massa terrestre del Pianeta si osserva la massima intensità di movimento. Si può vedere - qui, lontano negli spazi siderali, l'anima e le sue emanazioni sono visibili - una concentrazione di idee, energia, ambizione, progetti, espandibilità, volontà creativa. Sorvolando l'Europa possiamo vedere ciò che prima non era mai stato chiaramente visibile: la presenza di un organismo puramente spirituale. Uno sguardo più attento rivela che il flusso di luce non scorre dalla superficie dell'Europa verso il cielo notturno, ma verso il basso e dall'organismo invisibile. Si tratta di una scoperta di importanza profonda e rivoluzionaria, che ci è stata concessa solo grazie al nostro completo distacco dagli avvenimenti terreni nel vuoto esterno, dove lo spirito è invisibile e la materia è visibile solo grazie alla luce che proviene dallo spirito.

Seguono altre scoperte: sull'altro lato si trovano due isole, piccole rispetto alla massa terrestre. La luce pallida che si diffonde su parti isolate di queste due isole è - come si può vedere qui sotto - un riflesso dell'altro lato.

Che cos'è questo fenomeno sovraterrestre, perché si verifica in particolare sull'Europa e qual è il rapporto tra esso e il materiale umano sotto il quale si sviluppa? Quest'ultimo si modella in strutture piramidali intricate. Si formano i ranghi. Attraverso canali di labirintica complessità scorrono i movimenti. Le persone si comportano l'una verso l'altra in un rapporto definito di comando e obbedienza, confuso, vorticoso come l'acqua nei ruscelli, le correnti nell'oceano, le mandrie nelle vaste pianure. È dunque lo spirito-organismo che forma e segna la popolazione della penisola nelle sue intricate forme organiche. A cosa possiamo paragonare questo essere, che non potevamo vedere quando eravamo sulla Terra? Ora è solo.

Ma qui, nello spazio, abbiamo la libertà del tempo e la libertà dello spazio. Ci è permesso contemplare cento generazioni, come il terrestre contempla un insetto. Nella ricerca di qualcosa di simile all'organismo-spirito che abbiamo visto, torniamo indietro di duecento generazioni. La sfera terrestre è la stessa, ma è in un'oscurità quasi totale. Le cose sono quasi indistinguibili; la materia non è passata attraverso l'alambicco dello spirito e non è comprensibile. Uno sguardo all'indietro rivela la continuazione del vuoto. Lasciamo che, in un attimo, passino alcune generazioni e lo spirito comincia a farsi sentire. Una luce debole ma promettente appare nell'Africa nordorientale. Poi un'altra, mille miglia a nord-est, in Mesopotamia. Prendono i nomi: Egitto, Babilonia. Ci troviamo nell'anno tremila avanti Cristo. Aumentano di intensità e la prima cosa chiara in ogni caso risulta essere la marcia degli eserciti contro i popoli esterni, che sono considerati i barbari. Questi organismi spirituali non si mescolano: i loro alti confini sono ripidi e netti; ogni essere ha una propria sfumatura, che gli aderisce. Ogni organismo cattura il materiale umano esistente entro i suoi confini e lo incorpora al suo servizio. Prima imprime loro un'idea comune del mondo;

poi purifica questo concetto in nazioni, ciascuna delle quali racchiude un'idea separata dell'organismo superiore. Emergono una nobiltà e un clero per dare corpo a diversi aspetti dell'idea. Le popolazioni sono stratificate e specializzate e gli esseri umani vivono le loro vite e i loro destini in modo completamente subordinato all'organismo superiore. Il sistema lega gli esseri umani alle idee. Solo un piccolo strato spirituale di ogni popolazione umana si adatta a questo tipo di costrizione, ma coloro che vi appartengono rimangono al servizio dell'idea una volta che l'hanno sentita. Vivranno e moriranno in base ad essa e, nel corso del tempo, determineranno il destino del popolo da cui provengono. Queste idee - non semplici astrazioni, file di concetti, ma necessità impronunciabili dell'essere e del pensiero - sono la tecnica con cui quegli esseri superiori usano gli esseri umani per i loro scopi. Religioni di elevata complessità di sentimento e di esposizione ragionata, forme architettoniche concepite nello spirito di quella religione e messe al suo servizio, poesia lirica, arte pittorica, scultura, musica, ordini nobiliari, ordini clericali, abitazioni stilizzate, costumi e abiti sofisticati, sistemi filosofici e matematici, di conoscenza, di Natura, metodi tecnici prodigiosi, battaglie gigantesche, eserciti enormi, guerre prolungate, economie energiche per mantenere tutta questa struttura multi-facciale, governi organizzati in modo complesso per infondere ordine nelle nazioni create dall'essere più elevato che agisce sui diversi tipi di gruppi umani.... queste sono alcune delle forme che appaiono in queste due aree. Ogni forma in Egitto differisce dalla corrispondente in Babilonia. Se un'idea viene adottata, la sua adozione è solo apparente; in realtà viene fraintesa, riformata e adattata al proprio spirito.

Ma l'Io superiore si sta avvicinando a una crisi. Si è consumato in questo processo di trasformazione della Terra. Trema, sembra indebolirsi, pulsa - il caos e l'anarchia minacciano le sue attualizzazioni terrene - le forze esterne si alleano per colpire e cancellare le sue grandi creazioni. Ma si risveglia e compie il massimo dei suoi sforzi; non più nella creazione di cose interne, arti, filosofia, teorie vitali, ma nella formazione dell'apparato di potere puramente esterno: governi rigidi, eserciti giganteschi, industrie per mantenerli, flotte da guerra, sistemi giuridici per organizzare e ordinare le conquiste. Si espande in aree mai esplorate o conosciute prima, unifica le sue varie nazioni in una sola, che dà il nome alle altre e le guida nell'ultimo grande sforzo espansivo.

Lo stesso grande ritmo è osservabile in ognuna di esse. Mentre le contempliamo, le due luci perdono l'intensità delle loro splendide tonalità. Si spengono lentamente, lasciando un alone di memoria e di leggenda nella mente degli uomini, con le loro ultime grandi creazioni in primo piano nell'ampio panorama: Imperium.

Al di fuori di queste due aree, il resto della terra è immutato. Le tribù umane si distinguono dalle orde animali solo per una cultura primitiva e un'economia più complicata. A parte questo, le loro forme di esistenza sono prive di qualsiasi significato. Le culture primitive sono l'unica cosa che esiste al di sopra del livello economico, che attribuisce un significato simbolico agli eventi naturali e al comportamento umano. Ma in questi movimenti non c'è nulla che assomigli alle Alte Culture che trasformarono totalmente l'aspetto del paesaggio egizio e babilonese per quasi quaranta generazioni, dall'inizio al crollo finale.

Il tempo fisico scorre e i secoli passano nell'oscurità. Poi, proprio come in Egitto e a Babilonia, ma di nuovo con una tonalità diversa e accompagnata da una musica diversa, una luce appare sul Punjab. Diventa luminosa e costante. La stessa salute di forme ed eventi significativi agisce proprio come nei due organismi precedenti. Le sue creazioni sono tutte individuali al massimo grado, diverse dai due predecessori come questi lo erano l'uno dall'altro, ma seguono gli stessi ritmi grandiosi. Lo stesso sfarzo multicolore di nobili e monaci, templi e scuole, nazioni e città, arti e filosofie, eserciti e scienze, letterature e guerre, passa davanti ai nostri occhi.

II

Prima che questa alta cultura si fosse pienamente affermata, un'altra aveva cominciato ad attuarsi nella valle di Hwang-Ho, in Cina. E poi, qualche secolo dopo, intorno al 1100 a.C. secondo i nostri calcoli, la Cultura Classica appare sulle rive dell'Egeo. Entrambe le culture possiedono l'impronta dell'individualità, il proprio modo di colorare e influenzare le creazioni materiali, ma entrambe sono soggette alla stessa morfologia delle altre che abbiamo osservato.

Quando questa cultura classica si conclude, intorno all'epoca di Cristo, ne appare un'altra in un paesaggio soggiogato dalla classica nella sua ultima fase espansiva: l'Arabia. Il fatto che sia apparsa in questo preciso luogo rende il suo percorso insolito. Le sue forme sono internamente pure come quelle di tutte le altre Culture; internamente non prende in prestito più di quanto abbiano preso in prestito le altre, ma era inevitabile che la contiguità materiale di ambientazione, la successione temporale e il contatto con le popolazioni civilizzate dell'organismo precedente influenzassero il nuovo nel senso di incorporare la ricchezza delle creazioni classiche. Ma ne fu soggiogato solo superficialmente, perché in queste vecchie bottiglie versò il suo vino nuovo. Attraverso la selezione, la reinterpretazione o l'oblio, espresse il proprio nonostante le forme straniere. Nella sua ultima fase espansiva, questa cultura abbracciò la cultura europea in Spagna come un califfato occidentale. Il suo spazio vitale, la forma della sua fine, la sua ultima grande crisi: tutto seguiva la stessa organica regolarità degli altri.

Circa cinque secoli dopo, le manifestazioni familiari di un'altra Alta Cultura appaiono negli scenari remoti del Messico e del Perù. Queste ultime subiranno il destino più tragico di tutte quelle che abbiamo visto. Intorno all'anno 1000, intanto, nasce la Cultura europea, che fin dalla sua nascita si distingue da tutte le altre per la straordinaria intensità della sua auto-espressione, per il suo formidabile impulso, sia in ambito spirituale che fisico. Il suo palcoscenico originario era molte volte più grande di quello dei suoi predecessori, e da questa base, verso la metà della sua vita, si addentra in un'Età della scoperta, raggiungendo le frontiere del globo e facendo del mondo l'oggetto della sua politica. I suoi rappresentanti spagnoli, nelle due bande armate di Cortés e Pizarro, scoprirono le civiltà del Messico e del Perù, allora all'ultimo gradino della raffinatezza della loro vita materiale. I due grandi imperi del Messico e del Perù, con le loro forme sociali, l'organizzazione politico-economica, i trasporti, le comunicazioni, la vita civile, sviluppati fino all'ultimo limite dalle loro anime peculiari, fecero sembrare gli invasori spagnoli dei semplici e ingenui barbari. L'atto finale di questo dramma culturale è la sua distruzione nel giro di pochi anni da parte degli invasori provenienti da un altro mondo. Questo epilogo è istruttivo della scarsa attenzione che lo Spirito del Mondo presta ai valori e ai sentimenti umani.

Quale indovino avrebbe osato predire all'ultimo imperatore azteco, circondato dal fasto di un contenuto storico mondiale, rivestito di tutto il suo potere, che in breve tempo la giungla avrebbe riconquistato le sue città e i suoi palazzi, che gli eserciti e i sistemi di controllo del suo grande impero sarebbero svaniti davanti all'assalto di poche centinaia di barbari?

L'anima di ogni cultura porta l'impronta dell'individualità; non prende nulla dagli altri e non dà nulla a loro. Chiunque si trovi ai suoi confini è un nemico, sia che si tratti di popoli primitivi che di popoli colti. Sono tutti barbari, pagani rispetto alla loro cultura, e non ci può essere comprensione tra loro. Abbiamo visto i popoli occidentali dimostrare il valore della cultura europea con le loro crociate contro i civilissimi Saraceni, Mori e Turchi. Abbiamo visto i popoli germanici a est e i loro fratelli visigoti a sud spingere i barbari slavi e i civilizzati mori fuori dalle loro terre per secoli. Abbiamo visto come le flotte e gli eserciti occidentali hanno reso il mondo intero oggetto di bottino per l'Occidente. Tali erano relazioni dell'Occidente con il mondo esterno.

All'interno di questa Cultura nacquero il cristianesimo gotico, i simboli trascendentali dell'Impero e del Papato, le cattedrali gotiche, la scoperta dei segreti del mondo dell'anima e della natura nelle celle dei monasteri. L'anima della Cultura ha plasmato le nazioni dell'Occidente per la loro espressione. A ciascuna di esse diede la propria individualità e, alla fine, ogni concetto fu una cultura in sé, invece di essere un semplice organo di una cultura. Dai villaggi dell'epoca gotica nacquero le città e dalle città nacque l'intelletto. Il vecchio problema del rapporto tra Ragione e Fede, il dilemma centrale della prima Scolastica, viene lentamente deciso in quelle città a favore della supremazia della Ragione. La nobiltà dell'epoca gotica, i padroni della terra che non avevano altro superiore che quello che riconoscevano volontariamente, diventano soggetti a un'idea: lo Stato. La vita si esteriorizza progressivamente: i problemi politici diventano quelli essenziali; si sviluppano nuove risorse economiche per sostenere i conflitti politici; la vecchia economia agricola si metamorfosa in economia industriale. Alla fine di questo percorso appare un'idea spettrale e terrificante: il denaro.

Anche altre culture hanno visto questo fenomeno apparire sullo stesso palcoscenico e crescere fino a raggiungere dimensioni simili. La sua lenta crescita di importanza continua pari passu con la graduale autoaffermazione della Ragione contro la Fede. Raggiunge il suo apice con l'Età del Nazionalismo, quando le componenti della Cultura si fanno a pezzi a vicenda, anche se i pericoli esterni incombono minacciosi. Al suo apice, il denaro, alleato del razionalismo, lotta per la supremazia nella vita della cultura con le forze dello Stato e della Tradizione, della Società e della Religione. Nella nostra breve visita allo spazio interstellare ci siamo trovati nella posizione di assoluta oggettività da cui abbiamo potuto contemplare questo grande dramma recitato sette volte in sette Grandi Culture, e abbiamo visto come ognuna delle sette ha superato l'ultima grande crisi di due secoli. La Civiltà messicano-peruviana superò la sua crisi interna per poi cadere in mano ai banditi del mare blu.

La grande crisi dell'Occidente si è necessariamente instaurata con la Rivoluzione francese e i fenomeni che ne sono derivati. Napoleone è il simbolo del passaggio dalla Cultura alla Civiltà: la Civiltà, la vita del materiale, dell'esterno, del potere, delle economie gigantesche, degli eserciti e delle flotte, dei grandi numeri e delle tecniche colossali, sulla Cultura, la vita interiore della Politica e dell'Economia attraverso forme e simbolismi rigorosi, il controllo rigoroso dell'animale da preda esistente nell'uomo, il sentimento di unità culturale. È la vittoria del razionalismo, del denaro e della grande città sulle tradizioni della religione e dell'autorità, dell'intelletto sull'istinto.

Abbiamo visto tutto questo nelle precedenti alte culture quando si sono avvicinate all'ultima fase della loro vita. In ogni caso, la crisi si è risolta con la rinascita delle vecchie forze della religione e dell'autorità, la loro vittoria sul razionalismo e sul denaro e l'unione finale delle nazioni in un Imperium. La crisi bisecolare nella vita del grande organismo si manifesta con guerre e rivoluzioni gigantesche. Tutta l'energia culturale che prima era stata spesa nelle creazioni interne del pensiero, della religione, della filosofia, della scienza, delle forme d'arte, della grande letteratura, viene ora impiegata nella vita esterna dell'economia, della guerra, della tecnica, della politica. Il simbolismo del potere raggiunge il suo punto più alto in quest'ultima fase.

Ma in questo momento siamo improvvisamente tornati sulla superficie della Terra. La precedente oggettività non è più a nostra disposizione e dobbiamo partecipare al grande dramma culturale, che ci piaccia o no. La nostra unica scelta è quella di partecipare come soggetto o come oggetto. La saggezza che ci deriva dalla conoscenza della natura organica di una Grande Cultura ci dà la chiave degli eventi che si svolgono sotto i nostri occhi. Essa può essere applicata da noi e la nostra azione diventerà allora significativa, separandosi dalla politica opportunistica e obsoleta della stupidità che tenterebbe di far regredire la civiltà occidentale perché certe teste vuote sono incapaci di adattarsi alle nuove idee.

III

Con la conoscenza della natura organica di una Grande Cultura siamo riusciti a liberarci dalle scorie del materialismo che finora ci hanno impedito di guardare con chiarezza all'enigma della Storia. Questa conoscenza è semplice, ma profonda, e quindi accessibile solo a pochi. Al suo seguito corrono tutte le conseguenze della necessaria visione storica dei tempi a venire. Poiché una cultura è organica, ha un'individualità e un'anima, per cui non può essere profondamente influenzata da forze esterne di qualsiasi tipo. Ha un destino, come tutti gli organismi. Ha un periodo di gestazione e un periodo di nascita. Ha una crescita, una maturità, un compimento, un decadimento, una morte. Poiché ha un'anima, tutte le sue manifestazioni saranno segnate dalla stessa impronta spirituale, così come la vita di ogni uomo è la creazione della propria individualità. Proprio perché ha un'anima, questa particolare Cultura non potrà rivivere una volta morta. Come le nazioni che crea per esprimere fasi della propria vita, esiste una volta sola. Non ci sarà mai un'altra Cultura indiana, un'altra Cultura azteco-maya, un'altra Cultura classica o un'altra Cultura occidentale, così come non ci sarà mai una seconda nazione spartana, romana, francese o inglese. Poiché una cultura è organica, ha una propria sfera vitale. Abbiamo già contemplato questa durata di vita: essa dura circa trentacinque generazioni al suo apice, o circa quarantacinque dalla sua prima apparizione sul palcoscenico naturale fino alla sua scomparsa. Come la durata della vita degli organismi, non è rigida. La durata della vita di un uomo è di circa settant'anni, ma questo termine non è rigido.

Le Alte Culture appartengono al punto più alto della gerarchia organica: pianta, animale, uomo. Si distinguono dagli altri organismi perché sono invisibili, ovvero non riflettono la luce. In questo assomigliano all'anima umana. Il corpo di una Grande Cultura è formato dai flussi di popolazione del suo paesaggio. Essi le forniscono il materiale attraverso il quale attualizzerà le sue possibilità. Lo spirito che anima queste popolazioni mostra la fase vitale della Cultura, sia nella sua giovinezza, sia nella sua maturità, sia nelle sue ultime realizzazioni. Come nella vita di un uomo, una cultura ha delle età che si succedono con ritmica fatalità. Esse sono determinate dalla sua stessa legge organica, così come la senilità di un uomo è determinata dalla sua concezione. È questa qualità di direzione che chiamiamo Fato. Il destino è il sigillo di tutti gli esseri viventi. Il pensiero del Fato è il tipo di pensiero che comprende i viventi, ed è l'unico che può farlo. L'altro metodo del pensiero umano è quello della causalità. Questo metodo è internamente obbligato quando si occupa di problemi inorganici di tecnica, meccanica, ingegneria, filosofia naturale sistematica. Ma lì trova i limiti della sua efficacia e risulta grottesco quando viene applicato alla Vita. Ci direbbe che la giovinezza è la causa della maturità, la maturità la causa della vecchiaia, il germoglio la causa del fiore e il bruco la causa della farfalla.

L'idea del destino è il motivo centrale del pensiero organico. Se qualcuno pensa che sia solo una causalità invisibile, non capisce di cosa si tratta. L'idea di causalità è il motivo centrale del pensiero sistematico, o inorganico. È il pensiero scientifico. Vuole assoggettare le cose per comprenderle; vuole etichettare tutto, classificare tutto, e poi unire i fenomeni attraverso la classificazione e la relazione causale. Kant è il vertice di questo tipo di pensiero, e a questa parte della filosofia occidentale appartengono anche Hume, Bacone, Schopenhauer, Hamilton, Spencer, Mill, Bentham, Locke, Holbach, Cartesio. Alla parte organica appartengono Machiavelli, Vico, Montaigne, Leibnitz, Lichtenberg, Pascal, Hobbes, Goethe, Hegel, Carlyle, Nietzsche e Spengler, il filosofo del XX e XXI secolo. Il pensiero scientifico raggiunge il massimo della sua potenza nel regno della materia, che possiede un'estensione, ma non una direzione. Gli eventi materiali possono essere controllati, sono reversibili, producono risultati identici in condizioni identiche, sono ripetibili, possono essere classificati e comprensibili nonostante la loro dipendenza da una necessità aprioristica e meccanica, in altre parole la causalità.

Il pensiero scientifico non ha alcun potere nel regno della Vita, perché i suoi eventi sono incontrollabili, irreversibili, irripetibili, unici, inclassificabili, non possono essere trattati razionalmente e non sono soggetti ad alcuna necessità esterna e meccanica. Ogni organismo è qualcosa di mai visto prima, che segue una necessità interna, che scompare per non riapparire mai più. Ogni organismo è un insieme di possibilità all'interno di un certo quadro, e la sua vita è il processo di attualizzazione di queste possibilità. La tecnica per pensare al destino consiste semplicemente nel vivere all'interno di altri organismi per comprendere le loro condizioni di vita e i loro bisogni. Si può così percepire ciò che deve accadere.

La parola Sino è una parola inorganica. È un tentativo di assoggettare la Vita a una necessità esterna; ha un'origine religiosa, e la religione deriva dal modo di pensare causale. Non c'è scienza senza una religione che la preceda. La scienza non fa altro che convertire la causalità sacra della religione in una necessità profana e meccanica.

Il Fato non è sinonimo di destino, ma è il suo contrario. Sino attribuisce la necessità agli eventi della vita, ma il Fato è la necessità interna dell'organismo. Un evento può sopprimere una vita, e quindi porre fine al suo destino, ma questo evento proviene dall'esterno dell'organismo, quindi non ha nulla a che fare con il suo destino.

Ogni evento è un incidente, imprevedibile e incalcolabile, ma l'intima progressione di una vita è governata dal Fato, ed essa si realizza attraverso gli eventi, ne è aiutata o ostacolata, li supera o vi soccombe. Il destino di ogni bambino che nasce è quello di raggiungere la vecchiaia; un evento può intervenire sotto forma di malattia o incidente e vanificare questo destino. Questi eventi esterni - che possono elevare un uomo al vertice nonostante i suoi errori, o farlo precipitare nella sconfitta nonostante la sua efficienza e la sua padronanza dell'Idea del suo tempo - non significano nulla per il pensiero del Destino.

Il destino è insito nell'organismo, lo costringe a esprimere le sue possibilità. Il caso è esterno all'organismo, è cieco, ignorante per forza di cose, ma può comunque giocare un grande ruolo nell'attualizzazione di un organismo, facilitando il suo compito o imponendogli grandi ostacoli. Ciò che viene chiamato Fortuna, Buona Stella, Fata, Provvidenza esprime la frustrazione e la paura degli uomini di fronte al mistero, per sempre sconosciuto.

Il concetto di Fato e quello di Causalità, tuttavia, sono legati l'uno all'altro dalla comune origine: entrambi sono prodotti della Vita. Anche il pensatore o lo scienziato più inorganico, il materialista più grossolano, è soggetto al proprio destino, alla propria anima, al proprio carattere, alla propria sfera vitale, e al di fuori di questa rete di Fato, il volo libero e sciolto della sua fantasia causale non può liberarlo. Il Fato è la Vita, ma la causalità è solo un metodo di pensiero con cui una certa forma di Vita, cioè l'Uomo-Cultura, cerca di assoggettare alla sua comprensione tutto ciò che la circonda. Si stabilisce così un ordine di grado tra loro: il concetto di Fato occupa incondizionatamente il primo posto, poiché tutta la vita è soggetta ad esso, mentre il concetto di Causalità è solo un'espressione di una parte delle possibilità della Vita.

Le loro differenze possono essere espresse anche in questo modo: Il pensiero causale è in grado di capire perché la materia non vivente con cui opera non oppone alcuna resistenza, ma si sottomette a qualsiasi condizione le venga imposta, non avendo alcun vincolo interno. Quando, invece, la Causalità cerca di sottomettere la Vita, la materia stessa è attiva, agisce in modo indipendente, non si ferma per essere classificata o sistematizzata. Il concetto di Fato permette di capire perché ognuno di noi è diretto dal Fato, sente un impulso interiore a essere se stesso e può, per trasferimento di sentimenti vissuti internamente, vivere altre forme di vita, altre individuazioni. Il concetto di Fato accompagna il suo soggetto; la causalità è ferma e può giungere a conclusioni soddisfacenti solo con soggetti altrettanto immobili. Anche i più devoti sistematizzatori sono soggetti al Fato e, senza rendersene conto, applicano il concetto di Fato nella loro vita quotidiana e nelle loro relazioni con gli altri esseri umani. Il razionalista più accanito applica, inconsapevolmente, una parte della saggezza psicologica dell'Abbé Galiani o di de Rochefoucauld, anche se non ha mai sentito parlare di questi veggenti dell'anima.

2. Le due facce della storia

La differenza radicale tra i metodi del pensiero umano rappresentati dalle idee standard di Fato, da un lato, e di Causalità, dall'altro, è stata fortemente accentuata dalla ragione che una di esse è adatta solo alla comprensione della Storia. La Storia è il resoconto dei destini compiuti: di culture, nazioni, religioni, filosofie, scienze, matematiche, forme d'arte, grandi uomini. Solo il sentimento dell'*empatia* può estrarre, dalle semplici vestigia rimaste, la conoscenza e la comprensione di quelle anime che un tempo esistevano.[8] La causalità, in questo caso, non ci serve a nulla, perché a ogni secondo che passa, un nuovo fatto viene gettato nello stagno della Vita, e dal punto di impatto scaturiscono cerchi sempre più ampi e mutevoli. La vera comprensione di qualsiasi organismo, sia esso un'Alta Cultura, una nazione o un

---

[8] *Empatia*, termine usato come equivalente intraducibile del tedesco Einfühlung. È incentrato sulla parola apatia, ma viene utilizzato anche con particolare riferimento all'esperienza estetica. Un esempio evidente di empatia è quello dell'attore o del cantante quando sente ciò che sta recitando. L'empatia può anche essere il sentimento dell'osservatore che, attraverso l'introspezione, si identifica con ciò che osserva (Enciclopedia Britannica, Vol. VIII, p. 342).

uomo, consiste nel contemplare dietro e sotto i fatti di quell'esistenza l'anima che si esprime attraverso gli eventi, esterni e spesso in opposizione ad essi. Solo così è possibile dissociare ciò che è significativo da ciò che è irrilevante.

Pertanto, ciò che ha una qualità di Fato è da considerarsi significativo, mentre ciò che è incidentale è ciò che non ha alcuna relazione con il Fato. Per Napoleone era destino che Carnot fosse Ministro della Guerra, perché un altro uomo probabilmente non si sarebbe accorto del piano di Napoleone di invadere l'Italia attraverso le colline liguri, essendo il piano sepolto negli archivi del Ministero. Il destino della Francia era che l'autore del piano fosse al tempo stesso un uomo d'azione e un teorico. È quindi evidente che il senso di ciò che è Fato e ciò che è Incidente ha un contenuto altamente soggettivo, e che un discernimento più profondo può vedere tracce di Fato laddove un discernimento più superficiale vede solo Incidente.

Così le persone differiscono anche nella loro capacità di comprendere la storia. Esiste un senso della storia che riesce a vedere dietro la superficie della storia fino all'anima che la determina. La storia, vista attraverso il senso storico di un essere umano, ha in sé un aspetto soggettivo. Questo è il primo aspetto della storia.

Anche l'altro aspetto della storia, quello oggettivo, non può essere stabilito in modo rigido, anche se a prima vista potrebbe sembrare il contrario. Scrivere una storia puramente oggettiva è lo scopo del metodo referenziale o narrativo di presentare la storia. Tuttavia, esso seleziona e organizza inevitabilmente i fatti e in questo processo entrano in gioco l'intuizione poetica, il senso storico e il mestiere dell'autore. Se queste qualità sono assenti, il prodotto non è una scrittura storica, ma un libro di date, che non può nemmeno sfuggire alla selezione.

Nemmeno questa è storia. Il metodo genetico di scrivere la storia si preoccupa di presentare gli eventi con totale imparzialità. È il metodo narrativo, con una sorta di filosofia causale, evolutiva o organica sovrapposta per risalire al successivo dal precedente. L'obiettività non può essere raggiunta in questo modo perché i fatti sopravvissuti possono essere troppo pochi o troppo numerosi, e in entrambi i casi si deve ricorrere ad artifici per colmare le lacune o per selezionare i fatti. Non è possibile nemmeno l'imparzialità. È il senso storico a decidere l'importanza di eventi, idee e grandi uomini del passato. Per secoli, Bruto e Pompeo sono stati considerati più grandi di Cesare. Intorno al 1800 Vulpio era considerato un poeta più grande di

Goethe. Mengs, che abbiamo dimenticato, un tempo era approvato come uno dei grandi pittori del mondo. Shakespeare, per più di cento anni dopo la sua morte, fu giudicato inferiore a più di un suo contemporaneo. El Greco era un perfetto sconosciuto 75 anni fa. Cicerone e Catone, fino a un certo periodo dopo la prima guerra mondiale, erano considerati grandi uomini, piuttosto che feroci ritardatori della cultura. Giovanna d'Arco non era inclusa nell'elenco di Chastellain, stilato alla morte di Carlo VII, dei capi d'armata che avevano combattuto contro l'Inghilterra. Infine, rivolgendomi ai lettori dell'anno 2050, devo dire che l'Eroe e il Filosofo del periodo 1900 - 1950 erano invisibili ai loro contemporanei nelle dimensioni storiche in cui li vedranno.

La cultura classica considerava il tempo di Wincklemann in un modo, il tempo di Nietzsche in un altro, e il ventesimo e il ventunesimo secolo in un altro ancora. Allo stesso modo, l'Inghilterra elisabettiana si accontentava della drammatizzazione shakespeariana del Cesare di Plutarco, mentre l'Inghilterra della fine del secolo aveva bisogno di Shaw per drammatizzare il Cesare di Mommsen, Wilhelm Tell, Maria Stuard, Götz von Berlichengen, Florian Geyer e tutte le loro vite dovrebbero essere scritte oggi in modo diverso, perché vediamo questi periodi storici da un'angolazione diversa.

Che cos'è dunque la Storia? La storia è il rapporto tra il passato e il presente. Come il presente cambia continuamente, così deve fare la Storia. Ogni epoca ha la sua Storia, che lo Spirito dell'epoca crea per soddisfare la propria anima. Con la scomparsa di quell'epoca, che non tornerà mai più, l'immagine di quella particolare Storia scompare. Da questo punto di vista, ogni tentativo di scrivere la Storia "come è realmente accaduta" manca di maturità storica, e credere in moduli oggettivi di presentazione della Storia è un autoinganno, perché ciò che verrà dopo sarà lo Spirito dell'epoca. La generale acquiescenza dei contemporanei a una certa visione della storia non la rende oggettiva, ma le conferisce solo il rango - il più alto che possa avere - di espressione accurata dello Spirito dell'epoca, fedele a quel tempo e a quell'anima. Non si può raggiungere un grado più alto di verità. Chi si vanta di essere "moderno" deve ricordare che si sarebbe sentito altrettanto moderno nell'Europa di Carlo V, e che è destinato a diventare "antiquato" per gli uomini del 2050 come lo sono per lui gli uomini del 1850. Una visione giornalistica della storia conferisce al suo possessore l'impronta della mancanza di senso storico. Dovrebbe quindi astenersi dal parlare di problemi storici, sia che appartengano al passato sia che siano in fase di sviluppo.

3. La relatività della storia

La storia deve sempre avere il suo aspetto soggettivo e il suo aspetto oggettivo. Ma il fattore determinante non è mai né l'uno né l'altro, ma semplicemente la relazione tra i due. Ciascuno dei due aspetti può essere arbitrario, ma il rapporto non è arbitrario, bensì è l'espressione dello Spirito dell'epoca, e quindi vero, storicamente parlando. Ognuna delle otto Culture che ci hanno brillantemente preceduto aveva un proprio rapporto con la Storia in senso generale, e questo rapporto si è sviluppato in una certa direzione attraverso il corso della vita della Cultura. Basti citare la Cultura classica. Tacito, Plutarco, Tito Livio, Svetonio, erano considerati dai Romani pensatori storici. Per noi sono semplici narratori, totalmente privi di senso storico. Questo non è un rimprovero per loro, ma ci dice qualcosa su di noi. La nostra visione della storia è intensa, veemente, vissuta ed estesa come lo stampo della nostra anima occidentale. Se ci fossero stati dieci millenni di storia invece di cinque, avremmo trovato necessario orientarci verso i dieci invece che verso i cinque.

Le culture non si differenziano l'una dall'altra solo in senso storico, ma le varie epoche all'interno dello sviluppo della cultura sono ugualmente distinguibili. Sebbene tutte le tendenze esistano in tutte le epoche, è corretto dire che una certa tendenza vitale domina ogni epoca. Così, in tutte le Culture, il sentimento religioso è predominante nella prima grande fase vitale, che dura circa cinque secoli, ed è poi sostituito da una spiritualità critica, che durerà un po' meno, per essere sostituita dalla visione storica, che gradualmente si fonde di nuovo nella resurrezione finale della religione. Le tre tendenze vitali sono, in successione, il sacro, il profano e lo scettico.

Esse sono parallele alle fasi politiche del Feudalesimo, corrispondente alla religione; dello Stato assoluto e della Democrazia, corrispondenti alla prima e alla seconda filosofia critica; e del Risorgimento dell'Autorità e del Cesarismo, duplicati dello scetticismo e della rinascita della religione.

Lo sviluppo intraculturale dell'idea di Scienza, o Filosofia Naturale, va dalla

Teologia attraverso le scienze fisiche e la biologia fino alla semplice e pragmatica manipolazione della Natura, alla corrispondenza scientifica dello Scetticismo e alla risorgente autorità.

L'epoca successiva a quella della democrazia può vedere i suoi predecessori solo nel loro aspetto puramente storico. È l'unico modo in cui può sentirsi in relazione con loro. Anche questo, come è evidente, ha un aspetto imperativo. L'uomo di una cultura è sempre un'unità e il semplice fatto che una tendenza vitale sia predominante non può distruggere questa unità organica.

In tutte le epoche, gli individui si differenziano l'uno dall'altro per il diverso sviluppo del senso storico. Pensate a quanto sia diverso l'orizzonte storico di Federico II e di un suo cortigiano siciliano, di Cesare Borgia e di un suo cortigiano, di Napoleone e di Nelson, di Mussolini e del suo assassino. Un'unità politica custodita da un uomo senza orizzonte storico, un opportunista, deve pagare questa colpa versando il suo sangue.

Così come la cultura occidentale possiede l'anima più intensamente storica, essa sviluppa anche uomini con il più grande senso storico. È una cultura che è sempre stata consapevole della propria storia. A ogni crocevia storico ci sono sempre stati molti che conoscevano il significato del momento. Entrambe le parti, in ogni opposizione occidentale, si sono sempre sentite responsabili della decisione del futuro. Per questo motivo, gli occidentali hanno sentito il bisogno di avere un quadro storico in cui pensare e agire. Il fatto che la cultura cambiasse continuamente significava che anche la storia cambiava continuamente. La storia è la reinterpretazione permanente del passato. Pertanto, la storia è sempre "vera" perché, in ogni epoca, la prospettiva storica e i valori dominanti sono l'espressione della propria anima. Le alternative, per la storia, non sono vere o false, ma efficaci o inefficaci. La verità, nel senso religioso-filosofico-matematico, cioè un valore al di là del tempo, eternamente valido, dissociato dalle condizioni di vita, non appartiene alla Storia. La Storia che è vera è la Storia che è efficace nelle menti degli uomini importanti.

Il senso storico altamente raffinato è caratteristico di due gruppi: gli scrittori di storia e gli autori di storia. Tra questi due gruppi esiste anche un ordine di grado. Coloro che scrivono la storia elaborano il compito di descrivere per l'epoca la loro necessaria visione del passato. Questa visione, questa immagine, chiara e articolata, diventa poi effettiva nei pensieri e nelle azioni dei principali autori della storia dell'Epoca. Quest'epoca, come tutte le altre, ha una propria immagine storica e non può sceglierne una tra diverse opzioni. Ciò che è decisivo nella nostra visione della Storia è lo Spirito dell'Epoca. La nostra epoca è esterna, pragmatica, scettica, storica. Non è mossa da grandi sentimenti religiosi o critici. Ciò che per i nostri antenati culturali era oggetto di gioia, tristezza, passione, necessità, per noi è oggetto di rispetto e conoscenza. Il centro di gravità della nostra epoca è la politica. Il puro sentimento storico è un parente stretto del pensiero politico. Il pensiero storico cerca sempre di conoscere ciò che è stato, e non di dimostrare qualcosa. Il pensiero politico ha come compito primario quello di scoprire i fatti e le possibilità, per poi cambiarli attraverso l'azione. Entrambi sono realismo indivisibile. Nessuno dei due inizia con un programma che vuole dimostrare.

La nostra epoca è la prima nella storia dell'Occidente in cui la sottomissione assoluta ai fatti ha trionfato su tutti gli altri atteggiamenti spirituali. È il naturale corollario di un'Età storica, quando i metodi critici hanno esaurito le loro possibilità. Nel campo del pensiero trionfa il pensiero storico, nel campo dell'azione la politica. Seguiamo i fatti fin dove ci conducono, anche se dobbiamo abbandonare schemi, ideologie, fantasie spirituali, pregiudizi. Le epoche precedenti della storia occidentale hanno plasmato la loro storia per adattarla al loro spirito; noi facciamo lo stesso, ma le nostre mire non hanno alcun orpello etico o critico. Al contrario: il nostro imperativo etico deriva dalla nostra prospettiva storica e non viceversa.

La nostra visione storica non è più arbitraria di quella di qualsiasi altra epoca occidentale. Ogni uomo avrà questa prospettiva e il suo livello di importanza dipenderà dall'interesse che riuscirà a concentrare e mantenere in essa. Quando un uomo è un efficace rappresentante del suo tempo, ha questa particolare immagine della Storia e nessun'altra. Non è detto che debba averla; crederlo significa non cogliere il punto. La avrà nei suoi sentimenti e nella sua valutazione inconscia degli eventi, anche se non nelle sue idee articolate e verbali.

4. Il significato dei fatti

Il fatto che la visione storica di un uomo sia formulata sia intellettualmente che effettivamente nel suo subconscio, nel suo modo inconscio di agire, pensare e valutare è semplicemente una funzione della sua personalità generale. Alcuni uomini sentono un bisogno interiore maggiore di altri di pensare in modo astratto.

Non si deve pensare che il senso dei fatti, il senso storico, esoneri dal pensiero creativo. Lo sviluppo del senso dei fatti consiste principalmente nel vedere ciò che è, senza pregiudizi etici o critici su ciò che dovrebbe o non dovrebbe essere, su ciò che potrebbe o non potrebbe essere.

I fatti vitali sono i dati della storia. Un fatto vitale è qualcosa che è accaduto. Non influisce sulla sua qualità di fatto il fatto che nessuno lo conosca o che sia scomparso senza lasciare traccia. È ovvio che il pensiero creativo si inserisce nel processo di interpretazione dei dati della storia, e un attimo di riflessione ci fa anche vedere che il processo di evidenziazione dei dati della storia è un processo creativo.

I fatti fisici, come la resistenza e l'acidità, sono accessibili a tutti. I fatti vitali non sono accessibili a chi ha una visione rigida della storia, a chi sa che lo scopo di tutto ciò che è stato prima è stato quello di rendere possibile questa epoca, a chi sa che l'unico significato della storia è il "progresso". I resti dell'etica sociale, delle nozioni storiche preconcette, dei dogmi utilitaristici, chiudono alle loro vittime ogni intima partecipazione alla vita del XX e XXI secolo.

A questo secolo si apre ora la nuova prospettiva di riunire i fatti perduti di epoche e culture precedenti. Non si tratta di piccoli dati incidentali, ma delle grandi linee del necessario sviluppo organico che deve aver avuto luogo. Dalla nostra conoscenza delle culture passate e delle loro strutture possiamo dedurre il significato di eventi omessi da ciò che è sopravvissuto in altre culture analoghe. E ciò che è più importante per noi che stiamo vivendo: possiamo completare ciò che resta da fare per la realizzazione della nostra Cultura. Questo può essere fatto nello stesso modo in cui un paleontologo può ricostruire approssimativamente un organismo completo da un singolo osso scheletrico. Il processo è legittimo e affidabile in entrambi i casi, perché la Vita ha modelli in cui attualizza i suoi individui unici. Da un'opera letteraria anonima, un pensatore creativo può fornire una ricostruzione generale dell'autore sconosciuto: non si può descrivere molto bene il ritratto dell'anima dell'autore sconosciuto di "Das Buchlein vom vollkommenen Leben"? Allo stesso modo, il periodo delle "Crociate" di una cultura può essere ricostruito se si conosce la sua fase di "Riforma" o "Illuminismo".

Il regno del pensiero è interessato alle fasi sconosciute delle culture passate e al futuro della nostra, ma l'azione è interessata solo al passato come chiave per ottenere risultati efficaci. Pertanto, la massima importanza dello scrivere di Storia e del pensare alla Storia è che entrambi servano per un'azione efficace.

Il senso dei fatti è efficace solo quando si mettono da parte dogmi, idee etico-sociali e orpelli critici. Per il senso dei fatti, è importante che centinaia di milioni di persone in una certa area credano nella verità delle dottrine confuciane, ma non ha senso che tali dottrine siano vere o meno... anche se per la religione, le ideologie progressiste e il giornalismo, la verità o falsità del confucianesimo è importante.

Per chi scriverà la storia del XXI secolo, la cosa più importante delle cellule, delle onde eteriche, dei bacilli, degli elettroni e dei raggi cosmici del nostro tempo sarà che ci abbiamo creduto. Tutte quelle nozioni che consideriamo fatti svaniranno nel fatto che nel XXI secolo costituiscono l'immagine di un certo tipo di uomo-cultura. È così che consideriamo le teorie della natura di Aristarco e Democrito nella cultura classica.

Così anche i fatti hanno un contenuto soggettivo e oggettivo. E ancora, è il rapporto tra l'uomo e il fenomeno a determinare la forma del fatto. Ogni cultura ha, a suo modo, i suoi fatti, che nascono dai suoi problemi. Che cosa sia il fatto, dipende dall'uomo che sperimenta il fenomeno: se appartiene a un'Alta Cultura, a quale Cultura, a quale epoca, a quale nazione, a quale strato spirituale, a quale strato sociale.

I fatti della Seconda guerra mondiale in questo anno 1948 sono una cosa nella mente dello strato culturale europeo e qualcosa di completamente diverso nella mente delle mandrie di lettori di giornali. Entro il 2000 il punto di vista dell'attuale strato culturale sarà diventato quello dei più, e allora molti fatti sulla guerra stessa che ora sono noti solo a una minoranza saranno noti a molti pensatori indipendenti. Infatti, una delle caratteristiche dei fatti vitali è che la distanza, soprattutto temporale, ne mostra più chiaramente le caratteristiche. Sappiamo più cose sulla storia imperiale romana di quante ne sapesse Tacito, più cose sulla storia napoleonica di quante ne sapesse Napoleone stesso, molte più cose sulla Prima Guerra Mondiale di quante ne sapessero i suoi ideatori e partecipanti, e gli uomini dell'Occidente dell'anno 2050 conosceranno i nostri tempi in un modo che noi non potremo mai conoscere. Per Bruto, la sua ascendenza mitologica era un dato di fatto, ma per noi un dato più importante è che lui la credeva tale.

Così, il senso dei fatti, presupposto della visione storica del XX secolo, emerge come una forma di poesia della Vita. È l'esatto contrario dell'intelligenza prosaica e oscura della prospettiva materialista, secondo la quale i fatti devono sottomettersi a un'ideologia del "progresso" per essere riconosciuti degni di interesse. Questa prospettiva escludeva assolutamente le sue vittime dal percepire la bellezza e la potenza dei fatti della storia, così come dal comprenderne il significato. Il ventunesimo secolo - i cui uomini saranno nati in un'epoca in cui questa visione storica è evidente - troverà fantastico, se mai ci farà caso, che in un'epoca precedente gli uomini credevano che tutta la storia precedente fosse fatta solo per "tendere" a loro. Eppure questa era anche la visione del XIX secolo: intere culture, uguali per nascita e spiritualità alla nostra sotto ogni aspetto, vivevano e morivano solo perché il filisteismo degli ideologi del "progresso" potesse scrivere sul muro le loro imprese, qualche nozione tecnica o qualche espediente.

5. La morte della visione lineare della storia

I

La vita è una continua lotta tra il giovane e il vecchio, il vecchio e il nuovo, l'innovazione e la tradizione. Guardate Galileo, Giordano Bruno, Servetus, Copernico, Gauss. Rappresentano tutti il futuro, eppure sono stati tutti sconfitti, in un modo o nell'altro, nel corso della loro vita, dal passato in trono. Copernico non volle pubblicare le sue scoperte in vita, per paura di essere bruciato come eretico. Gauss fece rivelare la sua liberatoria scoperta della geometria non euclidea dopo la sua morte, a causa della paura ispirata in vita dal clamore dei Beoti. Non dovrebbe quindi sorprendere che i materialisti perseguitino con la calunnia, la cospirazione del silenzio, la soppressione dell'accesso alla pubblicità o l'induzione al suicidio, come nel caso di Haushofer, coloro che pensano in termini novecenteschi e rifiutano specificamente i metodi e le conclusioni del materialismo ottocentesco.

La visione storica del XX secolo deve passare sopra le rovine dello schema lineare che voleva vedere la storia come una progressione dall'"Antico" al "Medioevo" fino al "Moderno". E dico rovine, perché quello schema è crollato molti decenni fa, anche se quelle rovine sono difese con forza. Tra di esse si nascondono i materialisti, gli abitanti postumi del XIX secolo, i filistei del "progresso", i social-etici, i devoti in pensione della filosofia critica, gli ideologi di ogni genere.

Comune a tutti è il razionalismo. Essi considerano un dogma di fede che la Storia sia ragionevole; che essi stessi siano ragionevoli e che, pertanto, la Storia abbia fatto e continuerà a fare ciò che essi pensano debba fare. L'origine di questa visione a tre stadi della Storia va ricercata in San Gioacchino da Floris, un fanatico religioso gotico, che propose questi tre stadi come una progressione mistica. La crescente rozzezza dell'intelletto senz'anima ha lasciato che questa progressione si trasformasse in una progressione materialista-utilitaristica. Da due secoli a questa parte, ogni generazione si considera il culmine degli sforzi precedenti del mondo. Questo dimostra che anche il materialismo è una fede, una rozza caricatura della religione precedente. Sta per essere soppiantato, è già stato soppiantato, non perché sia falso - perché una Fede non può mai essere danneggiata da una confutazione - ma perché lo Spirito del tempo è privo di materialismo.

Lo schema lineare era più o meno soddisfacente per l'uomo occidentale fino a quando non conosceva nulla della storia oltre alla Bibbia, agli autori classici e alle cronache dell'Occidente. Anche allora, tale schema non lo avrebbe soddisfatto se la filosofia della storia non fosse stata una materia trascurata. Tuttavia, circa un secolo fa, la ricerca archeologica ha scatenato una vera e propria furia, con scavi e decifrazioni di iscrizioni originali in Egitto, Babilonia, Grecia, Creta, Cina e India. Il fenomeno continua ancora oggi e comprende anche il Messico e il Perù. Il risultato di queste indagini è stato quello di dimostrare alla Civiltà Occidentale, storicamente consapevole, che essa non era unica nella sua grandezza storica, ma apparteneva a un gruppo di Alte Culture, di struttura simile e di uguale elaborazione e splendore. La Cultura occidentale è la prima ad aver posseduto l'intenso impulso storico e la situazione geografica ideale per sviluppare una perfetta archeologia, che ora include tra i suoi obiettivi l'intero mondo storico, proprio come la politica occidentale un tempo abbracciava l'intera superficie del globo.

I risultati di questa profonda scienza archeologica rovesciarono il vecchio schema lineare di guardare alla storia, che era del tutto incapace di adattarsi ai nuovi fatti. Poiché esisteva una certa comunanza geografica, anche se non storica, tra le Culture egizia, babilonese, classica e occidentale, si potevano falsificare le cose presentandole in modo tale da convincere chi già credeva. Ma con l'apertura della storia delle Culture che si sono realizzate in India, Cina, Arabia, Messico, Perù, tale visione non poteva più convincere nemmeno i credenti.

Inoltre, lo spirito materialista, che aveva trasmesso l'"influenza" delle Culture precedenti a quelle successive, scomparve e la nuova visione psicologica della Vita riconobbe il primato dell'anima e la superficialità di molti fattori esterni.

Il nuovo concetto di storia fu di nuovo contemporaneo alla tremenda esplosione dell'attività archeologica che distrusse il vecchio schema lineare. Il nuovo punto di vista divenne una necessità dell'anima della civiltà occidentale contemporaneamente all'attività di ricerca della Storia, anche se fu articolato solo a metà fino alla Prima guerra mondiale. Questo intenso desiderio di sondare il passato era l'espressione di un sentimento extra-personale che l'enigma della Storia non aveva nulla a che fare con il vecchio approccio lineare, che doveva essere decifrato e che la totalità dei fatti doveva essere presa in considerazione. Con l'accumularsi di nuovi fatti, gli storici superiori ampliarono le loro vedute, ma fino alla fine del XIX secolo nessuno storico o filosofo trattò le Culture come organismi separati, con esistenza parallela, indipendenza e uguaglianza spirituale. L'idea stessa di "storia culturale" è stata un precursore di questa visione e un prerequisito per lo sviluppo della visione storica del XX secolo. Il ripudio dell'idea che la storia sia semplicemente un resoconto di regni e battaglie, trattati e date, segna un'epoca. Si diffuse la sensazione che fosse indispensabile una "Storia universale", che riunisse in una grande sintesi la storia della politica, del diritto, della religione, dei costumi, della società, del commercio, dell'arte, della filosofia, della guerra, dell'erotismo, della letteratura. Schiller fu uno dei primi ad articolare questa esigenza generale, anche se sia Voltaire che Winckelmann avevano scritto storie specifiche su questa linea.

Hegel, su base spirituale, e Comte e Buckle, su base materialistica, svilupparono l'idea di storia totale, di storia culturale. Burckhardt non solo ha presentato un perfetto esempio di storia culturale nel suo libro sul Rinascimento italiano, ma ha sviluppato una filosofia della storia scritta che allude alla visione del XX secolo. Taine, Lamprecht, Breysig, Nietzsche, Meray, sono le pietre miliari della rottura con la visione lineare della storia. Ai loro tempi, solo Nietzsche e, in misura minore, Burckhardt e Bachofen avevano compreso l'idea novecentesca dell'unità di una cultura. Ma due generazioni dopo, l'idea dell'unità di una Grande Cultura è generale nei più alti strati spirituali d'Europa ed è diventata un prerequisito per la conoscenza storica e politica.

Che cos'era in realtà questa visione lineare della storia? Era solo una divisione arbitraria di materiali storici per la manipolazione e il riferimento, senza alcuna pretesa di significato filosofico, o era piuttosto un tentativo di filosofia della storia? Le pretese di quest'ultima ipotesi non reggono, visto che per generazioni il punto di partenza dell'Età "Moderna" è stato modificato di secolo in secolo con assoluta libertà. Ogni scrittore ha formulato il significato e le date delle tre fasi in modo diverso, e i vari approcci si escludono a vicenda. Ma se non intendevano la stessa cosa, perché la stessa terminologia?

Non si trattava quindi di una filosofia della storia, ma semplicemente di un insieme di tre nomi conservati per una sorta di magia che si supponeva fosse insita in essi. Non era nemmeno un metodo soddisfacente per classificare i fatti storici a scopo di riferimento, poiché non si occupava della Cina e dell'India e trattava i Babilonesi e gli Egizi, in tutto e per tutto uguali ai Classici e a noi, come se fossero semplici episodi, che insieme costituivano un mero preludio alla Cultura Classica. A causa di questa grottesca prospettiva storica, un millennio in Egitto non era che una nota a piè di pagina, mentre dieci anni del nostro secolo meritavano un volume.

II

Alla base di questa visione lineare c'era un egocentrismo culturale, ovvero l'assunto inconscio che la Cultura occidentale fosse il fulcro di tutto il significato della storia umana e che le Culture precedenti fossero importanti solo in quanto "contribuivano" alla nostra Cultura, ma non avevano alcuna importanza propria. Per questo motivo, le culture che vivevano in aree lontane dall'Europa non vengono quasi mai menzionate. Per "contributi" si intendevano alcune risorse tecniche che precedevano le culture egizia e babilonese. Sono stati presi in considerazione anche i contributi della Cultura classica, mentre quella araba è stata quasi del tutto ignorata, per motivi geografici. Eppure, l'architettura occidentale, la religione, la filosofia, la scienza, la musica, la poesia lirica, i costumi, l'erotismo, la politica, la finanza, l'economia sono totalmente indipendenti dalle loro forme corrispondenti nella Cultura Classica. È il carattere archeologico dell'anima occidentale, la sua natura intensamente storica, che la spinge a venerare ciò che la semplice geografia le dice essere un antenato spirituale.

Eppure chi crede - chi potrebbe mai credere davvero - che la Roma di Hildebrand, di Alessandro VI, di Carlo V o di Mussolini avesse una qualche continuità con la Roma di Flaminio, di Silla o di Cesare? Tutta questa simpatia dell'Occidente per i classici, con i suoi due apici nel Rinascimento italiano e, soprattutto, nel movimento di Winckelmann, non era altro che una posa romantico-letteraria. Se avessimo saputo meno di Roma e più della Mecca, il titolo di Napoleone sarebbe stato Califfo invece di Primo Console, ma nulla sarebbe cambiato in profondità. Attribuire significati magici a parole e nomi è del tutto necessario e legittimo in religione, filosofia, scienza e critica, ma è fuori luogo in una prospettiva storica.

Già nel Rinascimento italiano, Francesco Pico scriveva contro la mania dei classici: "Chi temerà di confrontarsi con Platone e Agostino, con Aristotele e Tommaso, con Alberto e Scoto? Il movimento di Savonarola aveva anche un significato culturale oltre che religioso: le opere classiche andavano al rogo. Tutta la tendenza classicista del Rinascimento italiano è stata eccessivamente esagerata: era letteraria, accademica, coltivata in pochi circoli chiusi che, peraltro, non erano leader nel pensiero o nell'azione.

Eppure questo movimento è stato descritto come il "collegamento" tra due Culture che non hanno nulla in comune per creare un disegno storico costituito essenzialmente da una linea retta, piuttosto che uno sviluppo puro, spiritualmente parallelo e indipendente delle Alte Culture.

Per la prospettiva religiosa, con i suoi rami, la filosofia e la critica, il "filisteismo del progresso" e l'etica sociale, i fatti contano solo come prove e non hanno altro significato. Per la prospettiva storica, i fatti sono il materiale ricercato e persino le dottrine, i dogmi e le verità sono trattati come semplici fatti. Le epoche occidentali precedenti erano quindi soddisfatte dello schema lineare, nonostante la sua completa indipendenza dai fatti storici. Per il XX secolo, invece, con il suo centro di gravità nella politica, la storia non è un mero strumento per dimostrare o illustrare qualsiasi dogma o teoria etico-sociale "progressista", ma la fonte della nostra effettiva prospettiva storica.

E così, in implicita obbedienza allo Spirito del Tempo, le menti guida del XX secolo rifiutano l'antiquata teoria lineare e antifattuale della storia. Lo Spirito del Tempo mostra invece la vera struttura della storia umana, la storia di otto Alte

Culture, ognuna delle quali è un organismo con la propria individualità e il proprio destino. Il vecchio stampo della filosofia della storia costringeva i fatti a dimostrare certe teorie religiose, etiche o critiche; la prospettiva del XX secolo prende la sua filosofia dalla storia dei fatti.

La prospettiva del XX secolo non è soggettiva perché parte dai fatti; obbedisce semplicemente all'imperativo interiore della propria anima storica nel cercare la sua definizione nella Storia. La nostra visione è peculiarmente nostra perché privilegia i fatti; un'altra classe di uomini, al di fuori della cultura occidentale o al di sotto di essa, non potrà mai comprenderla, così come non potrà comprendere l'alta matematica occidentale, la tecnica occidentale, la nostra alta fisica, la nostra chimica, l'architettura gotica o l'arte della fuga musicale. Questo quadro storico, assolutamente obbligatorio, obbligatorio per i leader del pensiero attivo della civiltà occidentale, non è obbligatorio per le masse che affollano le strade delle capitali dell'Occidente. La relatività storica è, come la relatività fisica, appannaggio di poche menti dominanti. La storia non si vive, non si fa, nelle strade, ma nelle altezze. Il numero di uomini, nella civiltà occidentale, che hanno compreso il vero significato della Seconda guerra mondiale si riduce a poche migliaia. La filosofia occidentale, fin dai tempi di Anselmo, è sempre stata esoterica. Ma il numero di persone per le quali le decisioni di quei pochi saranno decisive non si conta a centinaia, ma a centinaia di milioni.

Per il XX secolo considerare tutti gli eventi umani precedenti come meramente introduttivi e preparatori alla nostra storia occidentale è, semplicemente, un'immensa ingenuità. Evoluzioni che hanno richiesto tanto tempo quanto il nostro millennio di storia occidentale vengono ridotte a semplici eventi casuali; gli uomini di quelle altre Culture vengono trattati come se fossero bambini, che cercano vagamente di aderire a questa o quella delle nostre idee specificamente occidentali. Ma in ognuna di queste Culture precedenti lo stadio raggiunto e superato è quello del XIX e XX secolo: scienza libera, etica sociale, democrazia, materialismo, ateismo, razionalismo, guerra di classe, denaro, nazionalismo, guerre di annientamento. Condizioni di vita altamente artificiali, sofisticazione megalopolitana, disintegrazione sociale, divorzio, degenerazione delle vecchie arti in semplici deformazioni, mostravano tutti questi sintomi familiari.

Il vasto patrimonio di conoscenze storiche di cui il XX secolo deve tener conto -

conoscenze portate alla luce dall'età storica che è succeduta all'età della Critica - non può tollerare l'arbitraria collocazione dei fatti nella Storia secondo uno schema preconcetto con tre tappe magiche, che devono rimanere tre anche se nessuno può scoprire dove inizia una e dove finisce l'altra, e di cui la terza tappa è stata indefinitamente prolungata da quando il professor Horn di Leida annunciò nel 1667 la sua scoperta del "Medioevo".

La prima formulazione della prospettiva storica del XX secolo si ebbe solo con la Prima guerra mondiale. Prima di allora, solo Breysig aveva rotto definitivamente con lo schema lineare, ma le sue prime opere coprivano solo una parte della storia umana. Spettava a Spengler, il filosofo dell'epoca, presentare il disegno completo della struttura della storia. Egli stesso fu il primo a riconoscere la natura extrapersonale del suo lavoro, quando disse che un'idea storicamente essenziale è solo in senso limitato proprietà di chi ha avuto la fortuna di concepirla. Doveva articolare ciò che tutti gli altri stavano cercando. La visione degli altri era limitata da questo o quell'orizzonte di specialisti, e i suoi progetti erano di conseguenza incompleti, unilaterali, sproporzionati. Come tutte le produzioni del genio, l'opera di Spengler appare perfettamente ovvia a chi viene dopo di lui, e in effetti è stata concepita per coloro che sarebbero venuti, e non per i suoi contemporanei. Il genio è sempre proiettato nel futuro; questo è nella sua stessa natura e spiega il destino abituale di tutte le opere di genio, politiche ed economiche così come artistiche e filosofiche, che vengono comprese nella loro grandezza e semplicità solo dai successori dei loro creatori.

6. La struttura del racconto

I

Uno dei presupposti inconsci dello schema lineare era l'idea dell'unicità della civiltà. Il concetto di "civiltà" veniva utilizzato come se ogni tipo di Vita altamente simbolica, ogni volta e ovunque apparisse, fosse in realtà una manifestazione della stessa cosa: la "civiltà". La "civiltà" al di fuori dell'Occidente era imperfetta, cercava di imitare, maldestramente, quella dell'Occidente. Questa "civiltà" era qualcosa che le epoche passate avevano stupidamente lasciato perdere, ma in qualche modo è stata ritrovata e "trasmessa" al futuro.

Questo era il Razionalismo: presupponeva che gli uomini facessero la loro storia e che tutto ciò che accadeva fosse attribuibile all'eccellenza o all'errore umano.

Ma per l'apice del discernimento storico e della creatività storica fattuale autocosciente che è il XX secolo, la Storia è il resoconto della vita di otto Alte Culture, ognuna delle quali è un organismo, contrassegnato dal principio di individualità, cioè membro di una forma vitale. Il tipo di Alta Cultura è una forma vitale al vertice della gerarchia organica di cui le piante, gli animali e l'uomo sono i membri più bassi. Ciascuna delle Culture che abbiamo visto è un membro di questo genere superiore, un individuo. Appartenendo a un genere, hanno caratteristiche comuni nei costumi generali, nei bisogni vitali, nelle tecniche di espressione, nel rapporto con il territorio e i flussi di popolazione e nella portata vitale.

Le differenze tra le Culture sono nelle loro anime, nelle loro individualità, e quindi, nonostante la loro struttura simile, le loro creazioni sono diverse al massimo grado. Nella gerarchia organica, il principio dell'individualità si manifesta con un livello di concentrazione crescente, dalle piante e dagli animali all'uomo. Le culture sono ancora più individuali degli uomini e le loro creazioni sono quindi meno suscettibili di assimilazione interna da parte di altre culture.

Con il superamento dell'era del materialismo, l'Occidente sa di nuovo che lo sviluppo di un organismo è manifestazione di un'anima. La materia è il mero involucro, il veicolo dell'espressione dello spirito. Quella saggezza antica e universale che è la fonte primaria della liberazione della nostra prospettiva storica dalle tenebre e dall'oppressione del meccanicismo. Gli eventi di una vita umana sono l'espressione dell'anima di quell'essere umano nelle sue successive fasi di sviluppo. Un identico evento esterno è un'esperienza diversa per ogni essere umano: un'esperienza è una relazione tra un'anima e un evento esterno. Non ci sono quindi due persone che possono avere la stessa esperienza, perché lo stesso evento è completamente diverso per ogni anima.

Allo stesso modo, le reazioni di ogni anima culturale al territorio, ai flussi di popolazione, agli eventi e ai movimenti al di fuori dell'area culturale, sono individuali per ogni cultura. Le esperienze religiose di ogni cultura sono uniche: ogni cultura ha il proprio sistema non trasferibile di sperimentare e descrivere il Divino, e questo stile religioso continua attraverso l'intera sfera vitale della cultura, e determina completamente la filosofia, la scienza e anche i fenomeni antireligiosi di quella cultura. Ogni cultura ha la sua specie di ateismo, unica come la sua religione. La filosofia e la scienza di ogni cultura non diventano mai indipendenti dallo stile religioso della cultura stessa; persino il materialismo è solo una caricatura empia dei sentimenti religiosi di base della cultura.

La scelta delle forme artistiche e dei loro contenuti è individuale per ogni cultura. Così, la cultura occidentale è la prima a inventare la pittura a olio, e anche la prima a dare il primato alla musica. Il sentimento numerico delle culture sviluppa in ognuna di esse la propria matematica, che descrive il proprio mondo numerico, che è internamente non trasferibile, anche se certi sviluppi esterni possono essere parzialmente assimilati, e poi trasformati internamente, da altre culture. L'idea di Stato è altrettanto individuale, così come l'idea di Nazione e lo stile dell'Imperium finale, la creazione politica ultima della Cultura.

Ogni cultura ha il proprio stile nella tecnica - debole e grossolano nel classico e nel messicano-peruviano, colossale e avanzato nel nostro - il proprio rapporto con l'economia, il proprio stile storico o il tempo organico.

Ogni Cultura ha una Morale di base diversa, che influenza la sua struttura sociale, i suoi sentimenti e le sue maniere, l'intensità dei suoi imperativi interni e, quindi, lo stile etico dei suoi grandi uomini. Questa morale di base determina lo stile della vita pubblica durante l'ultima grande fase della vita della Cultura: la Civiltà.

Non solo le Culture si differenziano l'una dall'altra per la rappresentazione altamente sviluppata del principio di individualità, ma ogni epoca di una Cultura ha una propria impronta, che è influenzata dalla precedente e che influenzerà la successiva. Queste differenze appaiono maggiori agli uomini appartenenti alla stessa cultura rispetto a quelle tra una cultura e l'altra. È l'illusione ottica di una maggiore grandezza causata dalla vicinanza. Per noi, la differenza tra il 1850 e il 1950 è enorme; per gli storici dell'anno 2150 lo sarà molto meno. Prima di addentrarci nello studio storico, abbiamo la sensazione che il 1300 e il 1400 fossero molto simili dal punto di vista spirituale, ma in realtà in quel secolo si sono verificati eventi spirituali altrettanto decisivi di quelli che hanno avuto luogo tra il 1850 e il 1950.

Anche in questo caso, lo schema lineare travisa profondamente la storia: dice "Antico" e pensa di descrivere una cosa sola, una spiritualità generale. Ma sia l'Egitto che Babilonia avevano fenomeni propri che corrispondono alle nostre Crociate, alla nostra religione gotica, al Sacro Romano Impero, al Papato, al Feudalesimo, alla Scolastica, alla Riforma, allo Stato Assolutista, all'Illuminismo, alla Democrazia, al Materialismo, alle Guerre di Classe, al Nazionalismo, alle guerre di annientamento. Lo stesso è accaduto con le altre Culture: quella cinese, quella indù, quella araba, quella classica e quella messicana.[9] La quantità di informazioni disponibili su queste culture è molto diversa, ma ciò che abbiamo è sufficiente per descrivere la struttura della storia. Tra un'epoca della Storia egizia e l'altra c'era una differenza pari a quella tra il 1700, il periodo delle guerre di successione spagnole, e il 1800, con le guerre napoleoniche. Questa illusione ottica sulle distanze trova un'analogia nel mondo spaziale: una catena montuosa lontana appare uniforme, mentre più vicina si vede ripida.

L'idea che la "Civiltà" fosse una cosa certa, piuttosto che una fase vitale organica di una cultura, faceva parte dell'ideologia del "Progresso". Quella religione profana, con la sua peculiare miscela di Ragione e Fede, soddisfaceva una certa esigenza interna del XIX secolo. Ricerche successive avrebbero probabilmente scoperto lo stesso fenomeno in altre Culture. Sembra essere un bisogno organico del Razionalismo quello di sentire che "le cose vanno sempre meglio". Il "progresso" era quindi un continuo avanzamento morale dell'"umanità", un movimento verso una "civiltà" sempre migliore. L'ideologia veniva formulata con lievi differenze da ciascun materialista, ma non si poteva contestare che il "progresso" fosse un dato di fatto. Chi ne dubitava veniva bollato come "pessimista". L'ideale di un "progresso" continuo era necessariamente irraggiungibile, perché se fosse stato possibile raggiungerlo, il "progresso" si sarebbe fermato, e questo era impensabile.

Un'immagine del genere si adattava all'Età della Critica, ma in un'Età storica non è altro che un altro argomento di interesse, in quanto espressione di una certa fase della vita di una determinata Cultura. È sullo stesso piano dell'immagine dell'imminente catastrofe mondiale della metà del XIV secolo, dell'ossessione per le streghe del XVI secolo o del culto della Ragione del XVIII secolo. Tutte queste prospettive hanno un significato storico solo oggi. A noi interessa solo che un tempo si credeva in esse. Ma cercare di portare nel XX secolo l'ideologia "progressista" di

---

[9] L'autore, in alternativa, descrive come messicana, o messicano-peruviana, la cultura che visse fino all'arrivo degli spagnoli dal Rio Grande alla Terra del Fuoco. È importante notare che l'unità interna di questa cultura fu dimostrata scientificamente solo vent'anni dopo la pubblicazione di Imperium.

un tempo è un tentativo ridicolo; chi pensasse solo ad essa si scoprirebbe un'anacronistica mediocrità.

II

La parola storia è stata usata per coprire tutti gli eventi umani, sia quelli che manifestano lo sviluppo di una cultura sia quelli che si trovano al di fuori di qualsiasi cultura. Ma i due tipi di eventi non hanno nulla in comune. L'uomo come specie è una forma vitale, l'uomo di cultura è un'altra. Di conseguenza, la parola storia designa cose diverse nei due casi.

In che cosa si differenzia l'uomo come specie dalle altre forme di vita, come le piante e gli animali? Semplicemente nel possesso di un'anima umana. Quest'anima dà forma a un mondo diverso da quello delle altre forme di vita. Il mondo dell'uomo è un mondo di simboli. Le cose che per gli animali non hanno significato e mistero, per l'uomo hanno un significato simbolico. Al di fuori di una Grande Cultura, questo bisogno di simbolizzare si manifesta nella formazione di culture primitive. Tali culture hanno una religione animistica, un'etica del tabù e del totem e forme socio-politiche dello stesso livello. Tali culture non costituiscono un'unità, cioè non c'è un unico simbolo primario che si attualizza in tutte le forme di cultura. Tali culture sono semplici somme, collezioni di motivi e tendenze.

In nessun luogo l'uomo primitivo è privo di una cultura primitiva di questo tipo. L'uomo come animale puro non esiste. Tutti gli animali hanno un'esistenza puramente economico-riproduttiva: la totalità della loro vita individuale consiste nel processo di alimentazione e riproduzione, la loro vita non ha una sovrastruttura spirituale al di sopra di questo piano.

Tuttavia, la vita dell'uomo primitivo e quella dell'abitante di una zona in cui si sta sviluppando una Grande Cultura sono due cose incommensurabili. La differenza è così ampia che diventa una questione di qualità, e non di semplice grado. Di fronte alla storia dell'Uomo-Cultura, l'uomo primitivo sembra semplicemente zoologico. La storia che Stanley ha incontrato nelle sue esplorazioni africane era di un tipo, e Stanley stesso rappresentava l'altro tipo. Altrettanto zoologica è la storia degli abitanti dei laghi dell'antica Svizzera, dei cinesi di oggi, degli arabi, dei boscimani, degli indù di oggi, degli amerindi, dei lapponi, dei mongoli e delle innumerevoli altre tribù, razze e popoli al di fuori della nostra civiltà occidentale.

L'animale si occupa solo di economia, l'uomo primitivo vede significati nascosti nel mondo, ma l'Uomo-Cultura considera i suoi alti simboli come il contenuto della Vita. Una Grande Cultura rimodella interamente le pratiche economiche delle popolazioni in cui mette le mani; riduce l'economia alla base della piramide della vita. Per una Grande Cultura l'economia ha lo stesso significato che la funzione del mangiare ha per l'individuo. Al di sopra dell'economia si trovano tutte le manifestazioni della vita della Grande Cultura: architettura, religione, filosofia, arte, scienza, tecnologia, educazione, politica, erotica, costruzione di città, imperialismo, società. Il significato che un individuo ha è il riflesso del suo legame personale con i simboli della Cultura. Questa stessa valutazione è prodotta dalla cultura. Per una prospettiva anticulturale come la curiosa "interpretazione materialista della storia", qualsiasi proletario ha più valore di Calderon, perché non era un lavoratore manuale e quindi non ha fatto nulla di concreto in un mondo il cui intero significato è economico.

La differenza tra la storia dell'uomo come specie e la storia dell'uomo al servizio di una Grande Cultura è che la prima manca di un grande significato e solo la seconda è il veicolo di un alto significato. Nella storia alta, gli uomini rischiano tutto e muoiono per un'Idea; per gli uomini primitivi non ci sono idee extrapersonali di quella forza, ma solo litigi personali, rozza ambizione di bottino o potere informe. Sarebbe quindi un errore considerare la differenza come meramente quantitativa. L'esempio di Gengis Khan ci mostra che gli eventi da lui scatenati erano di dimensioni considerevoli, ma in senso culturale erano privi di significato. Non c'era Idea in quella valanga di seguaci di un avventuriero. Le sue conquiste furono fatali per centinaia di migliaia di persone; l'impero che eresse durò alcune generazioni, ma rimase semplicemente lì, non rappresentò nulla al di là di se stesso. D'altra parte, l'impero di Napoleone, per quanto breve, era carico di un significato simbolico che permane tuttora nella mente degli occidentali ed è, come vedremo, gravido del futuro dell'Occidente. Le Grandi Culture creano le più grandi guerre, ma il loro significato non è semplicemente quello di provocare torrenti di sangue, bensì quello di far cadere questi uomini in una lotta di idee. Dopo che una Grande Cultura si è realizzata, le popolazioni dell'area che occupava tornano alla loro condizione primitiva, come ci mostrano gli esempi dell'India, della Cina, dell'Islam e dell'Egitto.

Le grandi metropoli si svuotano, i barbari esterni le saccheggiano e i sopravvissuti tornano alla loro condizione primitiva di uomini di clan o di tribù, o semplicemente di nomadi. Quando gli eventi esterni non distruggono completamente i resti, il sistema di caste dell'ultimo stadio rimane indefinitamente, come in India o in Cina, ma questo è solo il residuo dello scheletro della cultura precedente, che, come tutti gli esseri viventi, passa, per non tornare mai più. La memoria della cultura permane, ma l'atteggiamento delle popolazioni sopravvissute nei confronti delle sue conquiste è del tutto primitivo, statico, puramente personale.

Le città del mondo abbandonate stanno di nuovo tornando nei paesaggi che un tempo dominavano. Metropoli un tempo orgogliose come Berlino, Londra e New York sono scomparse, inghiottite dalla vegetazione della giungla o dalle sabbie della pianura. Così è stato per Luxor, Tebe, Babilonia, Pataliputra, Samarra, Uximal, Texcoco, Tenochtitlan. In casi più recenti, anche i nomi delle grandi città sono scomparsi e ci si riferisce ad esse con il nome dei villaggi vicini. Ma è un dettaglio irrilevante che la città giaccia morta, o che sia abitata da pochi clan accampati nello spazio aperto, che combattano nelle strade e che si rifugino nelle strutture abbandonate, o che la sabbia sia ammassata sui resti in rovina.

7. Pessimismo

I

È stato un fenomeno straordinariamente curioso quello che si è verificato quando, all'inizio del XX secolo, è apparsa la prospettiva storica organicamente necessaria, che ha sostituito le prospettive religiose e critico-filosofiche delle epoche occidentali precedenti. Fu accolta dai pensatori dell'altro ieri con un grido di "pessimismo". Con questa parola, apparentemente, si pensava di poter evocare lo spirito dell'epoca a venire e di infondere nuova vita allo spirito morto di un'epoca già passata. Al pensiero astratto e inorganico questo gioco di prestigio non sembrava degno di considerazione, poiché considerava la Storia come la sfera d'azione in cui si poteva fare ciò che si voleva per costringere il Passato a ballare la propria musica.

La parola pessimismo era una parola polemica: descriveva un atteggiamento di disperazione generale, che doveva colorare opinioni e affermazioni di fatto.

Chiunque usasse seriamente questa parola dimostrava una filosofia storico-mondana di stampo elettorale. È ovvio che un fatto asserito debba essere esaminato indipendentemente dall'atteggiamento di chi lo ha affermato. Tutto il clamore sul pessimismo è quindi un argomento ad hominem, e quindi inutile. I fatti non sono pessimisti o ottimisti, giudicanti o assurdi. Un ottimista può parlare di un fatto, un pazzo può parlare di un fatto, e così anche un pessimista. Descrivere l'uomo che ha affermato il fatto lascia aperta la questione se il fatto sia giusto o sbagliato. La sua natura puramente ad hominem è stata la prima debolezza della prospettiva del "pessimismo" nella visione storica del XX secolo.

Il pessimismo descrive solo un atteggiamento, e non i fatti, e quindi è del tutto soggettivo. L'atteggiamento verso la vita che Nietzsche elaborava continuamente come "pessimismo" descriveva a sua volta Nietzsche come pessimista, ed entrambi erano indubbiamente corretti. Se qualcuno pensa che i miei progetti siano destinati al fallimento, a mio avviso lo considero un pessimista. Viceversa, se io penso che le sue aspirazioni non porteranno a nulla, lui pensa che sia io il pessimista. Abbiamo ragione entrambi.

Gli ideologi "progressisti", compiaciuti, isolati da ogni contatto con la realtà nella sicurezza della loro corazza mentale, si offesero moltissimo quando fu suggerito che anche la loro particolare Fede aveva una portata vitale che, come tutte le visioni del mondo preesistenti, non era che la mera descrizione di un'anima particolare di una certa epoca, ed era quindi destinata a morire. Dire che la religione del "Progresso" sarebbe finita con l'Età di cui soddisfaceva le esigenze interiori equivaleva a negare la veridicità di quella religione, che pretendeva di essere una descrizione universale di tutta la storia umana. "La cosa peggiore è che la prospettiva del ventesimo secolo sulla storia è stata formulata in modo così strettamente fattuale da essere vincolante per la mentalità del ventesimo secolo. Ciò ha comportato la conseguenza che si dovevano fare affermazioni contro di essa, perché non era possibile alcun altro tipo di discussione. La semplice parola "pessimismo" avrebbe dovuto strangolare la prospettiva storica del XX secolo.

Sarebbe un errore attribuire ciò alla malizia dei "religionari del progresso". Nessuna epoca si sottomette tranquillamente allo Spirito dell'Età a venire.

I religionari della stregoneria non erano certo con i primi materialisti che osavano negare l'esistenza delle streghe. Il conflitto tra l'Establishment e l'Avvenire è continuamente in corso, e l'Avvenire prevale sempre. E non perché sia vero e l'Avvenire sia falso, ma perché entrambi erano lo stadio vitale di un organismo, una cultura. La verità e la falsità hanno poco a che fare in questo processo come nella trasformazione del bambino in giovane, del giovane in uomo, dell'uomo in vecchio. Il nipote non è più vero del nonno, ma prevarrà per il vantaggio organico che ha. Allo stesso modo, l'atteggiamento storico del XX secolo soppianta la religione materialista del XIX secolo. Il materialismo, il razionalismo, il "progresso" sono esauriti, ma l'atteggiamento storico del XX secolo è pieno di vigore e di promesse, di desiderio di adeguarsi ai suoi grandi compiti fattuali per creare i suoi grandi fatti. È questa necessità organica che gli conferisce una qualità obbligatoria e vincolante. In quest'epoca gigantesca, in cui ci sono nazioni che sono potenze mondiali in un decennio e colonie in quello successivo, nessuno può consapevolmente mantenere, anche di fronte ad essa, la pretesa superficiale e infantile che sotto tutti questi cataclismi ci sia un significato di "progresso morale" permanente dell'"Umanità".

Alcuni uomini sono stati razionali per brevi periodi: questa è la somma delle apparizioni della Ragione nella Storia. Ma questi uomini non hanno mai fatto la Storia, perché la Storia è irrazionale. L'affermazione che la ragione è il senso della Storia è un'affermazione irrazionale, poiché la Ragione è un prodotto della Storia.

Quando il culto della Ragione fu istituito come religione nella Francia rivoluzionaria - come una nuova Fede - una fille de jole fu incoronata Dea Ragione. Anche il Razionalismo porta con sé il seno della Vita: è irrazionale.

Il significato della parola pessimismo deve essere ulteriormente analizzato. Come abbiamo visto, la parola è soggettiva e quindi può essere applicata a chiunque, se ha convinzione che qualcosa sia destinato a morire. Supponiamo che io dica: l'Impero romano è decaduto internamente e nel giro di pochi secoli l'idea romana è morta completamente.

È pessimismo? Mio nonno è morto. Sono pessimista se lo dico? Un giorno morirò anch'io. Pessimismo? Tutto ciò che vive deve morire. Pessimismo? Alla vita appartiene la morte. Pessimismo Esiste un esempio conosciuto di un individuo che si è evoluto completamente al di fuori della sequenza organica della forma vitale a cui appartiene, ed è rimasto costantemente in uno stadio vitale per periodi così lunghi da giustificare la conclusione che si trattava di un caso di Vita senza Morte? Un esempio potrebbe essere un uomo che ha vissuto - non cento anni, perché tutti crediamo che un uomo del genere alla fine morirà - ma due o trecento anni, e sempre in uno stadio vitale, per esempio all'età biologica di sessantacinque anni.

Non conosciamo un uomo simile, né una forma vitale simile. I denigratori del "pessimismo" diranno che questo è "pessimismo", senza dubbio. Dovremmo mantenere la pretesa di non morire mai, perché ammettere la morte è pessimismo.

La storia rivela sette Grandi Culture che ci hanno preceduto.

I loro periodi di gestazione erano morfologicamente identici, così come le loro crisi di nascita, le loro prime attività vitali, la loro crescita, i loro periodi di maturità, le loro grandi crisi di Civiltà, le loro ultime forme vitali, il graduale rilassamento e l'arrivo, per ognuno di loro, di un momento in cui si poteva dire, guardando il paesaggio in cui il grande Essere si era realizzato, che non esisteva più, che era morto. La consapevolezza di questo fa molto male ai denigratori del "pessimismo", e non conosco alcun rimedio al loro dolore. Quelle sette Culture sono morte; sarebbe stato molto più curioso se fossero vissute in eterno.

II

Ma la nostra Civiltà è una tappa di una Grande Cultura, la Cultura dell'Occidente. Il suo millennio storico ci mostra che è un organismo individuale appartenente alla forma vitale di una Grande Cultura. Chi riflette sui fatti può affermare che essa appartiene a una forma vitale ma non ha una sfera vitale?

A questo punto si può porre la domanda: come può essere pessimismo affermare che se sette Grandi Culture si sono realizzate, anche l'ottava può farlo? Se questo è pessimismo, allora chiunque ammetta la propria mortalità è inevitabilmente un "pessimista" - quindi l'alternativa al pessimismo è l'idiozia.

Tuttavia, il pessimismo è un atteggiamento e se qualcuno dice che ammettere il fatto che la Vita si realizza nella Morte è pessimismo, ci mostra qualcosa di sé. Ci mostra la sua vile paura della morte, la sua totale mancanza di eroismo, di rispetto per i misteri dell'Essere e del Divenire, il suo vano materialismo. Non dobbiamo mai dimenticare che queste stesse persone sono quelle che scrivono e leggono, nei loro libri e nella loro stampa periodica, una letteratura sul prolungamento indefinito della sfera vitale della specie umana. Questo ci mostra un'altra cosa di loro. Come si divertono a giocare con le statistiche delle compagnie di assicurazione in modo da poter pensare di vivere più a lungo! Questa è la loro valutazione della vita: la vita migliore è quella più lunga. Per questa mentalità, una vita breve ed eroica è triste, poco stimolante. L'eroismo in generale è quindi semplicemente una follia, poiché la vita prolungata all'infinito è l'obiettivo del "Progresso".

Nell'epoca religiosa gotica si formò e si sviluppò la forma occidentale dell'idea dell'immortalità dell'anima. Con l'era del materialismo, l'idea fu caricaturizzata con l'immortalità del corpo. Il medico divenne il sacerdote della nuova religione e un certo tipo di letteratura lo glorificò come l'esemplare umano per eccellenza, poiché salvava vite umane. Eppure, per quanto queste persone si scandalizzino, la morte continua ad accompagnare la vita. Le guerre del XX secolo sono costate più vite di quelle del XIX secolo. Le generazioni continuano la loro processione verso la tomba e anche il materialista più vile, che non può mai ammettere che tutto ciò che è vivente morirà, segue il percorso che i materialisti seguivano nelle otto Culture.

Per chi vive nell'indicibile paura della morte personale, è naturale che l'idea della scomparsa di un'anima extrapersonale sia orribile e spaventosa. I materialisti non hanno mai rispettato i fatti; ciò che non era misurabile con i loro pesi e misure non esisteva. I fatti storici non sono di per sé interessanti per un punto di vista razionalista, che parte da un principio critico, non dai fatti, ed era difficile aspettarsi che una visione storica basata su cinque millenni di storia piuttosto che su semplici banalità filosofiche li avrebbe convinti.

È curioso notare che i lamentatori del pessimismo, che negavano che la cultura sarebbe morta, negavano anche la natura organica di una cultura. In altre parole, negavano anche che essa vivesse. Il loro materialismo li spingeva verso la seconda ipotesi, la loro codardia verso la prima. La cosa più importante di tutti i loro atteggiamenti era che non riuscivano a cogliere l'idea cruciale della prospettiva del XX secolo. Le centinaia di volumi che hanno scritto contro di essa - tutti ripetenti la parola magica "pessimismo" - lo dimostrano abbastanza chiaramente. In ogni pagina c'è un fraintendimento fondamentale della grande tesi. Con la loro incomprensione, hanno fornito un'altra prova dell'accordo di prospettiva, perché la visione di un'epoca riflette solo l'anima di quell'epoca, e la prospettiva del XX secolo non poteva essere adattata alla loro visione del XIX secolo, già superata.

Un grande fatto storico avrebbe dovuto consolarli: la morte di questa Cultura, che non era viva e che non sarebbe mai morta, secondo loro, non avrebbe dovuto significare nulla di particolare per loro. In primo luogo, una cultura non nasce né muore in pochi anni; tali processi si misurano in generazioni e secoli. Quindi, nessun uomo potrebbe vedere una Cultura nascere o morire, e nessun materialista sarebbe mai costretto a sopportare la dolorosa esperienza di contemplare la sua morte. Inoltre, la vita della gente comune, sul piano della vita quotidiana, è poco influenzata dalla presenza della Cultura o della Civiltà, durante la sua morte o dopo la sua morte; la vita della gente comune, nei suoi rigidi fondamenti, è semplicemente vita. Le grandi moltitudini scompaiono, perché esistevano solo per svolgere gli ultimi grandi compiti della Civiltà; scompaiono anche le condizioni artificiali della vita, cessano le grandi guerre, cessano le grandi esigenze. Il Pacifismo organico - non il Pacifismo ideologico, che provoca guerre - è la condizione finale di una Cultura.

Ebbene: i materialisti sono esclusivamente tra la gente comune, cosa può importare loro di grandi cose come l'eroismo, le grandi guerre e l'imperialismo? Allora la fine di una cultura dovrebbe interessarli. In realtà, però, tutto il loro terrore poggiava su un'illusione. Sarebbe assurdo per chiunque preoccuparsi ora degli eventi dell'anno 2300 come lo sarebbe stato per Federico il Grande preoccuparsi degli eventi dell'anno 1900. Non poteva esattamente immaginare quegli eventi, poiché non poteva pianificarli, quindi sarebbe stato assurdo per lui temerli. Erano questioni che altre persone. Le esigenze di oggi - duo Goethe - sono il nostro dovere immediato. Noi che viviamo in Europa oggi abbiamo un certo compito imposto dalla situazione, dai tempi e dal nostro imperativo interiore.

Il massimo che possiamo fare per contribuire a plasmare il futuro remoto è contribuire a dare a quest'epoca la forma forte e virile che richiede. Anche la generazione che seguirà avrà il suo compito, e l'unico modo per essere efficaci nel suo tempo è comportarci ora in modo tale che le nostre azioni e il nostro esempio ci sopravviveranno.

Per un materialista, questo è pessimismo.

III

Ci sono molti intellettuali che si soffermano sul titolo di opere fondamentali di un'epoca storica: deducono come motivo della loro accusa di pessimismo nei confronti della visione del mondo del XX secolo il titolo del primo libro che l'ha descritta per intero: Il declino dell'Occidente. La decadenza suonava decisamente pessimista per questi signori e non avevano bisogno di altro. Nel suo saggio "Pessimismo?" (1921) Spengler ricorda che alcuni avevano confuso il naufragio di una cultura con l'affondamento di una nave, quando, applicato alla cultura, l'idea di catastrofe non era contenuta nella parola. Spiega inoltre che il titolo fu deciso nel 1911, quando disse che "il superficiale ottimismo dell'era darwiniana incombe sul mondo occidentale euro-americano". Preparò il libro, in cui prevedeva la tesi di un'era di guerre di annientamento per l'immediato futuro, per l'epoca a venire, e scelse il titolo per contraddire l'ottimismo imperante. Nel 1921, scrive, avrebbe scelto un titolo che avrebbe contraddetto l'altrettanto vano pessimismo allora imperante.

Se il pessimismo è definito come "non vedere più nulla da fare", ciò non influisce su una filosofia che espone un compito dopo l'altro che resta da svolgere nella civiltà occidentale. Oltre alla politica e all'economia, a cui è dedicato questo lavoro, la fisica, la chimica e la tecnologia occidentale hanno i loro vertici alle spalle, così come l'archeologia e la filosofia storica. Anche la formulazione di un sistema giuridico liberato dalla filologia e dal concettualismo è una necessità. L'economia nazionale deve essere profondamente considerata e organizzata nello spirito del XX secolo e, soprattutto, deve essere creata l'educazione, nel senso grandioso di formare consapevolmente le generazioni future, alla luce della necessità storica del nostro Futuro, per i grandi compiti vitali della Civiltà.

Il grido di "pessimismo" sta morendo: la visione storica del XX secolo guarda dalla sua cima, verso i suoi unici, vasti orizzonti storici. i percorsi di vita di otto Grandi Culture realizzate, e guarda persino con arroganza e fiducia al futuro della propria Cultura, ancora da realizzare.

I lettori del 1950 hanno dimenticato, e quelli del 2050 non avranno modo di sapere che, prima che apparisse la visione della Storia del XX secolo, la storia da fare era considerata una tabula rasa su cui l'uomo poteva scrivere ciò che voleva. Questo era naturalmente l'atteggiamento istintivo di chi era più di un semplice uomo d'azione, doveva sapere tutto per compiere la più futile delle sciocchezze, ma anche loro dovevano mantenere la pretesa che il futuro fosse carta bianca.

Nessuno pensa più in questo modo nella seconda metà del XX secolo; i lamenti dei razionalisti e i piagnistei dei materialisti stanno perdendo la loro intensità. Anche loro ora parlano di storia invece delle loro vecchie volgarità. Anche la loro stampa alimenta le loro orde con una visione storica. La storia inizia nel 1870 e finisce dopo la prossima guerra; ogni gara viene descritta come l'ultima. Questa immagine storica è servita per più di una generazione e il fatto che esista nel giornalismo materialista è un segno dell'atteggiamento sempre più storico della nostra epoca. Dopo prima guerra mondiale, fu istituita una "Società delle Nazioni" per portare la "pace nel mondo" e nella civiltà occidentale c'era un numero considerevole di persone che la prendevano sul serio. Nel breve volgere di una generazione, dopo la Seconda guerra mondiale fu fondata una seconda "Lega", ma questa volta, a causa dell'intima vittoria della prospettiva mondiale del XX secolo che si era verificata in Occidente, quasi nessuno considerava la "Lega" - l'ONU - come qualcosa di diverso da un luogo di preparazione diplomatica alla guerra tra le due potenze rimaste. Molto lontano dai vecchi tempi del "Progresso".

I colpi sono stati rivolti contro i negazionisti del "pessimismo". In realtà, essi non sono altro che i rappresentanti dello spirito di un'epoca passata per sempre. Sono quindi anacronistici in quest'epoca e, nella misura in cui cercano di intervenire nella loro vita, devono lottare contro tutte le sue tendenze di espressione. Possono solo negare il futuro con il loro vano tentativo di rivivere il passato. Questo non li rende forse pessimisti?

L'ultima parola può essere spesa sul pessimismo e sull'ottimismo, perché i due concetti sono inseparabili. Se il pessimismo è disperazione, l'ottimismo è vigliaccheria e stupidità. C'è bisogno di scegliere tra i due? Entrambi sono malattie gemelle dell'anima. Tra loro c'è il realismo, che vuole sapere cosa c'è, cosa si deve fare, come si può fare. Il realismo è pensiero storico e anche pensiero politico. Il realismo non guarda mondo con un principio preconcetto a cui le cose devono sottomettersi; è proprio questa supina stupidità che genera pessimismo e ottimismo. Se sembra che le cose non andranno bene, dichiararlo è pessimismo. L'ottimismo continua a fingere che tutto andrà bene, anche quando l'intero corso della storia dimostra il contrario. Delle due malattie, l'ottimismo è più pericoloso per l'anima, perché è più cieco. Il pessimismo, non essendo spaventato dall'affermazione dello sgradevole, è almeno capace di vedere e può provocare la nascita di istinti sani.

Ogni capitano deve prepararsi sia alla vittoria che alla sconfitta e, dal punto di vista tattico, la seconda parte del suo piano è la più importante, e nessun capitano mancherebbe di prevedere le misure da adottare in caso di sconfitta perché qualcuno gli ha detto che questo è pessimismo. Andiamo oltre. Nel 1836, ad Alamo, un centinaio di americani furono accerchiati da truppe messicane che contavano più di ventimila persone. Era forse pessimista per loro rendersi conto che la loro posizione era senza speranza? Ma poi accadde qualcosa che i materialisti - i veri pessimisti - non potranno mai capire. I membri della piccola guarnigione non permisero che la situazione evidentemente senza speranza influenzasse la loro condotta personale: ognuno scelse di combattere piuttosto che arrendersi. Pensavano più a ciò che restava da fare che al loro definitivo annientamento.

Questo era anche l'atteggiamento dei piloti kamikaze che, nella Seconda Guerra Mondiale, facevano schiantare i loro aerei carichi di esplosivo contro le navi da guerra nemiche. Questo atteggiamento non solo è completamente al di fuori di qualsiasi stupido schema ottimista-pessimista, ma è esso stesso l'essenza dell'eroismo. La paura della morte non impedisce all'eroe di fare ciò che deve essere fatto. Il XX secolo adotta di nuovo questo atteggiamento eroico e pensa al suo lavoro e non alla fine ultima della vita nella morte. Ha ancora meno paura della morte, sia di quella individuale sia della realizzazione della Civiltà all'interno della quale dobbiamo attualizzare le nostre possibilità che cercano di negare in qualche modo la Morte. Vuole vivere la Vita, non strisciare di fronte alla Morte. L'ottimismo e il pessimismo sono per i codardi, i deboli sciocchi e stupidi, incapaci di apprezzare il mistero, la potenza e la bellezza della vita. Si sottraggono all'energia e alla rinuncia e fuggono dalla brutalità dei fatti verso i sogni dell'immortalità del corpo e della perpetuazione indefinita della visione del mondo del XIX secolo.

Mentre scrivo - 1948 - questi vili pessimisti governano la civiltà occidentale sommersa, portata da forze extraeuropee. Fingono che tutto vada bene, ora che l'Europa è il bottino di potenze esterne, abbassata allo stesso livello dell'India e della Cina. Tuttavia, lo spirito del XX secolo, che odiano perché è giovane e pieno di vita, un giorno li spazzerà nella pattumiera della storia, dove sono stati consegnati da tempo. Il loro atteggiamento è: non fare nulla. E hanno ancora l'audacia di denunciare i rappresentanti dello spirito del XX secolo come "pessimisti". I materialisti e i liberali parlano di "tornare indietro" verso condizioni migliori - sempre indietro. Il nuovo spirito comanda: avanti verso la più grande di tutte le nostre epoche.

Quest'epoca e il suo spirito non si tireranno indietro di fronte al compito di costruire l'Impero dell'Occidente, anche se si dice loro che le forze esterne sono troppo forti, che non ci riusciranno mai. Preferisce morire in piedi piuttosto che vivere in ginocchio, come i materialisti e gli altri codardi che ora servono gli esterni nel loro grande compito di depredare e distruggere la civiltà occidentale.

Il grande imperativo etico di quest'epoca è la fedeltà individuale a se stessi, sia per la civiltà che per i suoi leader. Per questo imperativo, una situazione sfavorevole non potrebbe mai portare a un adattamento di se stessi alle richieste dello straniero, limitandosi a vivere in una pace da schiavi. Ci si afferma, determinati alla vittoria personale, per quanto piccole possano sembrare le possibilità di vittoria. La promessa di successo è con l'uomo che vuole morire con orgoglio se non è più possibile vivere con orgoglio.

8. La crisi della civiltà

I

Tutte le Culture hanno raggiunto un punto del loro sviluppo in cui le loro possibilità di cultura - nel senso più stretto del termine - sono state soddisfatte. Le direzioni vitali della religione, della filosofia e delle arti delle forme erano pienamente espresse e definitivamente formate. La Controriforma fu il periodo in cui si plasmarono definitivamente le potenzialità formative religiose dell'Occidente, e da quel momento in poi la religione fu sulla difensiva contro le tendenze profane, che gradualmente aumentarono e infine, con l'avvento del XIX secolo, si affermarono. Kant è il punto più alto delle possibilità occidentali nella filosofia inorganica, come lo fu il suo contemporaneo Goethe nella filosofia organica. Mozart è il vertice più alto nella musica, l'arte che la cultura occidentale ha scelto come la più perfetta per la propria anima.

Naturalmente la cultura ha sempre avuto una vita interna ed esterna; la politica e la guerra sono sempre esistite, perché sono inseparabili dalla vita dell'uomo-cultura. Ma nei primi secoli della cultura - diciamo intorno al 1400 - la religione dominava l'intera vita culturale. L'architettura gotica, la scultura gotica, la pittura su vetro e ad affresco erano arti che servivano all'espressione religiosa, e quei secoli possono essere chiamati l'Età della Religione. Questo periodo porta a nuove tendenze, meno esoteriche, che si riflettono anche nel maggiore sviluppo del commercio e della produzione economica. Le nuove tendenze sono più urbane; contengono un maggiore adattamento al mondo esterno, ma sono ancora principalmente interne. Le arti passano sotto la custodia dei "Grandi Maestri" e si emancipano dalla religione. La maturità della cultura si riflette nello sviluppo, in questo periodo, della sua arte più grande e raffinata. In Occidente era la musica, nella cultura classica era la scultura.

La Riforma e la Controriforma si allontanano entrambe dall'età della religione. La filosofia diventa indipendente dalla teologia e le scienze naturali sfidano i dogmi della fede. L'atteggiamento di base verso il mondo rimane sacro, ma il primo piano illuminato si allarga costantemente. Questo periodo è il Barocco della nostra cultura e dura dal 1500 al 1800; lo Ionio della cultura classica. Durante questi secoli, la politica riflette la fase strettamente formativa della cultura. La lotta per il potere politico si svolgeva rigorosamente entro i limiti imposti dall'anima della cultura. Gli eserciti erano piccoli e professionali; la guerra era un affare nobile; i trattati di pace venivano conclusi con negoziati e compromessi; l'onore era presente in ogni decisione politica o bellica.

Il tardo barocco produce l'età dei "lumi". La ragione divenne onnipotente e sfidare la sua grandezza divenne inconcepibile come sfidare Dio in epoca gotica. I filosofi inglesi, da Locke in poi, e gli enciclopedisti francesi che adottarono le loro idee, furono i custodi dello spirito dell'epoca.

Nel 1800, la tendenza all'esteriorizzazione aveva completamente prevalso sull'antica interiorità esoterica della Cultura rigorosa. La "Natura" e la "Ragione" sono i nuovi dei; il mondo esterno è considerato essenziale. Dopo aver esaminato la propria anima e aver espresso al massimo le proprie possibilità formative nel mondo interiore della religione, della filosofia e dell'arte, l'Uomo-Cultura trova ora il suo imperativo nell'assoggettamento del mondo esterno.

Il grande simbolo di questa transizione nella nostra cultura è Napoleone; nella cultura classica era Alessandro. Entrambi hanno rappresentato la vittoria della civiltà sulla cultura.

La civiltà è, in un certo senso, la negazione della cultura; in un altro senso, il suo seguito. È organicamente necessaria e tutte le culture sono passate attraverso questa fase. Il presente lavoro tratta, dall'inizio alla fine, i problemi della Civiltà in generale e, in particolare, il nostro problema immediato per il periodo 1950-2000. Non c'è quindi bisogno di andare oltre la semplice presentazione del significato della fase della Civiltà nell'organismo.

Con il trionfo della Ragione si verifica un immenso effetto liberatorio sulla popolazione della Cultura. I sentimenti che prima si esprimevano solo in forme rigide, sia nell'arte, sia nella guerra, sia nella politica di governo, sia nella filosofia, sono ora lasciati liberi, sempre più indipendenti dai vincoli della cultura.... Rousseau, ad esempio, sosteneva la soppressione di ogni cultura e la discesa dell'uomo-cultura al piano puramente animale dell'economia e della riproduzione. L'arte si separa sempre più dal mondo delle forme rigorose, da Beethoven ai giorni nostri. L'ideale del Bello si trasforma infine nell'ideale del Brutto. La filosofia diventa pura etica sociale, se non addirittura una rozza e grezza metafisica del materialismo. L'economia, un tempo solo fondamento della grande struttura, diventa ora il fulcro di un'immensa energia. Anch'essa soccombe alla Ragione e su questo terreno la Ragione formula la misura quantitativa del valore, il denaro.

La ragione applicata alla politica ha prodotto la Democrazia; applicata alla guerra, ha generato l'esercito di massa che ha sostituito il professionista, e la dettatura al posto del trattato. L'autorità e la dignità dello Stato assoluto sono percepite come una tirannia dalle nuove tendenze vitali, e nelle grandi battaglie le forze del denaro, dell'economia e della democrazia vincono lo Stato. La sua guida pubblica e responsabile viene sostituita dal dominio privato e irresponsabile di gruppi, classi e individui anonimi, i cui interessi sono serviti dai parlamenti.

La psicologia dei monarchi è sostituita dalla psicologia delle masse e delle folle, la nuova base del potere dell'uomo con ambizione.

La produzione, la tecnologia, il commercio, il potere pubblico e, soprattutto, la densità di popolazione stanno aumentando a dismisura. Queste cifre sono il risultato dell'enorme compito finale della vita della Cultura, cioè l'assoggettamento del mondo conosciuto al proprio dominio. Si tratta di un'area in cui un tempo c'erano 80 milioni di persone, oggi ce ne sono 260 milioni.

Il grande denominatore comune delle idee della Civiltà è la mobilitazione. Le masse della Cultura e le masse conquistatrici, la terra stessa e il potere degli ideali intellettuali: tutti sono mobilitati.

II

Dal punto di vista dell'intera vita dell'organismo quest'epoca è una crisi, perché l'intera idea, la cultura stessa, è sotto attacco, e i custodi di quella cultura devono mantenere una battaglia di più di due secoli contro gli attacchi interni, in una guerra di classe. Nella parte bassa della cultura, nelle menti degli intellettuali si risveglia l'idea che questa cultura sia una cosa da sacrificare, che l'uomo un animale corrotto dallo sviluppo della sua anima. Compaiono filosofie che negano l'esistenza di tutto tranne che della materia; la vita viene definita come un processo fisico-chimico; i suoi due bisogni sono economico e riproduttivo; tutto ciò che è al di sopra di questo livello è peccato. Dai leader dell'economia e della lotta di classe nasce la dottrina secondo cui la vita non è altro che economia. Da "psicologi" di parte proviene la dottrina secondo cui la vita non è altro che riproduzione.

Ma la forza di un organismo, anche quando è in crisi, è troppo grande perché pochi intellettuali e le loro masse possano distruggerlo, e continua il suo cammino. La civiltà occidentale, la tendenza espansionistica ha raggiunto un punto, intorno all'anno 1900, in cui 18/20 parti della superficie del globo erano controllate politicamente dalle capitali occidentali. E questo aggravò ulteriormente la crisi, perché questa volontà di potenza occidentale risvegliò gradualmente le masse assopite del mondo esterno, che non si erano mai impegnate nella politica attiva.

Prima che la guerra di classe interna fosse terminata, era iniziata la guerra di razza esterna. Guerre di annientamento e guerre mondiali, continue tensioni interne sotto forma di implacabili guerre di classe, guerre esterne considerate solo come un mezzo per esasperare le proprie rivendicazioni, rivolta delle masse di colore contro la civiltà occidentale: ecco le forme assunte da questa terribile crisi del XX secolo.

Siamo al culmine di questa lunga crisi, nel periodo 1950-2000, ed è forse in questi anni che si deciderà per sempre se l'Occidente dovrà realizzare la sua ultima fase vitale. L'orgogliosa civiltà che nel 1900 possedeva 18/20 parti della superficie del globo, nel 1945, dopo la suicida Seconda Guerra Mondiale, ha raggiunto un punto in cui non controllava alcun territorio in tutto il mondo. Il potere mondiale per tutte le questioni importanti veniva deciso in due capitali straniere, Washington e Mosca. Le questioni secondarie di amministrazione provinciale erano lasciate alle ex nazioni - ora colonie - dell'Occidente, ma sulle questioni di potere i regimi con sede in Russia e in America decidevano tutto. Laddove il controllo formale era lasciato all'Europa, come in Palestina, il controllo reale era mantenuto da Washington. Le razioni alimentari, la politica sindacale, i leader e i compiti delle ex nazioni dell'Occidente sono stati decisi fuori dall'Europa.

Nel 1900, il sistema statale europeo reagì all'unisono quando la volontà negativa dell'Asia pensò, attraverso la rivolta dei Boxer, di cacciare l'imperialismo occidentale dalla Cina. Gli eserciti dei principali Stati occidentali si mobilitarono e schiacciarono la rivolta. Meno di un secolo dopo, eserciti extraeuropei si muovevano liberamente all'interno dell'Europa, eserciti composti da neri, mongoli, turcomanni, kirghizi, americani, armeni, coloniali e asiatici di tutte le zone. Come è potuto accadere?

Evidentemente, a causa della divisione interna dell'Occidente. Questa divisione non era materiale - la materia non può dividere gli uomini se le loro menti sono d'accordo - ma era una divisione spirituale che ha gettato l'Europa nella polvere. Metà dell'Europa aveva un atteggiamento verso la vita, una valutazione della vita completamente diversa dall'altra metà. I due atteggiamenti rappresentavano, rispettivamente, la prospettiva ottocentesca e quella novecentesca. La divisione persiste, e cibo mangia un uomo della civiltà occidentale dipende dalla decisione di qualcuno a Mosca o a Washington. Quando la divisione spirituale dell'Europa avrà fine, le potenze extraeuropee non saranno in grado di controllare i volitivi popoli europei.

Il primo passo da compiere, quindi, nel campo dell'azione è la liquidazione della divisione spirituale dell'Europa. C'è una sola base su cui questo può essere fatto; c'è un solo Futuro, il Futuro organico. Gli unici cambiamenti che possono essere apportati a una cultura sono quelli necessari alla sua epoca vitale. La prospettiva del XX secolo è sinonimo di futuro dell'Occidente; la perpetuazione della prospettiva del XIX secolo significa la continuazione del dominio dell'Occidente da parte dei distruttori della Cultura e dei barbari. Lo scopo del presente lavoro consiste nel presentare i fondamenti della prospettiva del XX secolo, necessari come quadro di riferimento per un'azione discernente e profonda. In primo luogo c'è l'Idea; non un ideale che si possa riassumere in una parola d'ordine, o che si possa spiegare a uno straniero, ma un sentimento vivo, pulsante, non esprimibile a parole, che esiste già in tutti gli occidentali, articolato nei più pochi, intuito nei più. Questa Idea, nella sua grandezza senza parole, nel suo imperativo irresistibile, deve essere sentita, e quindi solo gli occidentali possono assimilarla. Lo straniero non sarà mai in grado di comprenderla, così come è sempre stato incapace di comprendere le creazioni e i codici occidentali. Alla parata della vittoria a Mosca nel 1945, il barbaro fece sfilare i suoi prigionieri occidentali schiavizzati davanti alla folla urlante, costringendoli a trascinare le loro bandiere nazionali nella polvere dietro di loro. Se un occidentale crede che il barbaro faccia gentili e sottili distinzioni tra le antiche nazioni dell'Occidente, dimostra di essere incapace di comprendere i sentimenti dei popoli estranei a una grande cultura, nei confronti di quella cultura. Domani, gli schiavi prigionieri offerti agli istinti annichilenti del popolo moscovita potranno essere estratti da Parigi, Londra o Madrid, come un tempo lo furono da Berlino. La continuazione della divisione spirituale dell'Occidente rende questo non solo possibile, ma assolutamente inevitabile. Ma forze esterne stanno lavorando per la continuazione della divisione dell'Occidente; inoltre, sono aiutate dagli elementi meno degni in Europa, e quindi mi rivolgo agli unici che contano: gli occidentali che possono sentire l'Imperativo del Futuro all'opera in loro. È necessario che la loro visione del mondo sia fondamentalmente la stessa, e in questa epoca storica sappiamo che la spiritualità predominante di un'epoca è una funzione della sua anima, che lascia relativamente poca libertà nella sua necessaria formulazione. Pertanto, il presente lavoro non contiene argomenti, ma comandi dello Spirito del tempo. Questi pensieri e valori sono necessari per noi. Non sono personali, ma extrapersonali e compulsivi per gli uomini che vogliono fare qualcosa della loro vita.

La nostra missione è dettata dal fatto che il suolo della nostra civiltà è occupato dallo straniero. Il nostro imperativo interiore e la nostra prospettiva di vita sono determinati dall'epoca. Parte della prospettiva di ogni epoca consiste semplicemente nella negazione della prospettiva dell'epoca precedente. Ogni epoca deve affermare il suo nuovo spirito contro il suo predecessore, che continuerebbe, anche nel suo stadio di rigor mortis, a dominare la scena spirituale della Cultura. Nell'affermarsi, il nuovo spirito deve negare il vecchio spirito ostile. Sostanzialmente, quindi, la nostra prospettiva del XX secolo è la negazione del materialismo del XIX secolo.

Dopo aver distrutto la vecchia routine, costruisce su di essa la propria visione del mondo e della vita.

Poiché scriviamo per coloro la cui visione del mondo penetra fino alle fondamenta, l'aspetto preliminare e negativo deve essere altrettanto profondo. La visione del mondo di milioni di persone è il compito del giornalismo, ma coloro che pensano in modo indipendente sentono il bisogno interiore di un quadro globale e completo. I fondamenti della vecchia prospettiva erano il razionalismo e il materialismo. Entrambi saranno esaminati a fondo in questo lavoro, ma ora ci proponiamo di trattare solo tre sistemi di pensiero, il darwinismo, il marxismo e il freudianesimo, prodotti del pensiero materialista, che sono stati tutti focolai di grandi energie spirituali nel XIX secolo e che, continuando ad essere in voga all'inizio del XX secolo, hanno contribuito notevolmente a portare l'Europa nel caos attuale.

9. Il darwinismo

I

Una delle scoperte più fruttuose del XX secolo è stata la metafisica delle nazioni. Quando l'Enigma della Storia fu decifrato, divenne chiaro che le nazioni sono diverse manifestazioni dell'anima delle Grandi Culture. Esistono solo nelle Culture, hanno la loro sfera vitale per scopi politici e possiedono - in relazione alle altre nazioni della Cultura - la loro individualità. Ogni grande nazione nasce con un'Idea, una missione vitale, e la storia della nazione è l'attualizzazione di questa Idea. Tale Idea, lo ripetiamo, deve essere sentita e non può essere definita direttamente. Ogni Idea, per la cui realizzazione una determinata nazione è stata scelta dalla Cultura, è anche una tappa dello sviluppo della Cultura. Così, la storia occidentale presenta, negli ultimi secoli, un periodo spagnolo, un periodo francese, un periodo inglese. Essi corrispondono al Barocco, al Rococò e all'inizio della Civiltà. Queste nazioni dovevano la loro supremazia spirituale e politica in quegli anni unicamente al fatto di essere depositarie dello Spirito dell'epoca. Con il passaggio dell'Epoca, questi custodi del suo Spirito hanno perso la loro posizione spiritualmente dominante nella Cultura.

L'inizio della civiltà è stato il periodo inglese dell'Occidente e tutto il pensiero e l'attività dell'intera civiltà si sono basati sul modello inglese. Tutte le nazioni si impegnarono in un imperialismo economico di tipo inglese. Tutti i pensatori divennero inglesi, intellettualmente. I sistemi di pensiero inglesi dominarono l'Occidente; sistemi che riflettevano l'anima inglese, le condizioni di vita inglesi e le condizioni materiali inglesi. Il primo di questi sistemi fu il darwinismo, che divenne popolare e quindi politicamente efficace. Darwin stesso era un seguace di Malthus e il suo sistema si fondava sul malthusianesimo. Malthus insegnava che l'aumento della popolazione tende a superare l'aumento della disponibilità di cibo, che ciò rappresenta un pericolo economico e che il controllo di questo aumento della popolazione è l'unica cosa che può impedire la distruzione di una nazione, e che anche le guerre, le condizioni di vita malsane e la povertà sono utili a questo scopo. Il malthusianesimo considera espressamente sbagliata la cura dei poveri, degli anziani e degli orfani.

Una parola su questa curiosa filosofia: per cominciare, non ha alcuna corrispondenza con i fatti e non è quindi valida per il XX secolo. Dal punto di vista statistico, non ha alcuna base; dal punto di vista spirituale, mostra una completa incomprensione del fattore primario del Fato, dell'Uomo e della Storia: l'anima è primordiale e la materia è governata dalle condizioni dell'anima. Ogni uomo è il poeta della propria Storia e così ogni nazione della propria. L'aumento della popolazione è indice della presenza di un compito vitale; la diminuzione della popolazione porta all'insignificanza. Questa filosofia legittimerebbe l'esistenza di un uomo in base al fatto che sia nato o meno in una regione alimentare adatta (!). I suoi doni, la sua missione nella vita, il suo destino, la sua anima, non vengono presi in considerazione. È un esempio della grande tendenza filosofica del materialismo: l'animalizzazione dell'uomo-cultura.

Il malthusianesimo insegnava che ottenere cibo per le masse imponeva una continua lotta per l'esistenza tra gli uomini. Questa "lotta per l'esistenza" sarebbe diventata un'idea ossessiva nel darwinismo. Altre idee capitali del darwinismo si trovano in Schopenhauer, Erasmus Darwin, Henry Bates e Herbert Spencer. Schopenhauer, nel 1835, propose un'immagine della Natura che conteneva la lotta per l'autoconservazione, l'intelletto umano come arma nella lotta e l'amore sessuale come selezione inconscia secondo l'interesse della specie. Nel XVIII secolo, Erasmus Darwin aveva postulato l'adattamento, l'ereditarietà, la lotta e l'autoprotezione come principi dell'evoluzione. Bates formulò prima di Darwin la teoria del mimetismo, Spencer la teoria dell'ereditarietà e la potente affermazione tautologica "sopravvivenza del più adatto" per descrivere i risultati della "lotta".

Questo è solo il primo piano, perché in realtà il percorso a ritroso da Darwin a Calvino è evidente: il calvinismo è un'interpretazione religiosa dell'idea della "sopravvivenza del più adatto", e chiama i più adatti "eletti". Il darwinismo trasforma questo processo elettivo in un processo meccanico profano, anziché teologico religioso: selezione da parte della natura, anziché scelta da parte di Dio. È un processo puramente inglese, perché la religione nazionale inglese era un adattamento del calvinismo.

L'idea di base dei darwinisti - l'evoluzione - non è originale come le altre teorie particolari del sistema. L'evoluzione è la grande idea centrale della filosofia del XIX secolo. Domina ogni pensatore di spicco e ogni sistema: Schopenhauer, Proudhon, Marx, Wagner, Nietzsche, Mill, Ibsen, Shaw. Questi pensatori differiscono nelle loro spiegazioni dello scopo e della tecnica dell'evoluzione; nessuno di loro mette in discussione l'idea centrale in sé. Per alcuni di loro è organica, per altri puramente meccanica.

Il sistema di Darwin ha due aspetti, di cui solo uno viene trattato in questa sede, perché solo uno era politicamente efficace. Si tratta del darwinismo come filosofia popolare. Come disposizione scientifica aveva notevoli qualifiche e nessuno gli prestò attenzione quando divenne una visione giornalistica del mondo. Da questo punto di vista, raggiunse una grande popolarità e si impose come parte dell'immagine del mondo 'epoca.

Il sistema mostra la sua provenienza dall'Età della Critica nei suoi presupposti teleologici. L'evoluzione ha uno scopo; lo scopo è produrre l'uomo, l'uomo civilizzato, l'uomo inglese e, in ultima analisi, l'uomo darwiniano. È antropomorfo; lo "scopo dell'evoluzione" non è produrre bacilli, ma umanità. È un capitalismo di libero scambio, nel senso che la lotta è economica, ognuno per sé e la concorrenza decide quali sono le forme di vita migliori. È graduale e parlamentare, perché il continuo "progresso" e adattamento esclude rivoluzioni e catastrofi. È utilitaristica, perché ogni cambiamento in una data specie ha la sua utilità materiale. La stessa anima umana - nota come "cervello" nel XIX secolo - non è altro che uno strumento con cui un certo tipo di scimmia si è evoluta fino a diventare uomo, superando le altre scimmie. Ancora teleologia: l'uomo è diventato uomo per diventare uomo. È ordinato, la selezione naturale procede secondo le regole dell'allevamento artificiale praticato nelle fattorie inglesi.

II

Come visione del mondo, il darwinismo non può essere confutato, perché la fede è, è sempre stata e sarà sempre più forte dei fatti. Non è nemmeno importante confutarlo come immagine del mondo, perché come tale non ha più alcuna influenza se non sui pensatori dell'altro ieri. Come immagine dei fatti, invece, è grottesca, dai suoi primi presupposti alle sue ultime conclusioni.

In primo luogo, non esiste una "lotta per l'esistenza" in natura; la vecchia idea malthusiana ha semplicemente proiettato il capitalismo sul mondo animale. Tali lotte per l'esistenza, quando si verificano, sono un'eccezione; la regola della natura è l'abbondanza. Ci sono molte piante da mangiare per gli erbivori e molti erbivori da mangiare per i carnivori. Tra questi ultimi è molto raro che si verifichino tali "combattimenti", poiché solo i carnivori sono spiritualmente equipaggiati per la guerra. Un leone che mangia una zebra a colazione non evoca alcuna "lotta" tra due specie, a meno che non si voglia vedere la cosa in questo modo. E anche in questo caso, bisogna ammettere che per i carnivori non è fisicamente, meccanicamente, necessario uccidere altri animali. Potrebbero anche mangiare piante, ma è un requisito della loro anima animale vivere come vivono, e quindi, anche se dovessimo chiamare le loro vite lotte, queste non sarebbero imposte dalla "Natura", ma dall'anima. Non si tratta quindi di una "lotta per l'esistenza", ma di un'esigenza spirituale, di un bisogno di essere se stessi, di mantenere la propria identità.

La mentalità capitalista, impegnata in una competizione per arricchirsi, ha naturalmente raffigurato il mondo animale come impegnato in un'intensa competizione economica. Sia il malthusianesimo che il darwinismo sono visioni capitaliste, poiché pongono l'economia al centro della vita e la considerano il senso della vita.

La selezione naturale è il nome dato al processo attraverso il quale i "non adatti" muoiono per fare spazio ai "adatti". L'adattamento era il nome dato al processo attraverso il quale una specie cambiava gradualmente per diventare più adatta a combattere. L'ereditarietà era il mezzo con cui questi adattamenti venivano apportati alla specie.

Come immagine fattuale, è più facile da confutare e i pensatori biologici fattuali, sia meccanicisti che vitalisti, come Louis Agassiz, Du Bois-Reymond, Reinke e

Driesch, l'hanno rifiutata fin dall'inizio. La confutazione più semplice è quella paleontologica. I depositi di fossili - trovati in vari luoghi della Terra - dovrebbero generalmente rappresentare le possibilità. Eppure ci mostrano solo forme di specie stabili; non ci mostrano tipi di transizione che mostrano che una specie si sta "evolvendo" in qualcos'altro. Poi, in un nuovo mucchio di fossili, appare una nuova specie, nella sua forma finale, che rimane stabile. Le specie che conosciamo oggi sono state tutte stabili negli ultimi secoli e non abbiamo ancora osservato il caso di una specie che si "adatta" per cambiare la propria anatomia o fisiologia, il cui "adattamento" si traduce poi in una maggiore "attitudine" alla "lotta per l'esistenza", trasmessa poi per eredità, con il risultato di una nuova specie.

I darwinisti non possono superare questi fatti adducendo il fatto che si sono verificati in lunghi periodi di tempo, perché la paleontologia non ha mai scoperto tipi intermedi, ma solo specie distinte. Gli animali primitivi, le cui specie si sono estinte, non sono neppure più semplici di quelli attuali, anche se si suppone che il corso dell'evoluzione proceda da forme di vita semplici a forme di vita più complete. Si trattava di un rozzo antropomorfismo: l'uomo è complesso; gli altri animali sono semplici, quindi devono tendere verso di lui, poiché è biologicamente "superiore".

Definire l'Uomo-Cultura un animale "elevato" o evoluto significa ancora definirlo un animale. L'uomo-cultura è un mondo diverso, dal punto di vista spirituale, dagli altri animali, e non può essere compreso alludendo ad esso in uno schema materialistico artificiale.

Se questo quadro dei fatti fosse corretto, oggi le specie dovrebbero essere fluide. Dovrebbero mutare da una all'altra. Ma questo, ovviamente, non è il caso. Infatti non dovrebbero esistere specie, ma una massa di individui, impegnati in una corsa per raggiungere... l'uomo. Ma la "lotta", ripetiamo, non convince. Le forme "inferiori", più semplici - meno adatte? - non sono morte, non hanno ceduto al principio dell'evoluzione darwiniana, continuano nella stessa forma che hanno avuto, come direbbero i darwinisti, per milioni di anni. Perché non si sono "evolute" in qualcosa di "superiore"?

Anche l'analogia darwiniana tra selezione artificiale e selezione naturale è in contrasto con i fatti. I prodotti della selezione artificiale, come i galli, i cani da corsa, i gatti ornamentali, i cavalli da corsa e i canarini canterini, sarebbero certamente svantaggiati rispetto alle varietà naturali. Quindi la selezione artificiale è stata in grado di produrre solo forme di vita meno adatte.

Nemmeno la selezione sessuale darwiniana è in accordo con i fatti. La femmina non sceglie sempre l'individuo migliore e più forte come compagno, né nella specie umana né in nessun'altra.

Anche l'aspetto utilitaristico dell'immagine è del tutto soggettivo - cioè inglese, capitalista, parlamentare - perché l'utilità di un organo dipende dalla sua destinazione d'uso. Una specie senza mani non ha bisogno di mani. Una mano che si evolve lentamente sarebbe un vero handicap durante i "milioni di anni" necessari per perfezionarla. Inoltre, come è iniziato questo processo? Perché un organo sia utile deve essere pronto; mentre si prepara, è inutile, ma se è inutile non è darwiniano, perché il darwinismo dice che l'evoluzione è utilitaristica.

In realtà, tutte le tecniche dell'evoluzione darwiniana sono semplicemente tautologiche. Quindi, all'interno di una specie, sono gli individui che hanno una predisposizione all'adattamento ad adattarsi. L'adattamento presuppone l'adattamento.

Il processo di selezione riguarda quegli esemplari che possiedono attitudini definite che li rendono degni di essere selezionati, in altre parole, sono già stati selezionati. La selezione presuppone una selezione.

Il problema dell'ereditarietà nel quadro darwiniano è trattato come la scoperta delle interrelazioni tra le specie. Avendo ipotizzato la loro interrelazione, l'autore scopre poi che esse sono correlate e quindi dimostra l'interrelazione. L'ereditarietà presuppone l'ereditarietà.

L'utilità di un organo è un modo per dire che funziona per queste specie. L'utilità presuppone quindi l'esistenza della specie che ha l'organo, ma senza tale organo. I fatti, tuttavia, non ci hanno mai mostrato il caso di una specie che abbia acquisito un nuovo organo che le sembrava necessario. Una forma vitale ha bisogno di un certo organo perché ne ha bisogno. L'organo è utile perché è utile.

La dottrina ingenua e tautologica dell'utilità non si è mai chiesta: "Utilità per cosa?" Ciò che è buono per la durata può non esserlo per la forza. L'utilità non è una cosa semplice, ma relativa a ciò che esiste. Pertanto, sono le esigenze interne di una forma di vita a determinare ciò che essa vorrebbe avere, ciò che le sarebbe utile. L'anima del leone e la sua forza vanno insieme. Anche la mano e il cervello dell'uomo vanno insieme. Nessuno può dire che la forza del leone sia la causa del suo modo di vivere, né che la mano dell'uomo sia responsabile delle sue conquiste tecniche. In entrambi i casi, l'anima è la cosa principale.

Il primato dello spirituale rovescia il materialismo darwiniano nella dottrina dell'utilità. Una mancanza può essere utile: la mancanza di un senso sviluppa gli altri; la debolezza fisica sviluppa l'intelligenza. Nell'uomo come negli animali, l'assenza di un organo stimola gli altri a sviluppare un'attività di compensazione; questo si osserva spesso soprattutto in endocrinologia.

III

L'assoluta comicità del darwinismo e, in generale, del materialismo di tutto il XIX secolo, è il prodotto di un'idea fondamentale; un'idea che non è fattuale in questo secolo, anche se era un fatto primordiale un secolo fa. Questa idea era che la vita è plasmata dall'esterno. Questo ha generato la sociologia dell'"ambiente" come determinante dell'anima umana. In seguito ha generato la dottrina dell'"ereditarietà" come determinante allo stesso modo. Eppure, in senso puramente fattuale, che cos'è la Vita? La vita è l'attualizzazione del possibile. Il possibile diventa reale in mezzo ai fatti esterni, che influenzano solo il percorso preciso attraverso il quale il possibile diventa reale, ma non possono influenzare la forza interiore che si esprime attraverso e, se necessario, in opposizione ai fatti esterni.

Né l'"ereditarietà" né l'"ambiente" determinano queste possibilità interiori. Esse influiscono solo sulla cornice entro la quale si esprimerà qualcosa di completamente nuovo, un individuo, un'anima singolare.

La parola evoluzione descrive nel XX secolo il processo di maturazione e realizzazione di un organismo o di una specie. Questo processo non è affatto la procedura di "cause" meccanicamente utili su materiali informi, plastici e protoplasmatici, con risultati puramente accidentali. Il suo lavoro con le piante portò De Vries a sviluppare la sua teoria delle mutazioni sull'origine delle specie, e i fatti della paleontologia la rafforzano fino a mostrare l'improvvisa comparsa di nuove specie. Il XX secolo ritiene del tutto superfluo formulare una mitologia, sia essa cosmogonia o biologia. Le origini saranno sempre nascoste ai nostri occhi e un punto di vista storico è interessato allo sviluppo del processo, non al suo misterioso inizio. Questo inizio, come presentato dalla mitologia scientifica e da quella religiosa, è di interesse storico solo per il nostro tempo. Ciò che notiamo è che, nei tempi passati, queste immagini del mondo erano reali e vive.

Qual è la vera storia della Vita come la vede questa epoca? Esistono diverse specie vitali, classificate in base al crescente contenuto spirituale, dalle piante agli animali, passando per l'uomo, l'Uomo-Cultura e le Grandi Culture. Alcune specie, come ci mostrano i fossili, esistevano già nei primi periodi della Terra nella loro forma attuale, mentre altre specie sono apparse e scomparse.

Una specie appare all'improvviso, sia nelle scoperte archeologiche sia nel laboratorio sperimentale. La mutazione è una descrizione legittima del processo, se tale idea è svincolata da qualsiasi causa di utilità meccanica, perché tali idee sono solo immaginazioni, mentre le mutazioni sono un fatto. Ogni specie ha anche un destino e una determinata energia vitale, per così dire. Alcune sono stabili e salde; altre sono state deboli, tendono a dividersi in varietà molto diverse e hanno perso la loro unità. Hanno anche una portata vitale, poiché molte sono scomparse. L'intero processo non è del tutto indipendente dalle ere geologiche, né dai fenomeni astrali. Alcune specie, tuttavia, sopravvivono da un'epoca terrestre all'altra, così come alcuni pensatori del XIX secolo, o, più propriamente, le loro idee, sono sopravvissute nel XX secolo.

I darwinisti hanno anche offerto una spiegazione della metafisica della loro evoluzione. Roux, ad esempio, sostiene che "chi è adatto all'oggetto" sopravvive, mentre "chi non è adatto" all'oggetto muore. Il processo, tuttavia, è puramente meccanico, e quindi si tratta di un'idoneità stessa per un oggetto senza oggetto. Nägeli insegnava che un organismo si perfeziona perché contiene in sé il "principio di perfezione", così come il medico di Moliere spiegava che la pozione soporifera era tale per una qualità soporifera insita in sé, Weismann negava l'ereditarietà delle caratteristiche acquisite, ma invece di usare questa negazione per confutare il darwinismo, come ovviamente fa - se ogni individuo deve ricominciare da capo, come può la specie "evolversi"?- finge di sostenere il quadro darwiniano affermando che il plasma degli embrioni contiene tendenze latenti verso qualità utili. Ma questo non è più darwinismo, perché la specie non si evolve se fa semplicemente ciò che deve fare.

Queste spiegazioni tautologiche convincevano solo chi già credeva. L'epoca era evolutiva e materialista. Il darwinismo combinava queste due qualità in una dottrina biologico-religiosa che soddisfaceva l'imperativo capitalistico dell'epoca. Ogni esperimento, ogni nuovo fatto, dimostrava la verità del darwinismo; non sarebbe stato permesso altrimenti.

Il XX secolo non considera la vita come un incidente, un terreno di gioco per cause esterne. Osserva il fatto che le forme vitali iniziano all'improvviso e che il successivo sviluppo o evoluzione è solo l'attualizzazione di ciò che è già possibile. La vita è il dispiegamento di un'anima, di un'individualità. Qualsiasi spiegazione si dia di come la vita sia iniziata serve solo a rivelare la struttura della propria anima. Una spiegazione materialista rivela un materialista. Allo stesso modo, l'attribuzione di uno "scopo" alla Vita nel suo complesso trascende la conoscenza ed entra nel regno della Fede. La vita nel suo insieme, ogni grande forma vitale, ogni specie, ogni varietà, ogni individuo, ha, nonostante tutto, un Destino, una direzione interiore, un imperativo "senza parole". Questo Destino è il fatto principale della Storia. La storia è la relazione dei destini realizzati o frustrati.

Ogni tentativo di trasformare l'uomo in un animale e gli animali in automi è solo materialismo e, come tale, un prodotto di un certo tipo di anima, di una certa epoca. Il XX secolo non è un'epoca di questo tipo e considera la realtà interiore dell'anima umana come determinante della storia umana e la realtà interiore dell'anima della grande cultura come determinante della storia di quella cultura. L'anima sfrutta le circostanze esterne; esse non formano l'anima.

Non essendo capitalista, il XX secolo non prevede nemmeno una lotta per l'esistenza nel mondo, né tra gli uomini né tra gli animali. Contempla una lotta per il potere, una lotta che non ha nulla a che fare con ragioni economiche a buon mercato. È una lotta per il dominio del mondo quella che vede il XX e il XXI secolo. Non è che non ci sia abbastanza cibo per le popolazioni umane del mondo: ce n'è in abbondanza. La questione è il potere, e nel decidere tale questione, il cibo, le vite umane, il materiale e qualsiasi altra cosa a disposizione dei partecipanti entreranno in gioco come armi, non come premi. Non sarà mai decisa nel senso in cui può esserlo una causa legale. I lettori dell'anno 2050 sorrideranno quando leggeranno che per qualche tempo nella civiltà occidentale si è diffusa la convinzione che la Prima guerra mondiale fosse "l'ultima guerra". Allo stesso modo, la Seconda Guerra Mondiale era considerata "ultima", mentre tutti si preparavano attivamente per la Terza. Si trattava di un caso di idealismo pacifista, basato su un'idea più forte dei fatti.

Il darwinismo era l'animalizzazione dell'uomo-cultura attraverso la biologia; l'anima umana era considerata solo una tecnica superiore di lotta con gli altri animali. Ora arriviamo al marxismo, l'animalizzazione dell'uomo attraverso l'economia, l'anima umana come mero riflesso di cibo, vestiti e riparo.

10. Il marxismo

I

Sebbene l'Inghilterra sia stata la nazione che ha attualizzato le idee della prima fase della civiltà occidentale - il periodo 1750-1950 - cioè il razionalismo, il materialismo e il capitalismo, queste idee sarebbero state attualizzate altrimenti, anche se l'Inghilterra fosse stata distrutta da una qualsiasi catastrofe esterna. Per l'Inghilterra, tuttavia, quelle idee erano istintive. Erano idee senza parole, al di là di ogni definizione, evidenti. Per le altre nazioni europee erano cose a cui bisognava adattarsi.

Il capitalismo non è un sistema economico, ma una visione del mondo, o meglio una parte di una visione del mondo completa. È un modo di pensare, di sentire e di vivere, e non solo una tecnica di pianificazione economica che chiunque può comprendere. È innanzitutto etica e sociale e solo secondariamente economica. L'economia di una nazione è un riflesso dell'anima nazionale, così come il modo in cui un uomo si guadagna da vivere è un'espressione subordinata della sua personalità. Il capitalismo è un'espressione dell'individualismo come principio di vita, l'idea che ogni uomo sia se stesso. Bisogna capire che questo sentimento non è universale-umano, ma solo una certa fase di una certa Cultura; una fase che è sostanzialmente scomparsa con la Prima Guerra Mondiale, 1914-1919.

Il socialismo è anche un principio etico-sociale e non un programma economico. È l'antitesi dell'individualismo che ha prodotto il capitalismo. La sua idea istintiva ed evidente è: ogni uomo per tutti.

Per l'individualismo come principio vitale, era ovvio che ogni uomo, curando i propri interessi, lavorava per il bene di tutti. Per il socialismo come principio vitale, è altrettanto ovvio che un uomo che cura solo i propri interessi lavora ipso facto contro il bene di tutti.

Il XIX secolo è stato l'epoca dell'individualismo; il XX e il XXI secolo sono l'epoca del socialismo. Chi crede che si tratti di un conflitto ideologico non ha capito nulla. L'ideologia stessa significa: razionalizzazione del mondo in azione. Questa era la preoccupazione della prima fase della civiltà occidentale, dal 1750 al 1900, ma oggi non fa più presa sugli uomini ambiziosi. I programmi sono semplici ideali; sono inorganici, razionalizzati, chiunque può capirli. Ma questa è un'epoca di lotta per il potere. Ogni partecipante vuole il potere di realizzare se stesso, la sua idea interiore, la sua anima. Il 1900 non riusciva a capire cosa intendesse Goethe quando scriveva: "Nella vita è la vita stessa che conta, e non un risultato della vita". È passato il tempo in cui gli uomini morivano per un programma astratto volto a "migliorare" il mondo. Ma gli uomini vorranno sempre morire per essere se stessi. Questa è la distinzione tra un ideale e un'idea.

Il marxismo è un ideale. Non tiene conto delle idee vive, ma vede il mondo come qualcosa che può essere pianificato sulla carta e poi realizzato. Marx non intendeva il socialismo o il capitalismo come visioni etiche del mondo. La sua comprensione di entrambi era puramente economica e quindi li ha fraintesi.

La spiegazione del marxismo sul significato della storia era ridicolmente semplice, e in questa semplicità risiede il suo fascino e la sua forza. Tutta la storia del mondo non è stata altro che il resoconto della lotta di classe. La religione, la filosofia, la scienza, la tecnologia, la musica, la pittura, la poesia, la nobiltà, il clero, l'imperatore, lo Stato Pontificio, la guerra e la politica non sono stati altro che riflessi dell'economia. Non l'economia in generale, ma la "lotta" delle "classi". La cosa più sorprendente di questo quadro ideologico è che sia stato presentato seriamente, ed è anche curioso che sia stato preso sul serio.

Il XX secolo non ritiene necessario contraddire questa immagine storica come visione del mondo. È stata soppiantata e unita a Rousseau. Le fondamenta del marxismo devono però essere smascherate, perché l'intera tendenza che lo ha prodotto è del tipo che quest'epoca è costretta a rifiutare come premessa della propria esistenza.

Essendo estraneo alla filosofia occidentale, Marx non riuscì ad assimilare il primo filosofo del suo tempo, Hegel, e prese in prestito il metodo di Hegel per formulare il proprio quadro. Applicò questo metodo al capitalismo come forma economica, per descrivere un'immagine del futuro secondo i propri sentimenti e istinti. Questi istinti erano negativi nei confronti dell'intera civiltà occidentale. Apparteneva ai combattenti di classe, che appaiono nella fase corrispondente di ogni Cultura, come protesta contro di essa. La forza trainante della guerra di classe è il desiderio di annientamento di una cultura.

Le basi etiche e sociali del marxismo sono capitaliste. Si tratta, ancora una volta, della vecchia "lotta" malthusiana.

Mentre per Hegel lo Stato era un'Idea, un organismo con un'armonia nelle sue parti, per Malthus e Marx non esisteva alcuno Stato, ma solo una massa di individui, gruppi e classi interessati al proprio interesse personale. Parlando in termini capitalistici, tutto è economia. L'interesse personale significa economia. Marx non era in disaccordo, su questo piano, con i teorici anti-classe del capitalismo, Mill, Ricardo, Paley, Spencer, Smith. Per tutti loro la vita era economia, non cultura. Per tutti loro, inoltre, era la guerra del gruppo contro il gruppo, della classe contro la classe, dell'individuo contro l'individuo, che lo confessassero espressamente o meno. Tutti credevano nel libero scambio e non volevano "interferenze statali" negli affari economici. Nessuno di loro considerava la società o lo Stato come un organismo. I pensatori capitalisti non trovavano alcun crimine nella distruzione di gruppi e individui da parte di altri gruppi e individui, purché non violasse il codice penale. In breve, si pensava di servire il bene comune agendo in questo modo. Il marxismo è capitalista anche in questo. La sua etica ha sovrapposto la legge mosaica della vendetta e l'idea che il concorrente sia moralmente malvagio oltre che economicamente dannoso.

Il concorrente della "classe operaia" era la "borghesia" e poiché la "vittoria della classe operaia" era l'unico obiettivo di tutta la storia mondiale, il marxismo, essendo una filosofia del "progresso", si schierava naturalmente con l'operaio "buono" contro il borghese "cattivo". La necessità di pensare le cose come in continuo miglioramento - un fenomeno spirituale che accompagna tutti i materialismi - era indispensabile al marxismo come lo era al darwinismo e, in generale, a tutto il filisteismo del XIX secolo.

Fourier, Cabet, Saint-Simon, Comte, Proudhon, Owen, tutti hanno modellato utopie come il marxismo, ma hanno dimenticato di renderle inevitabili e di fare dell'odio il centro del sistema. Hanno usato la ragione, ma il marxismo è un'ulteriore prova che l'odio è più efficace. Anche in questo caso, una delle utopie più antiche (quella di Marx è stata l'ultima in Europa, seguita solo da quella di Edward Bellamy in America) avrebbe potuto svolgere il ruolo del marxismo, ma provenivano da Paesi con un potenziale industriale inferiore, e quindi Marx aveva una superiorità "capitalista" su di loro.

II

Nello schema marxista delle cose, la Storia non è andata praticamente da nessuna parte finché non è apparsa la cultura occidentale, il cui ritmo si è accelerato all'infinito, proprio con la comparsa del marxismo. La guerra di classe di cinquemila anni stava per finire, e la storia sarebbe così giunta al termine. La "vittoria" del "proletariato" consisteva nell'abolizione delle classi, ma anche nell'instaurazione di una dittatura. Una dittatura del proletariato implica che qualcuno debba subirla, ma questo è uno dei misteri del marxismo, che impedisce ai discorsi dei discepoli di decadere.

Quando è apparso il marxismo, secondo la teoria, erano rimaste solo due "classi", il proletariato e la borghesia. Naturalmente, esse dovevano lottare tra loro fino alla morte, poiché la borghesia si appropriava di quasi tutti i prodotti del sistema economico, mentre non aveva diritto a nulla. D'altra parte, era proprio il proletario a non ottenere nulla e ad avere diritto a tutto. Questa riduzione delle classi a due sole era inevitabile: tutta la storia era esistita solo per portare a questa dicotomia che sarebbe stata finalmente liquidata dalla dittatura del proletariato. Il capitalismo era il nome dato al sistema economico in cui i cattivi prendevano tutto per sé, senza lasciare nulla ai buoni. Il capitalismo ha creato il proletariato per necessità meccanica e, sempre meccanicamente, il proletariato era predestinato a schiacciare il suo creatore. Quella che doveva essere la forma del futuro non era inclusa nel sistema. I due slogan "esproprio degli espropriatori" e "dittatura del proletariato" dovrebbero definirlo.

In realtà, non si trattava, nemmeno in teoria, di un piano per il futuro, ma semplicemente di una base teorica per la guerra di classe, dandone un'esposizione ragionata dal punto di vista storico, etico e politico-economico. Lo dimostra il fatto che nella prefazione alla seconda edizione russa del Manifesto comunista, Marx ed

Engels avanzarono la tesi che il comunismo poteva essere realizzato direttamente, passando in Russia dalla dittatura contadina a quella proletaria, rinunciando al lungo periodo di dominazione borghese che era stato assolutamente necessario in Europa.

La parte importante del marxismo era la sua richiesta di una guerra di classe attiva, costante e pratica. Gli operai delle fabbriche furono scelti come strumenti per questa lotta per ovvie ragioni: erano concentrati, venivano trattati male; quindi, potevano essere agitati e organizzati in un movimento rivoluzionario per mettere in pratica i fini completamente negativi del discorso-bottega di Marx.

Per questo motivo pratico, l'odio si infiltra in un'immagine della Storia e della Vita, e per questo motivo ai "borghesi" - semplici parti meccaniche di un'evoluzione meccanica, secondo Marx - vengono attribuiti tutti i mali. L'odio è utile per fomentare una guerra che non si scatenerebbe da sola e, per aumentare l'odio, a Marx piacevano gli scioperi persi, che creavano più odio di quelli vinti.

È solo per servire questo scopo dell'azione che esistono le assurde proposizioni sul lavoro e sul plusvalore. Marx ha capito il giornalismo e non si è fatto scrupolo di dire che il lavoratore manuale è l'unica persona che lavora, che genera valori economici. Per questa teoria, l'inventore, scopritore, l'imprenditore sono parassiti economici. Il fatto è, ovviamente, che il tipo di lavoro manuale è solo una funzione di creazione di valore, dopo quelle dell'organizzatore, del manager, dell'inventore. Si dava grande importanza teorica al fatto che uno sciopero potesse paralizzare un'impresa. Tuttavia, come diceva il filosofo, anche una pecora potrebbe fare lo stesso se cadesse nei macchinari. Il marxismo, nel suo zelo semplificatore, negava anche un valore sussidiario al lavoro dei creatori. Non aveva alcun valore; solo il lavoro manuale aveva valore. Marx aveva compreso l'utilità della propaganda molto prima che si sentisse parlare di Lord Northcliffe.[10] La propaganda di massa, per essere efficace, deve essere semplice, e nell'applicazione di questa regola Marx si è meritato un premio: tutta la storia è guerra di classe; tutta la Vita è guerra di classe; loro hanno la ricchezza; prendiamola. Il marxismo attribuiva l'istinto capitalista alle classi superiori e l'istinto socialista alle classi inferiori. Questo era del tutto gratuito, perché il marxismo si appellava proprio agli istinti capitalisti che avevano accumulato

---

[10] Alfred Harmsworth, visconte Northcliffe, fondatore del moderno giornalismo popolare e direttore del Times di Londra.

tutta la ricchezza, e le classi inferiori erano invitate a portargliela via. Questo è il capitalismo. I sindacati sono puramente capitalisti e si differenziano dai padroni per il fatto che vendono un altro tipo di merce. Invece di una merce, vendono lavoro umano. Il sindacalismo è semplicemente una realizzazione dell'economia capitalista, ma non ha nulla a che fare con il socialismo, perché si preoccupa solo del proprio interesse. Esalta l'interesse economico dei lavoratori manuali contro l'interesse economico del datore di lavoro e del dirigente d'azienda. È semplicemente Malthus con una nuova società. È ancora la vecchia "lotta per l'esistenza", uomo contro uomo, gruppo contro gruppo, classe contro classe, tutti contro lo Stato.

Eppure l'istinto del socialismo esclude assolutamente ogni tipo di lotta tra le parti dell'organismo. È ostile ai maltrattamenti dei lavoratori manuali da parte dei loro datori di lavoro, così come al sabotaggio della società da parte dei "combattenti di classe". Il capitalismo si convince che la "lotta per l'esistenza" sia organicamente necessaria. Il socialismo sa che tale "lotta" è inutile e patologica.

Tra capitalismo e socialismo non c'è un rapporto di vero e falso. Entrambi sono istinti e hanno lo stesso rango storico, ma uno appartiene al passato e l'altro al futuro. Il capitalismo è un prodotto del razionalismo e del materialismo ed è stato la forza guida del XIX secolo. Il socialismo è la forma di un'epoca di Imperialismo politico, di Autorità, di filosofia storica, di imperativo politico extra-personale.

Non è affatto una questione di terminologia o di ideali, ma di sentimento e di istinto. Nel momento in cui cominciamo a pensare che una "classe" ha delle responsabilità nei confronti di un'altra classe, cominciamo a pensare socialista, indipendentemente dal nome che diamo al nostro modo di pensare. Possiamo chiamarlo buddismo, non ha importanza per la storia, ma penseremo così. Se usiamo la terminologia del capitalismo e la pratica del socialismo, non fa male, perché nella vita contano la pratica e l'azione, non le parole e i nomi. L'unica distinzione tra tipi di socialismo è tra efficiente e carente, debole e forte, timido e audace. Un socialismo forte, audace ed efficiente, tuttavia, difficilmente userà una terminologia derivata da un tipo di pensiero antitetico, perché una vita forte, alta e completa abbina le parole ai fatti.

III

Il marxismo tradisce le sue origini capitalistiche con la sua idea di "classi", il suo concetto di lavoro e la sua ossessione per l'economia. Marx è un ebreo e, come tale, era stato imbevuto in gioventù dell'idea veterotestamentaria che il lavoro fosse una maledizione lanciata sull'uomo come conseguenza del peccato. Il libero scambio, o capitalismo puro, attribuiva lo stesso valore al lavoro, considerandolo come qualcosa da cui liberarsi come prerequisito per il godimento della vita. In Inghilterra, la terra classica del capitalismo, le idee di lavoro e ricchezza erano i poli centrali della valutazione sociale. I ricchi non dovevano lavorare, le "classi medie" dovevano lavorare ma non erano povere; i poveri dovevano lavorare per sbarcare il lunario da una settimana all'altra. Thorstein Veblen, nella sua "Teoria della classe oziosa", ha descritto l'atteggiamento verso il lavoro nella vita delle nazioni del XIX secolo e le sue implicazioni.

L'atmosfera dell'utopia marxista si concretizza nel fatto che la necessità di lavorare per i proletari svanirà con la loro "vittoria". Dopo l'"Espropriazione", i proletari possono andare in pensione, avendo come servi i loro ex datori di lavoro.

L'atteggiamento verso il lavoro non è umanamente universale, ma è legato all'esistenza del capitalismo inglese. Nella cultura occidentale non è mai prevalso il sentimento di disprezzo del lavoro; anzi, dopo la Riforma, i maggiori teologi hanno adottato un atteggiamento positivo verso il lavoro, descrivendolo come uno dei valori più alti, se non il più alto. Da questo periodo deriva l'idea che lavorare è pregare. Questo spirito è di nuovo predominante e l'istinto socialista considera il lavoro dell'uomo non come una maledizione lanciata su di lui, qualcosa di odioso da cui il denaro può liberarlo, ma come il contenuto della sua vita, l'aspetto terreno della sua missione nel mondo. La valutazione marxista del lavoro è completamente opposta a quella socialista.

Parallelamente, il concetto marxista di "classe" non ha nulla a che vedere con il socialismo. L'articolazione della società nella cultura occidentale è stata fatta per la prima volta negli Stati. Tali Stati erano originariamente spirituali.[11] Come disse

---

[11] Il termine Stati è stato utilizzato in tutte le nazioni occidentali per designare lo Stato comune, la nobiltà e il clero.

Freidank, in epoca gotica: *God Halla shapen lives three, Boor and Knight and Priest they be.*[12]

Non si trattava di classi, ma di ranghi organici. Dopo la Rivoluzione francese nacque l'idea che l'articolazione della società fosse un riflesso della situazione di accumulo del denaro. Il termine classe fu usato per descrivere uno strato economico della società. Questo termine fu definitivo per Marx, poiché la vita per lui era semplicemente economia, proprio perché era saturo della prospettiva capitalista, o visione del mondo.

Ma per il socialismo, il possesso di denaro non è determinante per il rango nella società, così come non lo è in un esercito. Il rango sociale, nel socialismo, non dipende dal denaro, ma dall'autorità. Il socialismo non conosce quindi "classi" nel senso marxista-capitalista del termine. Vede il centro della vita nella politica e da qui il suo deciso spirito militare. Al posto delle "classi", espressione della ricchezza, ha il rango, concomitante all'autorità.

Il marxismo è ugualmente ossessionato dall'economia, come il suo ambiente inglese contemporaneo. Inizia e finisce con l'economia, concentrando la sua attenzione sulla piccola penisola europea, ignorando il passato e il presente del resto del mondo. Voleva semplicemente ostacolare il corso della storia occidentale e ha scelto la guerra di classe come strumento per farlo.

Le guerre di classe esistevano già prima del marxismo, ma questa "filosofia" ha inventato la teoria secondo cui non c'è altro al mondo. L'invidia esisteva già negli strati inferiori prima del marxismo, ma ora a quell'invidia veniva data una base etica che la rendeva solo una cosa buona e tutto il resto una cosa cattiva. La ricchezza veniva etichettata come immorale e criminale; chi la possedeva, come un vero e proprio criminale. La guerra di classe era una competizione, e non solo: era una battaglia del Bene contro il Male, e per questo più brutale e illimitata di qualsiasi altra guerra. Alcuni pensatori occidentali, come Sorel, non potevano accettare l'idea che la guerra di classe superasse tutti i limiti dell'onore e della coscienza; la concezione di Sorel della lotta di classe era simile a quella della guerra tra nazioni, con protezione per i non combattenti, regole di guerra, trattamento onorevole dei prigionieri. Il marxismo considerava l'avversario come un criminale della guerra di

---

[12] Dio ha plasmato tre vite, quella del rustico, quella del gentiluomo e quella del sacerdote (N. T.).

classe; poiché non poteva essere assimilato al nuovo sistema, doveva essere sterminato, schiavizzato, perseguitato, schiacciato.

Il concetto marxista di guerra di classe ha superato la politica. La politica è semplicemente l'attività di potere, non l'attività di vendetta, invidia, odio o "giustizia". Ancora una volta vediamo che non ha alcun legame con il socialismo, che è profondamente politico e considera l'avversario sconfitto come un membro del nuovo e più grande organismo, con gli stessi diritti e le stesse opportunità di coloro che ne facevano già parte.

Un altro legame del marxismo con il capitalismo è la tendenza a moralizzare la politica, trasformando l'avversario in una persona malvagia.

Infine, il marxismo si differenzia dal socialismo perché è una religione, mentre il socialismo è un principio di organizzazione politica. Il marxismo aveva la sua Bibbia, i suoi santi, i suoi apostoli, i suoi tribunali per giudicare gli eretici, la sua ortodossia e la sua eterodossia, i suoi dogmi e la sua esegesi, le sue sacre scritture e i suoi scismi. Il socialismo passa sopra a tutto questo; ciò che gli interessa è assicurarsi la cooperazione di uomini con gli stessi istinti. L'ideologia ha poca importanza per il socialismo e nei prossimi decenni ne avrà sempre meno.

Mentre il socialismo crea la forma del futuro, il marxismo scivola nel passato con gli altri residui del materialismo. La missione dell'uomo in Occidente non è quella di arricchirsi attraverso la lotta di classe, ma di realizzare il suo imperativo etico-politico-culturale interiore.

11. Il freudianesimo

I

Come il darwinismo e il marxismo, il freudianesimo non ha un significato culturale, ma anticulturale. Tutti e tre sono prodotti dell'aspetto negativo della crisi della Civiltà; l'aspetto che rovina i vecchi valori spirituali, sociali, etici e filosofici e li sostituisce con un rozzo Materialismo. Il principio del Criticismo è stato il nuovo dio a cui sono stati offerti tutti i vecchi valori della cultura occidentale. Lo spirito del XIX secolo è quello dell'iconoclastia. Quasi tutti i pensatori di rilievo avevano il loro centro di gravità dalla parte del nichilismo: Schopenhauer, Hebbel, Proudhon, Engels, Marx,

Wagner, Darwin, Dühring, Strauss, Ibsen, Nietzsche, Strindberg, Shaw. Alcuni di loro erano anche, dall'altra parte del loro essere, annunciatori del futuro, dello spirito del XX secolo. La tendenza predominante era però quella materialista, biologica, economica, scientifica, contro l'anima dell'uomo-cultura e il senso - fino ad allora riconosciuto - della sua vita. In modo diverso, ma nella stessa tradizione, è all'opera il sistema del freudianesimo. L'anima dell'uomo-cultura viene attaccata da esso, ma non in modo obliquo, attraverso l'economia o la biologia, bensì frontalmente. La "scienza" della psicologia viene scelta come veicolo negativo per gli impulsi più elevati dell'anima. Da parte del creatore della psicoanalisi, questo assalto era consapevole. Freud parlò di Copernico, Darwin e di se stesso come dei tre grandi insultatori dell'umanità. La sua dottrina incriminava il fatto di essere ebreo e, nel suo saggio su La resistenza alla psicoanalisi, diceva che non un caso che fosse stato un ebreo a creare questo sistema e che gli ebrei si "convertivano" facilmente ad esso, perché conoscevano il destino dell'isolamento in opposizione. Rispetto alla civiltà occidentale, Freud era spiritualmente isolato e non poteva fare altro che opporsi.

Il freudianesimo è un ulteriore prodotto del razionalismo. Applica il razionalismo all'anima e scopre che l'anima è puramente meccanica. L'anima può essere compresa e i fenomeni spirituali sono tutte manifestazioni dell'impulso sessuale. Questa era un'altra di quelle meravigliose e grandiose semplificazioni che garantiscono popolarità a qualsiasi dottrina in un'epoca di giornalismo di massa. Il darwinismo era la visione popolare secondo cui il significato della vita del mondo era che tutto tendeva a diventare animale-uomo, e che l'animale-uomo tendeva a diventare darwiniano. Marxismo: il significato di tutta la vita umana è che il più basso deve diventare il più alto. Freudianesimo: il senso della vita umana è la sessualità. Tutti e tre sono nichilisti. L'uomo-cultura è il nemico spirituale. Va eliminato animalizzandolo, rendendolo puramente biologico, economico, sessualizzato, demonizzato.

Per il darwinismo, una cattedrale gotica è un prodotto dell'evoluzione meccanica; per Marx, è una trappola della borghesia per ingannare il proletariato; per Freud è una prova di gelida sessualità.

Confutare il freudianesimo è un'impresa tanto inutile quanto impossibile. Se tutto è sesso, anche la confutazione del freudianesimo dovrebbe avere un significato sessuale. Il XX secolo non considera i fenomeni storici chiedendosi se siano veri o falsi. Per il suo modo di pensare storico, una cattedrale gotica è un'espressione della cultura occidentale intensamente religiosa, giovane e sveglia. Nel suo bisogno di autoespressione, questa nuova prospettiva deve rifiutare la tirannia materialista della vecchia prospettiva che l'ha preceduta. Deve anche liberarsi dal freudianesimo.

Anche l'ultimo grande tentativo di animalizzare l'uomo utilizza metodi critico-razionalisti. L'anima è meccanica: consiste in un semplice impulso: l'impulso sessuale. L'intera vita dell'anima è il processo di questo istinto mal indirizzato, distorto e autodiretto. Per questa "scienza" è elementare che l'istinto non possa funzionare correttamente. Descrivere le funzioni meccaniche dell'anima significa descrivere le malattie. I vari processi sono nevrosi, inversione, complessi, repressione, sublimazione, transfert, perversione. Tutti sono anormali, malsani, mal indirizzati, innaturali. Uno dei veri dogmi del sistema sostiene che ogni persona è un nevrotico e ogni nevrotico un pervertito o un invertito. Questo vale non solo per l'uomo-cultura, ma anche per l'uomo primitivo.

Qui Freud si spinge più in là di Rousseau, che all'inizio della prima fase della civiltà occidentale affermava la purezza, la semplicità e la bontà del selvaggio, in contrasto con il male e la perversione dell'uomo-cultura. Freud ha allargato l'attacco: il nemico è l'intera specie umana. Anche se non dovessimo dedurre da tutti gli altri fenomeni che la prima fase della Civiltà del Materialismo e del Razionalismo è già passata, lo si potrebbe dedurre solo da questo sistema, perché un nichilismo così completo non può, evidentemente, essere superato dall'espressione di un sentimento anticulturale ai suoi massimi limiti.

Il freudianesimo, più che una psicologia, deve essere descritto come una patopsicologia, poiché tutto il suo arsenale terminologico descrive solo le aberrazioni dell'istinto sessuale. La nozione di salute è completamente dissociata dalla vita dell'anima. Il freudianesimo è la messa nera della scienza occidentale.

Parte della struttura del sistema è l'interpretazione dei sogni. Il funzionamento puramente meccanico della "mente" (poiché l'anima non esiste) è descritto dai sogni. Ma non sono descritti chiaramente, perché è necessario un elaborato rituale per arrivare al vero significato. "Censura della coscienza" - il nuovo nome dato alla ragione morale di Kant - "simbolismo", "coazione alla ripetizione"... sono le parole cabalistiche da invocare. La forma originale della dottrina specificava che tutti i sogni erano desideri.

La psicoanalisi spiegava che il sogno della morte di una persona cara era motivato da un odio latente nei confronti dei genitori, sintomo del quasi universale complesso di Edipo. Il dogma era rigido: se il sogno consisteva nella morte di un cane o di un gatto domestico, quell'animale diventava il fulcro del complesso di Edipo. Se l'attore sogna di dimenticare ciò che deve recitare in pubblico, è perché desidera profondamente trovarsi in una situazione compromettente. Per attirare un maggior numero di convertiti, anche di fede più debole, la dottrina è stata leggermente modificata e sono state ammesse altre interpretazioni dei sogni, come quella della "ripetizione-compulsione", quando tali sogni di paura si ripetono regolarmente.

Il mondo dei sogni rifletteva naturalmente la sessualità universale dell'anima. Ogni oggetto che appare in sogno può essere un simbolo sessuale. L'istinto sessuale "represso" appariva nei sogni, simboleggiando, trasferendo, sublimando, invertendo e dirigendo l'intera scala della terminologia meccanica.

Ogni persona è nevrotica nella sua vita matura, e questo non è casuale, dato che la nevrosi si è manifestata durante l'infanzia. Le esperienze infantili determinano - in modo meccanico, poiché l'intero processo è anti-spirituale - quali particolari nevrosi accompagneranno la persona in questione nel corso della sua vita. Non si può fare nulla per evitarlo, se non mettersi nelle mani di un freudiano. Uno di questi sosteneva che il 98% degli esseri umani dovesse essere sottoposto alle cure degli psichiatri. Si trattava della seconda fase di sviluppo del sistema, perché all'inizio sarebbe stato il cento per cento, ma, come nel caso della setta mormone, la purezza originaria della dottrina doveva ammettere alcune eccezioni per motivi tattici.

L'uomo comune che svolge il suo lavoro rappresenta una commedia agli occhi di un osservatore curioso: sembra che stia facendo ciò che in realtà sta facendo. Tuttavia, il freudianesimo ci dice che lo sta facendo solo in apparenza, perché sta tranquillamente pensando a questioni sessuali, e tutto ciò che possiamo vedere sono i risultati della sua fantasia sessuale manifestati attraverso i filtri meccanici della censura della coscienza, della sublimazione, del transfert e così via. Se si desidera, si teme, si desidera, si sogna, si pensa in modo astratto, si indaga, ci si sente ispirati, si ambisce, si respinge, si venera, non si fa altro che esprimere i propri istinti sessuali. L'arte è ovviamente sesso, così come la religione, l'economia, il pensiero astratto, la tecnologia, la guerra, lo Stato e la politica.

II

Freud ottenne così, insieme al cugino Marx, l'Ordine della Semplicità. Era l'ambita decorazione nell'epoca delle masse. Con la fine dell'era del Criticismo, è caduta in disgrazia, perché la nuova prospettiva non è interessata a stipare tutti i dati della conoscenza, dell'esperienza e dell'intuizione in uno stampo prefabbricato, ma a vedere ciò che era, ciò che è, ciò che dovrebbe essere. Sul portale della nuova prospettiva campeggia l'aforisma di Leibnitz: "Il presente è gravato dal passato e gravido di futuro". Il bambino è il padre dell'uomo; questa è un'antica saggezza e descrive lo sviluppo dell'organismo umano dall'infanzia alla maturità, ogni fase è in relazione con il passato e con il futuro perché l'anima stessa parla in ogni momento. Il freudianesimo fa la caricatura di questa profonda visione organica con un espediente meccanico per cui l'infanzia determina la forma della maturità, e trasforma l'intero sviluppo organico in un processo causale, e quel che è peggio, in un processo diabolico e malato.

Nella misura in cui può essere considerato occidentale, il freudianesimo è soggetto alla spiritualità predominante dell'Occidente. Il suo meccanicismo e il suo materialismo riflettono una prospettiva ottocentesca. I suoi riferimenti all'inconscio, all'istinto, all'impulso e così via riflettono il fatto che il freudianesimo è apparso nel punto di transizione della civiltà occidentale, quando il razionalismo aveva già esaurito le sue possibilità e l'irrazionale stava riemergendo come tale. Non era affatto nella terminologia o nel trattamento degli elementi nuovi e irrazionali nella dottrina che il freudianesimo presagiva il nuovo spirito, ma semplicemente nel fatto che gli elementi irrazionali sono apparsi. Solo in questo la nuova struttura può anticipare qualcosa, proiettarsi nel futuro; per il resto appartiene al passato malthusiano-darwiniano-marxista. Il freudianesimo non era che un'ideologia, una parte del generale attacco razionalista-materialista all'uomo-cultura.

Gli elementi irrazionali che il sistema riconosce sono strettamente subordinati al razionalismo superiore dell'adepto, che può liberarsene e il malato nevrotico torna alla luce del sole. Sono ancora più malati del resto del complesso mentale. Possono essere irrazionali, ma hanno una spiegazione, un trattamento e una cura razionale.

Il freudianesimo, quindi, appare come l'ultima religioni materialiste. La psicoanalisi, come il marxismo, è una setta: ha la sua confessione auricolare, i suoi dogmi e simboli, le sue versioni dottrinali esoteriche ed exoteriche, i suoi convertiti e i suoi apostati, i suoi preti e i suoi scolastici, un rituale completo di esorcismo e una liturgia. Compaiono scismi che portano alla formazione di nuove sette, ognuna delle quali pretende di essere portatrice della vera dottrina. È occulta e retriva, con la sua interpretazione dei sogni, demoniaca con il suo culto del sesso. La sua immagine del mondo è quella di un'umanità nevrotica, contorta e pervertita nella camicia di forza della civiltà occidentale, verso la quale il nuovo sacerdote della psicoanalisi tende la mano liberatoria del Vangelo antioccidentale di Freud.

L'odio che era l'essenza del marxismo è presente in questa nuova religione. In entrambi i casi si tratta dell'odio dell'intruso verso tutto ciò che lo circonda, che gli è completamente estraneo e che, non potendolo cambiare, deve distruggere.

L'atteggiamento del XX secolo nei confronti del soggetto freudiano è insito nello spirito di quest'epoca. Il suo centro è nell'azione: i compiti esterni fanno appello all'anima occidentale. I migliori ascolteranno questo richiamo, lasciando che i senz'anima si occupino di disegnare immagini dell'anima nello stile di Freud.

Per la psicologia scientifica è sempre stato così: non ha mai attirato le migliori menti in nessuna Cultura. Tutto si basa sul presupposto che sia possibile, attraverso il pensiero, stabilire la forma di ciò che pensa... una proposta estremamente dubbia. Se fosse possibile descrivere l'anima in termini razionali - un prerequisito per una scienza della psicologia - non ci sarebbe bisogno di tale scienza. La ragione è una parte, o meglio, una funzione parziale dell'anima. Ogni immagine dell'anima descrive solo l'anima di chi la propone e di quelli come lui. Un satanista vede le cose nello stile di Freud, ma non può capire chi vede le cose diversamente. Questo spiega la nefandezza dei tentativi freudiani di demonizzare, sessualizzare, meccanizzare e distruggere tutti i grandi uomini dell'Occidente. Non potevano capire la grandezza perché non ne avevano esperienza interiore.

L'anima non può essere definita; è l'elemento degli elementi. Qualsiasi immagine di essa, qualsiasi sistema psicologico, è un mero prodotto di essa e non va oltre l'autoritratto. Come ci rendiamo conto che la Vita è più importante dei risultati della Vita!

In tutte le civiltà i sistemi psicologici utilizzano la terminologia delle scienze materiali della fisica e della meccanica. Riflettono quindi lo spirito delle scienze naturali e si collocano tra queste come prodotto dell'epoca. Ma non possono raggiungere il grado più alto a cui aspiravano, cioè la sistematizzazione dell'Anima. Il freudianesimo si era appena affermato come la nuova Chiesa psicoanalitica, che già il progressivo sviluppo della civiltà occidentale lo aveva reso antiquato.

La psicologia del XX secolo è adattata a una vita d'azione: per quest'epoca, la psicologia o è pratica o è inutile. La psicologia delle folle, degli eserciti, del comando, dell'obbedienza, della fedeltà: questa è la psicologia che ha valore in quest'epoca. Non ci si può arrivare con metodi "psicometrici" e terminologia astrusa, ma con l'esperienza umana, propria e altrui. Il XX secolo considera Montaigne come uno psicologo, ma Freud semplicemente come il rappresentante dell'ossessione ottocentesca per le streghe, nei tempi giovani della cultura occidentale, come forma mascherata del culto del sesso.

La psicologia umana si impara vivendo e agendo, non controllando le reazioni o osservando cani e topi. Le memorie di un uomo d'azione, avventuriero, esploratore, soldato, statista, contengono la psicologia della classe di interesse del momento, sia letteralmente che tra le righe. Ogni periodo è un compendio della psicologia della propaganda di massa, superiore a qualsiasi trattato sull'argomento. Esiste una psicologia delle nazioni, delle professioni, delle culture, delle epoche successive di una cultura, dalla giovinezza alla senilità. La psicologia è uno degli aspetti dell'arte del possibile, e come tale è uno degli studi preferiti dell'epoca.

Il grande magazzino della psicologia è la storia. Non contiene modelli da utilizzare, perché la vita non si ripete, accade una sola volta, ma ci mostra con esempi come possiamo sviluppare le nostre potenzialità restando fedeli a noi stessi e non accettando alcun compromesso con ciò che è chiaramente estraneo al nostro modo di essere.

Per questo concetto di psicologia, nessun materialismo può essere considerato psicologico. Qui Rousseau, Darwin, Marx e Freud sono d'accordo. Hanno capito altre cose, forse, ma non hanno capito l'anima umana, e in particolare l'anima dell'Uomo-Cultura. I loro sistemi non sono altro che curiosità storiche per il XX secolo, a meno che non pretendano di essere delle vere e proprie descrizioni della Realtà. Chiunque "creda" in queste fantasie antiquate si definisce ridicolo, posticcio, inefficace e superfluo. Nessun leader dei prossimi decenni sarà darwinista, marxista o freudiano.

12. La prospettiva tecno-scientifica globale

I

La scienza è la ricerca di una conoscenza esatta dei fenomeni. Scoprendo le interrelazioni tra i fenomeni, cioè osservando le condizioni della loro comparsa, ritiene di averli spiegati. Questo tipo di mentalità appare in una Grande Cultura dopo la consumazione del pensiero creativo religioso e l'inizio della sua esteriorizzazione. Nella nostra Cultura, questo tipo di pensiero ha cominciato a sentirsi sicuro di sé solo verso la metà del XVII secolo; nella Cultura classica, nel V secolo a.C. La caratteristica principale del pensiero scientifico primitivo, dal punto di vista storico, consiste nel fare a meno di accompagnamenti teologici e filosofici; semmai, utilizza la filosofia e la teologia come decorazione dello sfondo, che non lo interessa. È quindi materialista nella sua essenza, nel senso che la sua attenzione è attratta solo dai fenomeni e non dalle realtà ultime. In un'epoca religiosa, i fenomeni non hanno importanza rispetto alle grandi verità spirituali; in un'epoca scientifica, è vero il contrario.

La tecnica è l'utilizzo del macrocosmo. Accompagna sempre una scienza nella sua piena fioritura, ma questo non significa che ogni scienza sia accompagnata da un'attività tecnica, perché le scienze della Cultura Classica e della Cultura Messicana non erano affatto ciò che chiameremmo perfezione tecnica, Nella prima fase dell'inizio della Civiltà, la Scienza predomina e precede la Tecnica in tutte le sue manifestazioni, ma con l'arrivo del XX secolo il pensiero tecnico ha cominciato a emanciparsi da questa dipendenza e ai nostri giorni la Scienza è al servizio della Tecnica e non viceversa, come in passato.

In un'epoca di materialismo, cioè in un'epoca antimetafisica, era naturale che un modo di pensare antimetafisico, come la scienza, diventasse una religione popolare. La religione è una necessità per l'Uomo-Cultura, che costruirà la sua religione sull'economia, sulla biologia o sulla natura, se lo Spirito del tempo esclude la vera religione. La scienza è stata la religione predominante nel XVIII e XIX secolo: mentre era permesso dubitare delle verità delle sette cristiane, a nessuno era permesso dubitare di Newton, Leibnitz e Cartesio. Quando il grande Goethe sfidò la teoria newtoniana della luce, fu accusato di essere un pazzo e un eretico. La scienza era la religione suprema del XIX secolo e tutte le altre religioni, come il darwinismo e il marxismoriferimento ai dogmi scientifici come base delle proprie verità. "Antiscientifico" divenne un termine offensivo. Dai suoi timidi inizi, la scienza fece finalmente un passo avanti e presentò i suoi risultati non come una semplice disposizione e classificazione, ma come le vere spiegazioni della natura e della vita. Con questo passo, divenne una visione del mondo, cioè un'ampia filosofia, con metafisica, logica ed etica per i suoi credenti.

Ogni scienza è una riesposizione profana dei dogmi precedenti di un periodo religioso. La stessa Anima Culturale che ha formato le grandi religioni, rimodella il suo mondo nella fase successiva, e questa continuità è quindi assolutamente inevitabile. La scienza occidentale come visione del mondo non è altro che la religione occidentale presentata come profana, non sacra, naturale, non soprannaturale, scopribile, non rivelata.

Come la religione occidentale, la scienza era decisamente sacerdotale. Il saggio è il sacerdote, l'educatore il fratello laico e un grande sistematizzatore viene canonizzato, come nel caso di Newton e Planck. Ogni forma di pensiero occidentale è esoterica e le sue dottrine scientifiche non fanno eccezione. Il popolo era tenuto in contatto con i "progressi della scienza" attraverso una letteratura popolare che faceva sorridere gli alti prelati della scienza.

Nel XIX secolo, la scienza ha potenziato l'idea di "Progresso" e le ha dato un'impronta particolare. Il contenuto del "progresso" doveva essere tecnico. Il "progresso" doveva consistere in una maggiore velocità e in un più ampio sfruttamento del mondo materiale all'infinito. Questo mostrava già il futuro predominio della tecnologia sulla scienza. Il "progresso" non sarebbe più consistito soprattutto in una maggiore conoscenza, ma in una maggiore tecnologia. Ogni visione del mondo occidentale cerca l'universalità e credeva che la soluzione ai problemi sociali non dovesse essere cercata nella politica o nell'economia, ma nella scienza. Si promettevano invenzioni che avrebbero reso la guerra troppo orribile perché gli uomini vi si immergessero, e quindi gli uomini avrebbero smesso di combattere. Questo candore era il prodotto naturale di un'epoca forte nelle scienze naturali, ma debole in psicologia. La soluzione al problema della povertà era costituita da macchine e ancora macchine. Le orribili condizioni che si erano create in una civiltà meccanizzata dovevano essere alleviate da altre macchine. Il problema della senescenza doveva essere superato con il "ringiovanimento". La morte fu dichiarata solo un prodotto della patologia e non della senilità. Se tutte le malattie fossero state sconfitte, non ci sarebbe stato più motivo di morire.

I problemi razziali dovevano essere risolti con l'"eugenetica". La nascita delle persone non doveva più essere lasciata al destino. I sacerdoti scientifici dovevano decidere su questioni come la paternità e la nascita. Nella nuova tecnocrazia, gli eventi esterni o incontrollati non avrebbero più potuto esistere. Il tempo sarebbe stato "imbrigliato", tutte le forze naturali sarebbero state poste sotto un controllo assoluto. Non ci sarebbero occasioni di guerra, tutti tenderebbero a essere scienziati, nessuno cercherebbe il potere. I problemi internazionali svanirebbero, perché il mondo diventerebbe un'unica grande unità scientifica.

Il quadro era completo e, per il materialista del XIX secolo, stimolante: tutta la Vita, tutta la Morte, tutta la Natura, ridotta a un ordine assoluto, custodito da teocrati scientifici. Su questo pianeta tutto avrebbe funzionato come nell'immagine dei cieli che gli astronomi scientifici avevano disegnato per loro stessi; avrebbe regnato una serena regolarità, ma quell'ordine sarebbe stato puramente meccanico e senza scopo o finalità. L'uomo sarebbe uno scienziato solo per essere uno scienziato.

II

Tuttavia, qualcosa è accaduto per alterare l'immagine e mostrare che anch'essa portava l'impronta della Vita. Prima della Prima guerra mondiale, la disintegrazione delle fondamenta fisiche della grande struttura era già iniziata. La guerra mondiale segna una rottura nel regno della scienza e in ogni altra sfera della vita occidentale. Da quella guerra è emerso un mondo nuovo; lo spirito del XX secolo si è imposto come successore dell'intera visione meccanica dell'Universo e della concezione del senso della Vita come mera acquisizione di ricchezza.

Con una rapidità sorprendente, considerando i decenni del suo potere e della sua supremazia, la visione meccanica perse la sua forza e le menti dominanti abbandonarono i vecchi, evidenti articoli della fede materialista.

Come spesso accade ai movimenti storici, espressione di un'anima extrapersonale, l'apice del potere, delle più grandi vittorie, è anche l'inizio della rapida caduta. I superficiali confondono sempre la fine di un movimento con l'inizio del suo dominio assoluto. Così Wagner fu considerato da molti come l'araldo di una nuova musica, mentre la generazione successiva sapeva che era stato l'ultimo musicista occidentale. La morte di qualsiasi espressione culturale è un processo graduale; tuttavia, ci sono punti di svolta, e il rapido declino della scienza come prospettiva mondiale inizia con la Prima guerra mondiale.

Il declino della scienza come disciplina mentale aveva preceduto di molto la guerra mondiale. Con la teoria dell'Entropia (1850) e l'introduzione dell'idea di irreversibilità nel suo quadro, la scienza si avviò sulla strada che sarebbe culminata nella relatività fisica e nella franca ammissione della soggettività nei concetti fisici. Dall'entropia derivò l'introduzione dei metodi statistici nella scienza sistematica, l'inizio dell'abdicazione spirituale. La statistica descriveva la vita e i viventi; la rigorosa tradizione della scienza occidentale aveva puntato sull'accuratezza della descrizione matematica della realtà, disprezzando tutto ciò che non era suscettibile di una descrizione esatta, come la biologia. L'ingresso delle probabilità in quella che prima era una scienza esatta è un segno che l'osservatore comincia a studiare se stesso, la propria forma come condizionatore dell'ordine e della descrizione dei fenomeni.

Il passo successivo fu la teoria della radioattività, che contiene anch'essa elementi fortemente soggettivi e richiede il calcolo delle probabilità per descrivere i suoi risultati. Il quadro scientifico del mondo divenne sempre più raffinato e soggettivo. Discipline originariamente separate si unirono lentamente: matematica, fisica, chimica, epistemologia, logica. Vennero introdotte idee organiche, dimostrando ancora una volta che l'osservatore era arrivato a studiare la forma della propria Ragione. Un elemento chimico ha ora una portata vitale e gli eventi precisi della sua vita sono imprevedibili, indeterminati.

L'unità stessa dell'evento fisico, l'"atomo", che nel XIX secolo era fermamente convinto di essere una realtà, nel XX secolo è diventato un mero concetto, la cui descrizione delle proprietà veniva costantemente modificata per sostenere e consolidare gli sviluppi tecnici. All'inizio, ogni nuovo esperimento dimostrava semplicemente la "verità" delle teorie esistenti. Questo accadeva ai tempi della supremazia della scienza come disciplina sulla tecnica, sua figlia adottiva. Ma, prima della metà del XX secolo, ogni nuovo esperimento portava a una nuova ipotesi sulla cosiddetta "struttura atomica". Ciò che contava in questo processo non era l'ipotetico castello di carte che veniva eretto in seguito, ma l'esperimento che lo aveva preceduto.

Nessuno si sentiva in imbarazzo ad avere due teorie, inconciliabili tra loro, per descrivere la "struttura" dell'"atomo" o la natura della luce. L'argomento di tutte le scienze separate non poteva più essere mantenuto matematicamente chiaro. Vecchi concetti come massa, energia, elettricità, calore, radiazioni, si confondevano l'uno con l'altro, e così diventava sempre più chiaro che ciò che era veramente oggetto di studio era la ragione umana, nel suo aspetto epistemologico, e l'anima occidentale nel suo aspetto scientifico.

Le teorie scientifiche raggiunsero un punto in cui non significavano altro che il crollo assoluto della scienza come disciplina mentale. Si diffuse l'immagine della Via Lattea come un insieme di più di un milione di stelle fisse, tra le quali ve ne sono molte con un diametro di oltre 93.000.000 di chilometri; tutto questo, non come un centro cosmico stazionario, ma in continuo movimento verso il nulla a una velocità di 600 chilometri al secondo.[13] Il cosmo è finito, ma illimitato; illimitato, ma limitato. Questo richiede ancora una volta al vero credente la vecchia fede gotica: Credo quia absurdum, ma la meccanica senza scopo non può evocare questo tipo di fede e i sommi sacerdoti apostatano.[14]

Nell'altro senso, l'"atomo" ha dimensioni altrettanto fantastiche: il suo diametro è di un decimilionesimo di millimetro, e la massa di un atomo di idrogeno sta alla massa di un grammo d'acqua come una cartolina sta alla massa della terra. Ma questo atomo è costituito da "elettroni", il cui aggregato forma una sorta di sistema solare, in cui la distanza tra i pianeti è grande, in proporzione alla loro massa, come nel nostro sistema solare. Il diametro di un elettrone è di un terzo di miliardesimo di millimetro. Ma più lo si studia da vicino, più appare spirituale, perché il nucleo dell'atomo è una mera carica di elettricità, senza peso, né volume, né inerzia, né altre proprietà classiche della materia.

Nella sua ultima grande saga, la scienza ha dissolto le proprie basi fisiche e si è spostata dal mondo dei sensi a quello dell'anima.[15] La nozione di tempo assoluto

---

[13] Un miglio equivale a 1,6093 chilometri.

[14] Credo perché è assurda, una proposizione degli Scolastici.

[15] Saga, termine che compare nella letteratura islandese e si riferisce alla storia di una famiglia, di un gruppo

scomparve, diventando una funzione della posizione. La massa si spiritualizza in energia. L'idea di simultaneità viene scartata, il movimento diventa relativo, le parallele si tagliano l'una con l'altra, due distanze non possono più essere dichiarate assolutamente uguali. Tutto ciò che un tempo era stato descritto o si era descritto con la parola Realtà si dissolse nell'ultimo atto del dramma della scienza come disciplina mentale.

I custodi della scienza come disciplina mentale hanno abbandonato, uno dopo l'altro, le vecchie posizioni materialiste. Nell'ultimo atto, hanno scoperto che la scienza di una certa cultura ha come vero obiettivo la descrizione in termini scientifici del mondo di quella cultura, un mondo che è la proiezione dell'anima di quella cultura. La conoscenza profonda è stata realizzata attraverso lo studio della materia, come involucro dell'anima. Descrivere la materia è descrivere se stessi, anche se le equazioni matematiche mascherano il processo in un'apparente oggettività. La matematica stessa ha ceduto come descrizione della realtà: le sue orgogliose equazioni non sono altro che tautologia. Un'equazione è un'identità, una ripetizione, e la sua "verità" è un riflesso della logica cartacea del principio di identità. Ma questa è solo una forma del nostro pensiero.

Il passaggio dal materialismo del XIX secolo alla nuova spiritualità del XX secolo non fu quindi una battaglia, ma uno sviluppo inevitabile. Questa sottile e gelida disciplina mentale ha rivoltato il coltello contro se stessa a causa di un imperativo interiore a pensare in modo nuovo, un modo anti-materialistico. La materia non può essere spiegata materialisticamente. Tutto il suo significato deriva dall'anima.

III

Da questo punto di vista il materialismo appare come una grande negazione. È stato un grande sforzo spirituale per negare lo spirito, e questa negazione dello spirito era essa stessa espressione di una crisi dello spirito. Era la crisi della Civiltà, la negazione della Cultura da parte della Cultura.

Per gli animali, ciò che appare - la materia - è la Realtà. Ma per l'uomo primitivo, e a maggior ragione per l'Uomo-Cultura, il mondo è diviso in Apparenza e Realtà.

---

di persone o di istituzioni.

Tutto ciò che è visibile e tangibile è sentito come simbolo di qualcosa di più alto e invisibile. Questa attività di simbolizzazione è ciò che distingue l'anima umana da forme di vita meno complesse. L'uomo possiede un senso metafisico come segno distintivo della sua umanità. Ma è proprio la realtà superiore, il mondo dei simboli, del significato e dello scopo, che il Materialismo ha negato in toto. Che cos'era allora, se non il grande tentativo di animalizzare l'uomo equiparando il mondo della materia alla Realtà? Il materialismo non è stato superato, perché era falso; è semplicemente morto di vecchiaia. Non è falso nemmeno adesso, semplicemente cade nel vuoto. È antiquato ed è diventato la visione del mondo dei bifolchi.

Con il crollo della sua Realtà, la Scienza occidentale come disciplina mentale ha compiuto la sua missione. Il suo sottoprodotto, la scienza come visione del mondo, appartiene a ieri. Ma tra i risultati della Seconda guerra mondiale è comparsa una nuova stupidità: il culto della tecnica come filosofia della vita e del mondo.

La tecnica, nella sua essenza, non ha nulla a che fare con la scienza come disciplina mentale. Ha un solo scopo: l'estrazione di potenza fisica dal mondo esterno. È, per così dire, la politica della Natura, distinta dalla politica umana. Il fatto che la Tecnica si basi oggi su un'ipotesi e domani su un'altra, dimostra che il suo scopo non è la formazione di un sistema di conoscenza, ma la sottomissione del mondo esterno alla volontà dell'uomo occidentale. Le ipotesi di provenienza non hanno una reale parentela con i loro risultati, ma servono come punto di partenza per l'immaginazione dei tecnici per pensare a nuove possibilità di ulteriori esperimenti al fine di estrarre sempre più potenza. Alcune ipotesi sono ovviamente necessarie; cosa siano esattamente è secondario.

La tecnologia è ancora più incapace della scienza di soddisfare il bisogno di una prospettiva globale per questa epoca. Potenza fisica per cosa?

La stessa epoca ci dà la risposta: il potere fisico per le formalità politiche. La scienza svolge ora il ruolo di fornitore di terminologia e ideazione per la tecnica. La tecnica, a sua volta, è al servizio della politica. L'idea di "energia atomica" era nell'aria già dal 1911, ma è stato lo spirito bellico a concretizzare per primo questa teoria, con l'invenzione, nel 1945, da parte di uno sconosciuto occidentale, di un nuovo alto esplosivo i cui effetti dipendono dall'instabilità degli "atomi".

La tecnica è pratica; la politica è pratica al massimo grado. Non è minimamente interessato al fatto che un nuovo esplosivo si riferisca ad "atomi", "elettroni", "raggi cosmici" o santi e diavoli. La mentalità storica che informa il vero statista non può prendere troppo sul serio la terminologia di oggi, quando ricorda quanto rapidamente sia stata abbandonata quella di ieri. Un proiettile che può distruggere una città di 200.000 persone in un secondo... è una realtà, e riguarda la sfera delle possibilità politiche.

È lo spirito della politica che determina la forma della guerra, e la forma della guerra influenza poi la condotta della politica. Armi, tattiche, strategie, sfruttamento della vittoria, tutti questi fattori sono determinati dall'imperativo politico dell'epoca. Ogni epoca modella l'integrità della sua espressione per se stessa. Così, per il XVIII secolo, così ricco di forme, la guerra era anche una forma rigorosa, una sequenza di posizioni e sviluppi, come la forma musicale contemporanea delle variazioni su un tema.

Nel mondo occidentale si verificò un'aberrazione dopo l'impiego iniziale di un nuovo esplosivo ad alto potenziale nel 1945. Si trattava essenzialmente di un residuo del pensiero materialista, ma in tale aberrazione erano presenti anche vecchie idee mitologiche perenni. A metà del XIX secolo, quando si progettava l'idea della ferrovia, i medici sostenevano che un movimento così rapido avrebbe prodotto disturbi cerebrali e che persino la vista di un treno in movimento avrebbe danneggiato il cervello di un veggente; inoltre, l'improvviso cambiamento di pressione dell'aria durante il passaggio nelle gallerie avrebbe potuto causare svenimenti.

L'idea della distruzione del pianeta non era che un'altra forma della vecchia idea, presente in molte mitologie, occidentali e non, della fine del mondo, del Ragnarök, della Götterdammerung, del cataclisma. Anche la scienza ha adottato questa idea, presentandola come la Seconda Legge della Termodinamica. Gli adoratori della tecnologia fantasticavano molto sul nuovo esplosivo. Non si rendevano conto di non essere alla fine di un processo, ma all'inizio.

Siamo all'inizio dell'Era della Politica Assoluta e uno dei suoi requisiti è, naturalmente, la presenza di armi potenti. La tecnica ha quindi l'ordine di cercare di ottenere armi assolute. Ma non le otterrà mai, e chi lo crede non è altro che un semplice materialista, il che equivale a dire, nel XX secolo, un provinciale.

Il culto della tecnologia è assolutamente inadatto all'anima dell'Europa. L'impulso formativo della vita umana non è mai venuto dalla materia, né ora né mai. Al contrario, il modo in cui la materia viene vissuta e utilizzata è espressione dell'anima.

La candida convinzione dei tecnologi che un esplosivo rifarà la civiltà occidentale dalle sue fondamenta è la ricerca ultima del materialismo. Questa civiltà ha prodotto questo esplosivo e ne produrrà altri; ma gli esplosivi non hanno creato e non distruggeranno la civiltà occidentale. La materia non ha creato la civiltà occidentale, né può distruggerla.

È anche materialismo confondere una Civiltà con le fabbriche, gli edifici e la collettività delle strutture. La Civiltà è una realtà superiore, che si manifesta attraverso

delle popolazioni umane e, all'interno di queste, attraverso un certo strato spirituale che dà corpo, nella sua massima potenza, all'Idea vivente di Cultura. Questa Cultura crea religioni, forme di architettura, arti, Stati, Nazioni, Razze, Popoli, eserciti, guerre, poemi, filosofie, scienze, armi e imperativi interiori, che sono tutte semplici espressioni della Realtà più alta e nessuna delle quali può distruggerla.

L'atteggiamento del XX secolo nei confronti della scienza e della tecnologia è chiaro. Non chiede loro di fornire una prospettiva sul mondo - questa si ricava da altre fonti - e rifiuta decisamente ogni tentativo di ricavare una religione o una filosofia dal materialismo o dall'atomolatria. Tuttavia, gli sono utili, al servizio della sua limitata volontà di potenza. L'Idea è radicale e, per attuarla, la superiorità negli armamenti è essenziale per compensare l'immensa superiorità numerica dei nemici dell'Occidente.

13. L'imperativo del nostro tempo

I

Guardando indietro agli eventi del mondo, l'uomo occidentale si comprende nella sua fase novecentesca. Vede dove si trova; vede anche perché si è sentito obbligato a orientarsi storicamente. Il suo istinto interiore gli ha impedito di falsificare la storia in modo materialistico, assoggettandola a qualsiasi tipo di ideologia. Vede le epoche delle Culture precedenti a cui è legata la sua fase attuale: il "Periodo degli Stati contendenti" nella Cultura cinese; la transizione al cesarismo in quella romana; l'era dello "Hijksos" in quella egiziana. Nessuno di questi è stato un periodo di fioritura artistica o filosofica; tutti hanno avuto il loro centro di gravità nella politica e nell'azione. Sono periodi in cui i grandi spazi sono pensati nelle più grandi azioni, nella creatività esterna della massima grandezza possibile. I filosofi e ie i mercanti d'arte che migliorano il mondo scendono al livello della strada in queste epoche, quando l'imperativo è rivolto all'azione e non al pensiero astratto.

Per la sua posizione storica, in una Civiltà che sta entrando nella sua seconda fase, la sua anima ha una certa predisposizione organica, e i custodi dell'Idea di quest'epoca penseranno e sentiranno necessariamente così, e non altrimenti. Si può certamente affermare quale sia questa relazione con le diverse forme di pensiero e di azione umana e culturale.

Per quanto riguarda la religione, quest'epoca è di nuovo affermativa, l'esatto contrario dell'ateismo negativo del materialismo. Ogni uomo d'azione è in costante contatto con l'imprevedibile, l'imponderabile, il mistero della Vita, e questo esclude da parte sua l'atteggiamento da laboratorio. Un'epoca di azione vive accanto alla morte e valuta la vita in base al suo atteggiamento verso la morte. La vecchia idea religiosa gotica vive ancora con noi; è nel suo ultimo momento che un uomo mostra ciò che è in lui in tutta la sua purezza. Sebbene possa essere vissuto come un miserabile, può morire come un eroe, ed è questo ultimo atto della sua vita che crea l'immagine che gli sopravvivrà nella mente dei suoi discendenti. Non è possibile per noi valutare una vita in base alla sua durata, come faceva il materialismo, né credere in alcuna dottrina dell'immortalità del corpo.

Per l'uomo occidentale non c'è conflitto tra il suo compito terreno e il suo rapporto con Dio. All'inizio di una battaglia, i soldati hanno l'abitudine di pregare. La battaglia è in primo piano, ma colui al quale si rivolge la preghiera è il trascendente, è Dio. Il nostro imperativo metafisico deve essere realizzato all'interno di un certo quadro vitale. Siamo nati in una certa cultura, in un certo stadio del suo sviluppo organico, possediamo certi doni. Tutto questo condiziona la missione terrena che dobbiamo svolgere. La missione metafisica è al di là dei condizionamenti, perché sarebbe stata la stessa in qualsiasi tempo e luogo. La missione terrena è solo la forma della missione superiore, il suo veicolo organico.

Per la filosofia, lo Spirito del tempo ha un atteggiamento proprio, diverso da tutti i secoli precedenti. Il suo grande principio organizzativo è il significato morfologico dei sistemi e degli eventi. Non si basa su alcun metodo critico, perché tutti i metodi critici non fanno altro che riflettere lo spirito dominante, che ha superato la critica. Il centro della sua vita mentale è la storia. Attraverso la storia ci orientiamo, comprendiamo il significato dei secoli precedenti della nostra cultura; ci rendiamo conto, al di là di qualsiasi sistema o ideologia, della natura di ciò che dobbiamo fare, vediamo il significato dei nostri sentimenti e imperativi interiori.

I sistemi di miglioramento del mondo, prodotti di un modo di pensare ormai superato, non servono a nulla in quest'epoca.

È interessata solo a ciò che si deve fare e a ciò che si può fare, ma non a ciò che si deve fare. Il mondo dell'azione ha i suoi ritmi organici, mentre le ideologie appartengono al mondo del pensiero. Le idee vive ci interessano, gli ideali abortiti no.

Di fronte all'arte, l'epoca può avere un solo atteggiamento. Nel migliore dei casi, le nostre fatiche artistiche sono secondarie; nel peggiore, l'arte è degenerata in terrore e caos. Il frastuono massiccio non è musica; gli incubi pittorici non sono nemmeno disegni, né hanno a che fare con l'arte della pittura. L'oscenità e la bruttezza non sono letteratura; la propaganda materialista non è dramma; le parole incoerenti e disarticolate, gettate senza ordine e concertate sulla carta, non sono poesia lirica. Qualunque sia la missione artistica che l'epoca deve compiere, sarà portata avanti da individui isolati che agiscono tranquillamente all'interno delle vecchie tradizioni occidentali e che non si preoccupano affatto delle teorie artistico-giornalistiche.

In un'epoca di azione e organizzazione, il pensiero giuridico ha raggiunto un nuovo sviluppo. Il diritto occidentale non rimarrà estraneo alla politica, con le sue forme di pensiero della storia e della psicologia. Sarà interamente rinnovato con queste idee e il suo vecchio materialismo, nel diritto pubblico, commerciale e, in particolare, penale, sarà interamente scartato.

La tecnologia, e la sua serva scienza, sono della massima importanza per la civiltà occidentale nella sua fase attuale. La tecnologia deve fornire alla politica occidentale un pugno forte per le lotte a venire.

Nella struttura sociale della civiltà occidentale verrà introdotto il principio di autorità, che soppianterà il principio di ricchezza. Questa visione non è affatto ostile alla proprietà privata o alla leadership individuale; appartiene al sentimento negativo dell'odio e dell'invidia che informa la lotta di classe. L'Idea del XX secolo abolisce la guerra di classe e l'idea che l'economia sia la forza determinante della nostra vita.

Nel nuovo edificio, l'Economia occupa la posizione delle fondamenta e da ciò si deduce la sua forza spirituale. Le fondamenta non sono la parte importante di una struttura, ma una parte strettamente secondaria. Ma in un'epoca di azione, la forza economica è indispensabile alle unità politiche. L'economia può essere una fonte di forza politica e talvolta può servire come arma nella lotta per il potere. Per queste ragioni, il XX secolo non trascurerà lo sviluppo dell'aspetto economico della vita, ma anzi lo spingerà con rinnovato slancio dall'idea ormai dominante di politica. Invece di essere il campo di battaglia su cui gli individui combattono per un bottino privato, l'economia è ora un aspetto forte e importante dell'organismo politico che è custode del destino di tutti.

La visione del XX secolo delle varie direzioni del pensiero e dell'azione non è arbitraria, così come non lo era quella delle epoche precedenti. Molte delle migliori menti del XIX secolo avevano tendenze sensualiste, razionaliste e materialiste nichiliste, perché quello era un periodo di crisi nella vita della cultura e quelle idee erano lo spirito dell'epoca. Allo stesso tempo, l'idea del nazionalismo politico era evidente per quell'epoca, ma anche questo era un prodotto della grande crisi, cioè una forma di malattia tanto distruttiva quanto necessaria.

Ogni congiuntura di un evento organico offre una scelta e un'alternativa. La scelta è fare ciò che è necessario; l'alternativa è il caos. Questo non ha nulla a che fare con la logica da manuale; questa logica non è che uno degli innumerevoli prodotti della Vita, e la Vita inventerà sempre tutte le logiche di cui ha bisogno, ma essa - la Vita - obbedirà sempre a una logica, la logica organica. Questa non può essere descritta da alcun sistema, ma può essere compresa dal pensiero del Fato, l'unica forma di pensiero utile all'azione. La vita va avanti o non va da nessuna parte. L'opposizione allo Spirito del Tempo significa la volontà del Nulla.

Nel campo della teoria, quest'epoca ha tante alternative quanti sono gli ideologi che le sognano. In realtà, ha una sola scelta, che è stata tracciata dalla fase vitale della civiltà e dalle circostanze esterne in cui ci troviamo.

Sappiamo che il passaggio da un'epoca all'altra è graduale, e sappiamo anche che, pur essendosi realizzata in alcune direzioni, crede di iniziare in altre. Così, mentre la scienza come disciplina mentale ha raggiunto il suo scopo, la scienza come prospettiva popolare per i pazzi e gli aridi mentali continua ad esistere. Le menti migliori non sono più interessate al materialismo, ma, in questo momento, non occupano posizioni di controllo. L'Occidente è dominato dal mondo esterno, a sua volta controllato da barbari e distorsori, al cui servizio sono le menti minori d'Europa. Il materialismo è al servizio della grande causa della distruzione dell'Europa, ed è per questo che viene imposto alla popolazione europea da forze extraeuropee.

Ci sono due modi per prendere coscienza del nostro grande compito, dell'imperativo etico di recuperare la nostra vita. In primo luogo, dal nostro sentimento interiore, che ci spinge a guardare le cose in questo modo e in nessun altro. In secondo luogo, dalla conoscenza della storia delle sette Grandi Culture precedenti, ognuna delle quali ha attraversato questa stessa crisi, liquidando la lunga crisi della Civiltà proprio nel modo in cui il nostro istinto ci dice che dovrebbe essere risolta.

II

La nostra situazione attuale assume la forma di una grande battaglia; una battaglia che avrà bisogno di più di una guerra per essere risolta, ma che può anche essere risolta da un cataclisma improvviso, del tutto imprevedibile per noi, ora. All'apparenza, ciò che accade è l'imprevisto. Il massimo che gli esseri umani possono fare è essere preparati internamente. In totale contraddizione con i nostri istinti, i nostri sentimenti e le nostre idee, il XIX secolo siede sul trono dell'Europa, che guarda in disparte, vestita del sudario della tomba e sostenuta da forze extraeuropee. Ciò significa che l'epoca in cui ci troviamo assume la forma di un conflitto profondo e fondamentale. Queste idee non possono rivivere; la loro supremazia significa semplicemente lo strangolamento delle giovani e vivaci tendenze della Nuova Europa. Il loro predominio consiste solo in una servitù forzata, in un servizio a parole. Non incidono sul pensiero dell'azione, sui ritmi organici dell'epoca; sono solo strumenti per piegare la volontà dell'Europa, tenendola nelle mani dei peggiori elementi europei, che occupano il potere tenuto da baionette extraeuropee.

Il conflitto è profondissimo e riguarda ogni sfera della vita. Si contrappongono due idee, non concetti o astrazioni, ma idee che erano nel sangue degli uomini prima di essere formulate dalle menti degli uomini. La rinascita dell'Autorità si oppone al potere del denaro; l'ordine al caos sociale; la gerarchia all'uguaglianza; la stabilità socioeconomica e politica alla costante instabilità; l'allegra accettazione dei doveri alla piagnucolosa rivendicazione dei diritti; il socialismo al capitalismo, dal punto di vista etico, economico e politico; la resurrezione della religione al materialismo; la fertilità alla sterilità; lo spirito dell'eroismo allo spirito del commercio; il principio di Responsabilità al Parlamentarismo; l'idea della Polarità dell'Uomo e della Donna al Femminismo; l'idea di missione individuale all'ideale di "felicità"; la Disciplina alla coercizione della Propaganda; le più alte unità di famiglia, società e Stato all'atomismo sociale; il Matrimonio all'ideale comunista del libero amore; l'autarchia economica al commercio senza senso, considerato come fine a se stesso; l'imperativo interno al Razionalismo.

Ma non è ancora stata nominata la più importante di tutte le opposizioni, il conflitto che riassume in sé tutte le altre. È la battaglia dell'idea di unità occidentale contro il nazionalismo del XIX secolo. Qui si contrappongono le idee di Impero e di piccolo statalismo, di pensiero del grande spazio e di provincialismo politico. Qui si contrappongono la misera collezione di patrioti di ieri e i custodi del futuro. I nazionalisti di ieri non sono altro che burattini delle forze extraeuropee che dominano e dividono l'Europa. Per i nemici dell'Europa non ci deve essere nessun riavvicinamento, nessuna intesa, nessuna unione delle vecchie unità europee in una nuova unità, capace di portare avanti la politica del XX secolo.

Nelle precedenti sette Alte Culture, il periodo della malattia nazionalistica è stato liquidato dallo sviluppo di un sentimento per la totalità della Civiltà. Le guerre non mancarono di accompagnarlo, perché il passato ha sempre combattuto e sempre combatterà contro il futuro. La vita è guerra e il desiderio creativo provoca l'opposizione degli spiriti negativi, la cui esistenza è legata al passato in cui affondano. La divisione della Civiltà si è risolta, in ogni caso, con la riunione della Civiltà, la riaffermazione della sua antica e originaria esclusività e unità. In tutti i casi, il mini-statalismo ha ceduto e l'Impero è apparso. L'idea dell'Impero era così forte che nessuna forza interna poteva opporsi ad essa con qualche speranza di successo.

Il nazionalismo stesso, in Europa, è diventato la nuova idea di impero dopo la Prima guerra mondiale, all'inizio del nostro tempo. In tutti i Paesi occidentali, i "nazionalisti" erano coloro che si opponevano a un'altra guerra europea e auspicavano una sistemazione politica generale dell'Europa per evitare che sprofondasse nella polvere in cui ora si dibatte. Non erano quindi nazionalisti, ma imperialisti occidentali. Dall'altro lato, i cosiddetti "internazionalisti" erano coloro che volevano provocare guerre tra gli Stati europei di ieri, per sabotare la creazione dell'Impero d'Occidente. Lo odiavano perché, in un modo o nell'altro, ne erano estranei; alcuni perché erano totalmente estranei alla cultura occidentale, altri perché erano inguaribilmente posseduti da qualsiasi ideologia che odiava la nuova forma vitale e maschile del Futuro e preferiva la vecchia concezione della Vita che consisteva nel rincorrere il denaro, nello spendere denaro, nell'odiare la vita forte e alta e nell'amare la debolezza, la sterilità e la stupidità.

E così le forze extraeuropee, alleate con elementi traditori dell'Europa, riuscirono a scatenare una Seconda Guerra Mondiale che mandò in frantumi, almeno superficialmente, il poderoso sviluppo dell'Impero d'Occidente. Ma la sconfitta fu, e avrebbe dovuto essere, solo superficiale, perché l'impulso decisivo, come questo secolo sa fin troppo bene, viene dall'interno, dall'imperativo interiore, dall'Anima. Sconfiggere superficialmente l'attualizzazione di un'Idea storicamente essenziale significa rafforzarla. La sua energia, che sarebbe stata diffusa all'esterno nell'autoespressione, viene ritirata all'interno e concentrata sul compito essenziale della liberazione spirituale. I materialisti non sanno che ciò che non distrugge, rafforza, e non possono distruggere questa Idea. L'Idea usa gli uomini, ma i materialisti non possono usare l'Idea, né possono danneggiarla.

L'intera opera non è altro che un disegno dell'Idea di quest'epoca, una rappresentazione dei suoi fondamenti e della sua universalità, e ogni sua radice spirituale sarà ricondotta alle sue origini e alla sua necessità. Ma è bene ricordare che l'idea di un'Europa universale, di un Impero d'Occidente, non è nuova, ma costituisce la prima forma della nostra Cultura, come lo è stata per le Culture precedenti. Nei primi cinque secoli della nostra cultura c'era un popolo universale dell'Occidente, in cui le differenze locali contavano ben poco. C'era un imperatore-re universale, spesso contestato, ma mai negato. C'era uno stile universale, il gotico, che ha ispirato e plasmato ogni tipo di arte, dai mobili alle cattedrali. C'era un codice di condotta universale, la cavalleria occidentale, con i suoi imperativi d'onore per ogni situazione. C'era una religione universale e una Chiesa universale. C'era una lingua universale, il latino, e una legge universale, il diritto romano.

La disintegrazione di questa unità è stata lentamente progressiva a partire dal

1250, ma non è stata pienamente realizzata, anche a fini politici, fino all'epoca del nazionalismo politico, intorno al 1750, quando gli occidentali, per la prima volta, si sono permessi di usare i barbari contro altre nazioni occidentali.

E ora, mentre entriamo nell'ultima fase della Civiltà, l'idea di un'Europa universale, di un Impero d'Occidente nel XX secolo emerge ancora una volta come l'idea semplice, grandiosa e formativa dell'epoca. Il modo in cui il compito si presenta è politico. È una questione di potere se questo Impero si affermerà, perché ad esso si oppongono forti forze extraeuropee, che si sono divise il terreno della nostra Cultura.

III

L'Impero d'Occidente è uno sviluppo al quale nessuna forza interna europea potrebbe opporre più di una debole resistenza, ma la sua costituzione è ora ostacolata dall'intervento decisivo di forze esterne alla vita occidentale. La lotta è quindi di tipo politico-spirituale e la sua forza motrice deriva dall'idea di unità dell'Occidente. In questo momento, l'esistenza dell'Occidente in libertà per il suo autosviluppo è funzione della distribuzione del potere nel mondo.

L'epoca è politica in un grado e in un senso che nessun'altra epoca dell'Occidente è stata. Questa è l'epoca della politica assoluta, perché l'intera forma della nostra vita è ora una funzione del potere.

L'azione, per essere efficace, deve essere inserita in un contesto spirituale. Come disse Goethe: "L'attività illimitata, in qualsiasi materia, porta alla fine al fallimento". La nostra azione non deve essere cieca. Il nostro bagaglio di idee deve essere tale da poterlo utilizzare a nostro vantaggio. Deve essere libero da ogni tipo di ideologia, dall'economia, dalla biologia, dalla morale. Nasce direttamente dal senso dei fatti che questa epoca assume come punto di partenza.

Le università e la maggior parte dei libri propongono metodi antiquati di guardare al panorama politico. Si insegna ancora che esistono diverse "forme di governo", che possono essere trapiantate da un'unità politica all'altra. C'è il repubblicanesimo, c'è la democrazia, la monarchia, e così via. Alcune di queste "forme" sono presentate come "buone", altre come "cattive". È meglio che l'Europa sia occupata dai barbari piuttosto che avere un impero occidentale sotto una "cattiva" "forma di governo". È meglio mangiare le razioni che Mosca e Washington permettono, piuttosto che avere un'Europa fiera e libera con un "cattivo" governo.

Questo è un vero e proprio abisso di stupidità. Un tale livello di stupidità può essere raggiunto solo da ideologi senza anima e senza intelletto.

Questo genere di cose è la "politica del libro", e la sua origine risiede nel fatto che la parola politica ha due significati: significa l'attività del potere, e ha anche il significato dizionario di un ramo della filosofia. Ora, se per politica intendiamo una branca della filosofia, va bene. In questo caso può diventare quello che si vuole: nel mondo della filosofia regna la Carta Bianca. Ma il vero significato della parola politica è l'attività del potere, e in questo senso la vita degli atti è essa stessa politica. In questo senso, gli atti guidano la politica e la realizzazione degli atti è il compito della politica. Questo è l'unico significato possibile della parola per il XX secolo, e questo momento così grave della nostra vita culturale richiede la massima chiarezza mentale negli uomini attivi, affinché siano completamente liberi da qualsiasi traccia di ideologia, sia essa proveniente dalla logica, dalla filosofia o dalla morale.

E così ci troviamo di fronte alla visione della politica che risponde alle esigenze interne dell'Epoca della Politica Assoluta.

II - LA TORRE DI GUARDIA POLITICA DEL XX SECOLO

> "Gli uomini sono stufi dell'economia del denaro. Sperano di trovare la salvezza altrove o in qualche altro modo, in qualche cosa di vero, di onore e cavalleria, di nobiltà interiore, di abnegazione e dovere".
>
> SPENGLER

> "Il tempo della politica spicciola è passato; il prossimo secolo ci porterà la lotta per il dominio del mondo: la corsa alla grande politica".
>
> NIETZSCHE, 1885

1. Introduzione

La distribuzione del potere nelle prime due guerre mondiali fu grottesca. In entrambe, il punto di vista del XIX secolo è stato apparentemente vittorioso. In apparenza era così, ma in realtà una cosa del genere è impossibile. Per la natura organica di una cultura, così come delle nazioni da essa create, il passato non può trionfare sul futuro; nella vita organica le alternative sono sempre due, e solo due: o lo sviluppo in avanti, o la malattia e l'estinzione.

La civiltà occidentale non si è estinta con questi tremendi conflitti, anche se la sua esistenza era, politicamente parlando, al suo minimo storico.

La prima delle guerre mondiali ha creato un mondo nuovo. Le vecchie idee sulla storia, la politica, la guerra, le nazioni, l'economia, la società, la cultura, l'arte, l'educazione, l'etica, furono spazzate via. Le nuove idee su tutte queste cose, però, erano possedute solo dai migliori cervelli d'Europa, il piccolo strato della cultura. Purtroppo, i leader politici europei subito dopo la Prima guerra mondiale - con un'unica eccezione - non appartenevano a questo strato.

Il secondo della serie è nato dal fatto che l'intera Europa non era ancora caduta sotto l'impronta della nuova idea, la prospettiva globale del XX secolo. Metà dell'Europa era ancora abbandonata al vecchio e fatale gioco del miniestatismo. I leader responsabili di questo stato di cose rappresentavano ciò che Goethe aveva in mente quando disse: "La cosa più terribile al mondo è l'ignoranza in azione". L'Europa non ha ancora pagato il prezzo pieno della malizia e della stupidità di questi leader. Nietzsche aveva auspicato un tale aumento dell'atteggiamento minaccioso della Russia da costringere l'Europa a unirsi, ad abbandonare il triste gioco del nazionalismo politico, del piccolo statalismo. Ciò avvenne, non solo politicamente, ma anche culturalmente; la Russia si staccò completamente dall'Europa e tornò in Asia, da dove l'aveva portata Pietro il Grande. Ma l'Europa continuò, anche dopo lo spettacolo della Rivoluzione bolscevica, ad abbandonarsi al gioco ripugnante delle frontiere e dei costumi, dei piccoli piani, dei piccoli progetti, dei piccoli segreti. Nietzsche aveva ipotizzato nel suo pensiero che le persone con cervello si sarebbero trovate alla guida dell'Europa? ma si era dimenticato di augurarselo. I lettori del 2000 stenteranno a credere che nel 1947 un candidato alle elezioni francesi abbia basato il suo programma politico su un piano per far sentire la Francia sicura contro la Germania, o che sempre nel 1947 Inghilterra e Francia abbiano firmato a Dünkirchen un trattato di alleanza contro la Germania. Sia l'America che la Russia permisero a queste due potenze politiche di ieri di firmare questo innocuo trattato, che non poteva minimamente influenzare i piani degli extraeuropei di Mosca e Washington, perché non guardava al futuro, nemmeno al presente, ma solo al passato. È possibile che le persone che prepararono e firmarono questo trattato fossero sotto l'effetto di un'allucinazione collettiva, credendosi nell'anno 1750, 1850 o in qualsiasi altro secolo? Quando i politici cadono in confusione, i loro Paesi ne risentono.

Queste cose non sarebbero potute accadere, l'Europa non avrebbe potuto raggiungere un punto così basso, se il nuovo concetto di politica, il concetto organicamente necessario, fosse stato chiaramente presente negli strati dirigenti di ogni Paese europeo. Questo nuovo concetto - che diventa automaticamente il punto di vista di tutti coloro che lo comprendono - viene ora formulato qui per la prima volta nella sua interezza.

La parola stessa "politica" è stata oggetto, nella storia recente, di profondi fraintendimenti. Le ragioni sono due: in primo luogo, l'ossessione economica delle nazioni della nostra civiltà durante il XIX secolo; poi, l'influenza distorsiva della cultura americana in alcune aree europee. L'ossessione economica ha gradualmente portato a ritenere che la politica fosse antiquata, che riflettesse solo le realtà economiche precedenti e che alla fine sarebbe scomparsa. La guerra venne così considerata un anacronismo.

In America, a causa delle condizioni particolari che vi prevalgono, uniche nella storia dell'Occidente, la parola "politica" è venuta a significare l'adesione a un gruppo o a un'idea per un motivo losco o subdolo. I politici americani si accusavano continuamente di essere coinvolti nella "politica". Questo, in realtà, significava che la politica era vista come qualcosa di inutile, disonesto, che poteva e doveva essere soppresso. Questo era, in verità, il loro modo di intendere la parola.

Questa profonda ignoranza della politica in Europa è nata dal periodo straordinariamente lungo di pace tra le nazioni europee, che si è verificato tra il 1871 e il 1914. Questo sembrava dimostrare che la guerra e la politica erano finite. L'idea aveva preso piede così profondamente che il 1914 sembrava essere solo l'eccezione che confermava la regola. Nelle teste deboli dell'Europa e dell'America c'era anche la necessità mentale di considerare la guerra del 1914 come l'ultima guerra. Il 1939 cambiò anche questa visione. Anche in questo caso si trattava dell'ultima guerra. Le persone con questa visione non si sentono condizionate dalla necessità di considerare ogni guerra come l'ultima. Per un ideologo, la sua teoria è normativa, sono i fatti a essere sbagliati.

È giunto il momento di smettere di perseverare in questo tipo di gioco di prestigio mentale. La politica non è un argomento per esercizi logici, ma un campo d'azione per lo Spirito del tempo.

2. La natura della politica

I

Prima di tutto, cos'è la politica? Cioè la politica come fatto. La politica è attività in relazione al potere.

La politica è un soggetto in sé, il soggetto del potere. Non si tratta quindi di morale, né di estetica, né di economia. La politica è un modo di pensare, come lo sono questi altri modi di pensare. Ognuno di questi modi di pensare isola una parte della totalità del mondo e la rivendica per sé. La morale distingue tra buono e cattivo; l'estetica tra bello e brutto; l'economia tra utile e inutile (nella sua fase successiva, puramente commerciale, tra redditizio e non redditizio). La politica divide il mondo intero in amici e nemici. Esse esprimono il massimo grado possibile di connessione, ma anche il massimo grado possibile di separazione.

Il pensiero politico è tanto diverso da queste altre forme di pensiero quanto lo sono tra loro. Può esistere senza di loro, e loro senza di lui. Il nemico può essere buono, può essere bello, può essere economicamente utile, gli affari con lui possono essere redditizi... ma se la sua attività di potere converge con la mia, è il mio nemico. È colui con il quale è possibile un conflitto esistenziale. Ma l'estetica, l'economia, la morale non hanno nulla a che fare con l'esistenza, ma solo con le norme di attività e di pensiero all'interno di un'esistenza assicurata.

Se, come fatto psicologico, il nemico è facilmente rappresentabile come sgradevole, dannoso e cattivo, ciò è comunque sussidiario alla politica e non distrugge l'indipendenza del pensiero e dell'attività politica. Il disgiuntivo politico, che ha a che fare con l'esistenza, è il più profondo di tutti i disgiuntivi e quindi ha la tendenza a cercare ogni tipo di persuasione, costrizione e giustificazione per promuovere la sua attività. Ciò avviene in relazione diretta alla purezza del pensiero politico dei leader. Quanto più i loro concetti sono impregnati di idee morali, economiche o di altro tipo, tanto più utilizzeranno la propaganda per raggiungere i loro obiettivi politici. Può anche accadere che non siano consapevoli che la loro attività è politica. Molto fa pensare che Cromwell si considerasse un "religionista" piuttosto che un politico. Una variante si trova nel giornale francese che nel 1870 gratificava lo spirito bellico dei suoi lettori con la speranza che i *poilus* tornassero dalla Prussia con carri carichi di donne bionde.[16]

La propaganda giapponese rivolta alla popolazione locale nel corso della Seconda guerra mondiale, invece, sottolineava quasi esclusivamente la natura esistenziale, cioè puramente politica, della lotta. L'altro può essere brutto, cattivo e dannoso e non essere un nemico; oppure può essere buono, bello e utile, e comunque nemico.

Amico e nemico sono realtà concrete. Non sono figurativi. Non sono mescolati con elementi morali, estetici o economici. Non descrivono una relazione privata di antipatia. L'antipatia non è una parte necessaria della disgiunzione politica tra amico

---

[16] I "Poilus", i pelosi, nome popolare dato ai soldati francesi nella Prima Guerra Mondiale (N. del T.).

e nemico. L'odio è un fenomeno privato. Se i politici inoculano al loro popolo l'odio contro il nemico, lo fanno solo per dargli un interesse personale nella lotta pubblica, che altrimenti non proverebbe. Tra organismi extra-personali non esiste l'odio, anche se ci possono essere lotte esistenziali. La disgiunzione amore-odio non è politica e non interferisce in alcun modo con la disgiunzione amico-nemico. Alleanza non significa amore, così come guerra non significa odio. Un pensiero chiaro nel campo della politica richiede all'inizio una forte facoltà di dissociazione delle idee.

La concezione del mondo del liberalismo, qui come sempre e ovunque completamente emancipata dalla realtà, sosteneva che il concetto di nemico descriveva o un concorrente economico o un avversario ideativo. Ma in economia non esistono nemici, ma solo concorrenti; in un mondo puramente moralizzato (cioè un mondo in cui esistevano solo contrasti morali) non potevano esistere nemici, ma solo avversari ideali. Il liberalismo, rafforzato dalla rara e lunga pace del 1871-1914, annunciava che la politica era atavica, il dilemma amico-nemico retrogrado. Questo, naturalmente, appartiene alla politica come branca della filosofia. In quel campo non sono possibili errori; nessun accumulo di fatti può dimostrare che una teoria è falsa, perché le teorie hanno la precedenza sui fatti, la storia non è l'arbitro nelle questioni di prospettiva politica, la Ragione decide tutto e ognuno decide da sé ciò che è ragionevole. Noi ci occupiamo solo di fatti e l'unica obiezione che faremo a questa visione, in ultima analisi, è che non è fattuale.

Nemico, quindi, non significa concorrente. Né significa avversario in generale. Tanto meno descrive una persona odiata a causa di sentimenti di antipatia personale. La lingua latina aveva due parole: "hostis", per un nemico pubblico, "inimicus", per un nemico privato. Le nostre lingue occidentali, purtroppo, non fanno questa importante distinzione. Il greco, invece, faceva una profonda distinzione tra due tipi di guerra: quella contro gli altri greci e quella contro gli estranei alla cultura, i barbari. Le prime erano "agon", in origine una gara per ottenere un premio nei giochi pubblici, e l'avversario era l'"antagonista". Questa distinzione ha un valore per noi, perché rispetto alle guerre di quest'epoca, le guerre intraeuropee degli ottocento anni precedenti erano agonali. Quando la politica nazionalista divenne predominante nella cultura classica, con le guerre del Peloponneso, la distinzione greca cadde in disuso. Le guerre del XVII e XVIII secolo in Europa occidentale assunsero l'aspetto di gare per un premio: il premio era di solito una fascia di territorio, un trono, un titolo. I partecipanti erano dinastie, non popoli. L'idea di distruggere la dinastia avversaria non era presente, e solo in rari casi si presentava la possibilità di un tale evento. Nemico, in senso politico, significa quindi nemico pubblico. È un'inimicizia illimitata, distinta da quella privata. La distinzione pubblico-privato può sorgere solo quando è presente un'unità sovrapersonale. Quando questa esiste, determina chi è amico e chi è nemico, perché nessun privato può fare una tale distinzione. Può odiare coloro che gli si oppongono o non gli piacciono, o che sono in competizione con lui, ma allo stesso tempo non può trattarli come nemici in senso illimitato.

La mancanza di due parole per distinguere tra nemico pubblico e nemico privato ha contribuito a creare confusione anche nell'interpretazione del noto passo biblico (Matteo, 5-44; Luca, 6-27) "Amate i vostri nemici". Le versioni greca e latina usano queste parole per indicare un nemico privato. Ed è proprio a questo che si riferisce il passo. Si tratta, evidentemente, di una raccomandazione a mettere da parte l'odio e la malignità, ma non è necessario odiare il nemico pubblico. L'odio non fa parte del pensiero politico. Ogni odio diretto contro il nemico pubblico non è politico e mostra sempre qualche debolezza nella situazione politica interna. Questo passo biblico non evoca l'amore per il nemico pubblico, e durante le guerre contro i saraceni e i turchi nessun pontefice, santo o filosofo lo interpretò così. Di certo non consiglia il tradimento sulla base dell'amore per il nemico pubblico.

II

Qualsiasi raggruppamento umano non politico, di qualsiasi tipo, legale, sociale, religioso, economico o altro, diventa infine politico se crea un'opposizione abbastanza profonda da porre gli uomini gli uni di fronte agli altri come nemici. Lo Stato come unità politica esclude per sua natura questo tipo di opposizione. Se, tuttavia, nell'ambito di uno Stato si verifica una divisione sufficientemente profonda, con forza sufficiente a dividere la popolazione in amici e nemici, è la prova che questo Stato, almeno temporaneamente, non esiste di fatto. Non è più un'unità politica e se si generano forze che lo Stato non può più controllare pacificamente, ha cessato di esistere. Se lo Stato deve ricorrere alla forza, questo dimostra di per sé che esistono due unità politiche; in altre parole, due Stati al posto di quello originario.

Ciò solleva la questione del significato di politica interna. Nell'ambito di uno Stato, si parla di politica sociale, politica giudiziaria, politica religiosa, politica di partito e così via. È ovvio che questo rappresenta un altro significato della parola, poiché non prevede la possibilità di un dilemma amico-nemico. Si verifica all'interno di un'unità pacificata. Tali aspetti della politica possono essere definiti solo "secondari". L'essenza dello Stato è che nel suo dominio esclude la possibilità di due raggruppamenti amico-nemico. Pertanto, i conflitti che si verificano all'interno di uno Stato sono, per loro stessa natura, limitati, mentre il conflitto veramente politico è illimitato. Ognuna di queste limitate lotte interne, ovviamente, può diventare il fulcro di un vero e proprio dilemma politico, se l'idea che si oppone allo Stato è abbastanza forte e i leader dello Stato hanno perso la fiducia in se stessi. In tal caso, lo Stato scompare. Questa è la logica organica che governa tutti gli organismi, piante, animali, uomini, grandi culture. O sono fedeli a se stessi, o si ammalano o muoiono. Il punto di vista logico e razionale che crede che tutto ciò che può essere scritto programmaticamente in modo convincente in un sistema possa poi essere fatto rientrare in un organismo non può essere applicato a loro. Il pensiero razionale è solo una delle diverse creazioni della vita organica e non può, perché è sussidiario, includere l'intero nell'area della sua contemplazione. È illimitato e può agire solo in un certo modo e su argomenti adatti a tale trattamento. L'organismo è il tutto e non può affidare i suoi segreti a un metodo che sviluppa a partire dalla propria capacità creativa per risolvere i problemi non organici che deve superare.

La politica secondaria può spesso travisare la politica essenziale. Ad esempio, la politica femminile della gelosia meschina e dell'odio personale che vigeva alla corte di Luigi XV fu determinante nel dedicare gran parte delle energie politiche francesi alla lotta contro Federico, relativamente importante, e molto poco alla più importante lotta contro l'Inghilterra in Canada, India e negli oceani. La Pompadour non amava Federico il Grande e la Francia pagò un Impero per punirlo. Quando l'ostilità privata esercita tali effetti sulle decisioni pubbliche, si può parlare di distorsione politica. Quando un organismo è dominato o influenzato dai consigli o dalla forza di un potere estraneo alla legge del proprio sviluppo, la sua vita viene distorta, travisata. La relazione tra un'inimicizia privata e una politica pubblica che è circostanzialmente travisante è la stessa che intercorre tra il meschino statalismo europeo e la civiltà occidentale. Il gioco collettivamente suicida della politica nazionalista ha distorto il destino dell'Occidente dopo il 1900 a vantaggio di forze extraeuropee.

III

La concretezza della politica è evidenziata da alcuni fatti linguistici che compaiono in tutte le lingue occidentali. Invariabilmente i concetti, le idee e il vocabolario di un gruppo politico sono polemici, propagandistici. Le parole Stato, classe, re, società hanno tutte un contenuto polemico e un significato completamente diverso per i loro sostenitori e per i loro avversari. Dittatura, Stato di diritto, proletariato, borghesia... queste parole non hanno altro significato che quello puramente polemico e non si sa cosa significhino se non si conosce chi le usa e contro chi. Durante la Seconda guerra mondiale, ad esempio, libertà e democrazia sono state usate come termini per descrivere tutti i membri della coalizione antieuropea, con una totale mancanza di rispetto per la semantica. La parola "dittatura" fu usata dalla coalizione extraeuropea per descrivere non solo l'Europa, ma qualsiasi altro Paese che si rifiutasse di aderire alla coalizione. Allo stesso modo, la parola "fascista" è stata usata semplicemente come termine offensivo, senza alcuna base descrittiva, così come la parola democrazia era una parola di elogio ma non esplicativa. Nella stampa americana, ad esempio, sia durante la guerra del 1914 che quella del 1939, la Russia fu presentata come una "democrazia". La dinastia Romanov e il regime bolscevico erano ugualmente democratici. Ciò era necessario per salvaguardare l'immagine omogenea di queste guerre che la stampa aveva presentato ai suoi lettori: era una guerra di democrazia contro la dittatura; l'Europa era la dittatura, quindi tutto ciò che combatteva contro l'Europa era democrazia. Allo stesso modo, Machiavelli definì repubblica qualsiasi Stato che non fosse una monarchia, una definizione controversa che è durata fino ad oggi.

Per Jack Cade la parola nobiltà era un termine di dannazione; per coloro che schiacciarono la sua rivolta, era sinonimo di tutto ciò che era buono. In un trattato giuridico, il guerriero di classe Karl Renner definì "tributo" l'affitto pagato dall'inquilino al proprietario. Allo stesso modo, Ortega y Gasset definisce la rinascita dell'autorità statale, delle idee di ordine, gerarchia e disciplina, una rivoluzione delle masse. E per un vero guerriero di classe, qualsiasi peone è socialmente prezioso, ma un alto impiegato è un "parassita".

Nel periodo in cui il liberalismo ha dominato la civiltà occidentale e lo Stato è stato teoricamente ridotto al ruolo di "guardiano notturno", la parola "politica" ha cambiato il suo significato fondamentale. Dove un tempo descriveva le attività di potere dello Stato, ora si riferiva agli sforzi dei privati e delle loro organizzazioni per occupare posizioni di governo come mezzo di sostentamento; in altre parole, la politica è diventata politica di partito. Per i lettori del 2050 sarà difficile comprendere queste relazioni, perché l'era dei partiti sarà stata dimenticata come lo è oggi la guerra dell'oppio.

Tutte le agenzie statali erano distorte, snaturate, malate, in crisi, e questa introspezione ne era un grande sintomo. La politica interna doveva essere la cosa principale.

Se la politica interna era davvero essenziale, avrebbe dovuto significare che i raggruppamenti amico-nemico potevano nascere da una questione di politica interna. Se ciò accadesse, il risultato sarebbe, in caso estremo, la guerra civile, la politica interna era infatti ancora secondaria, limitata, privata, non pubblica. La semplice affermazione che la politica interna potesse essere essenziale era polemica: ciò che si intendeva era che dovesse essere seria. I liberali e i guerrieri di classe, allora come oggi, parlavano delle loro speranze e dei loro desideri come se fossero fatti, quasi fatti o fatti potenziali. L'unico risultato di concentrare le energie sui problemi interni era quello di indebolire lo Stato nei suoi rapporti con gli altri Stati. La legge di ogni organismo consente solo due alternative: o l'organismo è fedele a se stesso, o cade nella malattia o nella morte. La natura, l'essenza dello Stato è la pace interna e la lotta esterna. Se la pace interna viene disturbata o spezzata, la lotta esterna viene danneggiata.

I modi di pensare organici e inorganici non si intersecano: la logica ordinaria della scuola, la logica dei manuali di filosofia ci dicono che non c'è alcuna ragione per cui lo Stato, la politica e la guerra debbano essere esistiti o esistere. Non c'è alcuna ragione logica per cui l'umanità non possa essere organizzata come una società, o come un'impresa puramente economica, o come un vasto club del libro. Ma gli alti organismi degli Stati, e le più alte di tutte, le Grandi Culture, non permettono ai filosofi di esistere; anzi, la sola esistenza di questo tipo di razionalista, l'uomo emancipato dalla realtà, è solo un sintomo della crisi di una grande Cultura, e quando la crisi passa, i razionalisti passano con essa. Che i razionalisti non siano in contatto con le forze invisibili e organiche della Storia è dimostrato dalle loro previsioni degli eventi. Prima del 1914, essi affermavano universalmente che una guerra europea generalizzata era impossibile. Due diverse classi di razionalisti davano due ragioni diverse per questo. I guerrieri di classe dell'Internazionale sostenevano che il socialismo internazionale avrebbe reso impossibile la mobilitazione dei "lavoratori" di un Paese contro i "lavoratori" di un altro. L'altra classe - anch'essa con il suo centro di gravità nell'economia, dato che razionalismo e materialismo sono indissolubilmente legati - disse che una guerra generale non sarebbe stata più possibile perché la mobilitazione avrebbe prodotto un tale sconvolgimento della vita economica dei Paesi da provocare la bancarotta nel giro di poche settimane.

3. La simbiosi guerra-politica

I

Siamo arrivati al rapporto tra guerra e politica. Non ci proponiamo di trattare la metafisica della guerra, ma di sviluppare una prospettiva pratica sulle possibilità e le necessità della guerra come base per l'azione.

Innanzitutto, una definizione: la guerra è una lotta armata tra unità politiche organizzate. Non è una questione di metodi di lotta, poiché le armi sono semplicemente un mezzo per uccidere. Non è nemmeno una questione di organizzazione militare; questi aspetti non sono determinanti per la natura interna della guerra. La guerra è la massima espressione possibile del dilemma amico-nemico. Essa dà il suo significato pratico alla parola nemico. Il nemico è colui contro il quale facciamo la guerra o ci prepariamo a farla. Se non è una questione di guerra, non è un nemico. Può essere un semplice avversario nella competizione per un premio, può essere una persona senza principi, un semplice avversario ideologico, un concorrente, qualcuno che riteniamo odioso per motivi di antipatia. Nel momento in cui diventa un nemico, entra in gioco la possibilità, o il fatto, della lotta armata, della guerra. La guerra non è un "agone", e quindi le lotte armate tra gli Stati della cultura occidentale fino alla metà del XVIII secolo non erano guerre nel senso di questa parola nel XIX secolo, erano limitate nel loro scopo e nella loro estensione e in relazione all'avversario, non erano esistenziali. Quindi, non erano politiche nel senso della parola nel XX secolo; non erano combattute contro nemici nel nostro senso della parola. Purtroppo le nostre lingue occidentali non hanno la precisione che aveva il greco in questo senso per distinguere tra lotte intra-ellenistiche, "agoni" con l'avversario "antagonista", da un lato, e lotte contro popoli non culturali, dall'altro, in cui l'avversario, cioè il persiano, era il nemico. Così, le Crociate furono guerre nel senso più illimitato del termine: l'obiettivo spirituale profondo era l'affermazione della superiorità culturale e della vera Fede contro i pagani. L'avversario era un nemico, la cui unità non poteva continuare se poteva essere sconfitta. Questo, naturalmente, non escludeva la magnanimità personale verso i soldati nemici, per l'imperativo interiore dell'onore e della cavalleria.

L'onore, nelle Crociate, impediva le meschinità personali, ma non escludeva la distruzione totale dell'unità organizzata del nemico. L'onore nelle lotte intraeuropee ha impedito di imporre all'avversario sconfitto condizioni di pace troppo dure, e non è mai venuto in mente a nessuno di negare all'avversario il diritto di esistere come unità organizzata.

Nel corso della storia della nostra cultura, da Papa Gregorio VII a Napoleone, la lotta contro un membro della cultura era limitata, ma quando veniva combattuta con lo straniero, con il non membro della cultura, allora era una vera e propria guerra senza limiti.

Le guerre prima, dopo e al di fuori di una cultura sono illimitate. Sono un'espressione più pura del barbaro nell'uomo, perché non sono altamente simboliche. Sono spirituali, perché tutto ciò che è umano è spirituale. Lo spirito è essenziale, radicale nell'uomo; la materia è il veicolo dello sviluppo spirituale. L'uomo trova un significato simbolico in ciò che lo circonda; la sua esperienza di questi simboli e le sue azioni e la sua organizzazione in accordo con essi sono ciò che lo rende uomo, anche se porta in sé anche istinti animali. Naturalmente la sua anima, con il suo simbolismo trasformatore, cambia completamente l'espressione di questi istinti, che diventano il servizio dell'anima e del suo simbolismo. L'uomo non uccide, come una tigre, per procurarsi il cibo da mangiare, ma uccide per necessità spirituale. Anche le guerre sviluppate interamente al di fuori di una Grande Cultura non sono puramente animali, del tutto prive di contenuto simbolico. Con l'uomo questo sarebbe impossibile; solo qualcosa di spirituale può portare le masse sul campo di battaglia. Ma il simbolismo di una Grande Cultura è un grande simbolismo; unisce Passato, Presente e Futuro e la totalità delle cose, fondendo tutto in una magnifica impresa che in seguito si vedrà essere diventata anch'essa un simbolo. Se paragonati a questi grandi significati, a questo grande destino extra-personale, i fenomeni umani extra-culturali sembrano semplicemente zoologici. Pertanto, a causa del loro basso contenuto simbolico e della loro scarsa potenza spirituale, tali guerre non potranno mai avvicinarsi all'intensità, alla portata o alla durata delle guerre legate a una Cultura Alta. La sconfitta è molto più facilmente accettata perché sono coinvolte solo le anime di coloro che sono stati colpiti. Nelle guerre di cultura, invece, l'anima della cultura è presente, prestando la sua forza invisibile ma invincibile a coloro che sono al suo servizio, e la lotta può essere sostenuta per anni contro avversari numericamente molto superiori. Poche sconfitte e Gengis Khan sarebbe scomparso. Ma non sarebbe stato lo stesso per Federico il Grande o George Washington, perché sentivano di essere il veicolo di un'Idea, del Futuro.

Non si può parlare di inimicizia se non c'è la possibilità di una guerra. Una possibilità in effetti, non che sia semplicemente concepibile. Né è necessario che la possibilità sia quotidiana e imminente. Né è necessario che la porta dei negoziati sia chiusa prima della possibilità di una guerra, eppure si può dire che esista una vera inimicizia.

Nemmeno negli Stati in guerra la vita è un bagno di sangue quotidiano. La guerra è la massima intensificazione possibile della politica, ma ci deve essere qualcosa di meno intenso; il periodo per recuperare, per negoziare, per governare, per prepararsi. Senza il fatto della pace non potremmo avere la parola guerra e - cosa a cui i pacifisti non hanno mai pensato - senza la guerra non potremmo avere la pace nel modo beato, sognante e saccente in cui usano questa parola. Tutta l'energia veemente che la guerra dedica alle lotte sovrapersonali si riverserebbe in discordie domestiche di un tipo o dell'altro, e la lista delle vittime non sarebbe certo inferiore.

Il rapporto della guerra con la politica è chiaro. Clausewitz, nel passo generalmente citato a sproposito, chiamava la guerra "la continuazione dei rapporti politici con altri mezzi". E diciamo generalmente citato a sproposito, perché non si vuole intendere che la lotta militare sia la continuazione della politica, perché non è così. La lotta ha una sua grammatica, una sua tattica e una sua strategia. Ha le sue regole organiche e i suoi imperativi. Ma la guerra non ha motivazioni proprie: le fornisce la politica. Tale è l'intensità della lotta politica, dell'inimicizia, che è la guerra.

È con questa interrelazione in mente che un diplomatico inglese disse che un politico era meglio addestrato a combattere di un soldato, perché il primo combatteva continuamente e il secondo solo occasionalmente. Si può anche notare che i soldati professionisti hanno la tendenza a trasformare una guerra in un "agone" prima che ciò accada ai soldati politici. Usiamo l'espressione soldato politico solo ad hoc, per designare qualcuno che combatte per convinzione piuttosto che per professione.

Clausewitz ha espresso nello stesso capitolo una descrizione del rapporto tra politica e guerra che è valida anche in questo secolo: "Poiché la guerra appartiene alla politica, si adatta al suo carattere. Quando la politica diventa grande e potente, lo diventa anche la guerra, che allora può salire in alto e raggiungere la sua forma assoluta".

La guerra presuppone la politica, così come la politica presuppone la guerra. La guerra determina il nemico e il momento in cui iniziare la guerra. Questi non sono problemi per il soldato. Gli eserciti devono essere preparati a combattere qualsiasi unità politica.

La guerra e la politica non possono essere definite in termini di finalità o scopi reciproci. Non ha alcun senso organico dire che la guerra è lo scopo della politica, o la politica della guerra. Non potrebbe esserlo, in ogni caso. L'una è il prerequisito dell'altra; l'una non potrebbe esistere senza l'altra. Una certa politica potrebbe aspirare a una certa guerra, naturalmente, ma nessuna politica potrebbe aspirare alla guerra in generale.

L'eventualità della guerra è ciò che conferisce al pensiero politico la caratteristica che lo differenzia da altri modi di pensare, come quello economico, morale, scientifico, estetico.

II

Se il dilemma amico-nemico è l'essenza del pensiero e dell'azione politica, significa che non c'è altro tra i due concetti? No, la neutralità esiste come fatto. Ha le sue regole e le sue condizioni di esistenza. La cultura occidentale ha creato come parte del suo diritto internazionale una legge che regola la neutralità. La formulazione di regole per i neutrali dimostra che ciò che è decisivo è il conflitto, il dilemma amico-nemico. Il problema di un neutrale è come rimanere fuori dalla guerra; non è il problema degli altri come tenere lontano il neutrale. L'intera pratica della legge sulla neutralità dipendeva da chi era in guerra. Se le Grandi Potenze erano in guerra, i neutrali, in pratica, avevano ben pochi diritti. Se le potenze in guerra erano piccole e le Grandi Potenze rimanevano neutrali, i neutrali avevano molti diritti.

Ma il punto essenziale è che la neutralità come politica entra nel campo delle possibilità pratiche della guerra e della politica attiva. Un Paese che adottasse la neutralità come stile di vita cesserebbe di esistere come unità politica. Potrebbe continuare a esistere economicamente, socialmente, culturalmente, ma politicamente non potrebbe esistere se fosse sempre neutrale. Rinunciare alla guerra significa rinunciare al diritto di avere un nemico. Quando una potenza si impegna a entrare in guerra in una certa eventualità, non ha adottato una neutralità totale. Così, la neutralità del Belgio nel XIX secolo era solo una parola, e non un fatto, perché manteneva un esercito, una rappresentanza diplomatica all'estero e concludeva accordi militari con Francia e Inghilterra contro la Germania. Dal momento in cui un Paese mantiene un esercito, non può dire che la sua politica nazionale di base sia la neutralità. Un esercito è uno strumento di politica, anche se si tratta solo di una politica di autodifesa. Politica e neutralità si escludono a vicenda, così come si escludono a vicenda la neutralità e la continuità dell'esistenza. Ecco un altro esempio della natura polemica di tutto il linguaggio politico: la neutralità è stata usata come parola polemica da alcuni piccoli Paesi europei. In realtà, per la sola ragione della loro esistenza, servivano gli scopi politici di una metà dell'Europa contro un'altra metà. Questa posizione, di impegno per la loro sola esistenza a favore di una parte contendente, fu etichettata da questi Paesi come "neutralità". Sapevano che la loro politica avrebbe complicato la guerra; sapevano da che parte sarebbero stati, e quando la guerra arrivò proclamarono a gran voce che la loro "neutralità" era stata violata.

Rinunciare alla politica - che è il significato di neutralità totale - significa rinunciare all'esistenza come unità. In molti casi dipende dalla saggezza e dai dettami della Cultura unirsi a un altro potere, rinunciando a un'esistenza vuota come unità, un'esistenza senza senso e senza futuro.

Oltre alla neutralità come fatto precario durante la guerra e alla neutralità come frode polemica, c'è la neutralità che deriva dal successo di una guerra. Questa è quella che più assomiglia alla vera neutralità, perché significa che le potenze in questo caso sono scomparse dai calcoli delle altre potenze, a meno che il Paese in questione non sia attraente come bottino o come campo di battaglia. In tal caso, deve scegliere da solo a quale delle due parti in guerra cedere la propria indipendenza. Se non lo fa, la scelta sarà fatta da altri per suo conto. Una potenza che, a causa della sua debolezza economica, delle sue piccole dimensioni o della sua eccessiva età, non è in grado di condurre una guerra, ha effettivamente rinunciato alla guerra ed è diventata neutrale. La possibilità di continuare un'esistenza postuma dipende interamente dall'attrattiva dei suoi domini. Ai fini dell'alta politica, non è più un fattore politico, ma un fattore neutrale. Dallo sviluppo di tecniche belliche colossali deriva il fatto che poche potenze possono resistere o sostenere una guerra. Questo ha portato razionalisti e liberali, confondendo come sempre i loro desideri con la realtà, ad annunciare che il mondo stava diventando pacifico. Niente più guerre e politica - "politica di potenza" è una loro espressione, come si potrebbe parlare dell'estetica della bellezza, dell'economia dell'utile, della morale del bene, della religione della pietà o del diritto legale - il mondo è diventato neutrale, le occasioni di guerra stanno scomparendo, le potenze politiche non possono più permettersi le guerre e così via. Non è la guerra o la politica che sta scomparendo; ciò che sta accadendo è che il numero dei contendenti è diminuito.

Un mondo pacifico sarebbe quello in cui la politica non esiste. Sarebbe un mondo in cui non potrebbero sorgere differenze umane tali da mettere gli uomini gli uni contro gli altri come nemici. In un mondo puramente economico gli uomini si affronterebbero, ma solo come concorrenti. Se ci fosse la morale, i sostenitori delle varie teorie si confronterebbero ugualmente, ma solo in discussioni orali. Anche gli aderenti a una religione o a un'altra si opporrebbero, ma solo con la propaganda delle rispettive credenze. Dovrebbe essere un mondo in cui nessuno è disposto a uccidere o, meglio ancora, un mondo così languido, amorfo e ottuso che nessuno potrebbe prendere nulla sul serio tanto da uccidere o rischiare la vita.

L'unica conclusione che si può trarre è che un razionalista, un liberale o un pacifista che crede che sia possibile la scomparsa della guerra non capisce cosa significhi la parola guerra, la sua reciproca coesistenza con la politica o la natura della politica come disposizione degli uomini contro altri uomini come nemici. In altre parole, per dirla nel modo più gentile possibile, queste persone non sanno di cosa stanno parlando. Vogliono abolire la guerra attraverso la politica, o addirittura attraverso la guerra. Se la guerra sparisse e la politica rimanesse, allora abolirebbero la politica attraverso la guerra, o forse attraverso la politica. Confondono il virtuosismo verbale con il pensiero politico, la logica con le esigenze spirituali, l'incidente con la storia. Quanto alle forze sovrapersonali, non esistono, perché non si possono vedere, pesare e misurare.

III

Poiché la simbiosi tra guerra e politica forma una categoria di pensiero propria, indipendente da altri modi di pensare, ne consegue che una guerra non potrebbe essere condotta con una motivazione puramente non politica. Se una differenza religiosa, un contrasto economico, una disgiunzione ideologica dovessero raggiungere il grado di intensità di sentimento per cui gli uomini si affrontano come nemici, allora diventerebbero politici, e le unità formate sarebbero unità politiche e sarebbero guidate da un modo politico di manovrare, pensare e valutare, e non da un modo di pensare religioso, economico o qualsiasi altro. La pura economia non potrebbe scatenare una guerra, perché ogni guerra è antieconomica. La pura religione non potrebbe scatenare una guerra, né la pura ideologia, perché la guerra non può diffondere la religione, non può convertire, ma può solo aumentare o diminuire il potere. Certo, motivazioni diverse da quelle strettamente politiche possono provocare una guerra, ma la guerra le porta con sé, le ingloba, e tali motivazioni svaniscono al suo interno. Il cristianesimo occidentale ha motivato guerre, come le crociate, ma queste guerre non hanno liberato le forze morali in cui il cristianesimo attribuisce un valore positivo. L'economia ha motivato le guerre, ma il risultato immediato della guerra non è mai stato il guadagno materiale.

Per questo motivo, liberali e razionalisti si convinsero comodamente, prima del 1914, che la guerra era scomparsa perché non presentava prospettive di profitto. Vivevano nel loro mondo privato di astrazioni, in cui l'economia era l'unico movente della condotta umana e in cui non esistevano forze invisibili e sovrapersonali. E il 1914 non li costrinse a cambiare la loro teoria; no, quando i fatti e la teoria sono in conflitto, sono i fatti che devono essere rivisti. Il 1914 li costrinse a correggere la loro teoria: la Prima Guerra Mondiale fu un'ulteriore prova del loro punto di vista, perché dimostrò che era economicamente necessario che la guerra scomparisse. Queste persone non sapevano che la necessità economica degli esseri umani non è mai presa in considerazione da forze sovrapersonali. A quanto pare, non hanno capito la frase di uno dei più importanti partecipanti ai negoziati prebellici del luglio 1914, in cui affermava che tutti gli statisti sopra citati si erano semplicemente precipitati in guerra. Un semplice sguardo ai fatti dimostra che gli organismi sovrapersonali non fanno economia nel nostro senso della parola, proprio perché sono puramente spirituali. Quando le popolazioni di una Cultura si nutrono - questa e nient'altro è l'economia - stanno nutrendo l'organismo superiore, perché le popolazioni sono le sue cellule. Queste cellule sono per l'anima sovrapersonale ciò che le cellule di un corpo sono per l'anima umana.

Una guerra su basi puramente religiose, economiche o di altro tipo sarebbe tanto insensata quanto impossibile. Dai contrasti religiosi nascono le categorie di pensiero del credente e del non credente; dai contrasti economici quelli del partner e del concorrente; dai contrasti ideologici quelli dell'accordo e del disaccordo. Solo dai contrasti politici nascono i gruppi amico-nemico e solo dall'inimicizia può nascere una guerra. L'inimicizia può nascere altrove - l'odio personale per il favorito di un sovrano ha persino provocato l'inimicizia tra gli Stati occidentali - ma quando si tratta di inimicizia, è già politica. Anche se l'inimicizia può essere nata da un contrasto religioso, quando sfocia in guerra si combatte contro i credenti o si accetta l'aiuto dei non credenti. La Guerra dei Trent'anni ne è un esempio. Anche se all'origine dell'inimicizia c'è l'economia, una volta raggiunta l'intensità dell'inimicizia si combatte senza preoccuparsi delle conseguenze economiche della lotta, ma solo di quelle politiche.

Altre categorie di pensiero pretendono di il monopolio del pensiero, che il politico sia soggetto a loro. Il concetto di politica del XX secolo si limita a constatare che non è così. Da un punto di vista estetico, la guerra e la politica possono essere brutte; da un punto di vista economico, costose; da un punto di vista morale, cattive; da un punto di vista religioso, peccaminose. Questi punti di vista, tuttavia, sono neutri dal punto di vista politico che cerca prima di fissare i fatti e poi di cambiarli, ma non pretende mai di valutarli secondo uno schema di valori non politico. Alcuni politici lo fanno, è vero. In particolare i politici inglesi dopo Cromwell sentivano una costrizione interna a presentare ogni loro guerra come qualcosa di direttamente legato cristianità; persino la guerra che ha piantato la falce e il martello nel cuore dell'Europa era una guerra per la cristianità. Ma questo non influisce su ciò che sto dicendo qui, perché queste cose riguardano solo il vocabolario, ma non i fatti o l'azione. L'uso della terminologia politica o della propaganda non può depoliticizzare la politica, così come l'uso della terminologia pacifista non può "de-bellicizzare" la guerra.

I politici non sono generalmente puri nei loro pensieri, così come non lo sono gli altri uomini. Anche un santo commette peccati, anche uno scienziato ha le sue superstizioni private, anche l'uomo più spirituale ha i suoi difetti meccanicistici, anche un liberale può avere i suoi piccoli tratti di istinto animale che, quando si scatenano, possono causare una guerra sanguinosa, al termine della quale può cercare di sterminare gli esseri umani che formavano la popolazione del nemico sconfitto.

Così come una guerra non può essere puramente economica, religiosa o morale, ne consegue che una guerra non deve necessariamente rientrare in nessun'altra categoria per essere politicamente giustificabile. I filosofi scolastici hanno presentato i prerequisiti etico-religiosi di una guerra giusta. San Tommaso d'Aquino li ha formulati in modo coerente con il pensiero etico-religioso. Tuttavia, dal punto di vista politico, il test di giustificazione è completamente diverso. Naturalmente, è chiaro che il termine giustificazione è inappropriato, poiché questa parola appartiene originariamente al pensiero morale e non a quello politico. Non si deve quindi interpretare come un'invasione del campo della morale l'uso della parola giustificazione in questo caso, perché ciò che si intende è l'opportunità, la convenienza, il vantaggio, che sono certamente contenuti nel significato secondario della parola giustificazione. Ora, in questo senso pratico, politico, quali guerre sono giustificate? La politica è attività in relazione al potere. Le unità impegnate in politica possono guadagnare potere o perderlo. L'istinto e la comprensione li spingono a cercare di aumentare il potere. La guerra è il metodo più intenso per cercare di aumentare il potere. Pertanto, una guerra dopo la quale non è prevedibile la possibilità di aumentare il potere non è politicamente giustificabile. In questo caso la parola successo significa che l'aumento del potere è il risultato della guerra. Quando il risultato della guerra è una diminuzione del potere, la guerra non ha avuto successo.

IV

Le parole sconfitta e vittoria possono essere applicate a due tipi di significati: militare e politico. Anche se gli eserciti sul campo di battaglia possono essere dalla parte dei vincitori, è possibile che l'unità a cui si suppone di appartenere esca dalla guerra con meno potere di quello che aveva quando vi è entrata. Dico "dovrebbe appartenere" perché quando un'unità politica si trova nella situazione in cui anche una vittoria militare significa una sconfitta politica, non è, nella realtà politica, un'unità indipendente. Quindi: se ci fossero solo due potenze al mondo, quella che vince militarmente in una guerra vincerebbe necessariamente anche la vittoria politica. Non c'è altra alternativa. Ma se ci fossero più di due potenze impegnate in una guerra, e si ottenesse una vittoria militare, una o più potenze dovrebbero aver ottenuto la vittoria politica, cioè dovrebbero aver aumentato il loro potere. Quindi, se una potenza, nonostante fosse dalla parte del vincitore in senso militare, risulta avere meno potere alla fine della guerra, ne consegue che in realtà stava combattendo per la vittoria politica di un'altra potenza. In altre parole, non era di fatto un'unità indipendente, ma era al servizio di un'altra unità.

Per parlare in modo specifico, piuttosto che in termini generali: dopo la Prima guerra mondiale, l'Inghilterra, pur essendo stata vittoriosa dal punto di vista militare, era più debole dal punto di vista politico, cioè aveva meno potere dopo la guerra rispetto a prima. Nella Guerra di successione spagnola, la Francia uscì dalla guerra più debole di quando vi era entrata, nonostante la vittoria militare.

Ma tra i due significati delle parole vittoria e sconfitta c'è un ordine di importanza: il significato politico è quello primario, perché la guerra stessa è sussidiaria alla politica. Qualsiasi politico preferirebbe una sconfitta militare accompagnata da una vittoria politica piuttosto che il contrario. Nonostante la sconfitta militare della Francia nelle guerre napoleoniche, Talleyrand negoziò una vittoria politica per la Francia al Congresso di Vienna. Dire che un'unità ha ottenuto una vittoria militare e ha subito una sconfitta politica è un altro modo per dire che l'avversario militare non era il vero nemico. Un vero nemico è quello che può essere sconfitto, aumentando così il proprio potere.

Spetta al politico stabilire contro chi combattere, e se sceglie come nemico un'unità a spese della quale non potrebbe vincere nemmeno in caso di vittoria militare, quel politico era incapace. Potrebbe essere stato semplicemente stupido; potrebbe aver perseguito una politica parassitaria privata, usando le vite dei suoi connazionali per la realizzazione delle sue antipatie personali, come Graf Brühl nella Guerra dei Sette Anni; potrebbe essere stato un distorsore culturale che rappresentava una forza esterna non appartenente alla Nazione, nemmeno alla Cultura.

Un politico di questo tipo può anche essere un traditore che si vende per motivi economici privati, come i polacchi che scomparvero con la dichiarazione di guerra del 1939 e di cui non si seppe più nulla.

Ma a parte il fatto che un politico sceglie come nemico un'unità che non era un vero nemico, resta il fatto che così facendo abdica alla sovranità del suo Stato mettendolo al servizio di un altro Stato.

Un esempio classico nella storia recente è, ovviamente, il coinvolgimento della Gran Bretagna nella Seconda guerra mondiale. L'Inghilterra fu vittoriosa dal punto di vista militare, ma subì una sconfitta totale dal punto di vista politico. Già durante la guerra un deputato britannico poté affermare che l'Inghilterra era apparentemente una dipendenza dell'America. Alla fine della guerra, il potere e il prestigio dell'Inghilterra erano talmente diminuiti che dovette abbandonare l'Impero. I vincitori erano potenze non europee. L'Inghilterra aveva combattuto nella Seconda guerra mondiale e aveva dato vite e sforzi per la vittoria politica di altri. Non era la prima volta nella storia, né sarà l'ultima, ma per la sua portata rimarrà per sempre un esempio classico.

Una piccola isola di circa 242.000 chilometri quadrati, con una popolazione di soli 40.000.000 di abitanti, controllava, nel 1900, 17/20 della superficie terrestre. Questo comprendeva tutti i mari, di cui l'Inghilterra era padrona indiscussa, nel senso che poteva negare il transito attraverso di essi a qualsiasi altra potenza. In meno di 25 anni, ovvero dopo la Prima Guerra Mondiale, 1914-1918, l'Inghilterra perse la sua supremazia navale, il suo potere commerciale e la sua posizione di arbitro in Europa, nel senso che poteva impedire a qualsiasi potenza di prendere il sopravvento. In meno di 50 anni, ovvero dopo la Seconda guerra mondiale, 1939-1945, tutto era perduto, l'Impero e anche l'indipendenza della patria. La lezione è che una struttura costruita attraverso secoli di guerre, bagni di sangue e l'alta tradizione politica di scegliere sempre come nemico quello la cui sconfitta avrebbe accresciuto l'Impero britannico poteva essere persa in una o due guerre contro una potenza che non era un vero nemico.

Nel 1939 non c'erano opinioni diverse tra i pensatori politici sul fatto che la Gran Bretagna non potesse avere un nemico in Europa, dal momento che le potenze extraeuropee, il Giappone, la Russia e l'America erano diventate decisive nella politica mondiale. Ma nel 1946 differenza di opinione a questo proposito tra gli esseri umani in qualsiasi parte del mondo, che fossero o meno capaci di pensare politicamente. Tranne che per i liberali, ovviamente, che si muovono tra le teorie, non tra i fatti. Infatti, anche dopo quella disastrosa guerra, i liberali, i travisatori culturali e gli stupidi inglesi continuarono a crogiolarsi nella "vittoria" dell'Inghilterra. Dal punto di vista politico, il fatto più promettente per il futuro dell'Inghilterra nel dopoguerra fu il ritiro delle forze di occupazione extraeuropee dall'isola. Così abbiamo visto ancora una volta la natura esistenziale delle alternative organiche: un'unità politica può combattere un nemico reale, altrimenti perderà. Inoltre, un'unità politica che non combatte un nemico reale è al servizio di un'altra potenza... non c'è via di mezzo. Se un'unità non combatte per se stessa, combatte contro se stessa. La formulazione più ampia di questa logica è: un organismo deve essere fedele alla propria legge interna di esistenza, altrimenti si ammalerà e perirà. La legge interna di un organismo politico è che deve aumentare il proprio potere; questo l'unico modo in cui può comportarsi di fronte al potere. Se cerca di aumentare il potere di un altro organismo, danneggia se stesso; se cerca semplicemente di impedire a un altro organismo di aumentare il suo potere, danneggia se stesso; se dedica la sua intera esistenza a bloccare un altro organismo, indipendentemente dal suo successo in questo obiettivo negativo, si distruggerà.

La Francia, dal 1871 in poi, è un esempio di quest'ultimo caso. L'intera idea dell'esistenza della Francia come Stato era quella di bloccare e vanificare uno Stato vicino. Lo slogan che ispirava questa idea era Révanche. L'idea è stata seguita per decenni e nel processo la potenza francese è stata distrutta. Una politica del genere non poteva nascere in un organismo sano.

4. Le leggi della totalità e della sovranità

Le leggi organiche della sovranità e della totalità si riferiscono a tutte le unità politiche, senza eccezioni. Descrivono qualsiasi unità, indipendentemente dalla sua provenienza, che raggiunga il grado di intensità di espressione in cui partecipa a un dilemma amico-nemico. La totalità si riferisce sia alle decisioni all'interno dell'organismo sia alle persone all'interno dell'organismo stesso. Ogni decisione all'interno dell'organismo è soggetta a determinazione politica, perché ogni decisione è potenzialmente politica. Ogni persona nell'organismo è contenuta esistenzialmente in quell'organismo. In ogni momento importante, la sovranità detta all'organismo la decisione da prendere. Entrambe le leggi sono esistenziali, come tutte le condizioni organiche: o l'organismo è fedele ad esse, o va incontro alla malattia e alla morte. Queste leggi saranno spiegate.

In primo luogo, la legge della totalità: qualsiasi contrasto, opposizione o ostilità tra gruppi all'interno di un organismo può diventare di natura politica se raggiunge il punto in cui un gruppo o un'unità sente che un altro gruppo, classe o strato è un vero nemico. L'emergere di una tale unità all'interno di un organismo comporta la possibilità di una guerra civile o di una grave crisi dell'organismo, che lo espone a danni o all'estinzione dall'esterno. Pertanto, ogni organismo, per il fatto di esistere, ha la caratteristica di assumere il potere di determinare tutte le decisioni. Questo non significa che pianifichi la vita totale della popolazione: economica, sociale, religiosa, educativa, legale, tecnica, ricreativa. Significa semplicemente che tutte queste cose sono soggette alla determinazione politica. Molte di queste cose sono neutre per alcuni Stati, ma di interesse per altri. Ma tutte le agenzie interverranno quando un gruppo nazionale diventa il fulcro di un dilemma amico-nemico. Questo vale per tutti i tipi di unità politiche, indipendentemente da come formulano le loro costituzioni scritte, se le hanno.

La Legge della Totalità agisce sugli individui integrandoli esistenzialmente nella vita dell'organismo. La politica colloca la vita di ogni individuo all'interno dell'unità politica in questione. Esige, per il fatto stesso di esistere, il rispetto di tutti gli individui al servizio del suo sviluppo, anche a rischio della vita. Altri gruppi possono richiedere tributi, partecipazione regolare alle riunioni, investimento di tempo in progetti di gruppo.

Ma se esigono - e questa legge organica della totalità è così fondamentale - che il membro debba esporre la propria vita a beneficio del gruppo, allora diventano politici. Il professore francese di diritto pubblico Haurion ha affermato che la caratteristica distintiva di un'unità politica è quella di integrare interamente l'individuo, mentre i gruppi non politici lo integrano solo parzialmente.

Si tratta, in altre parole, della Legge della Totalità. La pietra di paragone per stabilire se un gruppo è politico o meno è la richiesta o meno di un giuramento esistenziale.

Se un gruppo estrae un tale giuramento dai suoi membri, il gruppo è politico. Questa Legge della Totalità, è appena il caso di precisarlo, non deriva affatto dal servizio militare obbligatorio. Il servizio militare obbligatorio dura solo pochi secoli in una Grande Cultura, mentre la Legge della Totalità descrive la stessa Cultura quando si costituisce come organismo politico e, durante il periodo di concentrazione della politica negli Stati-Cultura, definisce ogni singolo Stato. Come tutte le leggi organiche, è esistenziale: se una forza interna può sfidarla, l'organismo è malato; se la sfida ha successo, l'organismo è in grave crisi e può essere annientato. In ogni caso, la sua unità sarà temporaneamente in sospeso, con la possibilità di essere divisa tra poteri esterni.

La Legge della Sovranità è la necessità interna dell'esistenza organica che fissa le decisioni in ogni momento importante per l'organismo, impedendo a qualsiasi gruppo interno di prendere le decisioni. Un punto importante è quello che riguarda l'organismo nel suo complesso, la sua posizione nel mondo, il suo sviluppo, la scelta di alleati e nemici, la decisione di guerra e di pace, la sua pace interna, il suo inalienabile diritto interno di risolvere le controversie. Se tutto questo può essere messo in discussione, è segno che l'organismo è malato. Nell'organismo sano, questa sovranità è assolutamente indiscussa e può rimanere tale per secoli. Ma una nuova epoca, con nuovi interessi, può portare a contrasti che i governanti non capiscono; possono sbagliare ed essere costretti ad agire sulla difensiva in una guerra civile. La sfida alla sovranità dell'ente è stato il primo sintomo della crisi. Se l'ente sopravvive alla crisi, i nuovi governanti dello stesso ente saranno il fulcro della stessa sovranità.

Si è appena accennato a un fatto importante: non sono i governanti a essere sovrani nel senso di questa legge. I loro poteri, infatti, derivano dalla loro posizione simbolica di rappresentanza. Se uno strato rappresenta e agisce nello Spirito dell'epoca, la rivoluzione contro di esso è impossibile. Un organismo fedele a se stesso non può essere malato o in crisi.

La Legge della Sovranità non implica che ogni aspetto della vita interna dell'organismo sia sempre dominato dalla politica, né che tutto sia organizzato, né che un sistema di governo centralizzato appaia sempre e distrugga ogni tipo di organizzazione non statale. La prospettiva qui sviluppata è puramente fattuale e la Legge della Sovranità descrive tutti gli organismi; è una formulazione a parole di una caratteristica quintessenziale di un organismo politico.

La totalità dell'organizzazione - lo "Stato totale" - è una fase delle organizzazioni politiche in certi momenti e in certe circostanze. Alcuni Stati sono neutrali in materia religiosa, altri promulgano una religione ufficiale. Nel XIX secolo alcuni Stati erano più o meno neutrali dal punto di vista economico, altri intervenivano nella vita economica. La terminologia utilizzata per descrivere tale intervento varia a seconda degli Stati e il grado di intervento dipende dalle esigenze dell'agenzia. Così, un'agenzia con risorse economiche relativamente abbondanti interverrà in misura minore rispetto a un'agenzia che deve tenere conto dei minimi dettagli materiali e lavorativi. Ciò non toglie che tutti gli Stati siano intervenuti nell'economia nel XX secolo.

La legge della sovranità è indipendente dal fatto che in un dato organismo qualche forza interna, ad esempio la religione o l'economia, possa essere più forte del governo. Questo può accadere e spesso accade. Se tale forza interna non è ancora abbastanza forte da ostacolare il governo, non è ancora politica; se è solo abbastanza forte da bloccare il governo, ma non abbastanza da scatenare una guerra, allora l'organismo politico non esiste. Se nessuno può determinare l'inimicizia o la guerra, non c'è politica. Ciò significa che le altre unità che conservano il loro carattere politico possono ignorare l'unità malata nel fare le loro combinazioni politiche, oppure possono attaccarla con un buon vantaggio iniziale.

Così, la Legge della sovranità è anche esistenziale. Descrive un organismo sano, in cammino verso la sua realizzazione. Dove questa legge non prevale, l'organismo è - rispetto ad altri organismi dello stesso carattere - in attesa, e se tale condizione persiste, l'organismo politico scomparirà. Il miglior esempio di un caso in cui la legge della sovranità ha mostrato il suo aspetto esistenziale è quello della Polonia anarchica del XVIII secolo. La debolezza e l'infermità dell'organismo portarono a ripetute spartizioni.

5. Lo Stato pluralista

Nella civiltà occidentale del XIX secolo, la relativa neutralità dei diversi Stati, e quindi l'apparente debolezza di questi ultimi rispetto alle unità economiche interne e alle loro tattiche, ad esempio i sindacati e i loro scioperi, portò liberali e intellettuali a proclamare - un po' prematuramente, come si sarebbe scoperto - che lo Stato era morto.

"Quella cosa colossale è morta", annunciavano i sindacalisti francesi e italiani. Vennero ascoltati da altri razionalisti e apparve Otto von Gierke con la sua dottrina dell'"uguaglianza essenziale di tutti i gruppi umani". Si trattava, ovviamente, di un modo per negare il primato dello Stato, ed era quindi polemico, non fattuale. Gli intellettuali volevano che lo Stato fosse morto, e quindi annunciavano la sua fine come un fatto. Questa dottrina divenne nota come dottrina dello "Stato pluralista". Essa traeva le sue basi filosofiche e la sua teologia politica dal pragmatismo, una filosofia della materializzazione dello spirituale sviluppata in America. Il pragmatismo bollò la ricerca di un'unità ultima, in qualsiasi ambito, compreso quello dello studio della natura, come superstizione, come un residuo della Scolastica. Quindi, niente più Cosmo, e naturalmente niente più Stato. Questa visione fu adottata in modo particolare dai membri della Seconda Internazionale, che aveva una tendenza liberale. I suoi due poli di pensiero erano l'individuo a un estremo e l'umanità all'altro. L'"individuo" viveva nella "società" come membro di molte organizzazioni: un'impresa economica, una famiglia, una chiesa, un Turnverein, un sindacato, una nazione, uno Stato, ma nessuna di queste organizzazioni aveva sovranità sulle altre e tutte erano politicamente neutrali.[17] Il proletariato combattente dei comunisti diventava, in uno stato così pluralista, un sindacato o un partito politicamente neutrale. Tutte le organizzazioni avrebbero le loro pretese sull'individuo, che sarebbe vincolato a una "pluralità di obblighi e di lealtà". Le organizzazioni avrebbero relazioni e interessi reciproci, ma non sarebbero soggette allo Stato, che sarebbe solo un'organizzazione

---

[17] "Turnverein", in tedesco "società di ginnastica".

tra le tante, nemmeno un primus inter pares.

Uno Stato pluralista di questo tipo non è, ovviamente, un organismo politico. Se un pericolo esterno dovesse minacciare un tale Stato, esso soccomberebbe immediatamente, oppure opporrebbe resistenza, nel qual caso diventerebbe subito un organismo politico e il "pluralismo" scomparirebbe. Un tale pluralismo non è politicamente fattibile. C'è sempre la possibilità di un pericolo esterno, di una catastrofe naturale interna, come la siccità, la carestia, il terremoto, che renderà imperativa la centralizzazione, oppure l'emergere di un gruppo con istinti politici che cerca il potere totale sugli altri gruppi e che non possiede un intelletto sufficiente per comprendere la raffinata teoria dello Stato "pluralista". L'America, prima del 1914, era più o meno così, e dal 1921 al 1933 ha ripreso il suo pluralismo. Questo "Stato pluralista" è terminato nel 1933, quando è emerso un gruppo che ha preso tutto il potere per sé.

Teorie politiche come lo "Stato pluralista", la "dittatura del proletariato", il "Rechstaat", il "controllo ed equilibrio dei poteri" hanno un significato politico, a patto che raggiungano una relativa popolarità.[18] Questo significato è duplice: in primo luogo, tutte queste teorie sono imperative e polemiche e, chiedendo un cambiamento nella forma interna dello Stato, dimostrano, per il solo fatto di esistere, che lo Stato contro cui lottano è malato; in secondo luogo, rappresentano un modo per indebolire lo Stato, creando contrasti reali, raggiungendo infine l'intensità di un dilemma amico-nemico, cioè una guerra civile.

Il XIX secolo ha visto il periodo di massimo splendore dell'uso delle teorie come tecnica politica. Per il XXI secolo sarà difficile comprendere l'idea della "dittatura del proletariato", così come per noi è difficile capire come le teorie di Rousseau abbiano potuto essere al centro di tanta passione politica. La tremenda crisi che si verifica in tutte le Grandi Culture quando entrano nella loro ultima grande fase, la Civiltà, l'esteriorizzazione dell'anima della Cultura, è anche il momento della nascita del Razionalismo. Come disse Napoleone, "l'Intelletto, in Francia, cammina sui marciapiedi". L'intelletto, la facoltà esteriorizzata, analizzante, sezionante dell'anima, si applica anche alla politica. I risultati sono un accumulo di teorie, il declino

---

[18] Rechstaat", in tedesco "Stato di diritto".

dell'autorità interna di tutti gli Stati e la sfida a tale autorità in tutti gli Stati.

6. Una legge di costanza del potere inter-organico

Si è visto che le teorie sono una tecnica per indebolire lo Stato cercando di creare una disgiunzione amico-nemico alla base della teoria. Questa tecnica è applicabile non solo ai gruppi interni che aspirano a un reale significato politico, ma anche agli altri Stati. Non è nemmeno necessario che l'altro Stato effettui un intervento per raccogliere i benefici dell'attività dei gruppi teorici di un altro Stato. Abbiamo visto che uno Stato che combatte contro una potenza che non è un vero nemico sta di conseguenza combattendo per una terza potenza. Questo è solo un esempio di una legge più ampia, che viene chiamata Legge della Costanza di Potenza Inter-Organica. Essa può essere formulata come segue: In un'epoca, la quantità di potere in un sistema di Stati è costante, e se un'unità organica diminuisce il suo potere, un'altra unità o altre unità aumentano il loro potere nella stessa proporzione.

Se un uomo di Stato, da cui dipende il destino di uno Stato, si muove con la sicura consapevolezza della padronanza che il sentimento per le leggi organiche gli conferisce, non potrà mai scegliere come nemico del suo Stato una potenza che il suo Stato non può sconfiggere, perché una tale potenza non sarebbe un vero nemico. Egli saprebbe, anche se solo inconsciamente, che il potere che il suo Stato perderebbe in una guerra che non potrebbe vincere, verrebbe semplicemente trasferito a qualche altra potenza; o a quella erroneamente scelta come nemica, o a una terza potenza. Uno dei molti fenomeni che esemplificano la Legge della Costanza del Potere Inter-Organico è quello di un dato Stato lacerato internamente da gruppi che utilizzano teorie per creare contrasti interni. In questo processo si raggiunge un punto - vicino a quello della guerra civile, che dissolve l'organismo, almeno temporaneamente - in cui il potere esterno dell'organismo diminuisce. Il potere perduto passerà a uno o più Stati.

Le circostanze della situazione complessiva determinano che un altro potere sarà il beneficiario di questo aumento di potere. Anche la particolare teoria utilizzata dal gruppo agitatore gioca un certo ruolo, poiché certe teorie sono possedute da certe potenze. La Francia ha posseduto le teorie della "democrazia" e dell'"uguaglianza" nelle loro molteplici forme dalla metà del XIX secolo fino alla Prima guerra mondiale. La Russia si è appropriata della teoria della "dittatura del proletariato" nel 1917.

In realtà non esiste un'"associazione politica" o una "società politica"; può esistere solo un'unità politica, un organismo politico. Se un gruppo ha un reale significato politico, dimostrato dalla sua capacità di determinare una reale inimicizia, con l'attualizzazione o la possibilità di una guerra, tale unità politica diventa decisiva e, anche se era iniziata come una libera associazione intellettuale, è diventata un'unità politica, perdendo completamente il carattere "sociale" o "associativo" che poteva avere. Non si tratta di una semplice distinzione di parole, perché il politico è una categoria di pensiero a sé stante. Essere in politica non è la stessa cosa che essere in una società, poiché una società non comporta il rischio della vita. Né una società può diventare politica definendosi tale. Il vero pensiero politico, che nasce dalla presenza di un organismo politico, non si svilupperà in esso se non acquisirà una vera unità politica, e l'unico modo per farlo è essere al centro di un'opposizione di inimicizia con la sua possibilità di guerra. Il fatto che un gruppo in una "elezione" voti come unità non gli conferisce un significato politico; in generale, la stessa "elezione" non ha alcun significato politico.

7. La legge della costanza del potere intraorganico

Nella questione delle "elezioni", che è stata in voga per quasi due secoli durante la vita della Civiltà occidentale, sia in Europa che nelle aree da essa spiritualmente dominate, viene insegnata un'importante legge degli organismi politici.

In condizioni "democratiche" - l'origine e il significato storico della "democrazia" sono trattati altrove - si verifica il fenomeno politico interno noto come "elezioni". È la teoria della "democrazia", apparsa intorno al 1750, secondo la quale il potere "assoluto" del monarca, o dell'aristocrazia a seconda delle condizioni locali, doveva essere spezzato e trasferito al "popolo". L'uso della parola "popolo" dimostra ancora una volta la natura necessariamente polemica di tutte le parole usate politicamente. Popolo era, semplicemente, una negazione; tutto ciò che voleva fare era negare che la dinastia, o nel suo caso l'aristocrazia, appartenesse al "popolo". Era quindi un tentativo di negare l'esistenza politica del monarca o dell'aristocrazia; in altre parole, la parola li definiva implicitamente come il nemico, nel vero senso politico. Era la prima volta nella storia dell'Occidente che una teoria intellettualizzata diventava il fulcro degli eventi politici. Dove il monarca o l'aristocrazia erano stupidi o incapaci, dove guardavano all'indietro invece di adattarsi al nuovo secolo, venivano rovesciati. Laddove essi stessi si sono appropriati delle teorie e le hanno interpretate ufficialmente, hanno mantenuto il loro potere e il loro comando.

La tecnica per trasferire questo potere "assoluto" al "popolo" consisteva in plebisciti, o "elezioni". La proposta teorica era di dare il potere a milioni di esseri umani, a ciascuno la sua milionesima frazione del potere politico totale esistente. Questo era così radicalmente impossibile che anche gli intellettuali dovettero rendersene conto, quindi la formula adottata fu quella delle "elezioni", attraverso le quali ogni individuo del corpo politico poteva "eleggere" il proprio "rappresentante". Se il rappresentante faceva qualcosa, diventava un accordo, attraverso una soddisfacente finzione, che ogni piccolo individuo "rappresentato" l'aveva fatto da solo. In breve tempo, divenne ovvio per gli uomini interessati al potere - sia per se stessi che per realizzare le proprie idee - che se uno, prima di tali "elezioni", avesse lavorato per influenzare le menti della popolazione votante, sarebbe stato "eletto". Maggiori erano i suoi mezzi di persuasione sulla massa degli elettori, più certa sarebbe stata la sua successiva "elezione". I mezzi di persuasione erano quelli che si avevano a disposizione: retorica, denaro, stampa. Poiché le elezioni erano una cosa importante e da esse dipendeva una grande quantità di potere, solo chi aveva i corrispondenti mezzi di persuasione poteva controllarle. L'oratoria entrò in gioco, la stampa si fece avanti come padrona del Paese e il potere del denaro coronò il tutto. Un monarca non poteva essere comprato; quale tipo di bustarella poteva tentarlo? Non poteva essere sottoposto alla pressione dell'usuraio, non poteva essere perseguito. Ma i politici di partito, che vivevano in un'epoca in cui i valori diventavano gradualmente valori monetari, potevano essere comprati. Così la democrazia rappresentava l'immagine del popolo sotto la coercizione delle elezioni, dei delegati sotto la coercizione del denaro e del denaro seduto sul trono del monarca.

Così, il potere assoluto è rimasto come deve essere in ogni organismo, perché è una legge esistenziale di tutti gli organismi: Il potere all'interno di un organismo è costante e se individui, gruppi o idee all'interno di tale organismo diminuiscono il loro potere, altri individui, gruppi o idee aumentano il loro potere nella stessa proporzione. Questa legge della costanza del potere all'interno dell'organismo è esistenziale, perché se una diminuzione del potere all'interno dell'organismo non corrisponde a un aumento del potere in altre parti dello stesso organismo, significa che l'organismo è malato, si è indebolito e potrebbe persino aver perso la sua esistenza come unità indipendente. La storia del Sudamerica dal 1900 al 1950 è ricca di esempi di rivoluzioni trionfali contro regimi che hanno tolto loro tutto il potere...[19] che poi è andato agli Stati Uniti d'America, e finché tali condizioni persistevano, il Paese o i Paesi in cui tali rivoluzioni si sono verificate erano una colonia dell'imperialismo yankee.

8. Il pluriverso politico

Abbiamo visto cos'è lo "Stato pluralista". Esiste però un altro tipo di pluralismo: un pluralismo di fatto e non teoria. Esiste un pluriverso di fatti, che non è un mero tentativo di dimostrare una filosofia o di ridicolizzarne un'altra. Il mondo della politica è un pluriverso. Sebbene la politica sia stata definita come un'attività in relazione al potere e ne siano state descritte la natura interna, i prerequisiti e le caratteristiche invarianti, non è meno vero che la natura stessa del potere non è ancora stata spiegata. Il potere è una relazione di controllo tra due corpi simili. Il grado di controllo è determinato dalla natura dei due corpi che agiscono reciprocamente l'uno sull'altro. Il potere appare, nei suoi oscuri inizi, nel mondo animale, dove le bestie da preda esercitano qualcosa di simile al potere sulle loro future vittime. Ma il potere come qualcosa di più che transitorio, come qualcosa di costituito, inizia con l'uomo.

Gli animali possono essere classificati spiritualmente - e non c'è motivo per un'altra classificazione, come quella materialistica di Linneo - in due grandi gruppi: erbivori e bestie da preda. Se i pensatori materialisti l'avessero considerato, avrebbero sicuramente classificato l'uomo come un animale da preda. E avrebbero avuto ragione per quanto riguarda la parte animale dell'uomo. Questa parte animale è in costante tensione con la parte spirituale, l'anima specificamente umana che vede il simbolismo nelle cose e dà il primato al simbolo sui semplici fenomeni. Questa è infatti la più profonda di tutte le filosofie. Da dove nasce la questione del conflitto tra "apparenza" e "realtà"? Ogni grande filosofia delle Alte Culture - e non

---

[19] In inglese nell'originale (N. del T.)

ce n'è nessuna al di fuori delle Alte Culture - è satura dell'idea di stabilire il vero rapporto tra apparenza e realtà, obbedendo a un istinto che racchiude l'essenza dell'uomo: la sua anima umana gli dice che Alles Vergängliche ist nur ein Gleichnis.[20]

La volontà di potenza delle bestie da preda è limitata e pratica; è feroce, ma non spirituale. L'uomo porta con sé questa stessa volontà di potenza, ma la sua anima vi infonde un'intensità puramente spirituale che eleva le sue richieste e le sue realizzazioni a un livello incomparabilmente superiore a quello della bestia. Nella bestia, la volontà di potenza si manifesta solo nell'uccidere. L'uomo, invece, non cerca di uccidere, ma di controllare. Per controllare ucciderà, ma come diceva giustamente Clausewitz, i conquistatori preferiscono la sottomissione e la pace; è la vittima che fa la guerra.

Un uomo con una forte volontà di potenza vuole il controllo, non la guerra fine a se stessa.

Ma la manifestazione della volontà di potenza di un uomo provoca un'opposizione. Lo stesso vale per gli organismi sovrapersonali; essi non esistono e non possono esistere da soli, perché, nel loro aspetto politico, sono unità di opposizione. Ognuno esiste come unità con la facoltà di scegliere i nemici e di combatterli. La capacità di creare una disgiunzione amico-nemico è l'essenza del politico. Ma questa capacità richiede avversari di pari livello. Perciò è un'assoluta stupidità politica parlare di un mondo con un solo Stato, un solo parlamento, un solo governo, o come lo si voglia chiamare. Si può perdonare Tennyson, ma non si può non dire che se un politico parla di un mondo con uno "Stato", un "Parlamento" o un "Governo",[21] è il tipo perfetto dell'asino intellettuale, e dovrebbe essere ovunque, tranne dove potrebbe distorcere il destino di uno Stato e portare disgrazia agli individui che ci vivono. È un asino anche quando sa che ciò che dice non è vero, perché - e questo sarà chiarissimo ai lettori dal 1980 in poi - non c'è bisogno che un politico traffichi esclusivamente in menzogne, come credono i combattenti di classe, la scuola liberale e i distorsori. Gli uomini che lottano contro il futuro possono avere buone ragioni per praticare costantemente la frode, per gettare nubi di teorie

---

[20] Tutto ciò che passa è solo una parabola, in tedesco (N. del T.)

[21] Lord Alfred Tennyson (1809-1892), poeta romantico inglese, che in una delle sue celebri poesie auspicava un mondo unificato.

sulle loro azioni, per dire pace quando intendono guerra e guerra quando intendono pace, e per mantenere elaborate classificazioni di "segreto", "riservato" e simili.

L'unica segretezza che deve esistere in politica è quella creata dai limiti della comprensione degli individui, e su tale segretezza non si può fare assolutamente nulla. Per esempio, i fatti sulla natura della politica e del potere che sono stati presentati qui rimarranno per sempre segreti agli intellettuali e ai razionalisti, anche quando leggeranno questo testo.

E qualcosa di simile vale per la menzogna: è ovvio che l'uomo di Stato, che è la personificazione dello Spirito del Tempo, non ha bisogno di dire bugie fondamentali. Non può temere la verità, perché le sue azioni sono quelle di una necessità organica, contro la quale nessuna forza all'interno dell'organismo può prevalere. È altrettanto ovvio che chi cerca di strangolare il Futuro, come Meternich e il Fürstenbund, o i liberali, i democratici, i leader di partito di qualsiasi natura, i distorsori della Cultura e gli intellettuali del periodo 1900-1975 hanno un bisogno urgente e quotidiano di bugie, di bugie sempre più grandi e migliori.[22] A loro piace chiamare questo machiavellismo e accusare gli altri di questo. Ma Machiavelli non era certo un "machiavellico", perché in tal caso non avrebbe scritto il suo libro, fattuale e vero. Avrebbe invece scritto un libro sulla bontà della natura umana in generale e sulla straordinaria bontà dei principi in particolare. Quando Machiavelli scrive di inganno, pensa di ingannare il nemico; i liberali e i falsificatori della Cultura considerano l'inganno come la norma di comportamento nei confronti di popolazioni il cui destino è nelle loro mani e sulle cui vite hanno un potere discrezionale.

L'esempio classico di ciò che sto dicendo è, e sarà per sempre, l'"elezione" presidenziale in America nell'autunno del 1940. C'erano due candidati, che rappresentavano gli stessi interessi, e alla popolazione fu offerta una "scelta" tra i due. Il popolo doveva "decidere" se l'America sarebbe intervenuta o meno nella Seconda Guerra Mondiale. Entrambi i candidati dichiararono pubblicamente e senza mezzi termini che non avrebbero coinvolto l'America nella guerra. Tuttavia, entrambi si impegnavano con i gruppi di interesse che li avevano resi candidati, a coinvolgere l'America nella guerra il prima possibile. Naturalmente entrambi i candidati ebbero

---

[22] In tedesco, "unione di dinastie", l'autore si riferisce ai principi tedeschi che parteciparono al Congresso di Vienna del 1814-1815.

successo, perché nelle moderne condizioni democratiche i partiti diventano fiduciari e non competono più, perché la concorrenza li danneggerebbe tutti.[23] Dopo le "elezioni", i due candidati vincitori rispettarono i loro impegni, fecero entrare l'America in guerra e mandarono a morire gli uomini che avevano giurato di salvare evitando un coinvolgimento nella Seconda Guerra Mondiale che non toccasse gli interessi americani. Uno dei candidati spiegò dopo le "elezioni" che le sue promesse di non intervento alla popolazione erano solo "oratorie da campagna elettorale".

In questo caso, non c'è dubbio che Machiavelli avrebbe consigliato ai veri leader americani di dichiarare entrambi i candidati a favore dell'intervento. Ma i politici di partito si occupano di menzogne come imperativo interno, perché la loro stessa attività è una menzogna organica.

9. La lega delle nazioni

Che un mondo con "un solo Stato" o "un solo governo" sia un'impossibilità organica è stato ben dimostrato dai due tentativi fatti in questa direzione da quella che potrebbe essere chiamata la Santa Alleanza del XX secolo. Dopo ciascuna delle prime due guerre mondiali, la Santa Alleanza extraeuropea e antieuropea istituì una "Lega delle Nazioni".

Gli organismi politici, tuttavia, sono rimasti organici e, in quanto tali, soggetti alle leggi della sovranità. Se un'unità politica esiste, è sovrana. Le unità membri di queste due "Leghe di nazioni" continuavano a esistere politicamente ed erano quindi sovrane. Per inciso, la legge organica della sovranità non è il "principio di sovranità delle nazioni" di Grozio e Pufendorff; questo era un concetto giuridico e come tale soggetto a cavilli legali, mentre la legge organica della sovranità si applica a tutte le unità politiche per quanto riguarda la loro intima esistenza.

Quindi, il dilemma che si poneva era che le "Leghe di Nazioni" non avevano sovranità - ripeto che sto parlando di sovranità di fatto, organica, non di sovranità giuridica - e quindi non erano unità politiche. Non c'è unità politica senza sovranità

---

[23] Franklin Delano Roosevelt, democratico, con circa 27 milioni di voti, e Wendell Willkie, repubblicano, con circa 22 milioni. Il sostegno di Willkie a Roosevelt e alle sue politiche guerrafondaie fu così sfrenato da impedirgli la nomina a candidato alla presidenza nel 1944. Nonostante la sua "sconfitta" nel 1940, Roosevelt concesse a Willkie numerosi incarichi e vantaggi. (N.)

organica; non c'è sovranità organica senza unità politica.

Che cosa erano dunque queste due "leghe di nazioni"? Avevano due aspetti: quello etico e quello pratico-politico.

In termini di politica pratica, erano realtà polemiche. Il potere che le controllava poteva quindi parlare a nome di tutte le nazioni, per cui ogni potere che si opponeva era *hors-la-loi* fuori dalla comunità delle nazioni; non era nemmeno umano, poiché la lega era l'umanità.[24] È appena il caso di aggiungere che queste leghe passarono rapidamente sotto il controllo di alcuni Stati membri, in conformità con la legge della sovranità: dove non c'è sovranità non c'è unità politica indipendente, e quindi la sovranità deve risiedere altrove. In effetti, la prima Lega delle Nazioni, costituita dopo la Prima Guerra Mondiale, era sotto il controllo dell'Inghilterra. La seconda Lega delle Nazioni, creata in un momento - dopo la Seconda Guerra Mondiale - in cui la politica era entrata in una fase più assoluta, fu conquistata dall'America.

Questo era prevedibile fin dal momento in cui la Russia aveva permesso che la sede geografica fosse stabilita in America. I russi non hanno acconsentito semplicemente per tenere lontani dal loro territorio gli sciami di ideologi, parassiti e vacanzieri che devono necessariamente accompagnare qualsiasi "lega delle nazioni", così come le spie che pullulano in tali condizioni, ma soprattutto perché avevano un interesse limitato e secondario nella questione.

In passato, alcune teorie sono state appannaggio di determinati poteri. Al contrario, non è mai esistita una teoria importante che non avesse una proprietà pratica, politica. Una teoria senza una spinta politica a usarla per scopi pratici non è importante; se i protagonisti di una teoria hanno abbastanza passione e abilità politica non teorica da sviluppare forti sentimenti per la loro teoria, è probabile che raggiungano il potere con tale arma. Se si avvicinano solo al potere, un'unità politica esistente si approprierà della teoria per scopi pratici. Esempio: il marxismo, catturato nel 1918 dalla Russia bolscevica per essere usato politicamente contro l'Europa, quando i suoi protagonisti in Germania si dimostrarono aborti politici.

La teoria della "lega delle nazioni" era, infatti, di proprietà dell'America. Chiunque diffondesse l'idea - persino l'Inghilterra, che si fece carico della prima "lega" - accresceva il potere dell'America, che lo sapesse o meno.

---

[24] "Hors-la-loi", nell'originale francese; fuori dalla legge. (N. del T.)

Era inevitabile che i politici emancipati dall'ideologia, come i mongoli del Cremlino, se ne rendessero conto. Poiché avevano capito come usare le teorie, era ovvio che non avrebbero permesso a nessuna unità politica di disturbarli con le loro teorie. Così è morta la seconda e ultima "lega delle nazioni".

Queste leghe avevano anche un aspetto etico. Erano un altro esempio dell'inganno che nella prima metà del XX secolo era considerato necessario nella condotta politica. In realtà non erano altro che tentativi politici di annullare o negare l'Europa. La formazione dell'Europa come unità politica era nello spirito dell'epoca. Chi si agitava con altre idee non faceva altro che negare quell'idea. Questo spiega il fatto che le due "leghe di nazioni", pur non realizzando altro come fatto politico, riuscirono almeno a impedire la realizzazione dell'Europa. Questo indipendentemente dal fatto che tutti i partecipanti a queste "leghe" ne fossero consapevoli o meno. In ogni caso, è missione organica del politico essere consapevole della realtà politica e comprendere e valutare correttamente le possibilità del momento. È ormai assodato che molte persone che hanno partecipato a queste frodi globali erano pienamente consapevoli di queste realtà.

Da quanto detto sui corpi politici, il rapporto dell'uomo di Stato con il suo corpo politico è evidente: come può chiedere al suo popolo di morire, così non può rifiutare, se necessario, di dare la propria vita. Alla sua unità politica deve tutte le sue energie fisiche e tutto il suo talento e genio. Per lui non preoccuparsi di analizzare una situazione e, soprattutto, fare ciò che sa essere contrario alla continuazione della vita dell'organismo, significa perdere il suo diritto alla vita. In tal caso, può considerarsi felice se può morire di infarto, di commozione cerebrale, di embolo o semplicemente di vecchiaia.

Quando le forze extraeuropee aumentarono gradualmente il loro potere a tal punto da rendere problematica l'esistenza indipendente dell'Occidente - questo era già evidente dal 1920 e trasparente dal 1933 in poi - era dovere collettivo di tutti gli statisti in Europa salvare i rispettivi Stati e collettivamente l'Occidente dall'annientamento da parte delle forze extraeuropee. Pertanto, qualsiasi statista di uno Stato europeo che sabotasse la comprensione reciproca e l'alleanza finale tra gli Stati dell'Europa occidentale, così ardentemente ricercata dai custodi dello spirito della civiltà occidentale, era un repressore e un distruttore del destino del proprio Paese e di quello della civiltà occidentale.

L'etica così formulata è un'etica di fatto, è organica, politica, fattuale e nulla più. Il suo unico imperativo è politico-organico. Si distingue dall'etica religiosa perché non ha alcuna sanzione teologica. Si distingue da tutti i sistemi etici di qualsiasi tipo perché contempla un solo rapporto: quello dell'individuo con l'unità politica. Non ha nemmeno una sanzione in senso punitivo. La relazione organica tra l'unità politica e lo stesso statista fissa l'imperativo etico. Se l'uomo di Stato lo viola, danneggiando invece di continuare la vita dell'organismo, la sanzione è qualcosa che dipende dal Fato, la forza interna degli organismi. Così facendo perde il suo diritto alla vita, anche se spesso ha la fortuna di salvarla con la fuga. L'abbraccio esistenziale delle vite degli individui che sono essenziali per un'unità politica non fa eccezioni per i politici. Al punto di massima tensione, l'imperativo organico spinge un uomo di Stato al suo servizio a legare la propria vita al successo dell'attuazione della propria idea per il bene dell'organismo in questione. Bismarck e Federico il Grande erano decisi a togliersi la vita in caso di fallimento.

10. L'aspetto interno del diritto di sovranità

I

La Legge di sovranità descrive le caratteristiche di tutte le unità politiche, senza eccezioni. Essa prende decisioni in tutte le questioni che hanno un significato politico all'interno dell'organismo. A seconda delle circostanze, qualsiasi decisione interna può diventare politicamente importante, cioè può assumere la forma di un'unità politica e determinare un dilemma amico-nemico. Il governo dell'organismo interverrà sempre in quel momento, se la sua comprensione e la sua volontà sono intatte. Carlo I d'Inghilterra lasciò passare questo momento critico senza reagire, permettendo al suo primo Parlamento di mandare Montague alla Torre di Londra per aver predicato il diritto divino dei re. Da quel momento in poi, la situazione si deteriorò gradualmente e l'uso della forza divenne sempre più necessario per cercare di ribaltare la situazione. Il vero significato della lotta fu compreso presto dal pensatore politico contemporaneo Thomas Hobbes, che scrisse contro la natura parlamentare distruttiva dello Stato. Egli fu persino abbastanza sensibile da rendersi conto di trovarsi in una situazione di insicurezza personale e lasciò l'Inghilterra nel 1640. In quegli anni di inimicizia interna, l'Inghilterra non esisteva come unità politica, era ignorata nelle combinazioni di potere europee e solo grazie alla particolare situazione politica europea dell'epoca non fu divisa tra i suoi vicini.

Il Parlamento si considerava il governo; anche i realisti si consideravano il governo. Una visione politica naturalmente non si preoccupa di stabilire chi avesse "ragione". Tale questione non ha alcun significato politico. Ha solo un significato giuridico, e il diritto è un riflesso della politica. La politica si occupa di valutare i fatti e di agire su di essi; il diritto viene dopo e la sua funzione è quella di consolidare un certo complesso di fatti politici. Il diritto formula il dilemma legale-illegale in accordo con il dettame politico. Se non c'è un'unità politica che prescrive la legge, non ci può essere legge. Così, al tempo della guerra civile non c'è una legge.... ci sono due leggi. Se il risultato della guerra è la ricostituzione del popolo e del territorio di un tempo, di nuovo come unità politica, risulterà sempre che il vincitore aveva sempre legalmente ragione e il vinto aveva legalmente torto. Questo fatto invariabile dimostra la natura del diritto.

Tuttavia, il Parlamento e il Re erano ai ferri corti e ciascuno sosteneva di essere l'Inghilterra. Politicamente, entrambi avevano torto, perché l'Inghilterra non esisteva. Nel linguaggio politico, due inglesi equivalgono a nessuna Inghilterra. Ognuno dei due gruppi era un'unità politica ed era diventato tale determinando un nemico. Ciascuno di essi agiva come un governo e si riservava il diritto politico organico - che sarebbe diventato anche, ma più tardi, un diritto legale - di determinare il nemico interno. Una caratteristica organica di tutte le unità politiche - determinare il nemico interno quando lo ritengono necessario - è il corollario interno della Legge di Sovranità. Così, i Cavalieri in territorio parlamentare erano nemici del governo e la loro esistenza era quella di fuorilegge.[25] Lo stesso valeva per i sostenitori del Parlamento in territorio realista. Non si deve pensare, a causa dell'esempio della guerra civile, che una tale determinazione del nemico interno avvenga solo in quel momento. Al contrario, se Carlo I avesse dichiarato i suoi avversari nemici interni fin dall'inizio e li avesse trattati come tali, non ci sarebbe stata alcuna guerra civile. Ma per farlo gli mancarono vigore e comprensione. Avrebbe dovuto consultare Hobbes, che di queste cose se ne intendeva. Ma Carlo non era un uomo di letture e non

---

[25] Cavalieri, sostenitori di Carlo I e oppositori del Parlamento.

conosceva i trattati di Hobbes sulla Natura umana e il De Corpore Politica.

Ogni unità politica nella storia ha necessariamente, e talvolta inutilmente, esercitato il proprio potere organico per determinare il nemico interno. Se lo fa tempestivamente e procede in modo approfondito, il pericolo è superato. Se agisce con parsimonia e prende misure insufficienti, cessa di essere un'unità politica.

Se esercita questo potere quando non ce n'è bisogno, non fa altro che perseguitare il suo stesso popolo e seminare semi di odio che un giorno daranno frutti sorprendenti. L'etica organica dei rapporti tra l'uomo di Stato e la sua unità politica si applica anche a comportamenti di questo tipo. L'uomo di Stato non ha il diritto organico di disporre in modo sfrenato della vita del popolo. Mandare i sudditi a morire in una guerra contro una potenza che non è un vero nemico, una guerra che per sua natura deve essere un fallimento, o dichiarare un gruppo un nemico interno quando non ha alcuna possibilità reale di costituirsi come una vera unità politica è, in entrambi i casi, una condotta sbagliata e impolitica.

Questo diritto organico di determinare il nemico interno non è sempre esercitato nello stesso modo. Può essere fatto apertamente: arresti, attacchi improvvisi, esecuzioni domiciliari, omicidi di strada. Può essere fatto in modo occulto: promulgando leggi punitive generiche nella loro terminologia, ma applicate di fatto contro un singolo gruppo. Può essere puramente informale, ma non meno reale: il governante può attaccare verbalmente l'individuo o il gruppo in questione. Tale attacco può essere fatto solo per intimidire, oppure può essere un metodo per provocare un assassinio. Può essere una pressione economica: questa tattica è naturalmente la preferita dei liberali. Una "lista nera" o un boicottaggio possono distruggere il gruppo o l'individuo.

Inutile dire che l'esercizio di tale diritto non ha nulla a che vedere con una "costituzione" scritta che propone oralmente di distribuire il potere pubblico in un'unità politica. Tale "costituzione" può vietare una simile dichiarazione di inimicizia interna, ma le unità dotate di tali costituzioni non hanno mai esitato in caso di necessità e hanno spesso invocato tale procedura a prescindere dal bisogno. Così la parte transatlantica della coalizione antieuropea nella Seconda Guerra Mondiale ha portato avanti, indipendentemente dalla necessità, finché non c'era un vero nemico interno, intense persecuzioni contro gruppi e strati della sua popolazione. La natura politica di questa attività non è intaccata dal fatto che sia stata condotta da elementi distruttori della cultura, perché le leggi organiche qui presentate descrivono tutti i tipi di unità politiche, anche quando cadono nelle mani di stranieri politici e culturali.

II

L'applicazione interna della Legge della Sovranità è naturalmente valida per le unità politiche di tutte le Grandi Culture. Le nostre informazioni su di essa nella Cultura Classica sono sufficienti a mostrarne lo sviluppo. L'esempio più noto è la Risoluzione di Demofantos del 410 a.C., che dichiarava che chiunque avesse cercato di distruggere la democrazia ateniese era "nemico degli Ateniesi". Nello stesso periodo l'Eforo di Sparta dichiarò guerra a tutti gli Iloti che si trovavano in territorio spartano. Nella nostra cultura, le attività del Grande Inquisitore Torquemada sono istruttive, e soprattutto il famoso documento con cui Filippo II condannò a morte l'intera popolazione dell'Olanda, in quanto eretica, rappresenta lo sviluppo più estremo a cui questa legge organica è capace. La teocrazia di Calvino a Ginevra fu superata da quella di Filippo II solo da un punto di vista quantitativo.

Nell'antico diritto pubblico romano l'indesiderabile era solennemente dichiarato "hostis", parola che descriveva il nemico pubblico. Le prescrizioni imperiali, al di là delle loro motivazioni economiche, erano un'applicazione della stessa funzione organica. Nel Sacro Romano Impero, gli Acht und Bahn erano diretti contro elementi interni pericolosi o indesiderabili.[26] Erano stati dichiarati Friedlos e lasciati senza protezione.[27] Chiunque aiutasse tali persone rientrava nella stessa categoria. I giacobini e il loro Comité de salut public uccisero le loro migliaia di vittime, indipendentemente dal fatto che si dichiarassero o meno inimici.[28]

In condizioni di democrazia primitiva, l'indebolimento dello Stato nei confronti dei gruppi interni avrebbe reso più difficile invocare questo diritto, ma poiché tutti gli Stati occidentali si trovavano più o meno nelle stesse condizioni interne, la necessità di invocarlo era relativa. In ogni caso, il trionfo delle teorie dell'uguaglianza e della libertà nel campo del vocabolario politico rendeva inappropriata l'invocazione di

---

[26] "Acht und Bann", in tedesco.

[27] "Friedlos", in tedesco.

[28] "Comité de Salut Public", in francese, Comité de Salut Public (Comitato di Salvezza Pubblica).

questo diritto nel vecchio modo aperto, dichiarato e legalistico.

La prima democrazia ha avuto luogo nella civiltà occidentale tra il 1800 e il 1850 circa. In quel periodo la sovranità interna, che consiste nel determinare il nemico interno, era più raffinata, intellettualizzata, mascherata. Esempi: Le leggi americane sugli stranieri e sugli stranieri sediziosi. Le leggi di Bismarck contro i combattenti di classe. Naturalmente, in guerra fu esercitata con la stessa forza di sempre, ma di solito non in forma legale: gli Yankees nella guerra civile americana, 1861-1865; i "comunardi" francesi del 1871.

Con l'improvviso passaggio a condizioni non democratiche nella Prima Guerra Mondiale, è iniziata l'Epoca delle Guerre di Annientamento. Potrebbe anche essere chiamata l'Epoca della Politica Assoluta. Il XIX secolo è stato l'età dell'economia; non voglio dire che l'economia sia stata davvero preminente nel mondo dell'azione, ma ha in parte motivato la politica, come dimostrano fenomeni quali la guerra dell'oppio, la guerra civile americana o la guerra boera. L'economia ha bisogno di uno Stato debole e nell'Età dell'Economia gli Stati erano sulla difensiva, ma il nuovo Zeitgeist ha cambiato completamente il senso della storia e il contenuto dell'azione.[29] lo Zeitgeist del XX secolo non ha ottenuto un trionfo esterno in tutta Europa, molti hanno pensato che l'Epoca dell'Economia non solo fosse in pieno vigore, ma che stesse anche raggiungendo nuove vette vittoriose.

Che non fosse così lo dimostrò la guerra che scoppiò all'inizio del secolo. La guerra in questione era tra lo Stato boero, una colonia della civiltà occidentale, e l'Inghilterra. Non si trattava di una guerra contro selvaggi o aborigeni allo stato brado e quindi non può essere messa sullo stesso piano della guerra degli australiani contro le tribù native della Tasmania, in cui le vittime furono cacciate come conigli fino allo sterminio totale. Abbiamo visto che le lotte armate tra gli Stati-cultura occidentali non erano vere e proprie guerre, ma per loro stessa natura erano agonistiche. Il culmine della marcia verso la civiltà fu segnato da Napoleone, l'araldo della guerra e della politica assolute, ma questa tradizione rimase così forte che nella guerra della Francia contro la Prussia, 1870-1871, la Prussia vincitrice non pensò nemmeno di annientare il nemico completamente sconfitto, né di sottoporlo a un'occupazione militare illimitata, ma si accontentò di reincorporare due province e

---

[29] "Zeitgeist", in tedesco, lo Spirito del Tempo (N. del T.).

di imporre un'indennità che poteva essere pagata in pochi anni. L'Inghilterra si era comportata allo stesso modo nei conflitti armati intraculturali. Eppure, nel 1900, mosse guerra ai boeri fino all'annientamento totale. Questo è stato fatto nel vero stile del XX secolo, e notiamo che è stata l'Inghilterra, l'organismo che aveva sviluppato l'idea del XIX secolo e non era destinato a produrre l'idea del XX secolo, ad agire interamente nello spirito della nuova era. Lo Spirito dell'Epoca è così forte... che costringe alla sottomissione interiore anche quando si utilizzano le formule del passato e si crede di dare nuova vita a un'idea moribonda.

La guerra boera è stata menzionata perché ha rappresentato anche un punto culminante nella questione dell'aspetto interno della legge sulla sovranità. In quella guerra, le truppe britanniche misero in pratica per la prima volta il metodo del XX secolo di designare e trattare il nemico interno. necessità politica per ciò che accadde, ma a noi interessa ciò che accadde realmente e non la rettifica della storia. In quella guerra, moltissimi boeri non combattenti, uomini, donne e bambini, caddero sotto la custodia delle truppe britanniche. Furono presi in in base alla teoria che rappresentavano un pericolo per la sicurezza interna del territorio controllato dall'Impero, e quindi erano nemici interni. La popolazione civile in questione era numericamente considerevole, troppo grande per i sistemi carcerari e penitenziari esistenti. La soluzione adottata fu quella di collocarli in campi di detenzione, che furono rapidamente costruiti ad hoc. Furono chiamati "campi di concentramento" e questa espressione ebbe una sua destinazione. Dopo la Prima Guerra Mondiale, l'Epoca della Politica Assoluta si manifestò ovunque e uno dei modi per farlo fu quello di introdurre questo sistema di "campi di concentramento" in tutti i Paesi della Civiltà Occidentale. Quanto più pericolosa era la loro situazione esterna, tanto maggiore era la necessità di un saldo controllo interno, di una pace interna incrollabile, e così gli Stati di maggiore importanza politica misero nei campi di concentramento molte persone che dichiaravano essere, o comunque trattavano come, nemici interni. Ma poiché l'espressione era legata alla politica, assunse un significato controverso e fu usata da alcuni Stati come metodo per attaccare la "moralità" di altri Stati. Eppure questi campi di concentramento erano simili in tutti i Paesi, così come sono simili le prigioni. Non fa differenza che forze non europee abbiano imprigionato europei nei campi allestiti in Inghilterra, o che l'Europa abbia imprigionato slavi, ebrei e bolscevichi nei campi allestiti in Europa: i campi di concentramento erano essenzialmente uguali dal punto di vista politico.

Entrambi i casi illustrano l'aspetto interno della Legge della Sovranità nel suo sviluppo nel XX secolo. L'Epoca della Politica Assoluta ha ancora un altro secolo davanti a sé, per cui i campi di prigionia e il numero dei detenuti aumenteranno anziché diminuire.

Resta da dire una parola sul futuro sviluppo della sovranità interna. Poiché lo spirito di questi tempi e di quelli che seguiranno non è più quello dell'economia, ma quello della politica assoluta, i metodi subdoli e velati di agire contro gli individui e i gruppi interni cadranno in disuso. Al loro posto, torneranno a comparire dichiarazioni interne di inimicizia aperte e formulate legalmente. Anche le determinazioni di carattere economico saranno apertamente attuate con mezzi politici.

11. Organi politici e guerra

Un'unità politica ha lo jus belli, il diritto organico di fare la guerra al nemico che ha determinato come tale. Non si tratta di un diritto morale; questo diritto organico è una cosa indipendente dalla morale, anche se persino i filosofi scolastici più rigorosi hanno concesso alle unità politiche il diritto puramente morale di fare la guerra. Ma la parola è usata qui in modo puramente politico: il diritto di fare la guerra fa parte dell'habitus dell'organismo. L'esistenza come unità politica, la determinazione di un nemico, la conduzione della guerra, il mantenimento della pace interna, la dichiarazione del nemico interno, il potere di vita e di morte su tutti i soggetti... sono semplicemente aspetti diversi dell'esistenza politico-organica. Non possono essere separate, sono un insieme indivisibile, non possono essere definite indipendentemente l'una dall'altra.

Nell'esercitare il suo potere di fare la guerra, uno Stato si sbarazza delle vite dei propri sudditi e di quelli del suo nemico. Lo spargimento di sangue non è una necessità vitale per uno Stato, ma avviene solo come parte del processo di acquisizione del potere; lo Stato che cerca direttamente il potere non è quello che porta bagni di sangue e guerre. Nessun politico farebbe guerra a un'altra unità se pensasse di poter ottenere l'incorporazione senza combattere. Pertanto, la guerra è sempre il risultato di una resistenza e non di un dinamismo politico. La guerra non è normativa, ma solo esistenziale. Nell'intero panorama della storia delle Grandi

Culture dubito che ci sia stato un solo caso in cui lo strato dirigente di un'unità politica abbia deciso di volere prima di tutto la guerra e poi abbia cercato qualcuno contro cui fare la guerra. Questo non sarebbe stato un fatto politico.

Neppure il mero potere di vita e di morte, jus vitae ac necis, è il tratto distintivo di un organismo politico. Molti Stati nel della storia hanno riconosciuto questo potere alle unità familiari. L'antica Roma lo attribuiva al pater familias. Alcuni Stati concedevano al padrone il potere sulla vita dello schiavo. La maggior parte degli Stati ha permesso alla vittima di un oltraggio o di un disonore di attentare alla vita dell'offensore. Molti Stati hanno riconosciuto il diritto di vendetta di sangue tra clan, anche se questo raggiunge già il limite tollerato in materia, si verifica raramente e solo in tempo di pace.

È quindi chiaro che la politica in quanto tale non rivendica il monopolio del prelievo di vite umane. La politica, nel suo massimo potenziale, cioè nella guerra, toglie vite solo perché la resistenza lo rende necessario. La politica è attività in relazione al potere, e c'è un solo modo in cui l'istinto organico si comporta in relazione al potere: cerca di più. Metafisicamente, questo è il rapporto tra l'anima dell'uomo e l'anima della Grande Cultura, da un lato, e l'habitus dell'animale da preda, dall'altro. Sebbene lo Stato, in alcuni casi da esso stabiliti, permetta ai suoi sudditi di togliere la vita ad altri, non permetterà mai loro di fare la guerra, in accordo con la Legge della Sovranità. Se un gruppo di sudditi assume tale potere, è appena nato un nuovo Stato. Se il diritto di vendetta di sangue degenera in guerra tra clan, lo Stato deve intervenire, perché è in gioco la sua stessa esistenza. Per questo motivo, in tutti gli Stati impegnati in una politica seria, il diritto di vendetta di sangue è stato soppresso.

Il diritto di fare la guerra e quindi di disporre della vita dei suoi sudditi è puramente politico. Nessuna Chiesa potrebbe chiedere ai suoi membri di morire per essa - il che è ben diverso dall'insistere che il martirio è preferibile all'apostasia - a meno che non diventi un'unità politica. In tempi critici, molte Chiese, come la Chiesa islamica di Abu Bekr, sono diventate Stati, ma poi hanno smesso di essere Chiese e sono governate dal modo di pensare politico e dalla sua fondamentale richiesta interna e organica di maggior potere e non più dall'imperativo religioso della salvezza e della conversione.

Sarebbe crudele e folle chiedere agli uomini di morire perché i sopravvissuti possano godere di un tenore di vita economico più elevato. Quando la guerra è motivata da un'idea economica, l'economia scompare nella situazione politico-guerresca; cioè, la prova del successo è politica; il metodo per realizzarla non tiene conto del suo costo; i mezzi utilizzati sono sempre politico-militari, il comando è sempre politico e continuerebbe a esserlo anche se gli economisti fossero utilizzati esclusivamente come signori della guerra. Il loro modo di pensare sarebbe certamente curioso, ma non certo economico. Politica ed economia sono due direzioni diverse del pensiero umano e sono ostili l'una all'altra. Per questo motivo, nessun vero politico o vero soldato dichiarerebbe o combatterebbe mai una guerra per un motivo puramente economico, anche se offrisse grandi opportunità di auto-accrescimento personale. Le guerre a sfondo economico, come la guerra civile americana del 1861-1865, la guerra dell'oppio britannica e la guerra boera, furono necessariamente presentate ai partecipanti con una falsa propaganda.

L'economia - cioè l'economia "pura" - non ha la forza in sé di portare gli uomini a un livello di azione tale da rischiare la vita. Questo perché l'economia presuppone la vita e cerca solo i mezzi per assicurare, nutrire e perpetuare la vita. È ovvio che non ha senso comprare la vita con la morte; quando la morte diventa una possibilità, non siamo più nella sfera dell'economia. Se l'economia desidera una certa guerra, può ottenerla solo con mezzi politici, e allora, di nuovo, siamo di nuovo fuori dalla sfera dell'economia.

La moralità è stata spesso presentata come un motivo per la guerra e molte guerre sono state condotte in nome della moralità. Questo però non ha senso - non è conforme a nessun sistema morale occidentale - perché gli Stati non rientrano nel campo della morale, che vale solo per gli individui. Inoltre, la morale materialista del XIX secolo qualificava la guerra come omicidio. Di conseguenza, quando i protagonisti di questo tipo di morale - che continuano a esistere e ad agire - chiedono la guerra per fermare la guerra, si tratta di un'evidente frode. Il massimo che un uomo può fare per prevenire l'omicidio è astenersi dall'omicidio stesso, ma questi combattenti della morale non l'hanno fatto.

Una guerra per la morale è impossibile, non solo da un punto di vista morale, ma anche da un punto di vista politico-guerresco. La guerra non è una norma: non si può combattere contro di essa. La guerra è un dilemma esistenziale, non un sistema o un'istituzione. Non c'è uno scopo razionale, non c'è un programma -

perché l'economia, la morale o l'estetica cambiano continuamente - non c'è una norma così assolutamente corretta da giustificare l'uccisione. Adottare la guerra e la politica significa, di fatto, abbandonare le altre cose. Si possono avere idee non politiche in privato, ma se diventano pubbliche sfumano nel politico. Il risultato è una politica mascherata da abiti morali.

Un altro fatto da notare è che la politica si mescola alla morale. Ci sono, innanzitutto, due possibili commistioni: il tipo Cromwell-Torquemada da un lato, in cui il politico crede di attuare anche la morale attraverso la sua particolare politica, e il tipo Lincoln-Roosevelt in cui la morale è una pura frode. Nel primo caso, gli errori del politico saranno proporzionali alla portata del suo pensiero religioso. Così Cromwell rifiutò nel 1653 un'alleanza con la Spagna perché ne odiava la religione, anche se tale alleanza sarebbe stata molto vantaggiosa per l'Inghilterra. La sua condotta fu tuttavia politica, poiché concluse con la Francia la stessa alleanza che aveva rifiutato con la Spagna, ricevendo da essa molto meno di quanto la Spagna avesse offerto. Nel secondo caso, quando la morale non viene presa sul serio, come nel caso di Roosevelt, non è affatto morale e ripugna all'onore. Quindi, la morale in politica fa cattiva politica se è presa sul serio, e disonora chi la usa quando è usata cinicamente.

Ci si deve chiedere perché il vocabolario morale sia stato importato nella politica nell'era della politica assoluta. La risposta è che ciò è stato fatto deliberatamente e politicamente. È elementare che la politica non includa nell'idea di nemico alcun contenuto sussidiario di cattiveria o di odio. L'odio è privato; si verifica tra persone che non hanno simpatia l'una per l'altra a causa della loro ostilità privata. Sebbene questa terminologia sia diversa da quella di Hegel, l'idea è identica. Egli parlava dell'odio del nemico pubblico come indifferenziato e totalmente privo di personalità. Non si tratta più di odio nel senso radicale del termine. La guerra è tra Stati, e quando lo Stato nemico è sconfitto - il che significa che "sconfitto" è un riflesso dell'epoca, e in un'epoca di politica assoluta significa l'incorporazione totale dell'altro Stato - non ci può essere più guerra. L'inimicizia cessa e, se mai è sorta, deve cessare ora, poiché era diretta, se era politica, contro lo Stato nemico. Quello Stato non esiste più.

Ma se la popolazione di uno Stato è stata rifornita esclusivamente di propaganda che afferma che la guerra non è stata politica, ma è stata combattuta per ragioni morali, umanitarie, legali, scientifiche o di altro tipo, quella popolazione considererà la fine della guerra come l'inizio di opportunità illimitate per opprimere la popolazione dello Stato nemico. Qui vediamo la propaganda morale in tutta la sua nudità; nel XX secolo è un mezzo per continuare la guerra dopo la guerra; una guerra, non contro uno Stato con le armi in mano, ma contro i sopravvissuti alla sconfitta. Qui sta il vero significato di un fenomeno che a suo tempo ha ingannato molte persone: mi riferisco alla propaganda dei "campi di concentramento" contro l'Europa, che ha raggiunto il suo apice dopo la Seconda Guerra Mondiale. L'unico scopo di questa propaganda era la guerra dopo la guerra, cioè non si trattava di una vera e propria guerra perché non c'erano unità avversarie; si trattava di eccitare le popolazioni e gli eserciti extraeuropei occupanti, di moltiplicare la loro ferocia e il loro odio personale contro una popolazione europea indifesa.

Così una "guerra per porre fine alle guerre" morale degenera di fatto in una guerra infinita, senza fine. Una guerra per scopi umanitari finisce per diventare una guerra per sterminare la popolazione dello Stato sconfitto. Una guerra contro i campi di concentramento si traduce in campi di concentramento sempre più grandi. Così deve essere in un'epoca di politica assoluta, perché è ovvio che le ragioni morali della guerra non sono necessarie in un'epoca del genere. La propaganda non può portare sul campo di battaglia più uomini dello Spirito dell'epoca. Di conseguenza, chi utilizza un vocabolario morale introduce nella lotta una malizia che lo spirito della politica da solo non può sviluppare. Proudhon osservava: "Chi parla di umanità vuole ingannare".

Solo la politica mostra il vero significato della guerra. L'economia, l'estetica, il diritto e altre forme di pensiero non possono darne il significato, perché la guerra è politica nella sua massima intensità. Il significato politico di una guerra è che essa è condotta contro il vero nemico. Per essere politicamente giustificata, la guerra deve essere un'affermazione dell'organismo politico, o deve essere condotta per la salvezza dell'organismo politico. Spendere vite umane in qualsiasi altra guerra è una distorsione del destino dello Stato e un massacro infido e disonorevole dei soldati e dei civili che vi muoiono. La decisione su chi sia il nemico deve essere presa da statisti che racchiudono l'idea nazionale, e se non lo è, il risultato è una distorsione politica. Nel linguaggio della politica, una guerra giusta è solo quella condotta contro un nemico reale.

Non è un pensiero maturo suggerire che siano i militari a decidere su tali questioni. Se è possibile che un politico sia allo stesso tempo un soldato, non significa che un soldato diventi ipso facto un politico. In generale, a Roma tutti gli statisti erano ex signori della guerra, ma erano passati al campo di battaglia come episodio della loro carriera politica. Cesare iniziò la sua carriera militare quando era già un uomo maturo, ma quanti soldati professionisti avrebbero potuto impegnarsi in politica con un successo simile? Nelle questioni politiche, i soldati sono circostanziali, così come il popolo in generale.

12. Il diritto della plenaria politica

Che la guerra sia essenziale per l'esistenza di un organismo politico è dimostrato dal fatto che uno Stato non può abbandonare il suo jus belli senza abbandonare di conseguenza la sua esistenza politica. Nella storia delle Grandi Culture si trovano pochissimi esempi di unità politiche che abbandonano, apertamente o consapevolmente, o semplicemente per sottomissione a un'altra unità, il diritto organico di fare la guerra. E in nessun caso una potenza importante o che si considerava tale ha rinunciato a questo diritto.

Il famoso Patto di Kellogg - che gli storici del XXI secolo definiranno come il punto più alto della politica ideologica - non tentò nemmeno di costringere i suoi firmatari a rinunciare alla guerra.[30] Quel patto si limitava a "condannare" la guerra. La versione francese era "condamner", quella tedesca "verurteilen". Naturalmente, in un'epoca in cui molti politici fingevano di travestirsi da chierici, quasi tutti erano ansiosi di "condannare" la guerra. Ma le principali forze clericali avevano delle riserve sulla loro condanna. Così l'Inghilterra disse che non poteva condannare la guerra se il suo onore nazionale, la sua stessa difesa, la continuità della Società delle Nazioni o il rispetto dei trattati di neutralità, il Trattato di Locarno, la sicurezza di alcune sfere di interesse come l'Egitto, la Palestina ecc. ecc. erano sotto attacco. La Francia fece eccezioni simili, così come la Polonia. Ben presto alcuni pensatori politici fecero

---

[30] Il Patto Kellogg, noto anche come Patto Briand-Kellogg o Patto di Parigi, fu inizialmente firmato il 24 luglio 1929 tra Francia e Stati Uniti e successivamente ratificato da altri 63 Paesi. I firmatari rinunciarono alla guerra come mezzo di risoluzione delle controversie internazionali. Questo patto è stato ampiamente utilizzato dall'accusa nel processo di Norimberga contro i leader civili e militari della Germania (N. del T.).

notare che il patto in questione non proibiva la guerra, ma la autorizzava, poiché le eccezioni coprivano tutti i casi possibili. Da quel momento in poi, le guerre sarebbero state formulate in modo legale. Altri pensatori politici paragonarono il Patto a un proposito di Capodanno.[31]

Le realtà organiche furono quindi obbedite da questo singolare Patto di Kellogg, anche se era destinato a metterle da parte. Invece di abolire la politica, il patto utilizzava la legge, come di consueto, per sostenere una determinata situazione politica.

Il Patto, inoltre, parlava della guerra solo come "strumento di politica nazionale". Ma come strumento di qualche altra idea non si diceva nulla, nemmeno di politica internazionale. Così le guerre più malvagie non erano coperte dal Trattato. Una guerra in nome della politica internazionale, dell'"Umanità", della "moralità" e di concetti simili è la peggiore di tutte le guerre possibili, perché disumanizza l'avversario, ne fa un nemico personale, autorizza qualsiasi tipo di crudeltà nei suoi confronti e priva chi la conduce di tutti i vincoli imposti dall'onore.

Non è nemmeno possibile abbandonare del tutto l'esistenza politica. Un'unità politica può scomparire. Appare la legge organica del plenum politico. Se un certo Stato, stanco per l'età avanzata, non volesse più continuare la guerra o la politica, potrebbe, se lo volesse, annunciare la sua idea a tutti gli Stati del mondo. Potrebbe dire di aver rinunciato all'inimicizia e di considerare tutti gli Stati come suoi amici, di non voler più fare la guerra e di volere solo la pace. Un simile comportamento, per quanto illogico possa essere formulare un simile desiderio, non otterrebbe il risultato desiderato. La logica non funziona in politica. Uno Stato, con tale comportamento, creerebbe un vuoto politico e altri Stati, non stanchi di guerra e politica, abolirebbero immediatamente tale vuoto e incorporerebbero il territorio e la popolazione dello Stato abdicante nel proprio dominio. Tale azione plenaria può essere compiuta in modo aperto e franco, oppure in modo velato. In entrambi i casi, un potere che abdica viene immediatamente incorporato in uno più forte. Un vuoto politico è impossibile in un sistema di Stati. Questa Legge del Plenum Politico descrive situazioni politiche reali e non necessita, per essere applicata, di alcun annuncio

---

[31] Antica usanza anglosassone, consistente nella promessa fatta dai bambini, dopo i dolci del pranzo di Capodanno in famiglia, di essere molto buoni nell'anno a venire (N. del T.).

formale di abdicazione da parte dello Stato che scompare in quanto tale. Se un tale Stato, semplicemente a causa dello sviluppo generale della situazione, raggiunge un punto in cui non può sostenere una guerra, cioè non può impegnarsi in politica, la Legge del Plenum Politico è immediatamente operativa. Non è necessario, per l'incorporazione dello Stato scomparso assorbito da uno più grande, che questo sia accompagnato da un'occupazione militare. Questo è, ovviamente, il metodo operativo del XX secolo, perché questa è l'Età della Politica Assoluta, e qualsiasi tipo di travestimento per l'azione politica è tanto inutile quanto inadeguato. Ciò avviene automaticamente quando il potenziale politico dello Stato che sta scomparendo si abbassa.

Così, ad esempio, la conquista americana di metà dell'Europa dopo la Seconda Guerra Mondiale è stata una miscela di mezzi militari e cripto-politici. La conquista dell'altra metà dell'Europa da parte della Russia è stata più semplice, anche se ha portato con sé il peso della verbosità ottocentesca sulla "giustificazione", la "non interferenza", la "sicurezza", la "necessità militare" e così via. In entrambi i casi fu mantenuta la finzione dell'indipendenza delle ex unità politiche europee.

Questa divisione della civiltà occidentale tra le due potenze extraeuropee è un esempio della legge del plenum politico. Gli Stati europei erano individualmente incapaci

L'unico modo per fare la guerra dopo il 1945 era l'enorme fabbisogno industriale e umano. Questo si trovava solo in Russia e in America. Così, l'Europa, collettivamente, è diventata un vuoto politico, a causa dell'incapacità politica individuale degli Stati della civiltà occidentale.

L'incapacità di fare la guerra è un'abdicazione di fatto all'esistenza politica, che lo Stato abdicante lo sappia o meno. Quindi, al di là di ogni finzione, i confini mantenuti per qualche tempo in Europa dopo la Seconda guerra mondiale non erano confini di potenze, ma linee di demarcazione amministrativa. Quindi né l'America né la Russia hanno preso sul serio i confini situati nelle rispettive metà dell'Europa. L'unico confine che Russia e America prendevano sul serio era quello che rimaneva tra le loro due rispettive zone di influenza. Il mondo della politica reale, in ogni momento, è determinato dalle potenze in grado di fare la guerra.

Solo l'indipendenza politica può essere abbandonata, non l'esistenza politica. La politica è sempre presente, abbraccia esistenzialmente la vita di tutta la popolazione.

Questa è la Legge Organica di Protezione e Obbedienza.

13. La legge della protezione e dell'obbedienza

Lo scopo che ha guidato il grande pensatore politico Hobbes nella stesura del suo "Leviatano" è stato quello di insegnare, ancora una volta, al mondo la "relazione reciproca tra protezione e obbedienza", richiesta sia dalla natura umana che dalla legge divina. La formula romana era "protego ergo obligo". A colui che fornisce protezione, si rende anche obbedienza. Essa è resa volontariamente, come risultato della persuasione, o con la forza. Anche in questo caso, non c'è alcun contenuto morale in questa formula. Può anche avere un aspetto morale, ma qui non c'è nulla che si riferisca a questo aspetto, né ad altri aspetti diversi da quello puramente politico. Una prospettiva del XX secolo sulla politica è, per forza di cose, puramente fattuale e non approva né disapprova le realtà politiche. L'approvazione o la disapprovazione per motivi morali è esterna alla politica. Ma l'approvazione o la disapprovazione sulla base di sentimenti di cultura, gusto o istinto è la forza motrice della politica. Nell'esaminare le realtà, come prerequisito per agire su di esse, mettiamo da parte ogni tipo di nozione preconcetta.

Pertanto: Protezione e Obbedienza. Questa legge organica è, ancora una volta, la descrizione di una realtà esistenziale. Senza il rapporto di protezione, da un lato, e di obbedienza, dall'altro, non c'è politica. Ogni organismo politico lo manifesta e l'estensione della protezione e dell'obbedienza definisce i confini territoriali dell'organismo. Quando un potere è sotto la protezione di un altro potere, i due formano un tutt'uno per scopi politici esterni. Qualsiasi anomalia apparente possa esistere, scompare non appena aumenta la tensione politica nell'area in questione. Guardando all'interno dell'agenzia, la quantità di protezione e di obbedienza, e la qualità di entrambe, definiscono la forza interna dell'unità. Un alto grado di protezione e un alto grado di obbedienza costituiscono un organismo integrato che può resistere a tutte le prove politiche. Un tale organismo può spesso prevalere contro forze di gran lunga superiori. Un basso grado di protezione-obbedienza descrive un'unità internamente debole. È incapace di resistere a una lotta veramente dura e può persino soccombere a un organismo con mezzi materiali e umani inferiori.

Così, quando nel XX secolo un organismo non osa imporre il servizio militare obbligatorio nella sua area politica, quell'area è internamente debole e non può essere considerata parte del corpo politico. Questa situazione durerà solo fino a quando l'area non sarà al centro di tensioni politiche. La legge definisce anche l'estensione geografica di un'unità politica. Dove cessano la protezione e l'obbedienza, iniziano i veri confini.

Ancora una volta le parole protezione e obbedienza sono state usate con un'assoluta assenza di qualsiasi contenuto morale. Così, "protezione" può significare terrore illimitato con mezzi militari e "obbedienza" semplicemente il riflesso dell'alternativa del campo di concentramento. La condizione dell'Europa occupata da eserciti extraeuropei è una protezione ai sensi di questa legge organica. Anche se questi eserciti extraeuropei maltrattano la popolazione, è comunque vero che stanno proteggendo quella parte d'Europa dall'essere incorporata da un'altra unità politica. L'America protegge la sua metà dalla Russia e la Russia protegge la sua metà dall'America. Pertanto, la parola è neutra rispetto alla disgiunzione altruismo-egoismo. L'obbedienza non è gratitudine, ma sottomissione politica per qualsiasi motivo.

Quando il potere protettore è all'interno di una cultura e l'area protetta e la popolazione appartengono anch'esse a quella stessa cultura, l'obbedienza sarà piena, naturale e volontaria da parte dello strato portatore della cultura, almeno quando è in gioco l'esistenza della cultura. Questa legge descrive, ad esempio, il feudalesimo occidentale. Il feudalesimo è il sistema politico più forte che possa esistere. È integrato internamente ed esternamente. È il sistema in cui l'attività politica si svolge all'interno di un quadro di forme autoevidenti. È un'Internazionale nell'unico vero senso della parola; è un fenomeno di uguale validità in tutta la Cultura. Nel nostro caso, è stata la forma e il veicolo di tutti gli eventi in Occidente per 300 anni. La formulazione di base dell'idea feudale non è altro che protezione e obbedienza.

I protettorati, riconosciuti dal diritto internazionale occidentale, sono esempi di questa legge, che descrive anche le unità federali che possono sorgere. Il governo centrale è l'unico politico, perché protegge e quindi riceve obbedienza politica.

La natura esistenziale della Legge è ulteriormente evidenziata dal fatto che se uno Stato non è in grado di proteggere un'area e la sua popolazione all'interno del proprio sistema, quell'area e quella popolazione saranno trasferite nel sistema di un altro Stato che è in grado e disposto a proteggere. Questa transizione può avvenire per mezzo di una rivolta o di una guerra. Oppure può avvenire per via negoziale, soprattutto se lo Stato protettore consente l'esistenza di un quasi-governo nell'area protetta, che può giungere a un accordo separato con altre potenze per consegnare loro la popolazione e il territorio. Questo dimostra, per inciso, il pericolo di spingersi troppo in là con le finzioni in politica. Vantarsi eccessivamente che i vassalli non sono vassalli può causare il loro trasferimento a un'altra sovranità. Allo stesso tempo, vantarsi della propria forza descrivendola come invincibile è pericoloso; non convincerà mai uno Stato risoluto di pari status, ma può convincere il proprio.

In un'epoca di politica assoluta, l'apparenza politica dovrebbe corrispondere alla realtà politica. Nel secolo del gergo economico-moralista, la padronanza consisteva nel mantenere un'elaborata finzione di libertà e al contempo una rigida condizione di servitù. Questo modo di agire è tanto impraticabile quanto sgradevole nell'epoca che abbraccerà questo secolo e i prossimi due. Impraticabile, perché c'è sempre il pericolo di ingannare solo se stessi, e non il nemico politico. Sgradevole, perché i poteri più forti di quest'epoca si fanno beffe delle subdole falsità e delle formule velate di fronte al fatto della subordinazione politica.

In un Paese in cui il gergo della morale esercita il monopolio sul vocabolario politico, i politici non possono parlare apertamente nemmeno tra loro. Il terrore propagandistico necessario per mantenere una terminologia politica così assurda e in contraddizione con i fatti finisce per indebolire i governi di questi Paesi dall'interno. Chiunque faccia un'osservazione puramente fattuale diventa sospetto, e alcuni dei migliori cervelli sono finiti in prigione o nei campi di concentramento.

14. L'Internazionale

Si è visto che il mondo della politica è un pluriverso. Questo fatto organico ha conseguenze fatali per il tipo di ideologo che crede nella lega delle nazioni e su cui basa i suoi schemi. Nessuna delle due "società di nazioni" istituite da forze extraeuropee dopo le prime due guerre mondiali era un'organizzazione internazionale, ma solo un'organizzazione interstatale. La lingua inglese non permette la chiarezza della distinzione con l'evidenza del tedesco. Il termine tedesco "zwischenstaatlich" significa che si verifica tra gli Stati, come unità impenetrabili autonome; internazionale in tedesco significa che si verifica all'interno di entrambi gli Stati e che attraversa i confini statali in entrambe le direzioni. Pertanto, il terrorismo macedone del XIX e XX secolo era veramente internazionale, ma non interstatale. Se le popolazioni dei vari Stati del mondo fossero rappresentate in una "lega delle nazioni" indipendentemente dai loro Stati, e se gli Stati non vi partecipassero, allora potrebbe essere definita un'organizzazione internazionale. Ma quando gli unici membri sono gli Stati, allora l'organizzazione è semplicemente "zwischenstaalich", o, in inglese, "interstate".

L'importanza della distinzione risiede nel fatto che un'organizzazione interstatale presuppone degli Stati. Se si tratta di Stati veri e propri, e non solo di Stati nominali, saranno descritti dalle leggi della sovranità e della totalità. E in effetti, in entrambe le leghe, almeno alcuni membri erano veri Stati in questo senso. Nella prima lega delle nazioni, c'erano in vari momenti cinque, sei o sette Stati di questo tipo. Nella seconda ce n'erano solo due. Ma se sono due, una lega del genere non è che il campo di battaglia per lo sviluppo della politica interstatale.

Un'Internazionale, purché provenga dall'anima della Cultura, ha la possibilità di assorbire tutti gli Stati nel suo seno, purché sia un'idea che abbraccia interamente la vita, cioè un'idea culturale, e non solo uno schema politico - e, soprattutto, non una mera astrazione, un ideale - e il feudalesimo era una tale Internazionale. Evidentemente, le varie internazionali delle guerre di classe rivoluzionarie non erano questo, perché la loro origine era puramente politica ed erano puramente negative. Un'idea culturale non può essere negativa; tale idea non è creata dall'uomo, ma procede dallo sviluppo della cultura e rappresenta una necessità organica dell'organismo più elevato. L'espressione Spirito dell'epoca è trasferibile con l'espressione Idea-Cultura. Entrambi sono sovrapersonali, e il massimo che un uomo può fare è formulare l'Idea, cercare di attualizzarla o di strangolarla e torcerla. Ciò che non può fare è cambiarla o distruggerla.

Un'Internazionale che rappresenta un'Idea-Cultura è naturalmente sovranazionale oltre che internazionale in senso proprio, perché le nazioni sono creazioni della Grande Cultura. Solo un'Internazionale di questo tipo potrebbe assorbire gli Stati al suo interno... e anche in questo caso solo gli Stati della propria Cultura. L'Idea, ovviamente, non avrebbe alcun effetto interno sulle popolazioni e sulle zone territoriali al di fuori del suo corpo organico. Così, nessuna Internazionale occidentale potrebbe influenzare internamente la Cina, l'India, il Giappone, l'Islam o la Russia. La loro reazione a un'Internazionale di questo tipo, ammesso che siano stati colpiti dai suoi effetti esterni, sarebbe, necessariamente, puramente negativa. Se una simile Internazionale costituisse l'Occidente come un'unità a fini politici - e il mondo esterno ha sempre, giustamente, considerato l'Occidente come un'unità a tutti gli effetti - tenderebbe a creare un'unità anti-occidentale tra le zone e le popolazioni esterne. Ciò avverrebbe solo perché la civiltà occidentale ha abbracciato il mondo intero nella sua sfera di attività. È stata la prima a farlo.

Per la prima volta nella storia delle Grandi Culture un sistema politico culturale ha abbracciato il mondo intero. Perché la politica delle forze extraeuropee è, in fondo, motivata dalla forza storicamente onnipotente della nostra Civiltà Occidentale, nel senso che le forze extraeuropee traggono la loro unità solo dal fatto di essere la negazione dell'Europa. Se non ci fosse l'Europa, la Russia non sarebbe altro che lo scenario di orde erranti che si combattono in guerre tribali su piccola scala. Allo stesso modo, la famosa "Rivoluzione cinese" del 1911 fu semplicemente un ecofenomeno delle correnti occidentali e il suo significato fu quello di avere un effetto anti-occidentale sull'area che l'Occidente chiama Cina.

Una vera Internazionale agisce direttamente su tutta la sua zona culturale e sulle popolazioni che comprende. Il capitalismo era in questo senso una vera Internazionale; era un'espressione dello Spirito dell'epoca. L'Inghilterra fu il veicolo scelto dalla cultura per realizzare questa idea e divenne la patria spirituale del capitalismo. Le altre nazioni furono costrette a orientare la loro vita su quell'Idea, che peraltro era una prospettiva - o un'idea - sul mondo piuttosto che un sistema economico. Potevano affermarla o negarla. Questa scelta esisteva solo perché lo Spirito dell'epoca conteneva anche il nazionalismo politico e quindi il capitalismo, appartenendo a una sola nazione, non aveva e non avrebbe mai potuto amalgamare tutte le nazioni occidentali in un'unica nazione. Il nazionalismo politico era già moribondo, anche prima della Prima Guerra Mondiale, e in seguito la pratica del nazionalismo politico è stata semplicemente una distorsione culturale; ogni nazione occidentale è stata danneggiata da quel nazionalismo politico individualmente, e tutte collettivamente. L'Internazionale dei nostri tempi appare in un momento in cui lo Spirito dell'Età ha superato il nazionalismo politico. L'Epoca della Politica Assoluta non tollera il piccolo statalismo. Il mondo intero è il bottino di questa gigantesca epoca politica, ed è ovvio che unità minuscole come i vecchi Stati europei, con poche decine di migliaia di chilometri quadrati, non possono impegnarsi in una lotta politica in un mondo con una popolazione di due miliardi di esseri umani. Il minimo necessario per iniziare una lotta globale di questo tipo sarebbe un'area delle dimensioni dell'Europa e di parte della Russia. Qualsiasi contestazione preliminare a questo è locale.

Le due "leghe di nazioni" erano solo fenomeni interstatali, cioè Stati presupposti a scopo polemico; che quindi non erano essi stessi unità politiche; che quindi non potevano fare politica; che quindi non esistevano come realtà politiche. Le leggi della Sovranità e della Totalità, così formulate, descrivevano gli Stati membri delle "leghe", ma non le "leghe" stesse. Liberali e razionalisti, moralisti e dialettici persi nel mondo dei fatti, non si preoccupavano della situazione. Dicevano che bisognava trasferire la sovranità - la mera sovranità giuridica, ma non sapevano e non possono sapere nulla della Legge Organica della Sovranità - dagli Stati membri alla "Lega". Pensavano che la "sovranità" fosse una parola scritta su un pezzo di carta e quindi, secondo i calcoli della logica simbolica, manipolabile a piacere. La sovranità, tuttavia, risulta essere una caratteristica esistenziale di un organismo politico, e questi organismi non sono soggetti al controllo umano, ma, al contrario, controllano politicamente gli esseri umani nelle loro zone. Questo è un fatto e come tale esiste su un piano diverso da quello della logica; un piano che non si intersecherà mai con quello della logica. La logica si occupa di una fase dell'uomo-cultura, il suo intelletto, e nulla più. Può solo sezionare, analizzare, accompagnare "post mortem" spirituali. Vista sotto questa luce, la politica è più simile all'arte che alla logica. La logica è luce, la politica è chiaroscuro; la logica è cammeo, la politica è intaglio; la logica è rigida, la politica è fluida. La creazione è di tutta l'anima, mentre la logica è solo un prodotto di una piccola parte dell'anima. Un'assurdità logica può essere corretta in politica; un'assurdità politica può essere logicamente corretta. Le idee politico-culturali precedono la realtà; gli ideali intellettuali abbaiano alle calcagna della realtà.

L'idea di base delle leghe di nazioni era quella di abolire la guerra e la politica. Non è stato possibile creare un luogo di incontro per le unità politiche di guerra e, di conseguenza, questi luoghi di incontro non hanno avuto alcun significato politico e hanno continuato a risiedere nelle capitali.

Abbiamo visto che un mondo con uno Stato è un'assurdità organica, poiché uno

Stato è un'unità di opposizione. Ma alcuni intellettuali volevano un mondo senza Stati, né al singolare né al plurale. Parlavano di "umanità" e volevano unificarla per abolire la politica attraverso la politica e la guerra attraverso la guerra. In questo modo, essi stessi affermavano la guerra e la politica, senza rendersene conto. La parola umanità divenne così una parola polemica: descriveva tutti tranne il nemico. Naturalmente non si trattava di una novità, perché la parola era già apparsa come parola politica nel XVIII secolo, quando gli intellettuali e gli ideologi dell'uguaglianza la usavano per descrivere tutti tranne la nobiltà e il clero. In questo modo disumanizzava la nobiltà e il clero, e quando il potere cadde nelle mani degli intellettuali, nel Terrore francese del 1793, essi dimostrarono di considerare i loro nemici soggetti a un trattamento disumano perché non appartenevano all'"umanità". Ancora una volta, politica e logica sono separate: umanità nella logica significa disumanità nella politica.

Eppure, dal punto di vista semantico, la parola umanità non esclude nessuno. Anche il nemico è umano. Pertanto, l'umanità non può avere un nemico e i "liberali di uno Stato" e gli "intellettuali umanitari" sono stati coinvolti in ciò che volevano abolire: la politica e la guerra. "Umanità" non era una parola pacifica, ma uno slogan di guerra. Lo "Stato-mondo" rimase nel mondo dei sogni. La politica rimase nel mondo e utilizzò tutte queste entelechie antipolitiche a proprio vantaggio.

Cosa sarebbe un mondo senza politica? Non ci sarebbero protezione e obbedienza, né aristocrazia, né democrazia, né imperi, né patria, né patriottismo, né confini, né costumi, né governanti, né assemblee politiche, né superiori, né subordinati.

Affinché un mondo del genere possa esistere, e continuare a esistere, deve essere totalmente assente la presenza di uomini desiderosi di avventura e di dominio. Nessuna volontà di potenza, nessun istinto barbarico, nessun istinto criminale, nessun sentimento di criminalità, nessuna idea messianica, nessun uomo bellicoso, nessun programma d'azione o di proselitismo, nessuna ambizione, nessuna economia al di sopra del livello personale, nessuno straniero, nessuna razza, nessuna idea.

Questo ci porta al dilemma fondamentale tra il pensiero politico e i semplici pensieri sulla politica. Ogni pensiero intellettuale sulla politica presuppone alcune caratteristiche che non esistono nella natura umana.

15. Le due antropologie politiche

La pietra di paragone di ogni teoria politica è il suo atteggiamento nei confronti della qualità etica fondamentale della natura umana. Da questo punto di vista ci sono solo due tipi: quelli che presuppongono una natura umana "naturalmente buona" e quelli che vedono la natura umana così com'è. Il termine "buono" è stato inteso come ragionevole, perfettibile, pacifico, educabile, desideroso di migliorare e varie altre cose.

Ogni teoria politica o statale razionalista considera l'uomo "buono" per natura. Gli Enciclopedisti, gli Illuministi e i cultori della filosofia del barone D'Holbach furono i precursori dell'avvento del Razionalismo nel XVIII secolo e tutti parlarono di "bontà essenziale della natura umana". Rousseau fu il più violento e radicale di tutti gli scrittori del XVIII secolo in questo senso. Voltaire si discostò totalmente da lui negando totalmente questa bontà essenziale della natura umana.

È curioso che una teoria politica possa basarsi su un simile assunto, quando la politica si attualizza nella forma della disgiunzione amico-nemico, e solo in quella. Una teoria dell'ostilità presuppone quindi che la natura umana sia essenzialmente pacifica e non ostile.

A metà del XVIII secolo apparvero la parola liberalismo e l'idea-complesso di liberalismo Poiché la natura umana è fondamentalmente buona, non c'è bisogno di essere severi con essa, si può essere liberali, questa idea deriva dai filosofi sensualisti inglesi. La teoria del Contratto sociale di Rousseau ha avuto origine dall'inglese Locke nel secolo precedente. Tutto il liberalismo predica una filosofia sensualista e materialista. Tali filosofie sono tendenzialmente razionaliste e il liberalismo è semplicemente una varietà di razionalismo applicato alla politica.

I principali pensatori politici del XVII secolo, come Hobbes e Pufendorff, consideravano la condizione di "natura", in cui esistevano gli Stati, come una condizione di costante pericolo e rischio, in cui coloro che si impegnavano nell'azione erano spinti da tutti gli istinti delle bestie: fame, paura, gelosia, rivalità di ogni tipo, desideri. Hobbes osservava che la vera inimicizia è possibile solo tra gli uomini, che la disgiunzione amico-nemico è talmente più profonda tra gli uomini che tra gli animali che il mondo degli uomini spiritualmente al di sopra del mondo delle bestie.

Le due antropologie politiche sono illustrate nell'aneddoto, descritto da Carlyle, della conversazione tra Federico il Grande e Sulzer, in cui il secondo spiegò al primo la nuova scoperta del Razionalismo, secondo cui la natura umana era essenzialmente buona. "Ach, mein lieber Sulzer, Ihr kennt nicht diese verdammte Rasse", disse Federico, ("tu non conosci quella maledetta razza").

L'assunto della bontà della natura umana ha sviluppato due rami principali della teoria. L'anarchismo è il risultato dell'accettazione radicale di tale assunto. Il liberalismo utilizza tale assunto unicamente per indebolire lo Stato e renderlo subordinato alla "società". Thomas Payne, uno dei primi liberali, espresse l'idea con una formula che rimane valida per il liberalismo di oggi: la società è il risultato dei nostri bisogni ragionevolmente regolati; lo Stato è il risultato dei nostri vizi. L'anarchismo è il più radicale nell'accettare pienamente la tesi della bontà umana.

L'idea del "bilanciamento dei poteri", una tecnica per indebolire lo Stato, è assolutamente liberale. Lo Stato deve diventare un soggetto dell'economia. Non si può definire una teoria dello Stato, perché è una mera negazione. Non nega completamente lo Stato, ma lo vuole decentralizzato e indebolito. Non vuole che lo Stato sia il centro di gravità dell'organismo politico. Preferisce concepire tale organismo come una "società", un insieme rilassato di gruppi e individui liberi e indipendenti, la cui libertà non ha altre limitazioni se non quelle segnate dal diritto penale consuetudinario. Pertanto, il liberalismo non ha obiezioni al fatto che gli individui siano più potenti dello Stato e al di sopra della legge. Ciò che il liberalismo non sopporta è l'autorità. Lo Stato, in quanto massimo simbolo di autorità, è odiato. I due ordini nobiliari, in quanto simboli di autorità, sono ugualmente odiati.

L'anarchismo, negazione radicale dello Stato e di qualsiasi altro tipo di organizzazione, è un'idea di autentica forza politica. È antipolitico in teoria, ma per la sua intensità è autenticamente politico nell'unico modo in cui la politica può manifestarsi, cioè arruolando gli uomini al suo servizio e mettendoli gli uni contro gli altri come nemici. Nel corso del XIX secolo, l'anarchismo è stato una forza da tenere in considerazione, anche se quasi sempre alleato con qualche altro movimento. Soprattutto nel XIX e all'inizio del XX secolo, l'anarchismo fu una realtà potente in Russia. Lì era conosciuto come nichilismo. La forza locale dell'anarchismo in Russia era dovuta al suo richiamo ai tremendi sentimenti anti-occidentali latenti sotto la crosta petrina.[32] Essere anti-occidentali significava essere anti-tutto, quindi il negativismo anti-occidentale asiatico adottò la teoria occidentale dell'anarchismo come veicolo di espressione.

Il liberalismo, tuttavia, con il suo atteggiamento vago e favorevole al compromesso, incapace di una formulazione precisa, incapace anche di suscitare sentimenti precisi, affermativi o negativi, non è un'idea di forza politica. I suoi numerosi seguaci nel XVIII, XIX e XX secolo hanno partecipato alla politica pratica solo come alleati di altri gruppi. Il liberalismo non poteva fornire una soluzione, non poteva mettere gli uomini gli uni contro gli altri schierandoli come amici e nemici. Pertanto, non era un'idea politica, ma semplicemente un'idea sulla politica. I suoi seguaci dovevano schierarsi a favore o contro altre idee per esprimere il loro liberalismo.

L'anarchismo era capace di trascinare gli uomini al sacrificio della vita; il liberalismo no. Una cosa è morire per cancellare dalla faccia del mondo ogni ordine, ogni Stato; un'altra è morire per ottenere un decentramento del potere statale. Il liberalismo è essenzialmente apolitico; si pone al di fuori della politica. Vorrebbe che la politica fosse al servizio dell'economia e della società.

16. Il liberalismo

I

Il liberalismo è uno dei più importanti sottoprodotti del razionalismo e le sue origini e la sua ideologia devono essere chiaramente esposte.

Il periodo "illuminista" della storia occidentale, iniziato dopo la Controriforma, ha posto sempre più l'accento sull'intelletto, la ragione e la logica. A metà del XVIII secolo questa tendenza produsse il Razionalismo. Il razionalismo considerava tutti i valori spirituali come suoi soggetti e procedeva a valutarli dal punto di vista della ragione. La logica inorganica è la facoltà che l'uomo ha sempre utilizzato per risolvere problemi di matematica, ingegneria, trasporti, fisica e in altre situazioni non valutative. La sua insistenza sull'identità e il rifiuto della contraddizione sono utili

---

[32] L'autore si riferisce al tentativo dello zar Pietro il Grande di occidentalizzare la Russia.

nelle attività materiali. Producono anche soddisfazione materiale in questioni di pensiero puramente astratto, come la matematica e la logica, ma se portate troppo in là diventano mere tecniche, mere assunzioni la cui unica giustificazione è empirica. La fine del razionalismo è il pragmatismo, il suicidio della ragione.

Questo adattamento della ragione ai problemi materiali fa sì che tutti i problemi diventino meccanici quando vengono analizzati alla "luce della ragione", senza alcun attaccamento mistico del pensiero o tendenza di alcun tipo. Cartesio studiò gli animali come se fossero automi e, circa una generazione dopo, l'uomo stesso fu razionalizzato come un automa o, ugualmente, come un animale. Gli organismi divennero problemi di chimica e fisica e gli organismi sovrapersonali cessarono semplicemente di esistere, perché non possono essere sottoposti alla ragione in quanto non sono né visibili né misurabili. Newton dotò l'universo delle stelle di una forza autoregolatrice non spirituale; il secolo successivo tolse lo spirito all'uomo, alla sua storia e alle sue vicende.

La ragione aborre l'inspiegabile, il misterioso, la penombra. In un problema pratico di macchinari o di costruzione navale, uno deve sentire che tutti i fattori sono sotto la sua conoscenza e il suo controllo. Nulla deve essere escluso dalla previsione e dal controllo. Il razionalismo, che è la sensazione che tutto sia soggetto e spiegabile dalla ragione, rifiuta tutto ciò che non è visibile e calcolabile. Se una cosa non può essere veramente calcolata, la Ragione si limita a dire che i fattori sono così numerosi e complicati che il calcolo è impossibile dal punto di vista pratico, ma non lo rende impossibile dal punto di vista teorico. Così, anche la Ragione ha la sua Volontà di Potenza; ciò che non si sottomette ad essa viene dichiarato recalcitrante, oppure viene semplicemente negata la sua esistenza.

Quando ha rivolto lo sguardo alla storia, il Razionalismo ha creduto di vedere in essa una tendenza verso la Ragione. L'uomo "energia" per diversi millenni, poi "progredisce" dalla barbarie e dal fanatismo all'Illuminismo, dalla "superstizione" alla "scienza", dalla violenza alla "ragione", dal dogma alla critica, dalle tenebre alla luce. Niente più cose invisibili, niente più spirito, niente più anima, niente più Dio, niente più Chiesa e Stato. I due poli del pensiero sono "l'individuo" e "l'umanità". Tutto ciò che li separa è "irrazionale".

Questa abitudine di chiamare le cose irrazionali è, in realtà, corretta. Il razionalismo deve meccanizzare tutto, e ciò che non può essere meccanizzato è, per forza di cose, irrazionale. Così, tutta la Storia diventa irrazionale: le sue cronache, i suoi processi, la sua forza segreta, il Fato. Anche il razionalismo stesso, in quanto sottoprodotto di una certa fase dello sviluppo di una Grande Cultura, è irrazionale. Perché il Razionalismo segue una fase spirituale, perché esercita il suo breve predominio, perché scompare di nuovo nella religione... queste domande sono storiche, quindi irrazionali.

Il liberalismo è il razionalismo in politica. Rifiuta lo Stato come organismo e lo concepisce solo come il risultato di un contratto tra individui. L'oggetto della Vita non ha nulla a che fare con gli Stati, poiché essi non hanno un'esistenza indipendente. Così la "felicità" dell'individuo diventa l'oggetto della Vita. Bentham ha formulato questa idea collettivizzandola nel modo più ampio possibile, con la frase "la massima felicità per il maggior numero". Se un branco di animali potesse parlare, userebbe questo slogan contro i lupi. Per la maggior parte degli esseri umani, che sono solo materiale per la storia e non attori sul palcoscenico della storia, "felicità" significa benessere economico. La ragione è quantitativa, non qualitativa, e quindi trasforma l'uomo medio in "l'Uomo". L'uomo è qualcosa che ha bisogno di cibo, vestiti, casa, vita sociale e familiare, tempo libero. La politica a volte richiede il sacrificio della vita per cose invisibili. Questo è "contro la felicità" e non dovrebbe esistere. L'economia, invece, non è "contro la felicità", ma quasi coincide con essa. La religione e la Chiesa vogliono interpretare tutta la vita sulla base di cose invisibili, e quindi militano contro la "felicità". L'etica sociale, invece, garantisce l'ordine economico, promuovendo così la "felicità".

Qui il liberalismo trova i suoi due poli di pensiero: l'economia e l'etica. Essi corrispondono all'individuo e all'umanità. L'etica, naturalmente, è puramente sociale, materialista; se la vecchia etica viene conservata, i suoi antichi fondamenti metafisici vengono abbandonati e viene promulgata come un imperativo sociale, non religioso. L'etica è necessaria per mantenere l'ordine necessario come cornice per l'attività economica. All'interno di questo quadro, tuttavia, l'"individuo" deve essere "libero". Questo è il grande grido del liberalismo, "libertà". L'uomo non è altro che se stesso e non è legato a nulla, se non per sua scelta. Quindi la "società" è la "libera" associazione di uomini e gruppi. Pertanto lo Stato è contrario alla libertà, è costrizione, è violenza. La Chiesa è schiavitù spirituale.

Tutte le cose del regno spirituale sono state trasmutate dal liberalismo. La guerra è stata trasformata in una competizione vista dal polo economico, in una differenza ideologica vista dal polo etico. Al posto della mistica alternativa ritmica di guerra e pace, vede solo la perpetua compresenza di competizione o contrasto ideologico, che in nessun caso può diventare ostile o sanguinosa. Da un punto di vista etico, lo Stato diventa società o umanità; da un punto di vista economico, diventa un sistema di produzione e commercio. La volontà di realizzare uno scopo politico diventa la realizzazione di un programma di "ideali sociali" sul piano etico e di calcolo sul piano economico. Dal punto di vista etico, il Potere diventa Propaganda, e dal punto di vista economico, Regolazione.

L'espressione più pura della dottrina del liberalismo fu probabilmente quella di Benjamin Constant. Nel 1814 pubblicò le sue idee sul "progresso" dell'uomo. Egli considerava l'Illuminismo del XVIII secolo, con le sue tendenze intellettuali e umanitarie, come semplici preliminari della vera liberazione, quella del XIX secolo. Economia, industria e tecnologia rappresentavano i "mezzi" della libertà. Il razionalismo era l'alleato naturale di questa tendenza. Il feudalesimo, la reazione, la guerra, la violenza, lo Stato, la politica, l'autorità... sono stati soppiantati dalla nuova idea, soppiantati dalla ragione, dall'economia, dalla libertà, dal progresso e dal parlamentarismo. La guerra, violenta e brutale, era irrazionale e fu sostituita dal commercio, intelligente e civile. La guerra è condannata da ogni punto di vista: dal punto di vista economico è una sconfitta, anche per il vincitore. Le nuove tecniche di guerra - l'artiglieria - rendono insignificante l'eroismo personale, e così il fascino e la gloria della guerra vanno di pari passo con la sua utilità economica. In passato, i popoli bellicosi sottomettevano i popoli mercantili, ma non era più così. Ora i popoli mercantili sono emersi come padroni della terra.

Un attimo di riflessione dimostra che il liberalismo è completamente negativo. Non è una forza formativa, ma sempre ed esclusivamente una forza disgregatrice. Vuole detronizzare le due autorità gemelle della Chiesa e dello Stato, sostituendole con la libertà economica e l'etica sociale. Si dà il caso che le realtà organiche consentano solo due alternative: l'organismo è fedele a se stesso, oppure si ammala, si distorce e diventa preda di altri organismi. Pertanto, la polarità naturale tra governanti e governati non può essere abolita senza annientare l'organismo. Il liberalismo non è mai riuscito a portare a termine la sua lotta contro lo Stato, nonostante il fatto che per tutto il XIX secolo si sia impegnato in attività politiche in alleanza con ogni sorta di forze che si occupano di integrazione dello Stato. Così, c'erano nazional-liberali, social-liberali, liberal-conservatori, liberal-cattolici. Si allearono persino con la democrazia, che non è liberale, ma irresistibilmente autoritaria quando è al potere. Hanno simpatizzato con gli anarchici quando le forze dell'Autorità hanno cercato di difendersi da loro.

Nel XX secolo il liberalismo si alleò con il bolscevismo in Spagna e i liberali europei e americani simpatizzarono con i bolscevichi russi.

Il liberalismo può essere definito solo negativamente. È una mera critica, non un'idea viva. La sua grande parola "libertà" è una negazione: infatti, significa libertà contro l'autorità, cioè disintegrazione dell'organismo. Nelle sue ultime conseguenze produce l'atomismo sociale, in cui si combatte non solo l'autorità dello Stato, ma persino quella della società e della famiglia. Il divorzio ha lo stesso status del matrimonio, i figli dei genitori. Questo costante pensiero negativo ha generato attivisti politici come Marx, Lorenz von Stein e Ferdinand Lasalle che, per la disperazione dei liberali, hanno usato il liberalismo come veicolo politico. I suoi atteggiamenti erano sempre contraddittori, sempre alla ricerca di un compromesso. Cercò sempre di contrapporre la democrazia alla monarchia, i datori di lavoro ai lavoratori manuali, lo Stato alla società, il potere legislativo a quello giudiziario. In una crisi, il liberalismo in quanto tale non è mai apparso. I liberali erano sempre da una parte o dall'altra della contesa rivoluzionaria, a seconda della coerenza del loro liberalismo e del loro grado di ostilità all'autorità.

Quindi il liberalismo in azione era esattamente politico come qualsiasi Stato. Obbediva alla necessità organica delle sue alleanze politiche con gruppi e idee non liberali. Nonostante la sua teoria dell'individualismo, che escluderebbe logicamente la possibilità che un uomo o un gruppo chieda a un altro uomo o gruppo di sacrificare o rischiare la propria vita, ha sostenuto idee "antiliberali" come la democrazia, il socialismo, il bolscevismo, l'anarchismo, che richiedono tutti il sacrificio della vita.

II

Dalla sua antropologia della verità fondamentale della natura umana in generale, il Razionalismo ha generato l'Enciclopedismo del XVIII secolo, la Massoneria, la Democrazia e l'Anarchismo, così come il Liberalismo, ognuno con le sue diverse varianti. Ognuno di essi ha svolto il proprio ruolo nella storia del XIX secolo e, a causa della distorsione critica dell'intera civiltà occidentale provocata dalle prime due guerre mondiali, anche nel XX secolo, dove il Razionalismo è grottescamente fuori luogo, si è lentamente trasformato in Irrazionalismo. A metà del XX secolo il cadavere del liberalismo non era ancora stato seppellito. Pertanto, è ancora necessario diagnosticare la grave malattia della civiltà occidentale come Liberalismo complicato da avvelenamento straniero.

Poiché il liberalismo considera la maggior parte degli uomini ragionevoli o buoni, ne consegue che essi dovrebbero essere liberi di fare ciò che desiderano. Poiché non esiste un'unità superiore alla quale si sentano legati e la cui vita sovra-personale domini la vita degli individui, ogni campo dell'attività umana è solo auto-servito - finché non vuole diventare autoritario - e rimane nel quadro della "società". Così, l'arte diventa "l'arte per l'arte, *l'arte per l'arte"*. Tutti i settori del pensiero e dell'azione diventano ugualmente autonomi. La religione diventa solo una disciplina sociale, poiché trascendere questo concetto significa assumere un'autorità. La scienza, la filosofia e l'educazione esistono solo per se stesse, non sono soggette a nulla di superiore. La letteratura e la tecnologia hanno la stessa autonomia. Il ruolo dello Stato è semplicemente quello di proteggerle attraverso brevetti e diritti d'autore. Ma soprattutto l'economia e il diritto sono indipendenti dall'autorità organica, cioè dalla politica.

I lettori del XXI secolo stenteranno a credere che un tempo prevaleva l'idea che ognuno dovesse essere libero di fare ciò che voleva in campo economico, anche se la sua attività personale causava la fame di centinaia di migliaia di persone, la devastazione di campi e aree minerarie e l'indebolimento del potere del corpo; che fosse possibile per un individuo elevarsi al di sopra della debole autorità pubblica e dominare, con mezzi privati, i pensieri più intimi di intere popolazioni, grazie al controllo della stampa, della radio e del teatro meccanizzato.

Sarà ancora più difficile per una persona del genere arruolare e ottenere il sostegno della Legge per realizzare la sua volontà distruttiva. Così, un usuraio può, a metà del XX secolo, invocare con successo l'aiuto della Legge per espropriare contadini e agricoltori delle loro proprietà. È difficile immaginare quale danno più grande un individuo possa infliggere a un corpo politico se non quello di ridurre la terra in polvere, secondo l'espressione del grande Freiherr von Stein.

Ma tutto ciò era inevitabilmente dedotto dall'idea dell'indipendenza dell'economia e del diritto dall'autorità politica. Non c'è nulla di superiore, non c'è uno Stato; ci sono solo individui, gli uni contro gli altri. È perfettamente naturale che gli individui più astuti dal punto di vista economico accumulino nelle loro mani la parte del leone della ricchezza. Ma, se sono veri liberali, non vorranno che l'autorità accompagni questa ricchezza, perché l'autorità ha due aspetti: il potere e la responsabilità. L'individualismo, psicologicamente parlando, è egoismo. La "felicità" è egoismo. Rousseau, il nonno del liberalismo, era un vero individualista e mandò i suoi cinque figli al manicomio.

Il diritto, in quanto campo del pensiero e della condotta umana, ha la stessa indipendenza, ma anche la stessa dipendenza, di qualsiasi altro campo. All'interno del suo quadro organico è libero di pensare, ideare e organizzare il proprio materiale. Ma, come altre forme di pensiero, può essere arruolato al servizio di idee esterne. Così la legge, che in origine era il sistema per codificare e mantenere la pace interna dell'organismo, preservando l'ordine e prevenendo le controversie private, è stata trasmessa dal pensiero liberale in un sistema per mantenere il disordine interno e consentire agli individui economicamente forti di liquidare quelli più deboli. Questo sistema è stato chiamato "Stato di diritto", "Stato legale", "indipendenza del potere giudiziario". L'idea di usare la legge per rendere sacrosanto un certo stato di cose non fu un'invenzione del liberalismo.[33] Già ai tempi di Hobbes altri gruppi ci avevano provato, ma la mente incorruttibile di Hobbes aveva brevettato con la massima chiarezza che il governo della Legge significava il governo di coloro che determinano e amministrano la Legge, che il governo di un "ordine superiore" è una frase vuota, e riceve contenuto solo attraverso il governo concreto di certi uomini e gruppi su un ordine inferiore.

Questo era un pensiero politico, il cui scopo è la distribuzione e la circolazione del potere. È politico anche denunciare l'ipocrisia, l'immoralità e il cinismo dell'usuraio che pretende incautamente lo Stato di diritto, che significa ricchezza per sé e povertà per milioni di persone, e tutto in nome di qualcosa di più alto, con validità sovrumana. Quando l'Autorità riemerge contro le forze del Razionalismo e dell'Economia, procede a dimostrare che il complesso di ideali trascendentali di cui

---

[33] Nella terminologia giuridica anglosassone, i concetti di "legge" e "diritto" sono equivalenti (N. di T*).

si è dotato il Liberalismo vale quanto il Legittimismo dell'epoca della Monarchia Assoluta, e nulla più. I monarchi erano i più forti protagonisti del legittimismo, i finanziatori del liberalismo. Ma il monarca era legato all'organismo interamente e per tutta la vita; era organicamente responsabile anche quando non lo era di fatto. È il caso di Luigi XVI e Carlo I. Innumerevoli monarchi e sovrani assoluti hanno dovuto affrontare la loro responsabilità simbolica. Ma il finanziere ha solo potere ma non ha responsabilità, nemmeno simbolica, perché, di norma, il suo nome è sconosciuto. La storia, il destino, la continuità organica, la fama, esercitano la loro potente influenza su un governante politico assoluto e, inoltre, la sua posizione lo pone completamente al di fuori della sfera della bassa corruttibilità. Il finanziere, invece, è privato, anonimo, puramente economico, irresponsabile. Non può essere altruista in nulla; la sua intera esistenza è l'apoteosi dell'egoismo. Non pensa alla Storia, alla Fama, alla continuità della vita dell'organismo nel Destino e, inoltre, è eminentemente corruttibile con mezzi ignobili, perché il suo desiderio principale è il denaro: denaro e ancora denaro.

Nella sua lotta contro l'Autorità, il liberale finanziario ha messo in campo una teoria secondo la quale il potere corrompe gli uomini. Ciò che li corrompe, tuttavia, è la grande ricchezza anonima, poiché in essa non esistono limiti sovranazionali, che pongono il vero statista interamente al servizio del corpo politico e lo pongono al di sopra della corruzione.

Fu proprio nel campo dell'economia e del diritto che la dottrina liberale produsse gli effetti più distruttivi sulla salute della civiltà occidentale. Poco importava che l'Estetica diventasse indipendente, perché l'unica forma d'arte in Occidente che aveva ancora un futuro, la Musica occidentale, non si preoccupava delle teorie e continuava il suo grande percorso creativo fino alla fine in Wagner e nei suoi epigoni. Baudelaire è il grande simbolo dell'art pour l'art: la malattia come bellezza. Baudelaire è quindi il Liberalismo in letteratura, la malattia come principio della Vita, la crisi come salute, la morbosità come vita spirituale, la disintegrazione come scopo. L'uomo come individualista, un atomo senza relazioni, l'ideale liberale della personalità. È nel campo dell'azione piuttosto che in quello del pensiero che il danno è stato più grave.

Permettendo che l'iniziativa in campo economico e tecnico rimanesse nelle mani di individui soggetti a scarso controllo politico, si creò un gruppo i cui desideri personali erano più importanti del destino collettivo dell'organismo e dei suoi milioni di abitanti. La legge che avallava questo stato di cose era completamente avulsa dalla morale e dall'onore. Per disintegrare l'organismo, qualsiasi morale riconosciuta era avulsa dalla metafisica e dalla religione e si occupava solo della "società". Il diritto penale rifletteva le idiosincrasie del liberalismo punendo i crimini di violenza e i crimini passionali, ma trascurando persino casi come la distruzione delle risorse nazionali, lasciando milioni di persone nell'indigenza, o l'usura su scala nazionale.

L'indipendenza della sfera economica era un dogma di fede per il liberalismo. Questo non era soggetto a contestazioni. Venne persino ideata un'astrazione chiamata "uomo economico", le cui azioni potevano essere previste come se l'economia fosse un vuoto. Il guadagno economico era la sua unica motivazione, solo l'avidità lo eccitava. La tecnica del successo consisteva nel concentrarsi sui propri profitti e ignorare tutto il resto. Ma per i liberali questo "uomo economico" era l'uomo in generale. Era l'unità della loro concezione del mondo. L'"umanità" era la somma di questi granelli di sabbia economici.

III

Il tipo di mente che crede nell'essenziale "bontà" della natura umana è arrivato al liberalismo. Ma esiste un'altra antropologia politica, che riconosce che l'uomo è disarmonico, problematico, duplice, pericoloso. Questo rappresenta la saggezza generale dell'umanità e si riflette nel numero di guardie, recinti, casseforti, serrature, prigioni e polizia. Ogni catastrofe, incendio, terremoto, eruzione vulcanica, alluvione, evoca saccheggi. Persino uno sciopero della polizia in una città americana è stato il segnale per il saccheggio dei negozi da parte di esseri umani rispettabili e gentili.

Quindi, questo tipo di pensiero parte dai fatti. Questo è il pensiero politico in generale, in contrapposizione al semplice pensare alla politica o al razionalizzare. Nemmeno la grande ondata del razionalismo ha potuto sommergere questo tipo di pensiero. I pensatori politici differiscono notevolmente per creatività e profondità, ma concordano sul fatto che i fatti sono normativi.

La parola "teoria" è stata screditata da intellettuali e liberali che l'hanno usata per descrivere la loro visione preferita di come vorrebbero che le cose fossero. In origine, teoria significava spiegazione dei fatti. Per un intellettuale politicamente ignorante, una teoria è un fine; per un vero politico, la sua teoria è un limite.

Una teoria politica cerca di trovare nella storia i limiti di ciò che è politicamente possibile. Questi limiti non possono essere trovati nel terreno della Ragione. L'Età della Ragione è nata in un bagno di sangue e passerà di moda attraverso altri bagni di sangue. Con la sua dottrina contro la guerra, la politica e la violenza, ha presieduto alle più grandi guerre e rivoluzioni degli ultimi cinquemila anni e ha portato all'Epoca della Politica Assoluta. Con il suo vangelo della Fratellanza Umana, ha condotto su larga scala la fame, l'umiliazione, la tortura e lo sterminio contro le popolazioni della Civiltà Occidentale dopo le prime due Guerre Mondiali. Mettendo al bando il pensiero politico e trasformando la guerra in una gara morale anziché in una lotta per il potere, ha gettato nella polvere la cavalleria e l'onore di un millennio. La conclusione di tutto ciò è che anche la Ragione è diventata politica quando è entrata nell'arena politica, anche se ha usato un vocabolario proprio. Quando la Ragione si impossessava di un territorio da un nemico sconfitto dopo una guerra, lo chiamava "de-annessione". Il documento che consolidava la nuova posizione veniva chiamato "trattato", anche se era stato dettato nel bel mezzo di un blocco per carestia. Il nemico politico sconfitto doveva ammettere nel "Trattato" di essere l'unico "colpevole" della guerra, di essere moralmente inadatto a possedere colonie, che i suoi soldati erano gli unici a commettere "crimini di guerra". Ma per quanto complicato fosse il travestimento morale, per quanto coerente fosse il vocabolario ideologico, non si trattava altro che di politica, e l'Età della Politica Assoluta torna di nuovo al tipo di pensiero politico che parte dai fatti, riconosce il potere e la volontà di potenza degli uomini e degli organismi superiori come fatti, e considera ogni tentativo di descrivere la politica in termini morali come sarebbe descrivere la chimica in termini teologici.

Esiste un'intera tradizione di pensiero politico nella cultura occidentale, i cui principali rappresentanti sono Montaigne, Machiavelli, Hobbes, Leibnitz, Bossuet, Fichte, de Maistre, Donoso Cortés, Hippolyte Taine, Hegel, Carlyle. Mentre Herbert Spencer descriveva la storia come "progresso" dall'organizzazione militare-feudale a quella commerciale-industriale, Carlyle insegnava all'Inghilterra lo spirito prussiano del Socialismo Etico, la cui superiorità interna avrebbe dovuto esercitare sull'intera Civiltà Occidentale nell'imminente Età Politica una trasformazione altrettanto fondamentale di quella esercitata dal capitalismo nell'Età Economica. Si trattava di un pensiero politico creativo, ma purtroppo non fu compreso e l'ignoranza che ne derivò permise a influenze distorsive di gettare l'Inghilterra in due insensate guerre mondiali, dalle quali uscì rovinata e con quasi tutto perduto.

Hegel propone uno sviluppo dell'umanità in tre fasi, dalla comunità naturale alla borghesia, fino allo Stato. La sua teoria dello Stato è profondamente organica e la sua definizione di borghese è del tutto appropriata per il XX secolo. Per lui il borghese è l'uomo che non vuole uscire dalla sfera della sicurezza politica interna, che si pone, con la sua sacra proprietà privata, come individuo contro il tutto, che trova un sostituto alla sua nullità politica nei frutti della pace, nei suoi possedimenti e nella perfetta sicurezza della sua gioia, e che quindi vuole fare a meno del coraggio e rimanere sicuro contro la possibilità di una morte violenta. Con queste parole Hegel descrive il vero liberale.

I pensatori politici citati non godono della popolarità della grande massa degli esseri umani. Finché le cose vanno bene, la maggior parte delle persone non vuole parlare di lotte di potere, di violenza, di guerre o di teorie su di esse. Così, ad esempio, nel XVIII e nel XIX secolo, si è diffuso l'atteggiamento secondo cui i pensatori politici - e Machiavelli fu la prima vittima - erano uomini malvagi, atavici e sanguinari. La semplice affermazione che ci sarebbero sempre state guerre era sufficiente a descrivere l'oratore come una persona che voleva che le guerre continuassero. Attirare l'attenzione sul ritmo vasto e impersonale della guerra e della pace era la prova di possedere una mente malata, con carenze morali e corruzione emotiva. Descrivere i fatti era considerato come desiderarli e persino crearli. Nello stesso XX secolo, chiunque denunciasse la nullità politica delle "leghe di nazioni" era un profeta della disperazione. Il razionalismo è antistorico; il pensiero politico è storia applicata. In pace è impopolare parlare di guerra; in guerra è impopolare parlare di pace. La teoria che diventa più rapidamente popolare è quella che esalta le cose esistenti e la tendenza che si suppone illustrino come la migliore, predeterminata da tutta la storia precedente. Così Hegel era un anatema per gli intellettuali a causa del suo orientamento statalista, che lo rendeva un "reazionario", e anche perché si rifiutava di unirsi alla folla rivoluzionaria.

Poiché la maggior parte della gente vuole sentire solo discorsi politici soporiferi che non invitano all'azione, e poiché in condizioni democratiche la tecnica politica è interessata a ciò che la maggior parte della gente ama sentire, i politici democratici del XIX secolo hanno messo in atto una vera e propria dialettica di partito. L'idea era quella di esaminare il campo d'azione da un punto di vista "disinteressato", morale, scientifico o economico, e di scoprire che l'avversario era immorale, non scientifico, non economico... in realtà, che era politico. Si trattava di qualcosa di diabolico che doveva essere combattuto. Il proprio punto di vista era del tutto "non politico". La parola Politica era un termine di rimprovero nell'Età Economica. Curiosamente, però, in alcune situazioni generalmente legate agli affari esteri la parola "impolitico" poteva anche essere un termine spregiativo, a significare che l'uomo così descritto mancava di abilità negoziale. Il politico di parte doveva anche fingere una certa riluttanza ad accettare la carica. Alla fine, una dimostrazione accuratamente preparata della "volontà popolare" vinceva la sua resistenza ed egli acconsentiva ad accettare in un atto di "servizio". Questo è stato chiamato machiavellismo, ma Machiavelli era evidentemente un pensatore politico, non un esperto di camuffamenti. Un politico di parte non avrebbe scritto un libro come "Il Principe", ma avrebbe lodato l'intero genere umano, ad eccezione di alcune persone malvagie: gli avversari dell'autore.

In realtà, il libro di Machiavelli ha un tono difensivo, giustificando politicamente la condotta di alcuni statisti con esempi tratti dalle invasioni straniere dell'Italia. Nel secolo in cui Machiavelli visse, l'Italia fu invasa a più riprese da francesi, tedeschi, spagnoli e turchi. Quando le truppe rivoluzionarie francesi occuparono la Prussia e combinarono i sentimenti umanitari dei Diritti dell'Uomo con la brutalità e la rapina su larga scala, Hegel e Fichte tributarono nuovamente a Machiavelli il rispetto dovuto come pensatore. Egli rappresentava un mezzo di difesa contro la folla armata con un'ideologia umanitaria. Machiavelli ha mostrato il vero ruolo dei sentimenti verbali nella politica. Si può dire che ci sono tre possibili atteggiamenti nei confronti del comportamento umano, quando si valutano le sue motivazioni: il sentimentale, il realistico e il cinico. Il sentimentale attribuisce a tutti un motivo buono; il cinico un motivo cattivo; il realista si limita a osservare i fatti. Quando un sentimentale, cioè un liberale, si occupa di politica diventa necessariamente un ipocrita. La conseguenza ultima dell'ipocrisia è il cinismo. Parte della malattia spirituale che seguì la Prima Guerra Mondiale fu un'ondata di cinismo derivante dall'ipocrisia trasparente, disgustosa e incredibile dei piccoli uomini che occupavano i posti di comando in quel . Machiavelli, invece, possedeva un intelletto incorruttibile e non scrisse il suo libro con spirito cinico. Voleva solo cogliere l'anatomia della politica con le sue tensioni e i suoi problemi peculiari, interni ed esterni. Per la fantastica malattia mentale del razionalismo, i fatti concreti sono cose pietose e parlarne significa crearli. Un politico di tipo liberale ha persino cercato di proibire di parlare di Terza Guerra Mondiale, dopo la Seconda Guerra Mondiale. Il liberalismo è, in una parola, debolezza. Vuole che ogni giorno sia un compleanno e che la vita sia una lunga festa. Il movimento inesorabile del Tempo, del Fato, della Storia, la crudeltà della realizzazione, l'energia, l'eroismo, il sacrificio, le idee sovrapersonali: questo è il nemico. Il liberalismo è una fuga dalla durezza alla morbidezza, dalla mascolinità alla femminilità, dalla Storia all'allevamento di greggi, dalla realtà ai sogni erbivori, dal Fato alla Felicità. Nietzsche, nella sua ultima e più importante opera, designò il XVIII secolo come il secolo del femminismo e denunciò Rousseau come il leader dell'evasione di massa dalla Realtà. Il femminismo stesso, che cos'è se non un mezzo per femminilizzare gli uomini? Se rende la donna uguale all'uomo, lo ottiene solo trasformando l'uomo in una creatura interessata solo alla sua economia personale e al suo rapporto con la "società", cioè con la donna. La "società" è l'elemento della donna, è statica e formale, le sue contese sono puramente personali, prive di possibilità di eroismo e di violenza. Conversazione, non azione; formalismo, non fatti.

Quanto è diversa l'idea di rango se viene usata in un affare sociale o se viene applicata su un campo di battaglia! Lì dipende dalla favola, mentre nel salotto è vana e pomposa. Una guerra è condotta per il controllo, mentre la lotta sociale è ispirata dalla vanità e dalla gelosia femminile e tende a dimostrare che uno è "migliore" di un altro.

Eppure, alla fine cosa fa il liberalismo con le donne: le veste in uniforme e le chiama "soldati". Questa ridicola impresa serve solo a illustrare l'eterno fatto che la storia è maschile, che le sue austere esigenze non possono essere eluse, che le realtà fondamentali sono inalienabili e non possono essere messe da parte nemmeno con l'aiuto degli artifici più elaborati. Il brancolare dei liberali con la polarità sessuale serve solo a scatenare la rabbia nell'anima degli individui, confondendoli e distorcendoli, ma l'uomo-donna e la donna-uomo che crea sono entrambi soggetti al più alto Destino della Storia.

17. La democrazia

I

Un altro importante sottoprodotto del razionalismo è la democrazia. La parola ha molti significati e nella Prima guerra mondiale divenne proprietà di forze extraeuropee e fu dichiarata sinonimo di liberismo. Si trattava, ovviamente, di un significato controverso, e ci sono molte varianti su questo tema. Ma partiamo dall'origine storica della Democrazia.

È emerso a metà del XVIII secolo con l'avvento del Razionalismo. Il razionalismo negava la storia come base per qualsiasi tipo di pensiero o realizzazione, e quindi né la Chiesa né lo Stato, né la nobiltà né il clero avevano diritti basati sulla tradizione. La ragione è quantitativa e quindi gli Stati erano considerati meno importanti delle masse insignificanti della popolazione.[34] Nei secoli precedenti il monarca veniva chiamato con il nome del Paese. Così il re di Francia era "Francia". Anche un'assemblea di Stati si chiamava "Francia", o "Inghilterra" o "Spagna". Ma per il Razionalismo non era decisiva la qualità ma la quantità, così che la massa diventava la nazione. "Popolo" divenne una parola polemica per neutralizzare gli Stati e negare loro il diritto all'esistenza politica. All'inizio, la massa era chiamata "Terzo Stato", ma in seguito tutti gli Stati furono aboliti.

L'idea di Democrazia era tuttavia satura di volontà di potenza; non è una semplice astrazione, è un'idea organica, con una forza sovrapersonale. L'intero sviluppo prodotto dal Razionalismo, l'epoca in cui la Cultura ha ceduto il passo alla Civiltà, è stato evidentemente una crisi dell'organismo occidentale. Si trattava quindi di una malattia, e la Democrazia era una malattia che ha dovuto attraversare ogni Grande Cultura, ed è stata quindi promossa per necessità organica. La Democrazia non cerca il compromesso, né il compromesso, né l'"equilibrio", né la distruzione dell'autorità: la Democrazia cerca il Potere. Nega gli Stati per soppiantarli.

Una caratteristica della democrazia era il rifiuto del principio aristocratico che equiparava il significato sociale a quello politico. Voleva cambiare lo stato delle cose

---

[34] L'Autore usa la parola "Stati" nel senso degli antichi "bracci", chiamati Estates in Inghilterra ed Etats in Francia, cioè: Nobiltà, Clero e Popolo comune (N. del T.).

e rendere il sociale dipendente dal politico. Questo ha evidentemente portato alla fondazione di una nuova aristocrazia e, di fatto, la democrazia si è autodistrutta: quando è arrivata al potere, è diventata un'aristocrazia.

Anche Napoleone raggiunge, a questo, il massimo significato simbolico. Egli, il grande democratico, il grande volgarizzatore, diffuse la Rivoluzione, contro la dinastia e l'aristocrazia, ma creò la propria dinastia e trasformò i suoi marescialli in duchi. Non si trattava di cinismo, né di mancanza di convinzione: Napoleone, da Imperatore, era democratico esattamente come quando ripuliva le strade di Parigi dalla plebaglia. La democrazia, mobilitando le masse della popolazione, aumenta enormemente il potere potenziale delle nazioni e della cultura. La democrazia è l'idea che un duca, solo perché è un duca, non diventa un maresciallo, ma che un maresciallo, solo perché è un maresciallo, diventa un duca. Come tecnica di governo, è, puramente e semplicemente, un nuovo metodo di promozione dei leader politici. Fa dipendere il rango sociale dal rango politico-militare, anziché il contrario. La nuova dinastia della democrazia e la nuova aristocrazia democratica sono impregnate della stessa volontà di durare che animava gli Hohenstaufen, i Capetingi, i Normanni, gli Asburgo, i Welfs e i baroni feudali i cui nomi e le cui tradizioni persistono tuttora. Storicamente parlando, la democrazia è un sentimento e non ha nulla a che fare con l'"uguaglianza" o il "governo rappresentativo" o cose del genere. L'intero ciclo della democrazia è stato riassunto con un intenso simbolismo nella relativamente breve carriera del grande Napoleone. La formula di quell'uomo *La carrière ouverte aux talens* esprime il sentimento di "uguaglianza" che la Democrazia contiene, cioè l'uguaglianza di opportunità.[35] Non si pensa all'abolizione del rango o alla graduazione dei diritti. Rivoluzione, consolidamento, imperialismo: questa è la storia della Democrazia.

Ma l'espressione dell'intero ciclo della democrazia nel breve periodo della vita di Napoleone era solo simbolica, perché la democrazia aveva davanti a sé la maggior parte dei suoi due secoli di vita. La democrazia non è una fuga dalla realtà, dalla guerra, dalla storia e dalla politica, come il liberalismo. Appartiene alla politica, ma cerca di rendere la politica qualcosa di massa. Vuole che tutti siano soggetti della politica e che tutti si sentano politici. L'osservazione di Napoleone a Goethe, "La

---

[35] In francese, la gara aperta ai talenti.

politica è il destino", esprime l'ampliamento della base del potere politico, che è la democrazia. Fino alla fine del XVIII secolo, la guerra e la politica erano affari dei gabinetti, dei re e di piccoli eserciti professionali. La politica e la guerra interessavano raramente l'uomo comune. La democrazia ha cambiato tutto questo: ha portato l'intera forza umana della nazione sui campi di battaglia, ha obbligato tutti ad avere un'opinione sugli affari del governo e ad esprimerla in plebisciti ed elezioni. Se non avevi un'opinione indipendente - e più del 99% degli uomini non ce l'ha - la democrazia ti imponeva qualsiasi opinione e ti diceva che era la tua.

È stato fatale per l'idea di democrazia il fatto di essere nata contemporaneamente all'età economica. La conseguenza fu che la sua tendenza autoritaria fu soffocata e dovette aspettare un'epoca politica per esprimersi di nuovo, dopo il suo breve periodo di gloria al tempo di Napoleone. Ma la fine dell'età economica fu anche la fine dell'idea di democrazia. La democrazia, infatti, per gran parte della sua storia è stata al servizio dell'economia nella sua lotta contro l'autorità.

La democrazia aveva due poli: l'abilità e le masse. Costringeva tutti a impegnarsi in politica e concedeva ai capaci un potere dieci volte superiore a quello di un monarca assoluto. Ma nemmeno Napoleone riuscì a resistere alle forze che il denaro mobilitò contro di lui nell'Età Economica, e gli altri dittatori democratici furono più facilmente sopraffatti. Nel Sudamerica spagnolo, dove il potere del denaro non era assoluto, un'intera tradizione di dittatori democratici - Bolivar, Rosas, O'Higgins, tra i più noti - dimostrò praticamente la potente tendenza autoritaria dei governi popolari.

Ma nella maggior parte dei Paesi è stato mantenuto solo il vocabolario democratico, e questo ha permesso ai poteri economici di comportarsi in modo più o meno assoluto, perché sono stati loro a rovesciare lo Stato attraverso la democrazia, e poi a comprare la democrazia. Nelle condizioni democratiche successive - nel caso dell'America dal 1850 - gli unici interessi che venivano serviti dall'anarchia costituzionalizzata chiamata democrazia erano quelli dei finanzieri. La parola Democrazia è diventata così un possesso del denaro e il suo significato storico si è trasformato in quello del XX secolo. I distruttori della cultura la usano come negazione delle differenze qualitative tra le nazioni e le razze, per cui lo straniero deve essere ammesso alle posizioni di ricchezza e di autorità. Per il finanziere, Democrazia significa "Stato di diritto" - la sua Legge - che permette la sua usura senza precedenti attraverso il monopolio del denaro.

Ma la democrazia perisce con il razionalismo. L'idea di fondare il potere politico sulle masse della popolazione era, nel migliore dei casi, una tecnica, uno strumento di potere. Il suo risultato è stato una sorta di governo autoritario, come quello di Napoleone o Mussolini, oppure un mero travestimento per il saccheggio economico perpetrato dai finanzieri. Il governo autoritario è la fine della democrazia, ma non è di per sé una democrazia. Con l'avvento dell'Età della Politica Assoluta, la necessità di pretesti scompare. Plebisciti ed elezioni passano di moda e alla fine non si tengono più. La simbiosi tra guerra e politica è autosufficiente e non pretende più di "rappresentare" alcuna classe. Nella guerra di annientamento tra Autorità e Denaro, la "Democrazia" può essere uno slogan per l'una o l'altra parte, ma non può più essere altro che uno slogan.

II

La storia è cataclismatica, ma è anche continua. Gli eventi superficiali sono spesso estremamente violenti e sorprendenti, ma sotto di essi l'adattamento di un'epoca a quella successiva è graduale. Così la democrazia non fu affatto intesa dai suoi primi protagonisti come l'abbassamento dei popoli al livello di esseri umani di minor valore. I suoi primi propagatori provenivano per lo più dagli strati più alti della cultura, e quelli che non lo facevano cercavano di farlo sembrare tale: "de" Robespierre, "de Kalb", "de" Voltaire, "de" Beaumarchais. L'idea originale, per così dire, era che fossero tutti nobili. Naturalmente, con l'odio cieco e l'invidia appassionata del Terrore del 1793, questa idea perse vigore, ma la Tradizione non perisce in un solo assalto e, sul piano sociale, la battaglia della Democrazia contro la Tradizione fu lunga e dura.

La tendenza autoritaria della democrazia è stata, come si è visto, soffocata alla sua nascita dal potere del denaro in un'epoca economica. Ma la parola, allora, divenne uno slogan della battaglia sociale e della battaglia economica. Ha continuato a significare masse, quantità, numeri, in contrapposizione alla qualità e alla tradizione. La prima versione dell'idea era quella di realizzare l'uguaglianza innalzando il livello generale, ma poiché ciò si rivelò impraticabile, l'idea successiva fu quella di distruggere la qualità e la superiorità fondendole nella massa. Più debole è la Tradizione, maggiore è il successo dello spirito di massa. Così, in America, la sua vittoria fu completa e il principio di massa fu applicato anche nel campo dell'istruzione. L'America, con meno della metà della popolazione della patria della Cultura Occidentale, aveva, nel XX secolo, un numero di istituti di istruzione superiore dieci volte superiore, o presunto tale. Perché, in tutto, la Democrazia deve fallire, anche nel successo. La pratica di rilasciare un diploma a tutti ha portato come conseguenza, molto semplicemente, che il diploma ha perso ogni significato.

Il culmine di questo filone fu raggiunto da uno scrittore americano che definì "antidemocratici" gli studi superiori di chimica, fisica, tecnologia e matematica, perché erano appannaggio esclusivo di pochi e tendevano a creare una sorta di aristocrazia. A quello scrittore non è mai venuto in mente che la teoria della Democrazia è, allo stesso modo, esclusiva di pochi: le masse non si sono mobilitate da sole; lo Spirito del Tempo, agendo su alcuni individui della popolazione, ha diffuso la sensazione che tutto debba essere messo in moto esternalizzato, de-spiritualizzato, sommerso nelle masse, numerato e contato.

E così, con l'arrivo del XX secolo, la Democrazia ha un significato diverso da quello originario. I suoi due poli iniziali, Capacità e Massa, sono scomparsi di fronte al potere dell'Economia, che possiede la parola "Democrazia" in questo secolo. La finanza ha usato solo il concetto di massa per combattere la nuova e risorgente idea di autorità. I signori economici della Terra hanno mobilitato le masse contro l'autorità dello Stato e l'hanno chiamata, impropriamente, "democrazia". L'Epoca della Politica Assoluta inizia con la mobilitazione delle masse contro il Potere del Denaro e dell'Economia, e si concluderà con la restaurazione dell'Autorità in forma napoleonica. Ma non ci saranno più plebisciti, né elezioni, né propaganda, né spettatori del dramma politico. I due secoli di democrazia finiscono con l'Impero. Con la morte naturale dell'idea di massa, l'Autorità non fa alcuno sforzo intellettuale per giustificarsi. È semplicemente lì, e questo non è un problema.

18.Comunismo

La graduale transizione dallo Spirito del Settecento a quello dell'Ottocento si manifestò nella natura sempre più radicale del conflitto tra Tradizione e Democrazia. Il razionalismo è diventato più estremo di decennio in decennio. Il suo prodotto più intransigente è il comunismo.

Nei cento anni dal 1750 al 1850, la democrazia minato lo Stato e aperto la strada all'epoca economica. Ma il finanziere e il barone industriale hanno sostituito il monarca assoluto. Il comunismo è il simbolo del trasferimento della lotta democratica alla sfera dell'economia.

Il comunismo era dotato di una filosofia razionalista: una metafisica materialista, una logica atomistica, un'etica sociale, una politica economica.

Egli propose persino una filosofia della storia che sosteneva che la storia umana è la storia degli sviluppi e delle lotte economiche! E queste persone ridicolizzavano i filosofi scolastici per la natura dei problemi che essi stessi ponevano! Religione: questa era economia. Anche la politica, naturalmente. La tecnica e l'arte erano chiaramente economiche. Questa teoria fu, di fatto, il coronamento della stupidità intellettuale dell'Età dell'Economia. L'Epoca affermava così la sua onnipotenza e la sua universalità. "Tutto con l'Economia; niente al di fuori dell'Economia, niente contro l'Economia", avrebbe potuto essere lo slogan.

Come l'aspetto politico della democrazia era stato diretto contro la qualità e la tradizione, così l'aspetto economico era diretto contro la qualità e la superiorità generata dalle differenze economiche. La guerra di classe politica divenne una guerra di classe economica. Così, come nella prima fase l'appello era stato rivolto a tutti coloro che non appartenevano ai due Stati (Nobiltà e Clero), in seguito l'appello fu rivolto ai non possessori. Non a tutti i non-possessori, ma solo a quelli delle grandi città e, all'interno di questo gruppo, ai lavoratori manuali, perché solo questi erano fisicamente concentrati in modo tale da poter essere facilmente portati nelle strade per la guerra di classe.

Ma il comunismo era politico, a differenza del liberalismo, e designava un nemico da annientare: la borghesia. Per facilitare il programma d'azione il quadro è stato semplificato: ci sono solo due realtà in tutto il mondo, la borghesia e il proletariato. Le nazioni e gli Stati sono invenzioni borghesi per tenere diviso il proletariato e poterlo dominare facilmente. Questa è stata l'origine dell'idea che il comunismo fosse un'Internazionale, ma la sua forza come tale si è vista nel 1914, quando le organizzazioni di classe di tutti i Paesi si sono lanciate con forza nella lotta tra le nazioni. Non fu mai un'Internazionale in senso proprio. Tuttavia, fu un'affermazione politica e fu una forza da tenere in considerazione durante l'Età Economica. Fu in grado di provocare guerre civili in diversi Paesi occidentali, ad esempio in Francia nel 1871. Il suo apice fu la Rivoluzione bolscevica in Russia nel 1918, quando la teoria del comunismo fu effettivamente adottata da un regime asiatico non teorico come arma di politica estera.

L'essenza del comunismo, come di ogni sottoprodotto del razionalismo, è che la sua immagine-sogno non potrà mai essere attualizzata. Impiegare una logica inorganica per costruire un programma pratico non cambia il fatto che un organismo ha la sua struttura, il suo sviluppo e il suo ritmo. L'organismo può essere ferito, distorto, annientato dall'esterno, ma non può essere modificato internamente. Così il comunismo aveva effetti puramente distruttivi, ed è per questo che la potenza asiatica ai confini dell'Europa lo ha adottato come programma per disintegrare tutti gli Stati europei. Il comunismo, come tutte le utopie, è impossibile da realizzare, proprio perché le utopie sono razionali e la vita è irrazionale. L'unica novità dell'utopia del comunismo è che si proclama inevitabile. Era un omaggio alla sua volontà di potenza, ma questo vano vanto aveva la stessa portata vitale del razionalismo. Con l'avvento dell'Età della Politica Assoluta anche la guerra di classe abbandona la teoria. La storia seppellisce il Razionalismo e i suoi residui nelle sue bare. La morte, e non la confutazione, è il destino delle teorie razionaliste in politica e in economia. Noi che viviamo nel XX secolo saremo testimoni della fine del Razionalismo e della sua progenie.

19. Associazione e dissociazione di forme di pensiero e azione

I

Nello sviluppo di una prospettiva novecentesca sulla politica, la prima cosa necessaria è stata quella di dissociare la politica da altre direzioni dell'energia umana, in particolare l'economia e la morale. Considerando il gran numero di teorie che cercavano di spiegare i fenomeni politici con un bagaglio ideativo derivato da - o adatto a - altri campi di attività o di pensiero, ciò era del tutto necessario. Abbiamo visto che la politica è un tipo di attività sui generis e che la sua pratica comporta, spesso in modo del tutto inconsapevole da parte dell'attore, il proprio stile di pensiero in azione. Resta da accertare definitivamente la separabilità e l'interdipendenza delle diverse direzioni dell'energia umana e dell'energia culturale.

Un mondo privo di pensiero astratto, quello del cane, per esempio, è un mondo in cui regna la completa continuità. Ogni cosa si inserisce perfettamente nel suo posto o nella sua sfera. Rispetto al mondo umano, non è problematico. Realtà e apparenza sono la stessa cosa. L'anima specificamente umana vede il macrocosmo come simbolico; coglie la differenza tra apparenza e realtà, tra simbolo e simbolizzato. Tutto il pensiero costruttivo umano contiene essenzialmente questi concetti. Ma la separazione delle cose in apparenza e realtà, l'individuazione delle cose attraverso un intenso pensiero astratto, è essa stessa una distorsione della loro tranquilla e non problematica relazione con le altre cose. Pensare è quindi esagerare.

Per l'Uomo-Cultura, la grande Cultura in cui il Fato lo ha fatto nascere, vivere e morire, è il mondo del suo spirito. La Grande Cultura fissa i confini spirituali di questo mondo. La Grande Cultura imprime la sua impronta su quasi tutte le forme di pensiero e di attività degli individui e dei gruppi che rientrano nel suo dominio. All'interno di questo regno, le forme di pensiero e i pensieri, le forme di azione e le azioni, tutte si inseriscono nel loro posto naturale e occupano i loro rapporti problematici con gli altri. Queste relazioni continuano, anche quando il pensiero viene applicato a una sfera che esagera il suo ruolo nel destino dell'insieme. Pensare è esagerare, ma questa esagerazione riguarda solo il pensiero e non disturba il macrocosmo. Lo stesso vale per qualsiasi uomo: le varie tendenze della sua energia rimangono in un rapporto organicamente unificato e armonioso. Non esiste un "uomo economico": esiste solo un uomo che dirige momentaneamente le sue energie verso l'economia. Non esiste nemmeno l'"uomo ragionevole", come predicano alcuni sistemi giuridici occidentali. Esiste solo l'uomo che è ragionevole per una volta. La caratteristica essenziale degli organismi superiori, l'uomo e la Grande Cultura, è l'anima. Così, un dato uomo agisce, economicamente, in modo del tutto diverso da un altro uomo, perché la sua anima è diversa, e quindi il suo pensiero e le sue azioni sono peculiari. Un uomo possiede forti interessi e capacità in una certa direzione, un altro uomo in un'altra. Anche le Grandi Culture si differenziano l'una dall'altra per le loro diverse capacità in diverse direzioni. Il "principium individuationis" si applica anche alle Grandi Culture.

Ogni organismo, dalle piante e dagli animali agli esseri umani e alle culture, ha una molteplicità di funzioni, una diversità che aumenta in raffinatezza e articolazione man mano che si scala. Questa versatilità funzionale, tuttavia, non pregiudica l'unità dell'organismo. È proprio l'unità dell'organismo che crea questa necessità di esprimersi in direzioni diverse. Se una direzione o tendenza viene seguita a scapito di un'altra, significa distorsione e, se persiste, porta malattia e morte. Qui mi occupo solo di organismi sani, nei quali il cambiamento di direzione dell'energia è governato dal ritmo interno dell'organismo. Questo ritmo è diverso in ogni organismo ed è influenzato dall'individualità, dall'età, dal sesso, dall'adattamento e dall'ambiente. Ogni essere umano ha la sua sequenza quotidiana di cambiamenti nella direzione delle correnti energetiche. Ogni organismo ha il suo ritmo interno che determina quale funzione è destinata a entrare in gioco in un determinato momento. Anche una cultura ha un ritmo di questo tipo, che nelle varie fasi del suo sviluppo accentua prima un campo di pensiero e poi un altro di attività.

Allo stesso modo, ogni uomo, e un Uomo-Cultura in particolare, ha il suo tipo di attività e di pensiero appropriato a ogni epoca del suo sviluppo. È stato detto che un giovane è un idealista, un uomo maturo è un realista e un vecchio è un mistico. Questo ritmo di una cultura che dà il primato a un certo aspetto della sua vita in un determinato periodo è la fonte dello Spirito dell'epoca. È solo l'accento, il polso, a risentire di questo cambiamento di direzione. Tutte le varie funzioni continuano la loro attività, ma una di esse è quella essenziale. Questo vale sia per gli uomini che per le Culture. Così l'"uomo economico" continua a esistere come unità, anche nella sua attività economica; la sua individualità persiste e tutti gli altri aspetti spirituali esistono, anche se per il momento non hanno il primato. Così è per le Culture: tutti i tipi di pensiero e di attività esistono in tutte le epoche, anche se in una certa epoca è preminente un certo aspetto della vita. Questo è il significato di "anacronismo" nel suo uso storico. Così Fausto Sozzini è un anacronismo nel XVI secolo, e Carlyle è un anacronismo nel XIX.

Questo è ciò che si sarebbe dovuto dire sull'associazione delle forme di pensiero e di azione. Sono anche dissociate.

L'espressione "cambio di direzione" è stata usata per indicare lo spostamento dell'enfasi da una funzione all'altra. Questi cambiamenti di direzione sono forme di adattamento a diversi tipi di situazioni. È il tipo di situazione, il problema da risolvere, a individuare un modo di pensare o di agire. È ovvio che a nessuno verrebbe in mente di cercare di risolvere il problema della regolazione di una macchina affrontandolo come se fosse un problema di potenza; il risultato sarebbe la distruzione della macchina "nemica": tuttavia, molti razionalisti e liberali hanno trattato i problemi di potenza come se fossero problemi meccanici.

In questo modo i vari campi del pensiero e del comportamento sono separati. Considerati di per sé, sono completamente autonomi. Ognuno di essi ha diversi presupposti coscienti e un diverso atteggiamento inconscio. È opportuno citare alcuni dei più importanti, con le loro strutture fondamentali.

In primo luogo, c'è la religione. Dal punto di vista del contenuto spirituale, è la più alta di tutte le forme di pensiero umano. La religione ha la caratteristica grandiosa e onnipresente di vedere l'insieme delle cose in una luce sacra. È una metafisica divina e considera tutte le altre forme di pensiero e di comportamento umano come sussidiarie. La religione non è un metodo di miglioramento sociale, non è una codificazione della conoscenza, non è un'etica: è l'esposizione di una realtà sacra ultima, e tutte le sue fasi emanano da qui.

La filosofia, tuttavia, è essenzialmente una direzione di pensiero diversa. Anche una filosofia deistica adotta un atteggiamento diverso da quello delle religioni. In una filosofia deistica, il principio della religione fissa i limiti della condotta filosofica. La filosofia si pone al di qua della religione e formula una spiegazione puramente naturale della propria sostanza.

La scienza si colloca in un'altra direzione di pensiero: si preoccupa solo di trovare interrelazioni tra i fenomeni e, generalizzando i risultati, non cerca di trovare le spiegazioni ultime.

La tecnica non ha nulla a che fare con la scienza, poiché non è affatto una forma pura di pensiero, ma un pensiero orientato all'azione. La tecnica ha un obiettivo: il potere sul macrocosmo. Utilizza i risultati della scienza come strumenti e le generalizzazioni scientifico-teoriche come leve, ma le scarta quando la loro efficacia viene meno. La Tecnica non si preoccupa di ciò che è vero, ma di ciò che funziona: se una teoria materialista non dà risultati e una teologica sì, la Tecnica adotta quest'ultima. È stata quindi una questione di destino che il pragmatismo sia apparso in America, la terra del culto della tecnica. Questa "filosofia" insegna che ciò che è vero è ciò che funziona. Questo è semplicemente un altro modo per dire che non si è interessati alla verità, ed è quindi l'abdicazione della filosofia. Si potrebbe parlare di elevazione della Tecnica o di degradazione della Filosofia, ma la differenza radicale di direzione tra Tecnica e Filosofia non è cambiata: semplicemente l'epoca ha posto un forte accento sulla Tecnica e poco sulla Filosofia. Nemmeno l'alleanza, che nella pratica del XX secolo è quasi un'identità, tra i professionisti della scienza e della tecnologia può cancellare la differenza di direzione tra questi due campi. Lo stesso uomo può pensare come uno scienziato, alla ricerca di informazioni, e un attimo dopo come un tecnico, che le applica per ottenere potere sulla natura. La scienza e la tecnica si differenziano dalla filosofia tanto quanto si differenziano l'una dall'altra: nessuna delle due cerca di dare spiegazioni, che sono l'oggetto della filosofia e della religione. Se qualcuno pensa di fondare una "filosofia scientifica", si sbaglia, e fin dalla prima pagina è costretto ad abbandonare l'atteggiamento scientifico per assumere quello filosofico. Non si possono prendere due direzioni allo stesso tempo. Se si dà la priorità alla Scienza rispetto alla Filosofia, è un'altra cosa; riflette semplicemente lo Spirito dell'epoca, che è esterno. Ma è importante che tutte queste forme di pensiero e di azione si inseriscano nel flusso e nel ritmo dello sviluppo di una Grande Cultura; una determinata direzione di pensiero ha il suo momento di moda o di supremazia per la durata della fase della Cultura che l'ha scelta per questo ruolo.

L'economia è una forma di azione. In particolare, è un'azione volta a nutrire e arricchire la vita privata. Qualsiasi tentativo di controllare la vita degli altri è quindi separato dall'economia. Quando Cecil Rhodes pensava soprattutto ad arricchirsi, pensava economicamente; quando ha proceduto a usare la sua ricchezza per controllare le popolazioni dell'Africa, pensava politicamente.[36] È insolito che un uomo d'azione riesca a padroneggiare contemporaneamente queste due direzioni di comportamento, essendo le rispettive tecniche così diverse. La stessa economia presenta due aspetti, la produzione e il commercio, le cui tecniche specifiche sono così diverse che di solito un uomo non le padroneggia entrambe allo stesso tempo.

Le raffinatezze dei modi di pensare e di agire sono numerose. Per esempio, i dati della metafisica non sono rilevanti per l'etica, anche se entrambe utilizzano

---

[36] Cecil J. Rhodes (1853-1902), statista sudafricano, nato in Inghilterra. Accumulò una vasta fortuna grazie allo sfruttamento dei diamanti di Kimberley. Combinò uno zelo visionario per l'espansione britannica in Africa con la convinzione che il denaro significasse potere politico. Fu coinvolto nell'incorporazione del Bechuanaland e della Rhodesia e dedicò la sua vita alla realizzazione della frase: "British rule from Cape to Cairo". (N. del T.)

principi simili. Infatti, l'etica ha dati propri. Anche la matematica ha un atteggiamento proprio, correlato ma distinto dalla logica; l'estetica individua un aspetto della totalità delle relazioni, e questo determina i suoi assunti di base.

II

Non c'è solo un'associazione e una dissociazione tra le forme di pensiero e di azione, ma c'è anche un ordine di grado tra di esse, che dipende dal problema del momento. La dualità dell'uomo, che deriva dalla sua natura, un misto di anima umana e di istinti animali preda, fa sì che le sue azioni non siano quasi mai in accordo con i suoi sistemi astratti di pensiero. Il pensiero astratto ha il suo centro di gravità dalla parte dell'anima, l'azione dalla parte dell'animale da preda.

L'uomo che, in una discussione teologica, ricorre ai pugni per dimostrare le sue opinioni, confonde le due sfere del pensiero e dell'azione. Lo stesso vale per l'uomo che discute di politica in termini di moralità. Queste due sfere di pensiero e azione hanno confini perfettamente definiti. Ogni uomo ha una capacità di pensiero astratto e una capacità di azione. Quando pensa astrattamente non agisce, e quando agisce non pensa astrattamente. Il suo pensiero, quindi, è completamente immerso nell'azione. La formulazione astratta dell'azione può essere fatta prima dell'azione, o dopo l'azione, ma mai durante l'azione. Come disse Goethe: "L'attore è sempre inconsapevole; solo lo spettatore è consapevole".

Che cos'è la vita? È il processo di attualizzazione del possibile. Attualizzazione e quindi azione. La vita ha il suo baricentro sul lato dell'azione e non su quello del pensiero astratto. Per i progetti di azione, quindi, esiste un ordine di priorità che pone la conoscenza pratica al di sopra delle teorizzazioni. È questo che rende Machiavelli più prezioso, politicamente parlando, di Platone, Tommaso Moro, Campanella, Fourier, Marx, Edward Bellamy o Samuel Butler. Lui ha scritto della politica come è, gli altri come dovrebbe essere o come vorrebbero che fosse.

È noto che nulla può essere dimostrato con la violenza: la ragione è che le due sfere del pensiero astratto e dell'azione, la verità e il fatto, non si intersecano. Non è altrettanto noto che è vero anche il contrario, cioè che la violenza non può essere esercitata per mezzo di dimostrazioni; in altre parole, non si può ottenere nulla, nel mondo dell'azione, per mezzo di verità. Tentare di attualizzare una teoria astratta significa semplicemente abbandonarla. L'unico risultato del tentativo di imporre un modo di pensare dove non è appropriato è un lavoro malriuscito. Non c'è scelta tra un artista della chimica e un artista della fisica, ma solo tra un buon e un cattivo artista. Affrontare un problema meccanico come se ci fossero di mezzo il bene e il male vuol dire avviarsi al fallimento. Ogni aspetto della vita offre i suoi segreti al metodo che gli si addice, e solo ad esso. La politica si è sempre rifiutata di dare potere all'uomo che ha cercato di "riformarla" secondo una morale. Né può essere compresa cercando di imporle metodi di pensiero estranei. La politica è l'opposto dell'astratto; etimologicamente astratto significa "tratto da". Tratto da cosa? Dall'azione, dalla realtà, dai fatti.

Questa prospettiva è una di quelle che appaiono sul lato fattuale dell'essere umano. Quest'opera si occupa solo di azione, perché l'epoca della politica assoluta in cui appare è un'epoca di azione. Nessuno ha mai detto che la politica debba essere immorale, ma tutti i pensatori politici hanno detto che la politica è politica. Le domande su ciò che dovrebbe essere si trovano dall'altra parte dell'anima e non vengono trattate qui. Il fatto che politica e morale non si intersechino è dimostrato dall'esempio della Seconda guerra mondiale. La parte americana della coalizione extraeuropea contro l'Europa ha dichiarato con enfasi di combattere per la morale cristiana, ma dopo la guerra ha perseguito il tentativo di sterminare fisicamente lo strato culturale sotto la sua giurisdizione nell'Europa occupata. E si è spinta oltre, derubando e perseguitando molti milioni di europei per distruggerli fisicamente ed economicamente. L'esempio non è unico: le potenze vincitrici della Prima Guerra Mondiale hanno attuato un blocco per fame del nemico sconfitto dopo la guerra, e anche quella guerra è stata scatenata dalle potenze vincitrici in nome della moralità cristiana.

Nella pratica della politica, un approccio morale può solo portare all'inefficienza o al disastro. E quanto più viene preso sul serio, tanto più sarà distruttivo.

Se la morale viene usata con totale cinismo, come propaganda per aumentare la brutalità di una guerra, distorce la guerra e la politica in direzione della bestialità.

Nel XX secolo, la politica ha riconquistato il proprio dominio. La politica non è più motivata dall'economia. Il diritto, la tecnologia, l'economia e l'organizzazione sociale riflettono le grandi realtà della politica. In quest'ultima età formativa di una Grande Cultura, che durerà fino al XXI secolo, la motivazione della lotta perpetua per il potere è l'unità stessa della Civiltà occidentale. Il vero fronte delle guerre di quest'epoca è semplicemente Europa contro anti-Europa. Ci sono zone di confine come quelle tra la Russia e l'Europa, o nei paesi più settentrionali del Sud America. Ogni parte ha i suoi alleati: le popolazioni bianche sparse in tutto il mondo appartengono all'Europa; gli elementi asiatici di coesione e di potere, i distruttori della Cultura sparsi nei vari Paesi dell'Occidente appartengono all'Anti-Europa. È la lotta del positivo contro il negativo, della creazione contro la distruzione, della superiorità culturale contro l'invidia dell'intruso. È la battaglia senza quartiere condotta contro il padrone di ieri dai suoi schiavi liberati, assetati di vendetta per i loro secoli di schiavitù.

Naturalmente, queste guerre saranno veramente illimitate, come le Crociate, e non agonistiche come le guerre intraeuropee del XVII e XVIII secolo. Saranno assolute sia nei mezzi che nella durata. Ad esempio, le pratiche di trattamento dei prigionieri di guerra sviluppate nella civiltà occidentale scompariranno a causa di considerazioni umanitarie e di onore militare. Dopo la Seconda guerra mondiale, la Russia ha abolito la prima di queste basi, giustiziando e riducendo in schiavitù intere popolazioni, e l'America ha abolito la seconda, linciando in massa i prigionieri di guerra e ignorando le Convenzioni dell'Aia nella sua occupazione dell'Europa alla fine della guerra.

Le guerre a venire riporteranno in auge le vecchie pratiche di schiavizzazione e uccisione dei prigionieri di guerra, dimenticando la protezione un tempo garantita alla popolazione civile. Invece dell'onore militare codificato di una Grande Cultura, l'onore finirà per diventare una questione di imperativo personale interno, e l'individuo deciderà da solo, a seconda della sua posizione, l'importanza della sua decisione. Non è disonorevole di per sé uccidere i prigionieri, ma se questi si arrendono e depongono le armi a condizione di rispettare la loro vita, come hanno fatto i soldati e i comandanti europei nell'ultima guerra, è disonorevole impiccarli, come hanno fatto gli americani dopo quella guerra.

Nell'ultimo atto del nostro grande dramma culturale occidentale, l'idea stessa di cultura dimostra il suo vigore imparziale - il destino è sempre giovane, dice il filosofo di quest'epoca - ponendosi al centro della vita e definendo tutti gli uomini come amici o nemici, a seconda che vi aderiscano o vi si oppongano. La politica della cultura è la conseguenza finale della politica della religione, della politica familiare e della politica delle fazioni, dalle Crociate alla Riforma, continuando con la politica dinastica fino al Congresso di Vienna, e finendo con la politica nazionale e la politica economica fino alla Seconda Guerra Mondiale. La crisi del razionalismo si allontana. I fenomeni che lo accompagnano diventano incolori, sempre più forzati e uno dopo l'altro svaniscono: l'uguaglianza, la democrazia, la felicità, l'instabilità, il commercialismo, l'alta finanza e il suo potere finanziario, la guerra di classe, il commercio fine a se stesso, l'atomismo sociale, il parlamentarismo, il liberalismo, il comunismo, il materialismo, la propaganda di massa. Tutti questi fieri vessilli giacciono infine nella polvere. Non sono altro che i simboli del tentativo audace e procace, ma vano, della Ragione di conquistare il regno dello Spirito.

III - VITALISMO CULTURALE - SALUTE CULTURALE

> *"Riconosco solo due nazioni: L'Occidente e l'Oriente".*
>
> NAPOLEONE

> *È l'assenza di razza e nient'altro che rende i filosofi intellettuali, i dottrinari, gli utopisti incapaci di comprendere la profondità di questo odio metafisico che produce il disaccordo di due correnti manifestandosi come una dissonanza intollerabile, un odio che può essere fatale per entrambi".*
>
> SPENGLER

> *Volevo preparare la fusione dei grandi interessi dell'Europa, perché già ottenuto quella dei partiti. Non mi preoccupavo del risentimento passeggero dei popoli, perché ero sicuro che i risultati li avrebbero spinti di nuovo irresistibilmente verso di me. In questo modo l'Europa sarebbe diventata veramente una nazione unita, e ognuno, ovunque viaggiasse, sarebbe stato unito dalla stessa patria. Prima o poi questa fusione dovrà avvenire sotto la spinta degli eventi. È stato dato l'impulso che, dopo la mia caduta e la scomparsa del mio sistema, renderà impossibile in Europa ristabilire l'equilibrio con la sola fusione delle grandi nazioni.*
>
> NAPOLEONE

1. Introduzione

Per la prima volta viene sviluppata la tesi del vitalismo culturale, la fisionomia dell'adattamento, della salute o della malattia di una grande cultura. Finora la cultura è stata generalmente considerata come un risultato, una semplice somma di attività collettive di esseri umani e gruppi di esseri umani. Al punto che non si teneva affatto conto della sua unità e continuità, ma la si considerava come l'influenza puramente materiale di individui, gruppi o idee scritte sui contemporanei o sui posteri. Ma con il progredire dell'era della cultura occidentale, la sua unità ha cominciato a essere debolmente osservata. Questa unità è stata formulata in molti modi diversi, con diversi punti di origine, diverse leggi di sviluppo, ma l'"unità della cultura" era l'idea principale. Persino nella patria del materialismo, Benjamin Kidd ammise la profonda unità dell'Occidente nella sua opera "Civiltà occidentale". Nietzsche, Lamprecht, Breysig, Méray sono solo alcuni di coloro che hanno percepito questa idea. In un'epoca che parte dai fatti e non dai programmi, che si accontenta delle realtà senza sottoporle a un esame razionalistico, è diventato evidente, "spiritualmente obbligato", pensare all'interno di questo nuovo sistema. Se due individui, geograficamente distanti e privi di contatti reciproci, sviluppano invenzioni simili, filosofie simili, scelgono lo stesso soggetto per un'opera drammatica o lirica, non possiamo considerare questo come "influenza", né come "coscienza", ma come un riflesso dello sviluppo della Cultura a cui entrambi appartengono. Dal punto di vista più alto della cultura, la discussione su chi sia stato il primo a inventare questo o quell'ingegno, chi abbia dato origine a questa o quella idea, è del tutto sterile. Queste questioni, nella migliore delle ipotesi, non possono essere poste su un piano più alto di quello giuridico. Se il progresso in questione ha una forza sovrapersonale e non è un mero divertimento personale, è il progresso della "Cultura", e il fatto che sia stato espresso contemporaneamente da più persone testimonia solo la categoria del suo Destino.

La natura dell'unità della Cultura è "puramente spirituale nella sua origine". L'unità materiale che segue non è che l'esposizione dell'unità spirituale più profonda che la precede. La vita è la realizzazione del possibile; lo sviluppo di una cultura superiore è l'esposizione, sulla base della durata predeterminata della vita organica, delle possibilità più profonde contenute nel cuore della cultura.

La cultura in cui viviamo è l'ottava cultura superiore apparsa sul nostro pianeta. L'unità e l'intima relazione della totalità delle forme e delle creazioni di una qualsiasi delle altre è evidente per noi, che ne siamo completamente al di fuori e non possiamo penetrare le sfumature della sua anima perché apparteniamo a una cultura diversa. L'impenetrabilità di una Cultura straniera fa parte di una generalizzazione organica più ampia: anche lo spirito di un'altra epoca della nostra stessa Cultura, di un'altra Nazione, di un altro individuo in fondo, rende difficile la piena comprensione. La tecnica per comprendere altre forme di vita è quella di "viverci dentro". Misurare, cronometrare e calcolare il comportamento di un altro organismo non serve all'assimilazione organica. La "psicologia" materialistica, con la sua massa di risultati compilati su carta, non ha mai aiutato a capire un'altra persona. Se si raggiunge un'identità è nonostante l'attitudine all'astratto.

La difficoltà di assimilarsi a forme organiche sconosciute, di comprenderle, di "penetrarle", è un problema di gradi. Capiamo immediatamente una persona dal carattere simile al nostro. Se il carattere non è simile, ma lo è la sua storia, possiamo capirla, ma con maggiore difficoltà. Nazionalità diverse, razze diverse, background culturali diversi innalzano barriere sempre più brusche alla reciprocità. Questo evidenzia uno dei problemi del vitalismo culturale.

La domanda è: fino a che punto una Cultura può inculcare l'idea culturale alle nuove popolazioni che entrano nella sua area? I problemi secondari nascono dal fatto che queste nuove popolazioni possono possedere una o tutte le varie forme di coesione, quella di un popolo, quella di una razza, quella di una nazione, quella di uno Stato, quella di una Cultura.

I problemi successivi derivano dal preciso rapporto della Cultura con le popolazioni al suo servizio e con quelle al di fuori dei suoi confini. È formulata in questo modo perché le Culture superiori sono legate al paesaggio, e gli impulsi formativi appaiono sempre nel paesaggio originario, anche nella sua ultima fase, quella della Civiltà, in cui la Cultura è completamente esternalizzata e si estende fino ai limiti più remoti. La tendenza all'espansione e all'esternalizzazione inizia a metà della sua vita, ma diventa dominante solo con la definitiva censura segnata dalla crisi della Civiltà. Il simbolo di questa rottura è per noi Napoleone. Dal suo tempo i popoli di tutto il mondo sono stati educati all'interno dell'arco dell'imperialismo più limitato che la storia conosca. Tuttavia, essi sono in rapporti diversi con l'Idea-Madre di questo Imperialismo, e anche questi rapporti devono essere studiati.

2. L'articolazione di una cultura

Le nazioni, i modi di pensare, le forme d'arte e le idee, che sono l'espressione dello sviluppo di una cultura, sono sempre sotto la tutela di un gruppo relativamente piccolo. La dimensione di questo gruppo, la facilità con cui può rinnovarsi, dipende dalla natura della Cultura. A questo proposito, la Cultura classica è istruttiva. Le sue idee erano interamente esoteriche: Socrate conduce la sua filosofia nell'agorà. Nel nostro caso, l'immagine di Leibnitz o Cartesio che svolgono una simile attività ci sembrerebbe quanto mai assurda, dal momento che la filosofia occidentale è appannaggio di pochissimi.

Ma qualsiasi cultura, anche quella esoterica classica, è limitata in ogni direzione, per la sua espressione totale, a certi livelli della popolazione della sua area. La cultura è, per sua natura, selettiva, esclusiva. L'uso della parola nel senso personale di persona "colta" ci mostra una persona fuori dal comune, una persona le cui idee e attitudini sono ordinate e articolate. Colto, in senso personale, significa dedito a qualcosa di più elevato di se stesso e del proprio benessere domestico. Nel quadro mondiale del XIX secolo, con la sua mania per l'atomismo, esistevano solo gli individui e nulla di più elevato; quindi la parola veniva usata per designare coloro che praticavano o apprezzavano l'arte o la letteratura. Tuttavia, anche il patriottismo, la dedizione al dovere, gli imperativi etici, l'eroismo e l'abnegazione sono espressioni di cultura, che l'uomo primitivo non manifestava. Una guerra è un'espressione di cultura tanto quanto la poesia, una fabbrica tanto quanto una cattedrale, un fucile tanto quanto una statua.

Una cultura superiore agisce, nel corso della sua realizzazione, in tutte le direzioni del pensiero e dell'azione e su tutte le persone che rientrano nel suo ambito.

L'intensità di un'azione in una determinata direzione dipende dall'anima di ogni Cultura: alcune Culture sono state ardentemente storiche, come la Cina; altre completamente astoriche, come l'India; alcune hanno sviluppato tecniche impressionanti, come gli Egizi o la nostra; altre hanno ignorato la tecnica, come i Classici o i Messicani.

L'intensità con cui la Cultura lascia il segno negli individui è proporzionale alla loro capacità ricettiva alle impressioni spirituali. L'individuo dotato di un'anima piccola e di orizzonti limitati vive per se stesso perché non è in grado di comprendere altro. Per una persona del genere, la musica occidentale è semplicemente una variazione alternata di acuti e bassi; la filosofia è solo parole, la storia è un insieme di favole di cui non sente la realtà dentro di sé; la politica è l'egoismo dei grandi, la leva militare un fardello che la sua mancanza di coraggio morale la costringe ad accettare. Così anche il loro individualismo è una mera negazione di qualcosa di più alto, e non un'affermazione della propria anima. L'uomo straordinario è colui che antepone qualcos'altro alla propria vita e alla propria sicurezza. William Walker, anche quando si trovava di fronte al plotone di esecuzione, avrebbe potuto salvarsi la vita semplicemente rinunciando alle sue pretese sulla presidenza del Nicaragua.[37] Per l'uomo comune, questa è una follia. L'uomo comune è ingiusto, ma non per principio; è egoista, ma incapace dell'imperativo dell'egoismo esaltato di Ibsen; è schiavo delle sue passioni, ma incapace di un amore sessuale più elevato, perché anche questo è un'espressione della Cultura (l'uomo primitivo semplicemente non capirebbe l'erotismo occidentale se questa sublimazione della passione gli fosse spiegata in metafisica). Manca di qualsiasi tipo di onore e si sottomette a qualsiasi umiliazione piuttosto che ribellarsi (sono sempre quelli con il temperamento di un leader a ribellarsi). Gioca d'azzardo nella speranza di vincere e se perde si lamenta. Preferisce vivere in ginocchio che morire in piedi. Accetta come vera la voce più forte. Segue il leader del momento, ma solo finché è leader e quando viene eclissato da un nuovo leader, si affretta a segnalare la sua opposizione al vecchio. Si comporta come un bullo nella vittoria e come un lacchè nella sconfitta. Parlando è importante per se stesso, agendo è insignificante. Ama giocare, ma manca di sportività. Incolpa la megalomania per i grandi pensieri e piani. Odia chiunque cerchi di spingerlo sulla strada del compimento di imprese superiori e, quando se ne presenta l'occasione, lo crocifigge come Cristo, lo brucia come Savonarola, prende a calci il suo corpo senza vita nella piazza di Milano. Ride sempre dello sconcerto altrui, ma manca di senso dell'umorismo ed è altrettanto incapace di vera serietà. Censura i crimini passionali, ma legge volentieri tutta la letteratura che li racconta. Per strada, si unisce alla folla che assiste a un incidente ed è felice di vedere gli altri subire i colpi del destino. Non gli importa che i suoi compatrioti versino il loro sangue mentre lui è al sicuro. È vile e codardo, ma non ha la mentalità sufficiente per essere Lake o Riccardo III. Non ha accesso alla cultura e, di fronte ad essa, perseguita tutti coloro che la possiedono. Non c'è niente che lo renda più felice che vedere un grande leader crollare. Odiava Metternich e Wellington, i simboli della tradizione; si rifiutò, come membro del Reichstag, di inviare gli auguri di compleanno all'ex

---

[37] William Walker, avventuriero americano che aiutò una delle fazioni politiche del Nicaragua con il suo esercito privato di mercenari e divenne capo dell'esercito nicaraguense. Sulla via della presidenza, fu fatto prigioniero dalle truppe britanniche nel Belize e consegnato ai nicaraguensi, che lo fucilarono nel 1860.

cancelliere Bismarck. Confuta il collegio elettorale di tutti i parlamenti, ovunque, e si intromette in tutti i consigli di guerra per consigliare prudenza e cautela. Se le convinzioni in cui si era impegnato diventano pericolose, ritratta (tanto non erano mai state sue). È la più grande debolezza di ogni organismo, il nemico di ogni grandezza, il materiale per il tradimento.

Non si tratta di una componente umana che una Cultura superiore esigente può utilizzare per realizzare il suo Destino. L'uomo comune è l'ingrediente con cui lavorano i grandi leader politici dei sistemi democratici. In passato, l'uomo comune non assisteva al dramma culturale. Non era interessato e i partecipanti non erano ancora in balia dell'incantesimo razionalista, della "mania di contare le teste", come la chiamava Nietzsche. Quando le condizioni democratiche vengono portate alle loro ultime conseguenze, il risultato è che anche i leader sono persone volgari, con l'anima gelosa e piena di sensi di colpa che invidia ciò contro cui non si sente all'altezza, come Roosevelt e la sua cricca americana. Nel culto dell'"uomo della strada" stava divinizzando se stesso, come Caligola. La soppressione della qualità soffoca l'uomo eccezionale nella sua giovinezza e lo trasforma in un cinico.

Da nessuna parte, durante i secoli passati, c'è un accenno al fatto che la massa del popolo abbia giocato un ruolo qualsiasi. Nel momento in cui questa idea trionfa, dimostra che l'unico ruolo che queste masse possono svolgere è quello di materiale da costruzione passivo e pesante per la parte articolata della popolazione.

Qual è l'articolazione fisica del corpo di questa Cultura? Quanto più severa è la natura dell'opera culturale, tanto più elevato è il tipo di esseri umani necessari per la sua realizzazione. In ogni Cultura esiste un livello spirituale dell'intera popolazione chiamato strato culturale. È solo questa articolazione delle popolazioni colte che rende possibile l'espressione di una Cultura superiore. È la tecnica di vita, l'habitus, della Cultura.

Lo strato portante della Cultura è il custode delle forme di espressione della Cultura. Ad esso appartengono tutti i creatori nei campi della religione, della filosofia, della scienza, della musica, della letteratura, delle arti plastiche, della matematica, della politica, della tecnologia e della guerra, nonché tutti i non creatori che comprendono e sperimentano pienamente il progresso di questo mondo superiore, coloro che lo apprezzano.

Così, al suo interno, lo strato portatore di cultura è composto da coloro che creano e da coloro che apprezzano. Di norma, sono questi ultimi a trasmettere verso il basso le grandi creazioni, per quanto ne siano capaci. Questo processo serve a reclutare gli esseri superiori, ovunque essi appaiano, nello strato culturale. Il processo di rifornimento è sempre in corso, perché lo strato culturale non è, in senso stretto, ereditario. Lo strato culturale è un livello puramente spirituale del popolo portatore di cultura. Non ha un'impronta economica, politica, sociale o di altro tipo. Alcuni dei suoi creatori più luminosi sono vissuti e morti in condizioni di scarsità, come Beethoven e Schubert. Altri spiriti, altrettanto creativi ma meno vigorosi, sono annegati nella miseria, come Chatterton. Molti dei suoi membri creativi passano la vita completamente inosservati: Mendel, Kierkegaard, Copernico. Altri vengono presi per semplici talenti: Shakespeare, Rembrandt.

Lo strato portatore di cultura non è riconosciuto dai suoi contemporanei come unità, né si riconosce come tale. Come tutti gli strati, è invisibile, proprio come la cultura che porta con sé. Essendo uno strato puramente psichico, non è possibile dargli una descrizione materiale che soddisfi gli intellettuali. Tuttavia, anche gli intellettuali dovrebbero ammettere che sia l'Europa che l'America potrebbero essere gettate in un caos materiale dal quale ci vorrebbero anni per emergere, se si facessero sparire le poche migliaia di persone che occupano le posizioni tecniche più elevate. Questi tecnici costituiscono una parte dello strato culturale, anche se non semplicemente professionale. Naturalmente, i tecnici, come i dirigenti dell'economia o dell'esercito, svolgono ruoli puramente subordinati nel dramma culturale. La parte più importante di questo strato, in ogni momento, è il gruppo che custodisce l'Idea Superiore. Così, al tempo di Dante, l'Imperatore e il Papa erano i due simboli superiori della realtà e i membri principali dello strato culturale erano al servizio di uno di questi due simboli. La forza simbolica superiore passò poi alle dinastie e la politica dinastica richiese la loro vita durante questi secoli. Con l'avvento dell'Illuminismo e del Razionalismo, tutto l'Occidente entrò in una crisi di lunga durata, e così anche lo strato portatore di cultura. Si è spaccato ancora più del solito e solo oggi, dopo due secoli, è possibile ripristinare la sua unità di base. Dico più del solito perché non bisogna pensare che lo strato culturale sia mai stato una sorta di Massoneria internazionale. Al contrario, ha fornito leader su entrambi i fronti di ogni guerra e di ogni tendenza.

All'interno di questo strato c'è una lotta costante tra tradizione e innovazione. La parte vibrante e vitale rappresenta il nuovo sviluppo avanzato, che afferma la prossima era. La funzione della Tradizione è quella di garantire la continuità. La Tradizione è la tendenza verso un'anima superpersonale. Deve accettare che lo stesso spirito creativo del grande passato sia presente in ogni innovazione.

La crisi del Razionalismo colpisce sia lo strato superiore sia l'intero organismo nel suo complesso. Il passo successivo - la democrazia - è positivo in ultima analisi, essendo una necessità storica nella vita di una cultura, come la storia dimostra. Ma per gli uomini che hanno dato la vita alla costruzione e alla creazione è un passo difficile, perché mobilitare le masse significa distruggerle. Il passaggio dalla Cultura alla Civiltà significa decadenza, è l'inizio della senilità. È per questo motivo che i leader il cui centro di gravità era dalla parte della cultura hanno resistito con tutte le loro forze alla Rivoluzione della Democrazia: Burke, Goethe, Hegel, Schopenhauer, Metternich, Wellington, Carlyle, Nietzsche. Lo strato portatore di cultura, composto da coloro che creano e da coloro che valorizzano, è invisibile in quanto tale. Non corrisponde a nessuna classe economica, a nessuna classe sociale, a nessuna nobiltà, a nessuna aristocrazia, a nessuna occupazione. I suoi membri non sono affatto persone popolari. Ma con la sua stessa esistenza, questo strato attualizza una cultura superiore in questo mondo. Se ci fosse stato un processo di selezione dei membri di questo strato, le forze extraeuropee lo avrebbero probabilmente sterminato nel loro tentativo di distruggere l'Occidente. Il tentativo non sarebbe riuscito, perché è la Cultura che produce questo strato, e dopo un lungo periodo di caos - una o due generazioni, a seconda delle circostanze - questo organo culturale sarebbe riapparso, includendo al suo interno i discendenti degli invasori che avevano anch'essi ceduto all'Idea. Le possibilità in questo senso saranno esaminate in modo approfondito più avanti.

In un'epoca politica, è logico che i migliori cervelli siano impegnati in politica e in guerra. Coloro che hanno la forza della rinuncia e del sacrificio sono gli eroi di questo campo. La politica della guerra è preminentemente il campo dell'eroismo e i sacrifici in essa non sono mai vani dal punto di vista culturale, perché la guerra stessa è l'espressione della Cultura. Considerata da un punto di vista razionalista, è una stupidità dedicare la propria vita a un'idea, qualunque essa sia. Ma ancora una volta la vita, con la sua realtà organica, non obbedisce al razionalismo con il suo istinto alla mediocrità. Così i migliori di ogni generazione vengono scelti e spinti a servire la cultura. I più nobili sono gli eroi che muoiono per un'idea; ma non tutti possono essere eroi, e gli altri vivono per un'idea.

La caratteristica invariabile di questo livello è la sua sensibilità spirituale, che porta più impressioni di quelle che ricevono gli altri. A ciò si aggiungono le possibilità interiori più complesse che ordinano il volume delle impressioni. Riesce a percepire il nuovo spirito dell'Epoca prima che si articoli, prima che trionfi. Questo descrive anche tutti i grandi uomini, e uno dei motivi per cui muoiono violentemente è che hanno profetizzato prima del tempo. Questi uomini vivevano in un mondo più reale di quello dei "realisti". E questi stessi "realisti" si offendono" e bruciano Savonarola, che senza dubbio avrebbero seguito una o due generazioni dopo.

Questo piano vitale è solo un'unità psichico-culturale durante i lunghi anni della Cultura, ma con l'avvento della successiva Civiltà, a metà del XX secolo, l'idea dominante di tutta la Cultura è la politica. La frase di Napoleone, "La politica è il destino", è una verità più vera oggi di quando la pronunciò. Le due idee di Democrazia e Autorità sono incompatibili e solo una di esse appartiene al futuro. Solo l'Autorità rappresenta un passo avanti, ed è per questo che gli elementi più vitali e creativi dello strato del comportamento culturale sono al servizio della rinascita dell'Autorità. È diventata un politico culturale.

Poiché lo strato della cultura acquista la sua massima importanza in un momento come quello attuale, in cui la qualità torna ad affermare i suoi diritti sulla quantità, dobbiamo definirlo nel modo più preciso possibile. L'idea di semplice eminenza deve essere completamente separata dall'idea di appartenenza a questo strato. Wagner, Lbsen, Cromwell, nessuno dei quali è stato eminente fino alla metà della sua vita, erano già a questo livello vitale e intellettuale negli anni precedenti. In questo senso, l'idea di eminenza è legata a quella di strato portatore di cultura: ogni persona che è eminente in qualche campo e che possiede anche doti più profonde di visione, apprezzamento o creazione appartiene naturalmente a questo strato. Tuttavia, l'eminenza può essere il risultato del caso di nascita o della fortuna, e gli europei hanno recentemente vissuto due periodi della storia dei tempi dopo le prime due guerre mondiali in cui quasi tutti i politici al potere in Europa erano semplicemente uomini volgari collocati in alte cariche dalla fortuna e da una vita deforme.

Lo strato portatore di cultura raggiunge oggi la sua massima importanza, maggiore rispetto ai secoli precedenti, perché è composto da una minoranza relativamente più piccola. L'enorme crescita numerica in Europa - la popolazione è triplicata nel XIX secolo - non aumenta il numero di questo strato, né, di norma, quello delle nature superiori. Questo strato era numeroso all'epoca delle Crociate come lo è oggi. È semplicemente il metodo della Cultura a scegliere le minoranze per esprimersi. L'aumento della popolazione sta diminuendo. La tensione tra quantità e qualità aumenta sempre di più con l'aumentare del numero e lo strato portante della Cultura acquista un significato matematico maggiore. Questa tensione può essere espressa in cifre: in Europa non ci sono più di 250.000 anime che, per il loro potenziale, i loro imperativi, il loro talento, la loro esistenza, costituiscono lo strato portatore di cultura dell'Occidente. La loro distribuzione geografica non è mai stata del tutto uniforme. In quella nazione scelta dalla Cultura per l'espressione dello Spirito del Tempo, come scelse la Spagna nel XVI e XVII secolo per l'espressione dell'ultramontanismo, la Francia nel XVIII secolo per il Rococò o l'Inghilterra nel XIX secolo per il Capitalismo, c'è sempre stata una proporzione maggiore di ciò che era significativamente culturale rispetto ad altri Paesi che non hanno svolto il ruolo di leader della Cultura. Questo fatto era noto alle forze extraeuropee che hanno cercato di distruggere la civiltà occidentale dopo la Seconda guerra mondiale ed è stato utilizzato per quanto possibile entro i limiti stabiliti dall'opportunità. Il vero scopo dietro le impiccagioni di massa, i saccheggi e la privazione di cibo era distruggere i pochi distruggendo i molti. L'articolazione della cultura ha tre aspetti: l'Idea stessa, lo strato che la trasmette e coloro ai quali viene trasmessa. Quest'ultimo comprende il gran numero di esseri umani in possesso di una qualche istruzione, con un certo grado di onore o moralità, che si prendono cura della loro proprietà, che rispettano se stessi e i diritti degli altri, che aspirano a migliorare se stessi e la situazione piuttosto che a distruggere coloro che hanno arricchito la loro vita interiore e si sono elevati nel mondo. Costituisce il corpo della Cultura per quanto riguarda lo strato del comportamento culturale che è il suo cervello e l'Idea che è il suo spirito. In ogni persona, appartenente a questo gruppo numericamente grande, c'è una misura di ambizione e di stima per le creazioni della Cultura. Esse forniscono gli strumenti con cui i creatori possono svolgere il loro lavoro. In questo modo danno un senso alla propria vita, un senso che il mondo sottostante non riuscirebbe a comprendere.

Il ruolo di mecenate non è il più importante, ma ha un valore culturale.

Chi sa se oggi avremmo le più grandi opere di Wagner se non fosse stato per

Ludwig II? Quando leggiamo l'esito di una grande battaglia, capiamo che non si è trattato di una semplice partita a scacchi tra i due capitani, ma che centinaia di ufficiali determinati e migliaia di uomini obbedienti sono morti per scrivere questa riga di storia, per fare di questo giorno una data ricordata per sempre? E quando la polizia e l'esercito dominano una minaccia per saccheggiare la società, le perdite subite dall'ordine danno così alla loro morte un significato maggiore persino della loro vita. Non tutti possono avere un grande ruolo, ma a nessun uomo può essere negato il diritto di dare un senso alla propria vita. Ma sotto tutto questo, c'è lo strato totalmente incapace di qualsiasi risultato culturale, anche il più modesto: la mafia, i furfanti di Pöbel, la malavita. "Profanum vulgus", l'uomo volgare del culto americano Questi presiedono al terrificante.[38] ascoltano con gusto qualsiasi agitatore bolscevico, secernono odio alla vista di qualsiasi manifestazione di Cultura o di superiorità. Questo strato esiste in tutte le fasi di ogni cultura, come dimostrano le guerre contadine: le Jacquerie, Wat Tyler, Jack Cade, John Ball, Thomas Münzer, i comunardi, i miliziani spagnoli, le folle della piazza di Milano. Non appena un uomo creativo prende una decisione e inizia il suo lavoro, da qualche altra parte c'è uno spirito oscuro e invidioso che assume la malvagia determinazione di fermarlo, di distruggere la sua opera. Negli ultimi anni, il nichilista Tolstoj diede perfetta espressione a questo fatto fondamentale con la formula che non si deve trovare una pietra sopra un'altra. Lo slogan bolscevico del 1918 era altrettanto significativo: "Distruggere tutto". Nel nostro tempo questo mondo sotterraneo è nelle mani dei sostenitori lotta di classe, la retroguardia del razionalismo. Così lavorano dal punto di vista politico più ampio, esclusivamente per le forze extraeuropee. Le precedenti ribellioni di questo strato sono state sedate dall'unità della Cultura, dal vigore incontaminato degli impulsi creativi e dalla mancanza di pericoli esterni in proporzioni così schiaccianti come quelle attuali. La sua storia non è ancora finita. L'Asia può utilizzare questo strato e ha intenzione di farlo.

---

[38] L'autore si riferisce evidentemente al periodo così denominato della Rivoluzione francese, istituita dai membri più influenti della Convenzione, presieduta da Robespierre, dal 1° maggio 1793 al 27 maggio 1794.

Tradizione e genialità

Lo strato culturale può svolgere la sua funzione in due modi diversi. Il primo è attraverso la presenza di una tradizione superiore di risultati lungo una determinata linea, una "scuola"; il secondo, attraverso il genio occasionale. Possono essere combinati, anzi non sono mai completamente separati, poiché il genio individuale è sempre presente prima nella formazione di una tradizione e la presenza della tradizione non è ostile al genio nel momento in cui appare.

Tuttavia, si tratta di metodi diversi di espressione culturale, ed entrambi sono importanti per la prospettiva mondiale del XX secolo, che qui formuliamo nella sua essenza.

La pittura italiana dal 1250 al 1550 è un esempio di lavoro tradizionale. La scuola fiamminga olandese del XVII secolo ne è un altro. Per un pittore appartenente a una di queste scuole non era necessario essere un grande maestro per esprimersi perfettamente: la forma era lì, incontestabile, bisognava solo padroneggiarla e contribuire allo sviluppo personale delle proprie possibilità. La pittura spagnola e tedesca, invece, mostrava una collezione di grandi originali e non la sicura progressione di una tradizione. La tradizione più sublime fu l'architettura gotica, intorno al 1400. La tradizione era così potente che l'idea di opera d'arte, che presuppone una personalità creativa, non esisteva nemmeno.

Ma le tradizioni di questo genere non si limitano all'arte. La filosofia scolastica ha rappresentato la stessa unità sovrapersonale realizzata attraverso molte personalità, tutte al servizio dello sviluppo e della tradizione. Da Roscellino ad Anselmo, da Tommaso d'Aquino a Gabriel Biel, i problemi e il loro pieno sfruttamento sono continui. Ogni pensatore, per quanto talentuoso, uomo di genio o semplice lavoratore, è stato preparato dai suoi predecessori e perfezionato dai suoi successori. Non erano le soluzioni e nemmeno sempre le domande a essere continue; erano il metodo e l'accuratezza ricerca e della formulazione a mostrare la presenza della tradizione. Da Cromwell a Joseph Chamberlain - l'inizio e la fine di quella tradizione politica superiore che ha costruito il grande Impero britannico che al suo apice esercitava il suo controllo su 17/20 della superficie terrestre - l'Inghilterra ha esemplificato le possibilità della tradizione in politica così come nella filosofia, nella musica e nelle belle arti. Quanti uomini di genio politico sono apparsi nella carica di Primo Ministro nel corso di questi secoli? Solo i due Pitt. Tuttavia, l'Inghilterra è uscita con maggiore potenza da tutte le guerre generali di questi secoli: la Guerra dei Trent'anni, 1618-1648; la Guerra di successione spagnola, 1702-1713; le Guerre di successione austriaca 1741-1763; le Guerre napoleoniche 1800-1815; le Guerre di unificazione tedesca, 1863-1871. In questi secoli ha subito una sola grave battuta d'arresto: la perdita dell'America 1775-1783. L'essenza di questa tradizione non era altro che l'applicazione del pensiero politico alla politica. Cromwell, il teologo, si allontanò da questa linea solo occasionalmente e più con parole ed espressioni di simpatia che con i fatti. I suoi successori nella tradizione della costruzione dell'impero non dovettero portare il suo pesante equipaggiamento teologico che trasformarono in cant, una parola intraducibile in qualsiasi altra lingua europea.[39] Fu la tecnica del cant che permise alla diplomazia inglese di raccogliere continui successi nel mondo reale, cioè nel mondo della violenza, dell'astuzia del peccato, coprendolo con un atteggiamento di moralità disinteressata. Arricchire il Paese con nuovi possedimenti significava quindi "portare la civiltà" alle razze "arretrate" e così via, attraverso l'intera gamma di tattiche politiche.

Le tradizioni mostrano in questo esempio una delle loro caratteristiche principali: non sono efficaci se non sono profondamente dominate dagli individui. Così, altri statisti europei hanno tentato durante il XIX secolo, il secolo della britannicità europea, di usare il cantico e si sono semplicemente resi ridicoli. Wilson, il salvatore del mondo americano, che si proponeva modestamente come presidente del mondo morale, si spinse troppo in là.

Il prerequisito per il successo nell'uso del canto era una sicura discrezione, e la sua padronanza richiedeva la crescita in un'atmosfera satura di canto. Allo stesso modo, il corpo degli ufficiali austriaci - le cui qualità etiche mancavano a Napoleone nei suoi stessi ufficiali - presupponeva una preparazione e un addestramento che duravano tutta la vita in un certo ambiente e non tre mesi di istruzione militare sulla base di un "test di intelligenza".

Il bello della tradizione è che il leader del momento non è solo; le qualità che gli mancano e che la situazione può richiedere si trovano senza dubbio da qualche

---

[39] Possiamo tradurlo approssimativamente in inglese come capacità speciale di adattare il proprio comportamento alle circostanze del momento.

parte tra coloro che lo circondano. La presenza di una tradizione politica rende estremamente improbabile, in primo luogo, che un incompetente venga collocato nella posizione di autorità politica superiore, e se dovesse accadere che una personalità debole salga per caso alla ribalta, la tradizione ne assicura nuovamente la rapida partenza. Si potrebbe pensare che il caso di Lord North contraddica tutto ciò, ma gli errori iniziali della sua politica americana furono visti come tali solo a posteriori. Se fosse stato in grado di completarli con ulteriori misure, l'America non sarebbe stata persa, ma la situazione interna in relazione ai liberali da un lato e al re dall'altro era estremamente difficile e la sua politica fu paralizzata dallo stesso tipo di elementi razionalisti che predicavano il "Contratto sociale" e i "Diritti dell'uomo" sul continente. Al contrario, la fortunata evasione della Rivoluzione e del Terrore, dal caso Wilkes a metà del XVIII secolo agli orrori del 1793, le diffuse ondate rivoluzionarie dal 1830 al 1848, sono state attribuite alla presenza di una tradizione intatta.

La tradizione non è qualcosa di rigido, una garanzia di risultati certi. Niente affatto, perché nella storia accade l'imprevisto. L'imponderabile fa la sua comparsa. L'incidente segna il contrappunto al destino. Nella tradizione può anche apparire come una piccola apertura, ma la salute dello strato culturale si dimostra subito in grado di chiudere questa falla. La tradizione statalista è una sorta di idea platonica di eccellenza che plasma gli uomini al meglio delle loro capacità, in ogni caso, e dà forma alla loro espressione personale. Una media elevata di formazione e capacità ne mostra i risultati. Quanto è fortunato il corpo politico con una simile leadership! Ciò che manca in una parte viene preso in un'altra: non si permette ai capricci individuali di diventare dogmi. Il risultato finale della presenza della tradizione in un'unità politica è che mantiene il Fato su una traiettoria sicura e gli incidenti sono ridotti al minimo.

4. Un genio e l'età della politica assoluta

Non c'è dubbio che la Tradizione, utilizzando il talento che esiste sempre nelle generazioni successive, sia superiore al Genio nel proposito di attualizzare un'Idea nella sua stessa perfezione. Ma l'Idea non ha bisogno di nessuno dei due per realizzarsi; la loro presenza, insieme o separatamente, influisce solo sulla sicurezza ritmica e sulla purezza esteriore del processo vitale.

L'anima di ogni cultura è un organismo e quindi possiede l'impronta dell'individualità. Questa è impressa in riguarda la cultura, compreso il suo stile storico. Così come le persone si differenziano per i loro modi di espressione - alcuni in modo forte e imperioso, altri in modo tranquillo, ma con identica efficacia - così fanno le Culture superiori. Il suo stile storico, rispetto al nostro, è occidentale. Il suo accento non è aspro, le sue transizioni non sono consapevoli, né segnate dai momenti critici intensamente concepiti della cultura occidentale. Sebbene gli uomini di genio non fossero scarsi, i geni avevano un ruolo limitato nello svolgimento del loro compito. Il genio era il fulcro della forza minore.

Anche le nazioni occidentali hanno assistito a importanti sviluppi che non sono stati accompagnati dal fenomeno della leadership di un solo uomo su tutta l'Idea, come ad esempio le guerre di liberazione tedesche del 1813-1815; il passaggio dell'Inghilterra alla democrazia del 1750-1800.

Ma a metà del XX secolo percepiamo intorno a noi il disastro provocato da due secoli di razionalismo: le vecchie tradizioni superiori dell'Occidente sono state in gran parte distrutte. La guerra orizzontale del banchiere e del guerriero di classe contro la civiltà occidentale ha sminuito le vecchie qualità. Ma la storia non si è fermata e il più grande di tutti gli imperativi nella sfera politica è ora operativo. Sta emergendo una nuova tradizione di qualità. Come ha detto il filosofo di quest'epoca, non esistono più nel mondo forme sacre di esistenza politica la cui vera epoca presuppone un potere inattaccabile.

Partendo dal presupposto che una tradizione efficace è assente dalla realtà politica della civiltà occidentale, possiamo aspettarci che la richiesta occidentale di accenti rozzi nella storia rimetta forze gigantesche nelle mani delle persone giuste. L'eroe che abbiamo appena contemplato è un simbolo del futuro.

La storia non si ferma, nessun uomo è più importante della storia. Il rapporto tra il Genio politico e la massa è stato frainteso dal Materialismo del XIX secolo e anche da Nietzsche. Il materialismo vedeva il grande politico come obbligato a lavorare per - naturalmente - il miglioramento materiale della massa. Nietzsche vedeva le masse come esistenti solo per produrre il superuomo. Ma l'idea di finalità non può descrivere il processo così com'è. A prescindere da ogni ideologia, l'uomo eccezionale e le masse formano un'unità, entrambi sono al servizio dell'idea e ciascuno trova il suo significato storico solo in relazione al polo opposto. Carlyle ha proclamato la richiesta istintiva di quest'epoca, una volta che l'idea di autorità e di monarchia è tornata a essere veramente consapevole: trovare l'uomo più capace e farlo diventare re.

Gli ideologi democratici, con la testa nascosta sotto la sabbia, dicono che potrebbe emergere un monarca cattivo. Ma l'imperativo della Storia non è produrre un sistema perfetto, bensì portare a termine una missione storica. È questo che ha dato vita alla democrazia e che ora non presta attenzione ai lamenti del passato, ma solo ai brontolii del futuro. Bene o male, la monarchia sta arrivando.

Sulla facciata dell'edificio cadente è inciso a lettere sgargianti: Democrazia. Ma dietro c'è un registratore di cassa e il banchiere siede, passando le mani tra i soldi che sono stati il sangue delle nazioni occidentali. Alza lo sguardo con un'espressione terrorizzata, mentre si sente un rumore di passi in avvicinamento.

Il futuro dell'Occidente richiede la concentrazione di grandi forze nelle mani di grandi uomini. La formazione di una Tradizione politica è una speranza: dal caos del 1950 non c'è più speranza. Solo grandi uomini possono salvarlo.

5. Razza, popolo, nazione, Stato

I

Nel XIX secolo, i concetti di razza, popolo, nazione e Stato sono esclusivamente di origine razionalista-romantica. Sono il risultato dell'imposizione di un metodo meditato adattato dai problemi materiali agli esseri viventi e, di conseguenza, sono materialisti.

Materialista significa superficialità quando si riferisce agli esseri viventi, perché lo spirito è la cosa principale in tutta la Vita e la materia è solo un veicolo di espressione spirituale. Poiché questi concetti ottocenteschi erano razionalistici, non erano fondamentalmente basati sui fatti, perché la Vita è irrazionale, non sottomessa alla logica e alla sistematizzazione inorganica. L'epoca in cui stiamo entrando, e di cui questo libro è una formulazione, è un'epoca di politica e quindi di fatti.

La questione più importante è l'adattamento, la salute e la patologia delle Culture Superiori. La loro relazione con tutti i tipi di raggruppamenti umani è un prerequisito per esaminare i problemi ultimi del vitalismo culturale. Pertanto, la natura di questi raggruppamenti sarà considerata senza idee preconcette, in vista dei loro significati più profondi, della loro origine, della loro vita e delle loro interrelazioni.

Gli oggetti materiali inanimati conservano la loro identità attraverso i secoli, e quindi il tipo di pensiero adatto a trattare le cose materiali presupponeva che i gruppi politici e gli altri gruppi umani, esistenti nel 1800, rappresentassero qualcosa a priori, qualcosa di molto essenziale per la realtà permanente. Tutto era visto come una creazione di queste "persone". Ciò valeva per le arti visive, la letteratura, lo Stato e la cultura in generale. Questa visione non è in accordo con i fatti storici.

In un ordine, il primo concetto è quello di razza. Il pensiero razziale materialista del XIX secolo ha avuto conseguenze particolarmente gravi per l'Europa, che ha aderito a uno dei movimenti di risorgenza dell'Autorità dell'inizio del XX secolo.

Qualsiasi escrescenza teorica in un movimento politico è un lusso, e l'Europa del 1933-2000 non può permettersi una cosa del genere. L'Europa ha pagato a caro prezzo questa preoccupazione romantica per le teorie razziali obsolete che devono essere distrutte.

II

La parola Razza ha due significati, che prenderemo in ordine, e di cui mostreremo l'importanza relativa in un'epoca di politica assoluta. Il primo significato è oggettivo, il secondo soggettivo.

La successione delle generazioni umane legate dal sangue ha una chiara tendenza a rimanere fissa in un luogo. Le tribù nomadi vagano entro confini più ampi ma ugualmente definiti. All'interno di questo paesaggio, le forme vegetali e la vita animale mostrano caratteristiche locali diverse dai trapianti delle stesse famiglie e stirpi in altri luoghi.

Gli studi antropologici del XIX secolo hanno rivelato un fatto matematicamente spiegabile che fornisce un buon punto di partenza per mostrare l'influenza del suolo. Si scoprì che, in qualsiasi area abitata del mondo, esisteva un esponente cefalico medio della popolazione. Ma soprattutto si è appreso, attraverso misurazioni effettuate sugli immigrati in America da ogni angolo d'Europa e sui loro figli già nati in America, che il loro indice cefalico aderisce al suolo e si manifesta immediatamente nella nuova generazione. Così, gli ebrei siciliani dalla testa grossa e i tedeschi dalla testa piccola hanno prodotto una prole con, di norma, la stessa calza cranica, quella specificamente americana. Le dimensioni del corpo e la durata dello sviluppo sono altre due caratteristiche che si riscontrano in tutti i tipi umani con la stessa media, siano essi di origine indiana, nera o bianca, indipendentemente dalle dimensioni e dalla durata dello sviluppo delle nazioni o dei ceppi da cui provengono. Nel caso dei bambini irlandesi immigrati, provenienti da un paese con un periodo di crescita molto lungo, la risposta all'influenza locale è stata immediata. Sulla base di questi e altri fatti, relativamente nuovi e allo stesso tempo di antica osservanza, è chiaro che il paesaggio esercita un'influenza sulla popolazione umana all'interno dei suoi confini, così come sulla vita vegetale e animale. La tecnica di questa influenza è per noi incomprensibile. Conosciamo la sua origine. È l'unità cosmica della totalità delle cose, un'unità che si manifesta nel movimento ritmico e ciclico della natura. L'uomo non è al di fuori di questa unità, ma è immerso in essa. Anche la sua dualità di anima umana e animale da preda costituisce un'unità. Lo separiamo in questo modo per comprenderlo, ma questo non può alterare la sua unità. Né possiamo distruggerla separando gli aspetti della Natura nella nostra mente. Il ciclo lunare è legato a molti fenomeni umani di cui possiamo conoscere solo il cosa, ma mai il come. Ogni movimento della Natura è ritmico, il movimento dei ruscelli e delle onde, dei venti e delle correnti, della comparsa e della scomparsa degli esseri viventi, delle specie, della vita stessa.

L'uomo partecipa a questi ritmi. La sua particolare struttura dà a questi ritmi la loro peculiare forma umana. La razza è quella parte della sua natura che mostra questa relazione. Nell'uomo, la Razza è quella sfera del suo essere che è in relazione con la vita vegetale e animale e, al di sopra di esse, con i ritmi macrocosmici. Costituisce, per così dire, quella parte dell'uomo generalizzata, assorbita nel Tutto, piuttosto che la sua anima, che definisce la sua specie e la contrappone a tutte le altre forme di esistenza.

La vita si manifesta nelle sue quattro forme: pianta, animale, uomo e cultura superiore. Sebbene ognuna di esse differisca dalle altre, sono tutte collegate tra loro. Gli animali, soggetti come sono al suolo, conservano quindi nel loro essere un piano di esistenza simile a quello delle piante. La razza costituisce nell'uomo l'espressione della sua somiglianza con le piante e gli animali. La Cultura Superiore è fissata per la sua durata in un luogo, e quindi mantiene anche una relazione con il mondo vegetale, indipendentemente dalla sfida e dalla libertà di movimento delle sue orgogliose creazioni. La loro alta politica e le loro grandi guerre sono l'espressione della loro natura animale e umana.

Tra l'insieme delle caratteristiche umane, alcune sono determinate dal suolo e altre dal lignaggio. La pigmentazione fa parte di quest'ultima e sopravvive al trapianto in nuove aree. È impossibile elencare tutte le caratteristiche fisiche in un simile schema, poiché i dati non sono ancora stati raccolti. Ma anche così non influirebbe sul nostro scopo, poiché l'elemento più importante anche per il significato oggettivo della parola razza è quello spirituale.

Indubbiamente, alcuni ceppi umani sono molto più dotati di altri in certe direzioni spirituali. Le qualità spirituali sono diverse come quelle fisiche. Non solo l'altezza media del corpo varia, ma anche quella dell'anima. Non sono solo la forma del cranio e la statura a essere determinate dal terreno; lo stesso deve valere per alcuni possedimenti spirituali. È impossibile credere che un'influenza cosmica, che lascia un segno sul corpo umano, possa escludere la sua essenza, l'anima. Ma le stirpi umane sono state così profondamente mescolate o così ripetutamente esaminate superficialmente dalla storia, che non sapremo mai le qualità che ciascun paesaggio ha originariamente impresso nell'anima. Per quanto riguarda le qualità razziali di una data popolazione, non potremo mai sapere quali sono dovute ai limiti della terra che hanno abitato e quali sono state prodotte dalla fusione dei ceppi attraverso le generazioni successive. Per un secolo pratico come il presente e il prossimo, le origini e le spiegazioni sono meno importanti dei fatti e delle possibilità. Pertanto, il nostro prossimo compito deve partire dalla razza come realtà pratica piuttosto che dalla sua metafisica.

A quale razza appartiene l'uomo? A prima vista lo sappiamo, ma quello che non si può spiegare materialmente è ciò che ci dicono esattamente i segni. È accessibile solo ai sentimenti, agli istinti, e non si sottopone alla bilancia e all'equilibrio della scienza fisica.

Abbiamo visto che la razza è legata al paesaggio e al lignaggio. La sua manifestazione esterna è una certa espressione tipica, un insieme di tratti, la forma del viso. Non esistono indicazioni fisiche rigide di questa espressione, ma questo non influisce sulla sua esistenza, solo sul metodo per comprenderla. All'interno di un'ampia gamma, una popolazione primitiva in un determinato luogo ha un aspetto simile. Ma un attento esame mostrerà le raffinatezze locali, che a loro volta si ramificheranno in tribù, clan, famiglie e infine individui. La razza, in senso oggettivo, è la comunità spirito-biologica di un gruppo.

Pertanto, le razze possono essere classificate solo in modo arbitrario. Il materialismo del XIX secolo ha prodotto diverse classificazioni arbitrarie di questo tipo. Le uniche caratteristiche utilizzate erano, ovviamente, puramente materiali. Così la forma del cranio costituiva la base di una, i capelli e il tipo di lingua di un'altra, la forma del naso e la pigmentazione di un'altra ancora. Si trattava al massimo di un tipo di anatomia, ma non di una razza.

Gli esseri umani che vivono a contatto gli uni con gli altri, si influenzano a vicenda e quindi si avvicinano anche gli uni agli altri. Questo si riferisce agli individui, come è stato notato nel corso degli anni nel fatto che in una vecchia coppia di sposi ognuno dei due coniugi arriva ad assomigliare fisicamente all'altro, ma si riferisce anche ai gruppi. Quella che è stata chiamata "assimilazione" di un gruppo da parte di un altro non è affatto il semplice risultato di una mescolanza di germi e plasma, come pensava il materialismo.

È soprattutto il risultato dell'influenza spirituale del gruppo assimilante sui nuovi arrivati, che, se non ci sono forti barriere tra i gruppi, è naturale e completa. L'assenza di barriere porta alla scomparsa del confine razziale, e da questo punto in poi abbiamo una nuova razza, l'amalgama delle due precedenti. Quella più forte è normalmente influenzata, anche se in forma debole, ma ci sono diverse possibilità in questo caso, e un esame di quest'ultima appartiene a un luogo successivo.

III

Abbiamo visto che la parola razza, usata oggettivamente, descrive una relazione tra un popolo e un paesaggio ed è essenzialmente un'espressione del ritmo cosmico. La sua principale manifestazione visibile è l'apparenza, ma la sua realtà invisibile si esprime in altri modi. Per i cinesi, ad esempio, l'odore è un segno di contrasto di razza. Anche le cose udibili, i discorsi, i canti, le risate, naturalmente, hanno un significato razziale. La suscettibilità a certe malattie è un altro fenomeno di differenziazione razziale. Giapponesi, americani e neri hanno tre gradi di resistenza alla tubercolosi. Le statistiche mediche americane mostrano che gli ebrei sono più inclini alle malattie nervose e al diabete e meno inclini alla tubercolosi rispetto agli americani; in effetti, la frequenza di qualsiasi malattia mostra un dato diverso per gli ebrei. La gestualità, l'andatura e l'abbigliamento non sono privi di significato razziale.

Ma il volto è il più grande segno visibile della razza. Non sappiamo cosa trasmetta la razza nella fisiognomica, e i tentativi di arrivarci con statistiche e misurazioni devono fallire. Questo fatto ha portato i liberali e altri materialisti a negare l'esistenza della razza. Questa incredibile dottrina ha avuto origine in America, che è davvero un laboratorio razziale su larga scala. In realtà, questa dottrina equivale solo a una confessione di totale incapacità da parte del razionalismo e del metodo scientifico di capire cosa sia la razza o di sottoporla a un ordine di tipo scientifico-fisico, e questa incapacità è stata conosciuta per la prima volta da coloro che sono rimasti fedeli ai fatti e hanno respinto le teorie contrarie ai fatti. - di ogni razza che conosce, fino a quando non è in grado di dire abbastanza bene, vedendo un nuovo volto, quali dovrebbero essere le sue misure. Se poi gli venisse consegnata una serie di misure scritte semplicemente come tali, qualcuno pensa che anche una persona appositamente addestrata sarebbe in grado di farsi un'idea dell'espressione razziale del volto di colui di cui sono state prese le misure? Ovviamente no, e questo vale per qualsiasi altra espressione della razza. Un altro importante aspetto oggettivo della razza trova una certa analogia nella moda della fisionomia femminile che va e viene in una tarda civiltà urbana. Quando un determinato tipo di donna viene presentato come ideale, è un fatto che il tipo di donna sensibile ad esso sviluppa rapidamente l'espressione facciale di quel tipo. Nel campo della razza, esiste un fenomeno simile. Se una razza è dotata di un certo ritmo cosmico, inconfondibile, i suoi membri sviluppano automaticamente un istinto di bellezza razziale che influisce sulla scelta del compagno e che agisce anche sull'anima di ciascun individuo dall'interno. Questo doppio impulso forma il tipo razziale che mira a un certo ideale. Questo istinto di bellezza razziale, inutile dirlo, non ha alcuna relazione con i culti erotici decadenti di tipo hollywoodiano. Questi ideali sono puramente individuali e intellettuali e non hanno alcuna relazione con la razza. La razza, essendo un'espressione del cosmico, partecipa pienamente all'urgenza della continuità e la donna razzialmente ideale è sempre immaginata, in modo del tutto inconsapevole, come potenziale madre di creature forti. L'uomo razzialmente ideale è il signore che arricchirà la vita della donna che lo indica come padre dei suoi figli. L'erotismo degenerato di tipo hollywoodiano è antirazziale: la sua idea fondamentale non è la continuità della Vita, ma il piacere, con la donna come oggetto di questo Piacere e l'uomo come schiavo di questo oggetto.

Questa ansia della Razza di raggiungere il proprio tipo fisico costituisce uno dei grandi fatti che non si può tentare di rovinare cercando di sostituirlo con gli ideali di fusione con tipi del tutto estranei, come hanno tentato di fare il liberalismo e il comunismo durante il predominio del razionalismo.

La razza non può essere compresa se viene associata interiormente a fenomeni su altri piani della vita, come la nazionalità, la politica, lo Stato, la cultura. Se la storia, nel suo progredire, può produrre per alcuni secoli una forte relazione tra razza e nazione, ciò non significa che un tipo razziale precedente formi sempre una successiva unità politica. Se così fosse, nessuna delle prime nazioni europee si sarebbe formata secondo le linee che ha seguito. Si pensi, ad esempio, alla differenza razziale tra calabresi e lombardi: che importanza hanno avuto per la storia del tempo di Garibaldi?

Questo ci porta alla fase più importante del significato oggettivo della razza in questa epoca: la storia restringe o allarga i limiti della determinazione razziale. Il modo in cui ciò avviene è attraverso l'elemento spirituale della razza. Così, un gruppo con una comunità spirituale e storica tende ad acquisire esso stesso un aspetto razziale. La comunità di cui fa parte la sua natura superiore si trasmette verso il basso alla parte cosmica e inferiore della natura umana. Così, nella storia dell'Occidente, la nobiltà primitiva tendeva a costituirsi in una razza che completava la sua unità nella parte spirituale. Il grado di realizzazione di questo obiettivo è ancora evidente laddove la continuità storica della nobiltà primitiva è stata mantenuta fino ai giorni nostri. Un esempio importante è la creazione della razza ebraica, di cui oggi abbiamo notizia della sua millenaria esistenza in Europa sotto forma di ghetti. Tralasciando per il momento la diversa attitudine e cultura mondiale dell'ebreo, questa condivisione di un gruppo, qualunque sia la base della sua formazione originaria in quanto tale, un destino comune nel corso dei secoli lo renderà necessariamente una razza oltre che un'unità storico-spirituale.

Il sangue influenza la storia fornendole il suo materiale, i suoi tesori di sangue, onore e duri istinti. La storia, a sua volta, influenza la razza imprimendo alle unità della storia superiore un'impronta razziale oltre che spirituale. La razza si trova su un piano inferiore di esistenza, nel senso che è più vicina al cosmico, più in contatto con gli aneliti e i bisogni primitivi della vita in generale. La storia costituisce il piano superiore dell'esistenza, dove lo specifico umano, e in particolare la cultura superiore, rappresenta la differenziazione delle forme di vita.

Il metodo di realizzazione di un'unità storica, come la razzializzazione delle nobiltà occidentali, avviene attraverso l'inevitabile nascita cosmica in tale gruppo di un tipo fisico ideale e dell'istinto di bellezza razziale, che agiscono insieme attraverso il germoplasma e interiormente in ogni anima per dare a ciascun gruppo il proprio aspetto, che lo individualizza nel flusso della storia. Una volta che questa comunità di destini scompare, attraverso vicissitudini della Storia, anche la Razza scompare e non riappare più.

IV

Da questo punto di vista, l'errore fondamentale dell'interpretazione materialista della razza del XIX secolo diventa chiaro e visibile:

La razza non è un'anatomia di gruppo; la razza non è indipendente dal suolo;

La razza non è indipendente dallo Spirito e dalla storia;

La razza non è classificabile, se non su base arbitraria;

La razza non è una caratterizzazione collettiva rigida e permanente degli esseri umani, che rimane immutata nel corso della storia.

La visione del XX secolo, basata sui fatti e non su idee preconcette di fisica e tecnologia, è quella di vedere la Razza come qualcosa di fluido, che scivola con la storia sulla forma scheletrica fissa determinata dal terreno. Così come la storia va e viene, anche la Razza la segue, in una simbiosi di eventi. I contadini che oggi coltivano la terra vicino a Persepoli appartengono alla stessa Razza di quelli che seminavano o vagavano lì mille anni prima di Dario, indipendentemente da come si chiamavano allora o da come si chiamano oggi, e, nel frattempo, in quest'area si è realizzata una Cultura Superiore che ha creato razze oggi scomparse per sempre.

Quest'ultimo errore di confondere i nomi con le unità della storia o della razza è stato uno dei più distruttivi del XIX secolo. I nomi appartengono alla superficie della storia, non alla sua parte ritmica e cosmica. Se gli attuali abitanti della Grecia possiedono lo stesso uomo collettivo che la popolazione di quell'area aveva ai tempi di Aristotele, qualcuno si illude che ci sia una continuità storica o razziale? I nomi, come le lingue, hanno i loro destini, e questi destini sono indipendenti l'uno dall'altro. Così, non si dovrebbe dedurre dal linguaggio normale che gli abitanti di Haiti e quelli del Québec abbiano un'origine comune, ma questo risultato apparirebbe necessariamente se si applicassero ai giorni nostri i metodi del XIX secolo, che conosciamo bene, come l'interpretazione del passato con ciò che resta dei loro nomi e delle loro lingue. Gli abitanti dello Yucatan di oggi sono razzialmente gli stessi di 100 anni prima di Cristo, anche se ora parlano spagnolo, e allora parlavano una lingua che oggi è completamente scomparsa, anche se il loro nome attuale è diverso da quello di allora. Nel frattempo c'è stata la comparsa, la realizzazione e la distruzione di una Cultura Superiore, ma, dopo la sua scomparsa, la Razza è tornata al primitivo e semplice rapporto tra bestiame e paesaggio. Non c'è stata alcuna storia superiore che l'abbia influenzata o viceversa.

All'epoca della cultura egizia, un popolo chiamato Libico diede il proprio nome a un'area: significa che chiunque l'abbia abitata da allora ha qualche affinità con loro? I prussiani erano, nel 1000 a.C., un popolo extraeuropeo. Nel 1700, il nome Prussia descriveva una nazione di tipo occidentale. I conquistatori occidentali acquisirono semplicemente il nome delle tribù che stavano soppiantando. Tutti coloro che apparvero con i vari nomi di Ostrogoti, Visigoti, Juti, Varangi, Sassoni, Vandali, Scandinavi, Danesi, provenivano dallo stesso ceppo razziale, ma i loro nomi non lo dimostravano. A volte un gruppo ha dato il proprio nome alla sua area in modo che, dopo essere stato spostato, il vecchio nome sia passato al gruppo conquistatore; è il caso della Prussia e della Gran Bretagna. A volte un gruppo prende il nome da un'area, come nel caso degli americani.

Per quanto riguarda la storia della razza, i nomi sono accidentali. Di per sé, non indicano alcun tipo di continuità interna. Lo stesso vale per il linguaggio.

Una volta afferrata l'idea che ciò che chiamiamo storia significa in realtà Storia Superiore, che questa è la Storia delle Culture Superiori e che queste Culture Superiori sono unità organiche che esprimono le loro possibilità più profonde attraverso le forme profonde di pensiero e di evento che si trovano davanti a noi, ne consegue una comprensione più profonda del modo in cui la storia utilizza per la sua realizzazione qualsiasi materiale umano sia a portata di mano. Essa imprime la sua impronta su questo materiale creando unità storiche da gruppi fino ad allora spesso biologicamente molto vari. L'unità storica, in armonia con i ritmi cosmici che regolano tutta la vita, dalla pianta alla cultura, acquisisce una propria unità razziale, una nuova unità razziale, separata dal precedente, primitivo e semplice rapporto tra ceppo e suolo, dal suo contenuto storico-spirituale. Ma con la partenza della Storia superiore, la realizzazione della Cultura, il contenuto storico-spirituale viene ritirato per sempre e l'armonia primitiva riprende la sua posizione dominante.

La storia biologica precedente dei gruppi di cui una Cultura Superiore si è appropriata non gioca alcun ruolo in questo processo. I nomi precedenti delle tribù indigene, gli antichi nomadi, il materiale linguistico, nulla di tutto ciò ha significato per la Storia superiore, una volta che questa decide il suo corso. Essa parte, per così dire, dall'inizio. Ma rimane anche tale, data la sua capacità di accogliere tutti gli elementi che penetrano nel suo spirito. I nuovi elementi, però, non possono apportare nulla alla Cultura, perché essa è un'individualità superiore, e come tale possiede una propria unità, che non può essere influenzata se non superficialmente da un organismo di rango equivalente, e che non può essere minimamente modificata nella sua natura interiore a maggior ragione da nessun gruppo umano. Pertanto, qualsiasi gruppo o è all'interno dello spirito della Cultura o ne è al di fuori; non c'è una terza alternativa.

Le alterazioni organiche sono sempre e solo due: vita o morte, malattia o salute, sviluppo progressivo o distorsione. Nel momento in cui l'organismo viene deviato dal suo vero percorso da influenze esterne, si verificherà sicuramente una crisi, una crisi che interesserà l'intera vita della Cultura e che spesso porterà confusione e catastrofe nel destino di milioni di esseri. Ma questa è un'anticipazione.

Il significato oggettivo di razza presenta altri aspetti importanti nella prospettiva del XX secolo. Abbiamo visto che le razze, intese come gruppi primitivi, semplici relazioni tra il suolo e il patrimonio umano, possiedono talenti distinti per scopi storici. Abbiamo visto che la razza esercita un'influenza sulla storia e viceversa. Siamo arrivati alla gerarchia delle razze.

V

Naturalmente, i materialisti non sono riusciti nel loro tentativo di fare una classificazione anatomica delle razze. Ma le razze sono state classificate in base alle loro capacità funzionali, partendo da una funzione qualsiasi. Così, una gerarchia delle razze potrebbe essere basata sulla forza fisica, e non c'è dubbio che il negro sarebbe al vertice di questa gerarchia. Tuttavia, una simile gerarchia non ci sarebbe di alcuna utilità, perché la forza fisica non è l'essenza della natura umana in generale, e ancor meno del culto in particolare.

L'impulso fondamentale della natura umana - al di là degli istinti di conversazione e di sesso, che l'uomo condivide con le altre forme di vita - è il desiderio di potere. Molto raramente si trova una lotta tra uomini per l'esistenza. Tali lotte, che spesso si verificano, sono quasi sempre per il controllo, per il potere. Queste ultime hanno luogo tra coppie, famiglie, clan, tribù, e tra popoli, nazioni, Stati. Pertanto, basare la gerarchia delle razze sulla forza del desiderio di potere è legato alla realtà storica.

Una tale gerarchia non può ovviamente avere validità eterna. Così la scuola di Gobineau, Chamberlain, Osborn e Grant si trovava sulla stessa tangente dei materialisti che proclamavano l'inesistenza della razza, perché non potevano individuarla con i loro metodi. L'errore dei primi consisteva nel presumere la permanenza - in avanti e indietro - delle razze esistenti nel tempo. Trattavano le razze come blocchi di costruzione, come materiale originale, ignorando le relazioni tra razza e storia, razza e spirito, razza e destino. Ma almeno riconoscevano le realtà razziali esistenti del loro tempo; il loro unico errore era quello di considerare queste realtà come rigide, esistenti piuttosto che trasformabili. C'era anche, nel loro approccio alla questione, un residuo di pensiero genealogico, ma questo tipo di pensiero è intellettuale e non storico, perché la Storia usa il materiale umano a disposizione senza indagare sui suoi antecedenti e, nel processo di utilizzo, questo materiale umano viene messo in relazione con la forza grossolana e mistica del Fato. Questo residuo di pensiero genealogico tendeva a creare divisioni di pensiero tra i popoli istruiti, che in realtà non corrispondevano ad alcuna divisione. La successiva tendenza materialista sviluppò al massimo, in relazione alla razza umana, il principio di ereditarietà che Mendel aveva sviluppato per alcune piante. Tale tendenza era destinata a non produrre alcun frutto e, dopo quasi un secolo di risultati sterili, deve essere abbandonata a favore della visione novecentesca che affronta la storia e i suoi effetti con spirito storico e non con lo spirito scientifico della meccanica o della geologia.

La scuola di Gobineau, tuttavia, parte da almeno un dato di fatto, e questo la pone molto più vicina alla Realtà rispetto ai dotti imbecilli che, osservati dalle loro regole e tabelle, annunciano la fine della corsa.

Questo fatto costituiva la gerarchia della razza ai fini della Cultura. All'epoca, la parola Cultura era usata per designare la letteratura e le belle arti e per differenziarle da argomenti ingrati o brutali come l'economia, la tecnologia, la guerra e la politica. Il centro di gravità di queste teorie era quindi dalla parte dell'intelletto piuttosto che dell'anima. Con l'avvento del XX secolo e il chiarimento di tutte le teorie romantico-materialiste, l'unità della cultura è stata percepita attraverso tutte le sue varie manifestazioni di arte, filosofia, religione, scienza, tecnologia, politica, forme statali, forme razziali, guerra. Pertanto, la gerarchia delle razze in questo secolo si basa sul desiderio di potere.

Anche questa classificazione delle razze è arbitraria, dal punto di vista intellettuale, nella stessa misura in cui lo è quella basata sulla forza fisica. Tuttavia, è l'unica appropriata per noi in questo momento.

E non è nemmeno rigida, perché in questo campo le vicissitudini della storia sono molto più importanti delle qualità della trasmissione ereditaria. Oggi non esiste una razza indù, anche se un tempo ce n'era una. Questo nome è il prodotto di una storia finita e non corrisponde a nessun gruppo razziale. Non esiste nemmeno una razza basca, bretone, assiana, andalusa, bavarese o austriaca. Allo stesso modo, anche le razze che esistono oggi nella nostra civiltà occidentale scompariranno quando la storia le avrà superate.

La storia è la fonte della gerarchia delle razze, la forza degli eventi. Così, quando vediamo un popolo europeo, dotato di caratteristiche razziali proprie, come gli inglesi, opprimere con un solo manipolo di truppe una popolazione di centinaia di milioni di asiatici per due secoli, come fecero in India, lo definiamo una razza con una forte brama di potere. Nel XIX secolo, l'Inghilterra aveva una minuscola guarnigione di 65.000 soldati bianchi in mezzo a 300.000.000 di asiatici.

Queste semplici cifre ci porterebbero a conclusioni errate se non sapessimo che l'Inghilterra era la Nazione al servizio della Cultura Superiore, e che l'India era solo un luogo popolato da molti milioni di esseri primitivi, un luogo che un tempo era stato sede di una Cultura Superiore come la nostra, ma che da tempo era tornato al suo primitivismo pre-culturale, tra le rovine e i monumenti del passato. Sapendo questo, sappiamo anche che l'origine di questa dura brama di potere risiede, almeno in parte, nella forza del Destino della Cultura di cui l'Inghilterra era espressione. Quando vediamo una razza come quella spagnola inviare due gruppi come quelli di Cortés e Pizarro e leggiamo delle loro conquiste, sappiamo che abbiamo a che fare con una razza con un alto desiderio di potere. Con soli cento uomini, Pizarro riuscì a sconfiggere un impero di milioni di persone. Il progetto di Cortés fu altrettanto audace. Ed entrambi ottennero un successo militare. Queste cose non possono essere fatte da una razza di schiavi. Gli Aztechi e gli Inca non erano popoli senza razza, ma erano veicoli di un'altra Cultura Superiore, un fatto che fa sembrare queste imprese quasi incredibili.

La razza francese all'epoca delle guerre rivoluzionarie era al servizio di un'idea culturale. La missione di cambiare l'intera direzione dalla Cultura alla Civiltà, di aprire l'Età del Razionalismo. L'enorme forza che questa idea vitale trasmise agli eserciti francesi appare nei vent'anni di vittorie militari successive su tutti gli eserciti che le ripetute coalizioni europee furono in grado di lanciare contro di lui. Sotto il comando dello stesso Napoleone, ottennero la vittoria in più di 145 battaglie su un totale di 150. Una razza con la forza per una tale impresa doveva avere un forte desiderio di potere.

In ognuno di questi casi, la razza è una creazione della storia. In tale unità, la parola razza contiene i due elementi: il rapporto stirpe-paesaggio e la comunità spirituale della storia e dell'idea culturale. Sono, per così dire, stratificati: sotto c'è il battito forte e primitivo del ritmo cosmico in una particolare stirpe; sopra c'è il plasmatore, il creatore, il guidatore del destino di una particolare stirpe; sopra c'è il plasmatore e il creatore, il guidatore del destino di una Cultura superiore.

Quando Carlo d'Angiò decapitò Corrado, l'ultimo imperatore Hohenstaufen, nel 1267, la Germania scomparve per 500 anni dalla storia dell'Occidente come unità politicamente significativa, per riapparire nel XVIII secolo nella duplice forma di Austria e Prussia. In quei secoli, altre potenze scrissero, per lo più con il proprio sangue, la storia superiore dell'Europa. Ciò significa che - rispetto al grande spargimento di sangue delle generazioni degli altri - la Germania era un'eccedenza.

Per comprendere l'importanza di questo fatto, dobbiamo risalire all'origine puramente biologica delle razze europee.

VI

I flussi primitivi di popoli provenienti dal nord dell'area eurasiatica dal 2000 a.C. al 1000 d.C. - e anche più tardi - probabilmente appartenevano a una stirpe affine. - e anche più tardi - probabilmente appartenevano a una stirpe imparentata. I barbari chiamati Kassiti conquistarono i resti della cultura babilonese intorno al 1700 a.C. Nel secolo successivo, i barbari provenienti dal nord, che gli egiziani chiamavano Hyksos, si posarono sulle rovine della civiltà egizia e la sottomisero al loro giogo. In India, gli Ariani, anch'essi un'orda di barbari nordici, conquistarono la cultura indiana. I popoli che apparvero in Europa durante il millennio e mezzo che si concluse nel 1000 d.C., sotto i vari nomi di Franchi, Franchi, Franchi, Franchi, Franchi, Franchi, Franchi, Franchi, Franchi, Franchi, Franchi e Franchi, sotto i vari nomi di Franchi, Angli, Goti, Sassoni, Celti, Visigoti, Ostrogoti, Longobardi, Belgi, Danesi, Scandinavi, Vichinghi, Varangi, Germani, Tedeschi, È molto probabile che i conquistatori delle antiche civiltà orientali appartenessero a una stirpe simile a quella dei barbari occidentali che per secoli minacciarono Roma e infine la saccheggiarono. La caratteristica più importante di questa stirpe era il colore biondo. Se oggi si trovano tratti biondi, significa che a un certo punto del passato si sono insediati elementi nordici di questa stirpe. Questi barbari nordici conquistarono le popolazioni indigene in tutta Europa, stabilendosi come strato superiore, fornendo la loro leadership, i loro guerrieri e le loro leggi ovunque andassero. Così rappresentarono lo strato dominante nei territori oggi conosciuti come Spagna, Francia, Germania e Inghilterra. La loro proporzione numerica era maggiore in alcuni luoghi rispetto ad altri, ed è nella forte volontà di questo strato primitivo che prese forma l'idea della nascita della cultura occidentale, intorno all'anno 1000 d.C. Avendo conquistato civiltà già compiute, questo ceppo era stato selezionato per realizzare a sua volta il destino di una cultura superiore.

Ciò che distingue questa corrente di popoli biologicamente primitivi è la loro forte volontà. È anche questa forte volontà - e non solo l'Idea profonda della Cultura in sé - che serve ad accrescere nella storia dell'Occidente la grande energia delle sue manifestazioni in tutte le direzioni del pensiero e dell'azione. Pensate ai Vichinghi, che con le loro minuscole navi arrivavano dall'Europa all'America nella grigia alba della nostra storia! Questo è il tipo di materiale umano che aumenta la linfa vitale delle razze, dei popoli e delle nazioni occidentali. È a questo tesoro dell'essere che l'Occidente deve il suo valore sul campo di battaglia, e questo fatto è riconosciuto in tutto il mondo, anche se teoricamente rifiutato o meno. Chiedete a qualsiasi generale di qualsiasi esercito se preferirebbe avere al suo comando una divisione di soldati arruolati in Pomerania o una divisione di negri.

Purtroppo per l'Occidente, anche la popolazione russa contiene una grande quantità di questa stirpe di barbari nordici. Non è al servizio di una cultura superiore, ma sta di fronte a noi come i Galli stavano di fronte alla Roma repubblicana e imperiale. La razza è il materiale degli eventi ed è a disposizione della volontà di annientamento tanto liberamente quanto della volontà di creazione. La barbara stirpe nordica della Russia rimane barbara e la sua missione negativa ha impresso la propria impronta razziale. La storia ha creato una razza russa che sta allargando uniformemente le sue frontiere razziali, assorbendo e incidendo con la sua storica missione di distruzione le varie correnti di popoli del suo vasto territorio.

Nella gerarchia delle razze basate sul desiderio di potere, la nuova razza russa occupa un posto importante. Questa razza non ha bisogno di propaganda moralistica per eccitare i suoi militanti. I loro istinti barbarici sono presenti e i loro leader possono contare su di essi.

A causa della natura fluida della razza, anche la gerarchia delle razze basata sul desiderio di potere non può riuscire a ordinare tutte le razze esistenti oggi. Ad esempio, i sikh sarebbero al di sopra dei cingalesi o al di sotto di essi; i neri americani al di sopra o al di sotto degli indiani Aymara? Ma l'intero scopo di comprendere i diversi gradi di desiderio di potere nelle varie razze è pratico e si applica innanzitutto alla nostra civiltà occidentale. È possibile mettere a frutto questa conoscenza? La risposta è che non solo si può, ma si deve, se si vuole che l'Occidente viva la sua vita in modo indipendente e non diventi schiavo delle orde asiatiche annichilenti sotto la guida della Russia, del Giappone o di qualsiasi altra razza infiltrata. Prima di poter applicare queste informazioni con piena cognizione di causa e senza il pericolo di antichi fraintendimenti, dobbiamo esaminare il significato soggettivo di Razza, oltre alle idee connotate dai termini Popolo, Nazione e Stato.

6. Significato soggettivo della razza

I

La razza, come abbiamo visto, non è un'unità dell'esistenza, ma un suo aspetto. In particolare, è l'aspetto dell'esistenza in cui si rivela la relazione tra l'essere umano e i grandi ritmi cosmici. È, quindi, l'aspetto non individuale della Vita, sia essa la vita di una pianta, di un animale o di un essere umano.

La pianta non mostra - almeno non ci sembra - alcuna coscienza, cioè alcuna tensione con il suo ambiente. La pianta è quindi solo il possessore di una razza, per così dire, perché è totalmente immersa nella corrente cosmica. L'animale mostra tensione, coscienza, individualità. Anche l'uomo possiede una propria coscienza e la capacità e la necessità di vivere una vita superiore nel regno dei simboli. Tutti gli uomini possiedono questo, ma il grado di differenza in questo senso tra un uomo primitivo e uno colto è così enorme da sembrare quasi una differenza nel tipo stesso.

È il ritmo razziale, che informa gli impulsi primitivi, che generalmente comunica l'azione. Ad esso si oppone la parte luminosa della mente, la ragione sradicata, l'intelletto. Quanto più questa è strettamente legata al piano razziale, tanto maggiore è l'impronta intellettuale che l'esistenza porta al posto di quella razziale. Ogni individuo, come ogni unità organica superiore, possiede entrambi questi aspetti. L'intelletto è la forza che lo spinge all'autoconservazione, alla continuazione del ciclo generazionale, all'aumento del potere. L'intelletto decide il senso della vita e il suo scopo e può, per vari motivi, rifiutare uno o tutti gli impulsi fondamentali. Il celibato del sacerdote e la sterilità del libertino provengono ugualmente dall'intelletto, ma l'uno è espressione di una cultura superiore, l'altro è la negazione della cultura, espressione di una degenerazione completa. L'intelletto deve quindi essere al servizio della cultura o in opposizione ad essa.

La razza è, in primo luogo, nel suo senso soggettivo, ciò che un uomo sente. Influisce, sia immediatamente che alla fine, su ciò che fa. Un uomo di razza non nasce per essere uno schiavo. Se il suo intelletto gli consiglia di sottomettersi temporaneamente invece di morire eroicamente nella speranza di un futuro migliore, è solo un rinvio della sua fuga. L'uomo senza razza si sottometterà permanentemente a qualsiasi umiliazione, a qualsiasi insulto, a qualsiasi disonore, finché gli sarà permesso di vivere. Per l'uomo senza razza, la continuità della respirazione e della digestione costituiscono la Vita. Per l'uomo di razza, la vita da sola non ha valore, che possiede solo quando si trova nelle giuste condizioni, la vita ricca, espressiva, crescente, affermativa.

Il martire muore per la verità che conosce, il guerriero che muore con l'arma in pugno piuttosto che arrendersi ai nemici, muore per l'onore che sente. Ma l'uomo che muore per qualcosa di superiore dimostra di possedere la razza, indipendentemente dalle sue motivazioni intellettuali. La razza rappresenta infatti la facoltà di rimanere fedeli a se stessi. È l'attribuzione di un valore superiore alla propria anima individuale.

In questo senso soggettivo, la razza non è il modo di parlare, di guardare, di gesticolare, di camminare, non è una questione di stirpe, di colore, di anatomia, di struttura scheletrica o di qualsiasi altra cosa oggettiva. Gli uomini di razza sono sparsi in tutte le popolazioni del mondo, in tutte le razze, i popoli, le nazioni. In ogni unità sono i guerrieri, i leader dell'azione, gli artefici della politica e della guerra.

Così, in senso soggettivo, esiste anche una gerarchia di razza. In alto gli uomini di razza, in basso quelli senza. I primi sono trascinati nell'azione e negli eventi dal grande ritmo cosmico del movimento; gli altri sono superati dalla Storia. I primi costituiscono il materiale della Storia superiore; i secondi sono sopravvissuti a tutta la Cultura e, quando la tranquillità riprende il sopravvento sulla terra, dopo il turbinio degli eventi, formano la grande massa. Le madri cinesi consigliano ai loro figli l'antico monito: "Rendi il tuo cuore piccolo". Questa è la saggezza dell'uomo senza razza e della razza senza volontà. Gli uomini di razza passano attraverso i popoli che si trovano nel corso del movimento della Cultura superiore quasi senza toccarli, e questo processo continua attraverso le generazioni della Storia sulle cime. Il resto è "fellaheen".[40]

La razza, nel suo senso soggettivo, diventa così una questione di istinto. L'uomo dotato di istinti potenti possiede la razza; l'uomo con istinti cattivi o deboli no. La forza intellettuale non ha nulla a che vedere con l'esistenza della razza; può semplicemente, in alcuni casi, come quello dell'uomo celibe, influenzare

---

[40] "Fellaheen", plurale di "Fellah", significa in arabo contadino.

l'espressione di una parte della razza. Vigore intellettuale e forti istinti possono coesistere - si pensi ai vescovi dell'epoca gotica che portavano i loro parrocchiani alla guerra; sono semplicemente le direzioni opposte del pensiero e dell'azione; ma sono gli istinti a fornire la forza motrice oltre alle grandi conquiste intellettuali. Il centro di gravità della vita elevata è, da parte dell'istinto, la volontà, la razza, il sangue. La vita che pone al centro gli ideali razionalistici di "individualismo", "felicità", "libertà", piuttosto che la perpetuazione e l'incremento del potere, è decadente. Decadente significa tendenza alla propria estinzione, estinzione soprattutto della vita superiore, ma anche infine della vita, dell'intera razza. L'intellettuale delle grandi città è il tipo di uomo a cui manca la razza. In ogni civiltà è stato l'alleato interno dei barbari esterni.

Questa qualità di possedere una razza non ha ovviamente alcuna relazione con il sentimento della razza stessa nei confronti della Comunità. La razza in senso oggettivo è una creazione della storia. Il proprio destino deve essere espresso all'interno di un certo quadro: il quadro del Destino.

Così, un uomo di razza nato in Kirghizia appartiene, per destino, al mondo barbaro dell'Asia con la sua storica missione di distruzione della civiltà occidentale. Naturalmente sono possibili alcune eccezioni, perché la vita non è del tutto generalizzabile. Alcuni polacchi, ucraini o persino russi possono essere spinti dalla loro anima a condividere lo spirito dell'Occidente. Se è così, appartengono alla razza occidentale, e ogni razza sana e ascendente accetta reclute che si uniscono ad essa in queste condizioni e che possiedono il giusto sentimento. Allo stesso modo, in Occidente ci sono numerosi intellettuali che si sentono legati all'idea esteriore dell'asiatico. Quanto siano numerosi lo dimostrano i giornali, i telegiornali e le opere teatrali che producono e che si guadagnano da vivere. Ma non sarebbe vero il contrario per gli uomini senza razza, che non sono nemmeno accettabili per il nemico. Non hanno nulla da apportare a un gruppo organico; sono granelli di sabbia umana, atomi dell'intelletto, senza alcuna coesione verso l'alto o verso il basso.

Ogni razza, per quanto transitoriamente possa essere vista dal punto di vista della storia, esprime con la sua vita una certa idea, un certo piano di esistenza, e la sua idea deve fare appello a certi individui al di fuori di essa. Così, nella vita occidentale, non ci è sconosciuto l'uomo che, dopo aver frequentato gli ebrei, aver letto la loro letteratura e aver adottato il loro punto di vista, diventa di fatto un ebreo nel pieno senso della parola. Non è necessario che possieda "sangue ebraico". Sappiamo anche il contrario: molti ebrei hanno adottato sentimenti e ritmi occidentali e hanno così acquisito la razza occidentale. Questo processo, chiamato con disprezzo dai leader ebraici "assimilazione", ha minacciato nel XIX secolo l'esistenza stessa della razza ebraica con l'assorbimento finale dell'intero corpo razziale da parte delle razze occidentali.

Per impedire ciò, i leader ebrei svilupparono il programma del sionismo, che era solo un mezzo per mantenere l'unità della razza ebraica e perpetuare la sua esistenza come tale. Per questo motivo, riconobbero anche il valore dell'antisemitismo sociale. Esso serviva allo stesso scopo di preservare l'unità razziale degli ebrei.

II

L'estinzione degli istinti razziali ha lo stesso significato sia per un individuo che per una razza, un popolo, una nazione, uno Stato, una cultura: infruttuosità, mancanza di volontà di potenza, mancanza di capacità di credere o di perseguire grandi obiettivi, mancanza di disciplina interiore, desiderio di una vita di comodità e piacere.

I sintomi di questa decadenza razziale in vari punti della civiltà occidentale sono molteplici. Abbiamo in primo luogo l'orribile deformazione della vita sessuale che deriva dalla totale separazione dell'amore sessuale dalla riproduzione. Il grande simbolo di questo nella civiltà occidentale è ciò che il nome Hollywood suggerisce. Il messaggio di Hollywood è la totale significazione dell'amore sessuale come fine a se stesso, l'erotismo senza conseguenze. L'amore sessuale di due granelli di sabbia, di due individui senza radici, non l'amore sessuale primitivo che cerca la continuità della vita, la famiglia di molti figli. Un bambino è accettato, come un giocattolo più complicato di un cane, a volte anche due, un maschio e una femmina, ma la famiglia di molti bambini è un soggetto divertente per questo atteggiamento decadente.

L'istinto di decadenza assume varie forme in questo campo: scioglimento del matrimonio con leggi sul divorzio, tentativi di respingere, con l'abrogazione o l'inosservanza, le leggi contro l'aborto; predicazione, sotto forma di romanzo, dramma o giornale, dell'identificazione della "felicità" con l'amore sessuale, mostrandolo come il grande valore, di fronte al quale tutti gli onori, i doveri, il patriottismo, la consacrazione della vita a un fine superiore, devono cedere. Una strana mania erotica penetra da una parte all'altra della nostra civiltà, non certo come l'ossessione sessuale del XVIII secolo, che era almeno rancidamente positiva, nel senso di aumentare la popolazione occidentale, ma sempre con un erotismo senza conseguenze, puramente senza radici. Questa malattia spirituale costituisce il suicidio della razza. L'indebolimento della volontà, Nietzsche la chiama "paralisi della volontà", un altro sintomo dell'estinzione degli istinti razziali, porta a un totale deterioramento della vita pubblica delle razze interessate. I capi di governo non osano offrire un programma severo alle loro masse sabbiose di esseri umani: cedono ma rimangono in carica come individui privati. Il governo cessa di esistere; le uniche funzioni che svolge sono quelle che si sono sempre sviluppate da sole; nessun nuovo obiettivo, nessun sacrificio.

Mantengono il vecchio stato di cose: non credere, non sforzarsi! Sarebbe troppo pesante. Mantengono lo stato di piacere, il panem et circenses. Non importa le necessità della vita, siamo disposti a rinunciarvi pur di avere i loro piaceri.

Questo indebolimento della volontà porta all'abbandono volontario degli imperi conquistati con il sangue di milioni di persone nel corso di dieci generazioni. Porta a un odio profondo verso chiunque e qualunque cosa rappresenti l'austerità, la creazione, il futuro. Uno dei suoi prodotti è il pacifismo, e l'unico modo in cui una popolazione in dissoluzione razziale può essere spinta alla guerra è il servizio militare obbligatorio, insieme alla propaganda pacifista: "Questa è l'ultima guerra. Anzi, è una guerra contro la guerra". Solo un intellettuale potrebbe farsi ingannare da una tale totale irrealtà. La debole volontà della società si manifesta nel bolscevismo delle classi superiori, nella solidarietà con i nemici della società. In realtà, chiunque possieda una volontà intatta è considerato un nemico, persino il ragionamento logico è odiato, tanto poco è richiesto dagli ideali.

La mediocrità si staglia all'orizzonte di una razza morente come il suo ultimo grande ideale, una mediocrità completa, una rinuncia totale a ogni grandezza e a ogni distinzione di qualsiasi tipo; così fa la mediocrità del flusso sanguigno razziale, ora chiunque può entrarvi, non solo alle nostre condizioni, perché non abbiamo più condizioni e non ci sono differenze razziali; è tutta una cosa, noiosa, monotona, mediocre.

L'indebolimento della volontà non è difficile, data un'ideologia che lo razionalizza come "progresso", come tutto ciò che è desiderabile, come obiettivo di tutta la storia precedente. Il complesso democrazia-liberismo è a portata di mano e acquista in questi momenti il significato di Morte della razza, della nazione e della cultura. Non ci sono differenze umane; tutti sono uguali, gli uomini sono donne, le donne sono uomini, "l'individuo" è tutto, la vita è una lunga vacanza il cui problema principale consiste nell'escogitare nuovi e più stupidi piaceri; non c'è Dio, non c'è Stato: via la testa di chiunque osi dire che abbiamo una missione, o voglia far risorgere l'Autorità.

Troveremo questi o simili sintomi nella scomparsa di ogni strato superiore la cui volontà si indebolisce: così Tocqueville descrive come lo strato superiore francese del 1789 non avesse alcun sospetto dell'imminente Rivoluzione; come la nobiltà fosse entusiasta della "bontà naturale dell'Umanità", del "popolo virtuoso", dell'"innocenza dell'Uomo", mentre il terrore del 1793 giaceva davanti ai miei piedi, spettacolo terribile e ridicolo.[41] La nobiltà petrina della Russia non si è forse comportata allo stesso modo fino al 1917? Lo zar ha resistito alle suppliche di andarsene finché era ancora in tempo con "Il popolo non mi farà del male". La sua idea del contadino russo era quella di un mujik felice, semplice, fondamentalmente buono. Allo stesso modo, l'indebolimento della volontà occidentale in alcuni Paesi è stato dimostrato dal diluvio di propaganda filorussa che è stata condotta, talvolta con l'approvazione ufficiale, in quei Paesi dal 1920 al 1960.

---

[41] In francese, nel testo: "spectacle terrible et ridicule.

IV - VITALISMO CULTURALE - PATOLOGIA CULTURALE

1. La patologia della cultura

I

Tutte le forme di vita - pianta, animale, uomo, Grande Cultura - presentano le regolarità organiche di nascita, crescita, maturità, realizzazione e morte. Ogni forma contiene in sé l'essenza delle forme meno elaborate, meno articolate, e la nuova anima è una sovrastruttura, si potrebbe dire, sulla base generale. Così la pianta mostra una stretta connessione con i ritmi cosmici, l'animale ha una distribuzione geografica su un determinato territorio, grande o piccolo, e mostra anche un istinto che procede dalle sue intime connessioni con i ritmi cosmici, l'animale ha una distribuzione geografica su un determinato territorio, grande o piccolo, e mostra anche un istinto che procede dalle sue intime connessioni con i ritmi cosmici. L'uomo ha un attaccamento alla terra, sia spirituale che materiale, possiede gli istinti di un animale da preda e mostra nel suo ritmo di sonno e di veglia la supremazia alternativa dell'elemento vegetale non stressato che è in lui. Una Grande Cultura è vegetale nel suo attaccamento alla terra d'origine, attaccamento che durerà dall'inizio fino all'ultimo periodo; è animale quando divora ferocemente altre forme di vita; è umana nella sua spiritualità e originale nel suo potere di trasformare la vita umana. La sua grande portata vitale e la natura obbligata del suo destino.

A tutto ciò che è vivente appartiene la malattia così come la salute. Nella sua classificazione delle scienze Bacone riservò un posto alla scienza delle deviazioni e più tardi D'Alembert nella sua classificazione per l'Encyclopédie citò i "prodigi, o deviazioni dal corso ordinario della Natura". La vita è regolare nei suoi fenomeni e quando devia, è regolare nelle sue deviazioni. Qualsiasi tipo di malattia esopatica o autopatica appartiene alla Patologia. Le piante hanno la loro patologia, così come gli animali e l'uomo. Anche le Grandi Culture hanno la loro patologia, anche se solo la nuova Epoca, con la sua incorruttibile visione dei fatti e la sua liberazione dal pregiudizio del Materialismo, ha preso coscienza della sua esistenza per la prima volta. La patologia segue l'organismo, e così le piante non possono soffrire di epatite, né i cani di psicosi. Ma il processo funziona verso l'alto, come i piani della vita, stratificati, uno sopra l'altro, man mano che la vita aumenta di complessità. Così il parassitismo, una forma di patologia vegetale, esiste anche per tutte le forme di vita superiori. La crescita di una pianta può essere vanificata da condizioni sfavorevoli, così come lo sviluppo di un animale può essere ostacolato da interferenze esterne. Gli organismi umani più deboli possono essere spiritualmente ritardati e bloccati dal completo dominio della loro anima da parte di altri esseri umani con una volontà più forte.

La patologia umana è una scienza di ciò che sta accadendo, non una scienza di ciò che è accaduto, come la fisica. Non potrà mai riuscire nel suo programma di organizzare il terreno delle deviazioni vitali, perché la vita sfida ogni tipo di classificazione. Le componenti invisibili dominano quelle visibili. L'anima, la volontà, l'intelletto, le emozioni sono misteriosi nei loro effetti e non possono essere trattati in modo sistematico come i dati della fisica o della geologia.

La patologia delle Grandi Culture era naturalmente arcana per un metodo scientifico che credeva nel dogma di base che la vita fosse meccanica, che l'uomo non avesse un'anima e che dovesse esistere una formula chimica per descrivere la coscienza. Per questa visione che negava Dio e l'anima, la Grande Cultura era un nome astratto per descrivere gli sforzi collettivi di singoli uomini. Una nazione era un insieme di individui legati solo meccanicamente; l'economia e la felicità erano l'intero contenuto della vita; qualsiasi cosa introducesse un contenuto spirituale o un significato nella vita era dannosa. Questa visione era semplicemente incapace di comprendere la Vita. Ha prodotto una psicologia che non sarebbe stata abbastanza complessa nemmeno per gli animali e l'ha chiamata psicologia umana. Poneva un'intelligenza sterile al centro del mondo interiore e negava la natura mistica della creatività umana.

Questo punto di vista era esso stesso un prodotto di una certa epoca, quella del Razionalismo, e con la morte di questo pregiudizio ci troviamo di fronte a un nuovo mondo di relazioni spirituali, il cui ingresso è stato proibito negli ultimi due secoli. Ci siamo liberati dall'oppressione e dalla mediocrità del materialismo e possiamo di nuovo entrare nel regno colorato e infinitamente vario dell'anima. Nella sua fase finale, l'Età del Razionalismo ha girato il coltello su se stessa con il suo rifiuto di riconoscere i fenomeni psichici dimostrati dai suoi stessi metodi, mostrando la sua stessa natura di Fede, di irrazionalità, e si è spostata nella raccolta di templi, leggende e memorie della storia. Il materialismo guarda la Vita dal suo aspetto inferiore. In realtà l'anima usa la materia come veicolo della sua espressione. Il materialismo, vedendo solo i risultati e non il Fato invisibile che li ha portati, dice che i risultati erano primari, l'anima un'illusione. Incapace di conoscere la necessità invisibile che governa l'organico e la sua relazione con il Cosmo, ha concluso da cento direzioni diverse che la Vita è incidente. Per non catalogare queste interessanti ragioni, prendiamo come esempio la presenza di polvere nell'aria. I pensatori dei laboratori hanno scoperto che se non ci fosse polvere nell'aria, la vita sarebbe impossibile. Non hanno mai pensato che la Vita e tutti gli altri fenomeni fossero legati da una necessità mistica. Trattando ogni cosa separatamente, con analisi sempre più raffinate di cose sempre più piccole, hanno perso ogni legame con la realtà e si sono stupiti quando sono apparse le connessioni tra le cose. Non poteva che essere un caso, dicevano questi profondi pensatori.

II

Le condizioni della Vita sono per noi un punto di partenza. Non le condizioni di tutta la Vita, ma solo quelle di quella particolare forma di Vita chiamata Grande Cultura.

Ogni forma di vita ha le sue condizioni ideali. Alcune piante richiedono molta acqua, altre poca. Alcune prosperano in acqua salata, altre hanno bisogno di acqua dolce. Gli animali hanno il loro habitat, ogni specie ha la sua area o le sue aree che soddisfano le condizioni necessarie per la sua salute e la sua sopravvivenza. Gli esseri umani nel loro complesso hanno determinate aree e diversi tipi di esseri umani hanno le loro rispettive zone che supportano i loro bisogni vitali.

In corrispondenza delle condizioni di vita ideali delle varie forme di vita, ogni forma di vita e ogni organismo possiede un potere di adattamento. Una pianta può continuare a vivere a un potenziale inferiore se le viene fornita una quantità d'acqua inferiore a quella ideale. Ma si arriva a un punto in cui la quantità d'acqua è minima e, se se ne dà meno, la vita cessa del tutto. Questo è il limite dell'adattamento. Sia gli animali che l'uomo hanno una capacità di adattamento e un limite: l'uomo può vivere nell'aria densa delle valli e nell'aria rarefatta delle alte montagne. Il corpo umano si adatta alle condizioni di montagna aumentando le dimensioni del torace e la superficie dei polmoni. Ma questa adattabilità non è indefinita e arriva un punto di scarsità d'aria a cui l'uomo non può più adattarsi a causa dei limiti intrinseci della forma di vita umana.

La trattazione di questo argomento in quest'opera non vuole essere altro che una presentazione rapida e minimale dei fondamenti necessari alla comprensione della natura dei fenomeni culturali in generale, come base per l'azione. Questa è politica, non filosofia della storia e nemmeno filosofia naturale degli organismi. L'intero argomento della patologia culturale è relativamente nuovo. Quello che nel 2100 sarà un argomento completo, oggi è solo un abbozzo, e questo è ancora meno di un abbozzo. Ma la politica non può essere separata dalla cultura, e ogni sforzo per chiarire il suo necessario passo avanti in questo crocevia critico della cultura occidentale è culturalmente e storicamente giustificato.

Una Grande Cultura si distingue dagli altri organismi perché realizza le sue manifestazioni materiali attraverso organismi inferiori, cioè attraverso la cultura dell'uomo. Il suo corpo è una vasta collezione di molti milioni di corpi umani in un determinato territorio. Se il simbolo primordiale della Cultura sia spiritualmente adattato al territorio in questione non è di nostra competenza.

È chiaro che la questione dell'adattamento fisico non esiste per una Cultura. Il suo unico adattamento è spirituale. Né può avere una malattia fisica come gli uomini. La malattia, per una Cultura, può essere solo un fenomeno spirituale.

La vita stessa è un mistero, cioè qualcosa che non è pienamente comprensibile. Forse la causa di ciò risiede nel fatto che la facoltà di comprensione è solo una manifestazione di un tipo di Vita, in altre parole la parte di una parte, ed è quindi inadatta all'assimilazione del Tutto. Ogni manifestazione della Vita è un mistero, anche la malattia. Alcuni uomini, quando vengono a contatto con certi microrganismi, sviluppano una malattia definita. Altri uomini non reagiscono affatto a questi microrganismi. Il siero che è benefico per un uomo può uccidere un altro. È possibile discutere di fenomeni patologici come questi in termini di adattamento e incapacità di adattamento. La ragione ultima per cui una specie, o un individuo, trova i suoi limiti di adattabilità proprio qui e non in un altro punto, rimarrà sempre sconosciuta.

E così è per le culture. Non si sa perché l'anima di una cultura mantenga la sua purezza o individualità. Tuttavia, interiormente segue il proprio corso vitale e non può seguire il corso vitale che desidera sia seguito da un sentimento vitale estraneo che trae la sua motivazione da fonti extraculturali.

Come il destino spinga un organismo a realizzare le sue possibilità, forzando un continuo passaggio da una fase all'altra, è anch'esso un mistero. Il XIX secolo materialista, che ha perso completamente il contatto con il mondo reale dello spirito nella sua ossessione per il mondo infra-reale della materia, ha di conseguenza provato un terrore inaudito di fronte alla morte, e la medicina razionalista ha annunciato la sua intenzione di eliminare la morte. Questo genere di cose fa onore al coraggio intellettuale dei razionalisti, ma dimostra che la loro intelligenza senza radici è sinonimo di stupidità. Non possiamo eliminare il destino, perché anche la nostra protesta contro di esso è una fase dello sviluppo della cultura.

L'intero argomento della patologia culturale è troppo vasto per essere trattato in questa sede; sarà oggetto di molti volumi nei secoli a venire. Tutto ciò che è necessario per la prospettiva d'azione del XX secolo è comprendere tre fenomeni che si verificano all'interno di questo ampio campo della patologia culturale, ossia il parassitismo culturale, il ritardo culturale e la distorsione culturale. Tutte queste malattie culturali esistono, in Occidente, nel pieno del XX secolo, ed esistono da tempo. È solo questa condizione malata della civiltà occidentale che rende possibile la grottesca situazione mondiale di oggi. Ci riferiamo alle prime due guerre mondiali e alla loro orribile sequenza. La patria della Civiltà Occidentale è la sede dei cervelli e dei caratteri più forti, della forza morale più intensa, della creatività tecnica più elevata, dell'unico grande Destino positivo del mondo, ma nonostante il fatto che tutto questo dovrebbe generare la massima concentrazione di potere, la Civiltà Occidentale oggi è semplicemente un oggetto della politica mondiale. È il bottino per le potenze saccheggiatrici dall'estero. Questa situazione non è dovuta all'uso di mezzi militari, ma a una malattia culturale critica.

2. Parassitismo culturale

I

Nel capitolo in cui ci siamo occupati delle prospettive politiche, abbiamo detto che la condizione in cui si trovano le persone che pensano privatamente influisce sugli affari pubblici. Citiamo l'esempio della Pompadour che gettò la Francia in guerra contro Federico il Grande perché l'aveva descritta con un soprannome poco galante davanti a tutta l'Europa. In quella guerra, la Francia perse tutto, il suo Impero d'Oltremare, che cadde a favore dell'Inghilterra perché stava combattendo in Europa, e dedicò meno sforzi alla grande guerra imperiale che alla guerra locale europea. Questo è il risultato ordinario della politica parassitaria.

Una nazione è un'Idea, ma è una mera parte dell'Idea, più grande della Cultura che la crea nel processo della sua stessa realizzazione. Ma proprio se una nazione può ospitare gruppi e individui potenti che pensano in completa indipendenza dalla realizzazione dell'Idea nazionale, ciò può accadere anche a una Cultura.

Tutti sanno cosa sia la politica parassitaria in una nazione, e tutti lo capiscono quando se ne rendono conto. Quando il greco Capodistria era ministro degli Esteri in Russia, nessuno si aspettava che portasse avanti una politica anti-greca. Durante la rivolta dei Boxer in Cina, nessuna potenza occidentale pensava di dare un comando a un generale cinese. Nella guerra americana contro il Giappone, 1941-1945, gli americani non usarono i loro soldati di leva giapponesi, proprio come l'Europa scoprì nelle prime due guerre mondiali che non poteva usare gli slavi boemi contro la Russia. I generali americani non avrebbero osato arruolare i loro messicani contro il Messico o i loro neri contro l'Abissinia. Né, in un periodo di preparazione alla guerra contro la Russia, un noto simpatizzante russo potrebbe esercitare il potere pubblico in America. Ancor meno gli americani metterebbero il loro intero governo nelle mani di noti immigrati russi.

Fenomeni di questo tipo riflettono il fatto generale che un uomo o un gruppo rimane quello che è anche quando vive con un altro gruppo, a meno che non venga assimilato. L'assimilazione è la morte del gruppo in quanto tale. Il flusso sanguigno degli individui che lo compongono continua, ma il gruppo è scomparso. Finché era un gruppo, era uno straniero.

Nell'esame della razza abbiamo visto che le differenze fisiche non costituiscono una barriera all'assimilazione, ma le differenze culturali sì. Ne sono un esempio i tedeschi del Baltico e del Volga, isolati nella Russia primitiva, i cinesi e i giapponesi in America, i neri in America e in Sudafrica, gli inglesi in India, i parsi in India, gli ebrei nella civiltà occidentale e in Russia gli indù nel Natal.

Il parassitismo culturale nasce allo stesso modo del parassitismo politico. Un parassita è semplicemente una forma di vita che vive nel o sul corpo di un'altra forma di vita e a sue spese. Significa, quindi, incanalare una parte dell'energia dell'ospite in una direzione estranea ai suoi interessi. Questo è del tutto inevitabile: se l'energia di un organismo viene spesa per qualcosa che non ha nulla a che fare con il suo sviluppo, viene sprecata. Il parassitismo è inevitabilmente dannoso per l'ospite, e il danno aumenta in proporzione alla crescita e alla diffusione del parassita.

Ogni gruppo che non partecipa al sentimento della cultura, ma che vive all'interno del corpo culturale, implica necessariamente una perdita per la cultura. Tali gruppi formano zone di tessuto anestetico, per così dire, nel corpo culturale. Rimanendo al di fuori della necessità storica, del destino della cultura, inevitabilmente militano contro quel destino. Questo fenomeno non dipende in alcun modo dalla volontà umana. Il parassita è fuori ma fisicamente dentro. Gli effetti sull'organismo ospite sono deleteri, sia fisicamente che spiritualmente.

Il primo effetto fisico dei gruppi non partecipanti nel corpo di una Cultura è che la popolazione della Cultura si riduce di conseguenza. I membri del gruppo estraneo prendono il posto degli individui appartenenti alla Cultura, che quindi non nascono mai. Si riduce artificialmente la popolazione della cultura nella stessa proporzione dell'importanza numerica del gruppo parassitario. Nel parassitismo animale e umano uno dei molti effetti sull'ospite è la perdita di cibo, e il parassitismo culturale è analogo. Riducendo il numero di individui in una cultura, un parassita culturale priva l'idea culturale dell'unico tipo di nutrimento fisico di cui ha bisogno: una fornitura costante di materiale umano adeguato al suo compito vitale.

Questo effetto anti-riproduttivo dei gruppi di immigrati è stato stabilito alla luce di recenti studi sulle tendenze della popolazione. Così, da uno studio comparativo della popolazione americana e delle sue tendenze, risulta che i 40.000.000 di immigrati giunti in America dal 1790 a oggi non sono serviti affatto ad aumentare la popolazione americana, ma solo a cambiarne la qualità. Un'idea sovrapersonale, rivestita dalla forza del Destino, deve svolgere il suo compito vitale, e se questo comporta popolazioni di una certa entità, aumentate in una certa proporzione, queste circostanze esterne si manifestano.

Il materialismo si trovò ad avere in mano dati sull'andamento della popolazione, ma senza alcuna spiegazione. Questi dati evidenziavano un aumento graduale nelle nazioni dell'Occidente, che raggiungeva rapidamente un picco, poi si stabilizzava e infine iniziava lentamente a declinare. La curva che descrive questo movimento della popolazione delle nazioni - è la stessa curva, approssimativamente in ogni caso - si vedrà che descrive anche il movimento della popolazione di una Grande Cultura. Nella fase che segna il passaggio di una Grande Cultura alla Civiltà - la fase segnata per noi da Napoleone - l'aumento della popolazione è rapido e raggiunge cifre che superano tutte le precedenti. Lo stesso Spirito dell'Epoca che ha portato all'estremo tutta l'energia della Cultura nell'industrialismo e nella tecnologia di massa, nelle grandi rivoluzioni, nelle guerre gigantesche e nell'imperialismo senza limiti, ha portato anche a questo aumento della popolazione. Il compito vitale della civiltà occidentale è il più grande che il mondo abbia mai visto e ha bisogno di queste popolazioni per portarlo a termine.

I gruppi culturalmente parassitari non sono utilizzabili per l'idea. Utilizzano l'energia della cultura verso l'interno e verso il basso. Tali gruppi sono punti deboli nel corpo della cultura. Il pericolo di questa debolezza interna aumenta in modo direttamente proporzionale quando la cultura è minacciata dall'esterno. Nel XVI secolo, quando l'Occidente era minacciato dai Turchi, sarebbe stato perfettamente ovvio per qualsiasi occidentale che i grandi gruppi interni di Turchi, se presenti, costituivano una seria minaccia.

Un secondo modo in cui il parassitismo culturale spreca la sostanza di una cultura è l'attrito interno che la sua presenza necessariamente crea. Nel corpo della cultura araba, al tempo di Cristo, era presente un numero importante di Romani. Il loro stadio culturale era quello della tarda civiltà, della completa esternalizzazione, e lo stadio culturale della popolazione aramaica di casa era quello della prima cultura. La tensione che naturalmente si creò: razziale, nazionale e culturale, culminò infine nel massacro di 80.000 romani nell'88 a.C.. Questa fu la causa delle guerre con Mitridate, in cui centinaia di migliaia di persone perirono in ventidue anni di combattimenti.

Un altro fenomeno, più vicino ai nostri tempi, è quello dei cinesi in California. Le tensioni razziali tra la popolazione bianca e quella cinese, nel corso del XIX e XX secolo, sono state causa di persecuzioni reciproche, odio, rivolte ed eccessi sanguinosi.

La popolazione nera, sia in America che in Sudafrica, ha dato origine a simili esplosioni di violenza e odio da entrambe le parti.

Tutti questi episodi sono manifestazioni di parassitismo culturale, cioè la presenza di un gruppo totalmente estraneo alla cultura.

Questi fenomeni non hanno nulla a che fare, come pensava un approccio analitico razionalista, con l'odio o la cattiveria di entrambe le parti. Il razionalismo guarda sempre in basso: vede semplicemente un gruppo di individui da entrambe le parti. Se quegli individui si uccidevano a vicenda, era per il desiderio di quegli individui, in quel particolare momento, di uccidersi a vicenda. Il razionalismo non comprendeva nemmeno il semplice fenomeno organico di una folla, per non parlare delle forme più elevate di popolo, razza, nazione, cultura. Ai liberali non è mai venuto in mente che, poiché queste tensioni si sono sempre manifestate in 5.000 anni di storia, doveva esserci una necessità all'opera. I liberali non riuscivano a capire l'istinto, il ritmo cosmico, il battito del cuore razziale. Per loro, un tumulto razziale era una manifestazione di mancanza di "educazione", di "tolleranza". Un uccello che sorvola un tumulto di strada lo capirebbe meglio dei materialisti, perché questi ultimi hanno adottato volentieri il punto di vista del lombrico e vi si sono aggrappati con determinazione.

Non solo tali eccessi non sono il risultato di malizia o odio, ma è vero il contrario: le manifestazioni di benevolenza e "tolleranza" in realtà aumentano la tensione tra gruppi totalmente estranei, rendendola più letale. Concentrando l'attenzione sulle differenze tra gruppi nettamente estranei, queste differenze diventano contrasti e i disordini vengono accelerati. Quanto più intimo è il contatto tra i due gruppi, tanto più insidioso e pericoloso diventa l'odio reciproco.

In teoria, sembra perfetto dire che se ogni individuo è "educato" alla tolleranza, non ci possono essere tensioni razziali o culturali. Ma... gli individui non sono il soggetto di questo tipo di eventi; non sono gli individui a provocare queste cose; sono le unità organiche a farlo, e sono loro a provocare i semplici individui. Il processo non ha nulla a che fare con la coscienza, l'intelletto, la volontà e nemmeno con i sentimenti, ai suoi inizi. Tutti questi elementi entrano in gioco solo come manifestazione della difesa della cultura contro la forma vitale estranea. Né l'odio avvia il processo, né la "tolleranza" lo arresta. Questo tipo di ragionamento applica la logica del tavolo da biliardo agli organismi sovrapersonali. Ma la logica è qui fuori luogo. La vita è irrazionale, e così ogni sua manifestazione: nascita, crescita, malattia, resistenza, espressione di sé, destino, storia, morte. Se vogliamo mantenere la parola logica, dobbiamo distinguere tra logica inorganica e logica organica. La logica inorganica è il pensiero del caso; la logica organica è il pensiero del Fato. La prima è illuminata, consapevole, cosciente; la seconda è ritmica e inconscia. La prima è la logica di laboratorio degli esperimenti fisici; la seconda è la logica vivente degli esseri umani che svolgono questa attività e che non sono in alcun modo riconducibili, nella loro vita, alla logica che applicano nei loro laboratori.

II

L'esempio più tragico di parassitismo culturale è stato, in Occidente, la presenza di una parte di una nazione della Cultura araba, diffusa sul suo territorio. Abbiamo già visto il contenuto completamente diverso dell'idea di nazione in quell'altra cultura. Per essa, le nazioni erano Stato, Chiesa e Popolo in un unico insieme. L'idea di patria territoriale era sconosciuta. La casa era dove si trovavano i credenti. Appartenente e credente erano idee intercambiabili. Questa cultura aveva raggiunto la fase di tarda civiltà, mentre il nostro Occidente gotico stava appena uscendo dalla fase primitiva.

Nei piccoli villaggi - non c'erano città - di un Occidente che si stava risvegliando, questi cosmopoliti costruirono i loro ghetti dalla testa ai piedi. Il pensiero finanziario, che sembrava diabolico per un Occidente profondamente religioso, era il punto di forza di questi stranieri super civilizzati. Il prestito a interesse era vietato dalla Chiesa ai cristiani, e questo permise agli stranieri di ottenere il monopolio del denaro. La Judengasse era un millennio avanti rispetto ai suoi vicini nello sviluppo culturale.[42]

---

[42] Judengasse", in tedesco letteralmente "strada degli ebrei". In questo caso e per estensione quartiere ebraico.

La leggenda dell'Ebreo Errante nacque in questo periodo o, esprimendo il sentimento di insicurezza provato dall'occidentale in presenza di questo straniero senza terra, che si sentiva a casa ovunque, anche quando all'Occidente sembrava di non sentirsi a casa da nessuna parte. L'Occidente capiva poco della sua Torah, della Mishnah, del Talmud, del cabalismo e della Yesirah, così come l'ebreo capiva il suo cristianesimo e la sua filosofia scolastica. Questa reciproca incapacità di comprendersi generava sentimenti di estraneità, paura e odio.

L'odio dell'occidentale per l'ebreo aveva motivazioni religiose, non razziali. L'ebreo era il pagano e, con la sua vita civilizzata e intellettualizzata, sembrava mefistofelico; satanico per l'occidentale. Le cronache di quei tempi ci raccontano gli orrori prodotti da questi due gruppi radicalmente estranei. Ci fu un massacro di ebrei a Londra nel giorno dell'incoronazione di Riccardo I, nel 1189. L'anno successivo, 500 ebrei furono assediati nel castello di York dalla folla e, per sfuggire alla loro furia, decisero di sgozzarsi a vicenda. Re Giovanni imprigionò gli ebrei, cavò loro gli occhi o i denti e ne uccise centinaia nel 1204. Quando un ebreo londinese costrinse un cristiano a pagargli più di due scellini alla settimana per un prestito di venti scellini, la folla si scatenò e 700 ebrei persero la vita.[43] I crociati, per secoli, uccisero intere popolazioni di ebrei durante le loro soste in Palestina e in Asia Minore. Nel 1278, 267 ebrei furono impiccati a Londra con l'accusa di aver contraffatto moneta. L'epidemia di peste nera del 1348 fu attribuita agli ebrei e il risultato fu un massacro di ebrei in tutta Europa.[44] Per 370 anni gli ebrei non poterono risiedere in Inghilterra, finché non furono riammessi da Cromwell.

Sebbene la motivazione di questi eccessi non fosse razziale, si trattava di una creazione di razza. Ciò che non distrusse gli ebrei li rese più forti, allontanandoli ulteriormente dai popoli ospitanti, sia fisicamente che spiritualmente.

Per diversi secoli, nella nostra storia occidentale, i problemi e gli eventi che

---

[43] Cioè un tasso di interesse annuo del 590%.

[44] Peste portata in Europa dai genovesi (1347), che la contrassero durante l'assedio di Feodosia (Crimea) da parte dei Tartari di Kipchak Khan. Si trattava della peste bubbonica trasmessa dalle pulci dei ratti. I Tartari catapultarono i loro uomini morti per la malattia oltre le mura di Genova. Secondo il demografo francese Jean Froissant, tra la metà e i due terzi della popolazione europea perirono nel giro di due anni (Enciclopedia Britannica, p. 742). L'Europa tornò al livello di popolazione del 1347/48 solo duecento anni dopo. Gli ebrei furono ritenuti responsabili di aver deliberatamente diffuso l'epidemia avvelenando i pozzi. Enciclopedia Britannica, Vol. XVII, p. 1942).

hanno dato origine a un'agitazione fondamentale in Occidente non hanno toccato l'ebreo, un uomo sereno la cui vita interiore aveva raggiunto la fossilizzazione con la consumazione della Cultura che ha creato la Chiesa-Stato-Popolo-Nazione-Ebrei. I conflitti dell'Impero con il Papato, la Riforma, l'Età delle Scoperte erano vuoti per lui. Se ne occupò solo come spettatore. L'unica cosa che lo preoccupava era il loro impatto su di lui. L'idea di prendervi parte, o di sacrificarsi a una parte particolare, non gli venne mai in mente. Nei ghetti sparsi per l'Europa, tutto era uniforme: le norme alimentari, l'etica talmudica dualistica, una parte per i goyim e un'altra per gli ebrei, il sistema legale; i segreti; i filatteri; il rituale; il sentimento; le loro sette sufi e chassidiche, il loro cabalismo, i loro capi religiosi come il Baal Shem, il loro zaddikismo, sono completamente incomprensibili per gli occidentali. E non solo incomprensibili, ma anche poco interessanti. L'occidentale era assorbito dagli intensi conflitti della sua cultura e non li osservava se non quando riguardavano direttamente la vita dell'ebreo che viveva nelle sue terre.

La cultura occidentale non si è occupata dell'ebreo come fenomeno culturale fino all'avvento del XX secolo, estroverso e sensibile ai fatti. In epoca gotica, fino alla Riforma, lo vedeva come un pagano e un usuraio; nella Controriforma come un astuto uomo d'affari; nell'Illuminismo come un uomo di mondo civilizzato, nell'Età del Razionalismo, come un combattente all'avanguardia della liberazione intellettuale contro i limiti imposti dalla Cultura e dalle sue tradizioni.

Il XX secolo si rese conto, per la prima volta, che l'ebreo aveva una sua vita pubblica, un suo mondo fin nei minimi dettagli. Si rese conto che l'estensione della prospettiva era pari alla sua in ampiezza e profondità e quindi estranea in senso totale; cosa che fino ad allora non si era mai sospettata. Nei secoli precedenti la visione dell'Occidente sull'ebreo era stata limitata dal suo stadio di sviluppo in un determinato momento, ma con l'avvento del XX secolo e della sua prospettiva universale si vede per la prima volta la totalità di quello che è stato chiamato "il problema ebraico". Non si tratta di una questione di razza, né di religione, né di etica, né di nazionalità, né di fedeltà politica, ma di qualcosa che include tutto questo, qualcosa che separa l'ebreo dall'Occidente: la cultura. La cultura abbraccia la totalità delle prospettive del mondo: scienza, arte, filosofia, religione, tecnologia, economia, erotismo, diritto, società, politica.

In ogni branca della cultura occidentale, l'ebreo ha sviluppato i propri gusti e le proprie preferenze e, quando interviene nella vita pubblica dei popoli occidentali, si comporta in modo diverso, cioè agisce secondo lo stile Chiesa-Stato-Popolo-Raza-Ebrei. Questa vita pubblica è stata invisibile all'Occidente fino al XX secolo.

Come tutte le nazioni alla fine della loro civiltà, come gli indù, i cinesi, gli arabi, la nazione ebraica ha adottato il sistema delle caste. I bramini in India, i mandarini in Cina, il rabbinato nell'ebraismo sono tre fenomeni corrispondenti. I rabbini erano i custodi del destino dell'unità ebraica. Quando tra gli ebrei comparivano dei liberi pensatori, era compito dei rabbinati locali impedire la nascita di uno scisma. Nel caso di Uriel da Costa, un libero pensatore ebreo di Amsterdam, la Sinagoga locale lo imprigionò e lo sottopose a torture così estreme che alla fine si suicidò. Spinoza fu scomunicato dalla stessa Sinagoga e si tentò persino di ucciderlo. Si cercò di corromperlo per farlo tornare all'ebraismo, e quando rifiutò fu maledetto e fu pronunciato l'anatema contro di lui. Nel 1799, il leader della setta chassidica dell'Ebraismo orientale, Salinan, fu consegnato dal Rabbinato al Governo Romanoff dopo essere stato processato dal suo stesso popolo, proprio come l'Inquisizione occidentale consegnava gli eretici condannati al braccio secolare perché se ne occupasse.

L'Occidente contemporaneo non ha notato questi fenomeni e non li avrebbe comunque compresi. Vedeva tutto ciò che era ebraico con i propri pregiudizi, così come gli ebrei vedevano l'Occidente secondo la loro prospettiva avanzata.

I Parsi in India sono un altro frammento della cultura araba diffusa in un gruppo straniero. I Parsi possedevano, in relazione all'ambiente umano circostante, lo stesso acume commerciale superiore degli ebrei del primo Occidente. La loro vita interiore era totalmente diversa da quella dei popoli che li circondavano. I loro interessi erano totalmente diversi sotto ogni aspetto. Nelle rivolte e nei tumulti che si verificarono durante la dominazione britannica, i Parsi furono completamente inibiti.

Allo stesso modo, la Guerra dei Trent'anni, le Guerre di Successione, il conflitto tra i Borboni e gli Asburgo non hanno avuto alcun impatto sull'ebreo. Le differenze nella fase delle culture creano un completo isolamento culturale. L'atteggiamento dell'ebreo di fronte alle tensioni occidentali era identico a quello di Pilato nel processo contro Gesù. Per Pilato, l'alternativa religiosa che veniva ventilata era del tutto incomprensibile... egli apparteneva a una Civiltà che era nella sua ultima fase, lontana mille anni dall'eccitazione religiosa della sua Cultura.

Tuttavia, con l'inizio del razionalismo in Occidente, si verifica una rottura nella vita collettiva della frazione di ebraismo installata nella cultura occidentale.

III

Intorno al 1750 cominciano ad emergere in Occidente nuove correnti spirituali. La filosofia sensualista assunse l'ascendente sull'anima europea. Ragione, empirismo, analisi, induzione: questo è il nuovo spirito. Erasmo aveva dimostrato nel suo libro malizioso L'elogio della follia che tutto è follia, e non solo l'avidità, l'ambizione, l'orgoglio e la guerra, ma anche la chiesa, lo stato, il matrimonio, la maternità e la filosofia. La supremazia della Ragione è ostile alla Vita e provoca una crisi in ogni organismo che vi soccombe.

La crisi culturale del razionalismo era un aspetto del destino dell'Occidente. Tutte le Culture precedenti ne avevano sofferto. Essa segna il punto culminante che segna il passaggio dall'interno della Cultura alla vita esteriorizzata dell'anima della Civiltà. L'idea centrale del Razionalismo è la libertà... che significa libertà dalle catene della Cultura. Napoleone liberò la guerra di Fontenoy nel 1745, dove ogni parte invitava gentilmente l'altra a sparare il primo colpo. Beethoven liberò la musica dalla perfezione delle forme di Bach e Mozart. Il Terrore del 1793 liberò l'Occidente dall'idea della sacralità della dinastia. La filosofia materialista lo liberò dallo spirito della religione, e poi l'ultra-razionalismo procedette a liberare la scienza dalla filosofia. Le ondate rivoluzionarie liberarono la Civiltà dalla dignità dello Stato e dalle sue alte tradizioni di fronte alla sporcizia della politica di partito. La guerra di classe rappresentava la liberazione dall'ordine sociale e dalla gerarchia. La nuova idea di "umanità" e di "diritti dell'uomo" liberò la Cultura dal suo vecchio orgoglio di esclusività e dal sentimento di superiorità inconscia. Il femminismo ha liberato le donne dalla dignità naturale del loro sesso e le ha trasformate in uomini inferiori.

Anarchais Cloots ha organizzato una delegazione di "rappresentanti della razza umana" che hanno reso omaggio al Terrore rivoluzionario in Francia.[45] C'erano cinesi con la coda di maiale, etiopi neri, turchi, ebrei, greci, tartari, mongoli, indiani e caldei

---

[45] Figlio di un nobile prussiano e di una donna ebrea, fanatico rivoluzionario, naturalizzato francese. Votò per la morte di Luigi XVI "in nome della razza umana". Da buon rivoluzionario, morì alla ghigliottina nel 1794.

barbuti. In realtà, però, erano solo parigini travestiti. Questa sfilata aveva quindi, all'inizio del Razionalismo, un doppio significato simbolico. In primo luogo, simboleggiava l'idea di Occidente che tutta l'umanità desiderava abbracciare e, in secondo luogo, il fatto che si trattasse di occidentali travestiti dava un'indicazione precisa del successo che questo entusiasmo intellettualizzante poteva ottenere.

L'indiano, naturalmente, aveva previsto queste cose. La persecuzione non diminuisce l'intelligenza o la percezione di ciò che ci circonda. Già nel 1723 gli ebrei avevano acquisito il diritto di possedere terre in Inghilterra e nel 1753 ottennero la cittadinanza britannica, che fu revocata l'anno successivo su richiesta di tutte le città. Nel 1791 furono emancipati in Francia e nel 1806 il Grande Sinedrio fu convocato dall'imperatore Napoleone, che così riconobbe ufficialmente l'esistenza del popolo-nazione ebraico in Occidente.

Solo una cosa impediva che la nuova situazione fosse così idilliaca come il nuovo sentimento liberale avrebbe desiderato. Ottocento anni di rapine, odio, massacri e persecuzioni da entrambe le parti avevano generato tra gli ebrei tradizioni di odio contro l'Occidente, più forti persino del vecchio odio occidentale verso l'ebreo. Nel suo nuovo slancio di generosità e magnanimità, l'Occidente ha rinunciato ai suoi vecchi sentimenti, ma l'ebreo non è stato in grado di adottare un atteggiamento di reciprocità. Ottocento anni di risentimento non sarebbero stati dimenticati o liquidati da un proposito di buon anno formulato dall'Occidente. Si opponevano unità organiche sovrapersonali, che non condividono con gli esseri umani cose come la ragione e il sentimento. Il loro compito vitale è duro e colossale ed esclude il sentimento di "tolleranza" se non come sintomo di crisi. In questa grande battaglia, gli esseri umani sono in definitiva semplici spettatori, anche se svolgono un ruolo attivo. La cattiveria umana e il desiderio di vendetta giocano il ruolo più piccolo e superficiale in questi conflitti e, quando appaiono, sono la semplice espressione, nell'individuo, dell'incompatibilità più profonda e totale delle idee sovrapersonali.

I nuovi movimenti - capitalismo, rivoluzione industriale, democrazia, materialismo - erano tremendamente eccitanti per l'ebreo. La sua posizione di estraneo lo costrinse ad agire in segreto e le società segrete degli Illuminati e le loro ramificazioni furono sue creazioni, come dimostrano la terminologia cabalistica e il bagaglio ritualistico. Più di due terzi dei membri dell'Estate Generale che aprì la strada alla Rivoluzione francese del 1789 erano membri di queste società segrete, la cui missione era quella di minare l'autorità dello Stato e introdurre l'idea di democrazia. L'ebreo accettò l'invito dell'Occidente a partecipare alla sua vita pubblica, ma non poté rinunciare alla sua identità da un giorno all'altro, per cui da quel momento in poi ebbe due vite pubbliche, una di fronte all'Occidente e una di fronte alla propria Nazione-Stato-Popolo-Chiesa-Razza.

Mentre le vecchie tradizioni occidentali crollavano di fronte all'assalto delle nuove idee, l'ebreo avanzava lentamente. I Rotschild divennero - cosa che un secolo prima sarebbe sembrata semplicemente fantastica per entrambe le parti - baroni dell'impero austriaco nel 1822. Gli ebrei ottennero l'accesso alle corti inglesi nel 1833 e un ebreo fu nobilitato dalla regina - il primo - nel 1837. L'Occidente accettò la dualità dell'ebreo e uno statuto concesso nel nono anno del regno di Vittoria permise agli ebrei eletti a cariche municipali di essere sollevati dall'obbligo del giuramento. A partire dagli anni Quaranta del XIX secolo, gli ebrei comparvero spesso come membri del Parlamento e un ebreo divenne sindaco di Londra nel 1855.[46] In ogni occasione gli elementi tradizionali dell'Occidente si opposero, ma ogni volta l'ebreo trionfò. L'esperimento di "tolleranza" stava visibilmente fallendo da entrambe le parti.

Il potere e l'importanza che l'ebreo stava acquisendo furono chiaramente dimostrati dall'episodio del bambino di Mortara. Questa bambina fu strappata con la forza ai suoi genitori ebrei dall'arcivescovo di Bologna nel 1858, con la motivazione che era stata battezzata da un servo. Nello stesso anno, il governo francese chiese ufficialmente la restituzione della bambina ai suoi genitori. L'anno successivo, l'arcivescovo di Canterbury e vari vescovi, nobili e gentiluomini d'Inghilterra firmarono una petizione, presentata da Lord Russell, per chiedere la restituzione della bambina.[47]

Le persecuzioni continuarono; ci furono rivolte a Bucarest nel 1866, a Roma nel 1864, a Berlino nel 1880 e in Russia per tutto il XIX e persino il XX secolo. Le persecuzioni in Russia erano indicative della forza dell'ebreo nelle nazioni occidentali. Si moltiplicarono le proteste, le petizioni e i comitati con l'obiettivo di alleviare la condizione degli ebrei russi. Il pogrom in Ucraina dopo la guerra russo-giapponese del 1905 indusse il governo americano a interrompere le relazioni

---

[46] Sindaco. (n. del T.)

[47] Conte di Russell, primo ministro inglese dal 1846 al 1852. Più volte ministro degli Esteri, fu ministro degli Esteri all'epoca del caso del bambino di Mortara.

diplomatiche con la Russia.

L'odio o l'intolleranza non spiegano in alcun modo gli sfortunati risultati prodotti dalla dispersione degli ebrei tra le nazioni occidentali. L'odio da entrambe le parti era solo un risultato. Più si parlava di tolleranza, più si attirava l'attenzione sulle differenze, acuendole in contrasti. I contrasti portarono all'opposizione e all'azione, da entrambe le parti.

Non è una spiegazione nemmeno rimproverare all'ebreo di non essersi assimilato. Si tratta di rimproverare a un uomo di essere se stesso, e la nozione di etica non comprende ciò che si è, ma ciò che si fa. Il "problema ebraico" non può essere spiegato eticamente, razzialmente, nazionalmente, religiosamente, socialmente, ma solo interamente, culturalmente. Se prima, in ogni fase della sua vita culturale, l'uomo dell'Occidente aveva potuto vedere solo l'aspetto del problema ebraico che il suo sviluppo gli consentiva di vedere, ora può vedere l'intero rapporto poiché la sua unità culturale è predominante nell'uomo occidentale. In epoca gotica, vedeva l'ebreo come diverso solo nella religione, perché l'Occidente era allora in una fase religiosa. Nell'Illuminismo, con le sue idee di "umanità", l'ebreo era visto come un essere socialmente diverso. Nel XIX secolo materialista, con il suo razzismo dall'alto verso il basso, l'ebreo era considerato un essere razzialmente diverso, e nulla più. In questo secolo, quando l'Occidente diventa un'unità di cultura, nazione, razza, società, economia, Stato, l'ebreo appare chiaramente nella sua unità totale, uno straniero interno, totale, all'anima dell'Occidente.

IV

Il materialista del XIX secolo vedeva questo fenomeno di parassitismo culturale solo come un parassitismo nazionale, e quindi veniva frainteso in ogni nazione come una mera condizione locale. Per questo motivo, il fenomeno chiamato, in ogni paese, antisemitismo, era solo una reazione parziale contro quella che era una condizione culturale e non solo nazionale.

L'antisemitismo è esattamente analogo, nella patologia culturale, alla formazione di anticorpi nel flusso sanguigno della patologia umana. In entrambi i casi, l'organismo resiste alla Vita estranea. Entrambi sono espressioni del Fato, inevitabilmente necessarie dal punto di vista organico. Nello sviluppare ciò che è proprio, il Fato combatte l'estraneo, lo straniero. Non si ripeterà mai troppo spesso che l'odio e la cattiveria, la tolleranza e la buona volontà non hanno nulla a che fare con questo processo fondamentale. La Cultura è un organismo, un organismo di tipo diverso dall'uomo, così come l'uomo è un organismo di tipo diverso dagli animali. Ma i fondamenti della vita organica sono presenti in tutti gli organismi di qualsiasi tipo, piante, animali, uomini, culture. Questa gerarchia di organismi fa ovviamente parte del piano divino e non può essere modificata da un processo di propaganda, per quanto continuo e martellante, per quanto "tollerante", autodenunciante o autoingannevole, per quanto completo possa essere.

Una trattazione dell'antisemitismo solleva questioni che appartengono più alla Distorsione Culturale che al Parassitismo Culturale, per cui deve bastare dire qui che l'antisemitismo - ripetiamo, allo stesso modo dei fenomeni patologici umani della formazione di anticorpi nel sangue - è l'altro aspetto dell'esistenza del Parassitismo Culturale, e può essere compreso solo come uno dei suoi effetti. L'antisemitismo è completamente organico e irrazionale, proprio come la reazione contro le malattie. Il parassitismo culturale è il fenomeno della coesistenza del tutto estraneo con l'ospite, ed è anch'esso del tutto irrazionale. Non c'è alcuna ragione per il parassitismo culturale.

Al contrario, la ragione sembrerebbe imporre che il gruppo alieno si dissolva e circoli tra la vita che lo circonda. Questo porrebbe fine a tutte le aspre persecuzioni, all'odio sterile, alla lotta inutile. Ma la vita è irrazionale, anche nell'era del razionalismo. Infatti, l'unico modo in cui il Razionalismo può apparire sulla scena è sotto forma di una religione, una Fede, un'Irrazionalità.

Il fenomeno del parassitismo culturale non è limitato a una Grande Cultura, alla patria della cultura. Questo appare molto chiaramente nella storia dell'America.

L'America è nata come colonia della cultura occidentale. Questa frase racchiude in sé l'intero destino dell'America. Fissa in anticipo i limiti delle sue potenzialità. L'idea di colonia deve essere esaminata.

Che cos'è una colonia? È una creazione di una cultura, è un compito; per il solo fatto di essersi impiantata fortunatamente è qualcosa di spiritualmente completo. Questo è un altro modo per dire che non ha alcun bisogno interiore, alcuna missione. Dipende quindi per il suo nutrimento spirituale dalla Cultura Madre. Questo vale per l'America nella cultura occidentale come per Siracusa e Alessandria nella cultura classica, o per Granada e Siviglia in quella araba. Se è vero che impulsi fecondi possono, anche se raramente, sorgere alla periferia del corpo culturale, essi trovano il loro significato e il loro sviluppo nel centro culturale. Questa dipendenza spirituale dalle colonie è una debolezza. Questa debolezza si riflette nella mancanza di resistenza allo straniero culturale, ed è logico aspettarsi di trovare una resistenza meno organica allo straniero culturale in una colonia, perché il senso della missione culturale non è generalmente presente, ma esiste solo in individui isolati o, al massimo, in piccoli gruppi. La storia delle colonie ci mostra - Siracusa ne è un esempio - che le crisi culturali, anche quelle autopatiche come l'emergere del Razionalismo, producono in esse effetti importanti. Una colonia può essere disintegrata più facilmente, perché le manca l'articolazione che ha la Cultura. Non c'è, non può esserci uno strato portatore di cultura in una colonia. Questo strato è un organo della Grande Cultura radicato nel suolo della patria. La cultura non può essere trapiantata, anche se le sue popolazioni migrano e rimangono in contatto con il corpo della cultura. Le colonie sono il prodotto di una cultura e rappresentano la vita a un livello meno complesso e articolato della cultura creatrice.

La comprensione di questo fatto elementare è sempre stata, anche se inconsciamente, del tutto completa in America, e nel XX secolo è stata, con altrettanta veemenza, consapevolmente negata. Gli scrittori americani dell'Ottocento hanno assimilato internamente la cultura occidentale e ne sono stati assimilati. Il fenomeno di Edgar Poe ha sempre stupito per la sua completa padronanza del pensiero culturale e la sua totale indipendenza dall'ambiente coloniale. Nei suoi rami più alti, la letteratura americana ha fatto parte della letteratura inglese, e anche in modo corretto. La povertà e l'insignificanza delle lettere americane sono attribuibili al loro destino coloniale, mentre i loro pochi grandi nomi sono espressivi della cultura occidentale.

Negli ultimi due secoli, gli americani di tutte le professioni, che erano o volevano essere uomini importanti, hanno avuto il loro centro di gravità in Europa: Irving, Hawthorne, Emerson, Whistler, Frank Harris, Henry James, la plutocrazia finanziaria, Wilson, Ezra Pound È tradizione americana che una visita in Europa faccia parte dell'educazione. L'Europa ha continuato a possedere spiritualmente elementi americani con sentimenti culturali o ambizioni culturali.

In ogni generalizzazione su una materia organica, si cerca solo di affermare la grande regolarità. Le deviazioni esistono sempre nella materia vivente, ma trovano il loro posto solo in relazione ai ritmi più ampi. Il pensiero razionalista ha cercato di disintegrare il pensiero organico concentrandosi sugli episodi devianti, nel tentativo di distruggere il grande, estasiante ritmo organico. Non era nemmeno abbastanza profondo da comprendere la saggezza contenuta nel proverbio "l'eccezione conferma la regola".

Sebbene sia diventato di moda in America, dopo il suo emergere come potenza mondiale, in seguito alla guerra di Spagna, nel 1898-1899, negare la sua dipendenza spirituale dall'Europa, il fatto ha continuato ad esistere. Ora non ci stupiamo quando un fatto culturale mostra il suo disprezzo per i desideri, le intenzioni, le richieste e le dichiarazioni umane. L'America è un argomento che deve essere trattato separatamente, poiché la malattia culturale dell'Occidente le ha conferito un nuovo significato nella politica mondiale. In questa sede, la presenza del parassitismo culturale in America è l'unico aspetto preso in considerazione.

V

Dall'inizio del XVII all'inizio del XIX secolo, la tratta degli schiavi portò nelle Americhe milioni di aborigeni africani. Essi costituirono, durante il XVIII e la prima parte del XIX secolo, un corpo parassitario numeroso, prolifico e totalmente estraneo. Questo è un buon esempio del significato culturale del termine parassita, che non si riferisce al lavoro, in senso economico. Così, gli africani in America erano economicamente importanti e, dopo che una certa economia era stata costruita su di loro, o con la loro partecipazione, erano necessari in senso pratico. La lotta di classe ha reso di moda definire "parassiti" tutti coloro che non erano lavoratori manuali. Si trattava di un termine polemico, che non ha alcuna relazione con il fenomeno del parassitismo culturale. Il negro in America era l'espressione del parassitismo culturale, nonostante la sua utilità economica.

Il primo risultato della presenza di questo organismo culturale parassitario è noto. Ha preso il posto degli uomini bianchi, che dovevano ancora nascere, in America. Svolgendo una parte del compito vitale, ha reso inutile la nascita di milioni di nascituri, e così questa grande massa di africani ha ridotto la popolazione americana del dieci per cento, perché al momento attuale, 1948, ci sono già 14.000.000 di africani su una popolazione totale di 140.000.000. Il modo materialista alla moda per spiegare questo spostamento di popolazione in America è quello di dire che i bianchi non vogliono mettere al mondo figli per competere economicamente con i neri e il loro più basso tenore di vita. Naturalmente l'ossessione economica spiega tutto dal punto di vista economico, ma i fatti delle tendenze demografiche dimostrano che la popolazione di un'unità organica segue un percorso vitale che può anche essere descritto matematicamente. È del tutto indipendente dall'immigrazione, dai desideri degli individui e dalle spiegazioni inorganiche di questo fatto. Lo spostamento della popolazione non nata è culturale, cioè totale, e non può essere spiegato completamente dall'economia.

La mentalità coloniale, ulteriormente disintegrata dalla crisi razionalista, non è stata in grado di opporre una difesa efficace al progressivo spostamento della popolazione bianca, veicolo dell'ingresso dell'America in Occidente, da parte degli africani. Con altrettanta incapacità di comprendere e di opporsi, l'America non ha resistito quando la retroguardia della cultura araba, diffusa in tutto l'Occidente già alle sue origini culturali, ha assunto proporzioni numericamente maggiori e un ruolo molto più ampio di quanto non abbia mai fatto in Europa.

Negli anni Ottanta del XIX secolo, gli ebrei iniziarono quella che Hilaire Belloc definì giustamente un'invasione degli Stati Uniti. Le cifre bastano a dimostrarlo. Anche se non possono essere fornite con precisione, perché le statistiche americane sull'immigrazione riflettono solo le origini legali, cioè la nazione di provenienza legale, possiamo approssimarle studiando le cifre della popolazione americana e il tasso medio di natalità ebraica. Questo è tipico, nella totale incongruenza tra due Culture diverse può verificarsi un movimento di massa di membri di una nell'altra senza lasciare tracce statistiche! All'immigrato veniva chiesto dove fosse nato. Questo determinava tutto nel XIX secolo materialista. Questo doveva determinare la sua lingua, che a sua volta doveva determinare la sua nazionalità. E infine la nazionalità doveva predeterminare tutto il resto. Le culture pietrificate o morte - India, Cina, Islam, Ebraismo - erano considerate "nazioni" nel senso occidentale del termine. Nella forma il Razionalismo era sicuramente una religione, ma una caricatura esangue e materialista della vera religione. La religione si rivolge propriamente alla spiritualità più alta e più grande dell'uomo, ma il razionalismo ha cercato di trasformare cose come l'economia, lo Stato, la società, la nazione, in soggetti di interesse religioso.

L'America ha iniziato la sua esistenza politica indipendente come una creatura del razionalismo. I suoi politici hanno dato, esteriormente, la loro acquiescenza alla proposizione che "tutti gli uomini sono creati uguali", e hanno persino detto che questa era "evidente". Definirlo evidente, e quindi evitare di doverlo dimostrare, era più facile, e forse più intelligente, che dimostrarlo. La prova avrebbe rovinato quello che era, di fatto, un dogma di Fede, e quindi al di sopra della Ragione. La religione del Razionalismo ha dominato l'America in un modo che non avrebbe mai potuto dominare l'Europa. L'Europa ha sempre resistito al Razionalismo - basato sulla tradizione fino alla metà del XIX secolo e dopo l'anticipazione del futuro spirito razionalista del XX secolo esemplificato da Carlyle e Nietzsche. Ma l'America non aveva una tradizione, e d'altra parte gli impulsi culturali e i fenomeni trainanti della cultura si irradiano verso l'esterno, così come la religione razionalista americana è arrivata dall'Inghilterra attraverso la Francia.

L'America ha persino acquisito la propria sezione del giudaismo dall'Europa, dove aveva ottenuto la sua filosofia materialista e vi aveva ceduto. Non si trattava di una coincidenza. Tra la popolazione ebraica europea si diffuse rapidamente la notizia che l'antisemitismo non poteva minacciarli in America e che altre opportunità, come quelle economiche, erano pari a quelle che l'Europa poteva offrire all'ebreo. Questo era perfettamente corretto e un tributo di intuizione all'istinto collettivo ebraico. L'America rappresentava indubbiamente, alla fine del XIX secolo, le migliori possibilità per gli ebrei. Dal 1880 al 1950 circa, non ci sono cifre esatte, sono arrivati in America dai cinque ai sette milioni di ebrei, per la maggior parte provenienti dalla sezione orientale, o ashkenazita, dell'ebraismo.

Attualmente gli ebrei in America devono essere tra gli otto e i dodici milioni. Non è possibile fornire una cifra esatta, perché non trova riscontro in alcuna statistica e deve essere dedotta dalle statistiche religiose e dallo studio del numero medio di nascite. In ogni caso, si tratta di una cifra considerevole, che elimina dall'esistenza il suo stesso numero di americani. Lo scrittore americano Madison Grant, nel 1916, descrisse come gli americani purosangue venissero cacciati dalle strade di New York da orde di ebrei. Li chiamò ebrei "polacchi", secondo l'antica usanza di attribuire agli ebrei una nazionalità occidentale. Così, gli occidentali erano soliti distinguere tra ebrei inglesi, ebrei tedeschi e così via. Era inevitabile che la civiltà occidentale in quella fase vedesse le persone esterne alla civiltà secondo la propria immagine.

L'America, che è stato il Paese più completamente disintegrato dal razionalismo, ha capito meno la natura dell'ebreo, mentre in Europa, anche nel Novecento razionalista, ci sono sempre state persone che si sono rese conto della totale estraneità dell'ebreo; abbiamo detto totale, non solo politica. Ma in America, con la sua totale assenza di tradizione, non c'erano uomini come Carlyle, come De Lagarde. Così l'America decise, a metà del XIX secolo, che un cinese nato negli Stati Uniti acquisiva esattamente la stessa cittadinanza americana di un bianco di origine europea. Caratteristicamente, la decisione non fu presa in modo responsabile, ma a seguito di una causa legale. Si trattava di una continuazione dell'abitudine americana di decidere questioni politiche in modo pseudo-legale.

È ovvio che un regime che non faceva distinzione tra cinesi e nativi americani non avrebbe eretto barriere agli ebrei. Così, nel 1928, lo scrittore francese André Siegfried, specialista di storia e politica mondiale, poté affermare che New York aveva un carattere semitico. A metà del XX secolo la situazione si era ulteriormente aggravata e New York, la città più grande d'America e forse del mondo, era abitata per quasi la metà da ebrei.

VI

L'America, con la sua totale mancanza di resistenza spirituale, derivante dall'intrinseca debolezza spirituale di una colonia, divenne ospite di altri grandi gruppi culturalmente parassitari. Il periodo di forte immigrazione, iniziato poco prima dell'inizio del XX secolo, in cui cominciarono ad arrivare gli ebrei, portò anche molti milioni di slavi balcanici. Solo tra il 1900 e il 1915 arrivarono in America 15.000.000 di immigrati dall'Asia, dall'Africa e dall'Europa. Provenivano soprattutto dalla Russia, dal Levante mediterraneo e dai Paesi balcanici. Un buon numero di italiani proveniva dalla civiltà occidentale, ma il resto del materiale umano non proveniva dall'Occidente. Questi milioni di persone, proprio per la loro importanza numerica, hanno creato fenomeni di parassitismo culturale. Singolarmente, alcuni membri di questi gruppi si sono integrati nel sentimento americano, ma i gruppi hanno continuato a esistere come tali. Ciò è dimostrato dall'esistenza di una stampa quotidiana per ogni gruppo nella propria lingua, dall'unità dei gruppi a fini politici, dalla loro centralizzazione geografica e dall'esclusività sociale di questi gruppi.

Quando abbiamo esaminato la natura della razza, abbiamo visto che gli Slavi potevano essere, e sono stati, assimilati dalle popolazioni culturali europee. Due caratteristiche contraddistinguono il rapporto americano con gli Slavi e spiegano perché essi abbiano mantenuto la loro esistenza di gruppo anche quando sono stati circondati da una popolazione americana sotto l'influenza della civiltà occidentale. In primo luogo, il fatto che il loro stile di vita coloniale ha fatto sì che l'America non potesse imprimere sui popoli ospitanti l'impronta profonda dell'idea culturale come le nazioni occidentali avrebbero potuto fare in patria. In secondo luogo, le enormi masse, che ammontavano a diversi milioni, creavano con il loro stesso volume una condizione patologica nell'organismo americano. Anche se questi milioni avessero avuto un background occidentale, come quello francese o spagnolo, avrebbero creato un gruppo politicamente parassitario. Naturalmente, un gruppo del genere si sarebbe poi sciolto, ma nel processo di integrazione avrebbe esercitato un effetto distorsivo sulla politica americana. I gruppi slavi, invece, in masse di milioni di persone i cui leader hanno la possibilità di saldare il gruppo in una salda unità, si dissolveranno solo molto lentamente, e anche questo non può essere pienamente garantito, nella massa della popolazione americana nelle condizioni attuali.

L'America ha altri gruppi parassitari minori, ognuno dei quali sposta gli americani non ancora nati e provoca la sfortunata manifestazione di odio e risentimento che spreca e stravolge la vita sovrapersonale. C'è un gruppo giapponese, diversi gruppi levantini e il gruppo russo.

Superficialmente, potrebbe sembrare che il caso dell'America militi contro la visione novecentesca della razza, già esposta, ma in realtà non è così. L'esempio americano non serve come criterio per l'Europa, poiché, essendo una colonia, è un'area a bassa sensibilità culturale e, parallelamente, con minore forza culturale e potere di assimilazione. In altre parole, il suo potere di adattamento è inferiore a quello della madrepatria.

Il caso dell'America non è un caso di assimilazione eccessiva: è un caso di assimilazione insufficiente. I gruppi stranieri, sia che si tratti di gruppi politicamente estranei, come un gruppo occidentale all'interno di una nazione occidentale, sia che si tratti di gruppi completamente estranei, come l'ebreo all'interno di un ospite occidentale, sono solo parassiti finché rimangono gruppi. Quando si dissolvono, l'intera popolazione assimilazionista è aumentata. Il fatto che questo aumento derivi dall'immigrazione e non da un aumento del tasso medio di natalità della popolazione autoctona è irrilevante. Il solo fatto che potessero assimilarsi dimostra che non erano stranieri in senso parassitario.

Nell'esaminare il parassitismo culturale in America non si deve neppure ignorare che la popolazione americana ha assimilato molti milioni di tedeschi, irlandesi, inglesi e scandinavi durante il XIX secolo. L'immigrazione del XX secolo non proveniva principalmente da questi Paesi europei, ma coloro che sono immigrati da questi Paesi si sono integrati completamente. Nel caso degli immigrati tedeschi e irlandesi, possiamo dire che gli eserciti yankee li impiegarono in gran numero, e con notevole successo, nella Guerra Civile... cosa che non sarebbe mai stata fatta con gruppi culturalmente estranei, ad esempio ebrei o slavi.

L'America è stata descritta come un melting pot. Questo non è vero, perché i gruppi di massa di origine culturale straniera non si sono "fusi", ma sono rimasti distinti. I gruppi culturalmente non stranieri si sono assimilati rapidamente, cioè nel giro di una generazione, e quindi la visione novecentesca della razza si applica anche ai fatti della scena americana.

Questi gruppi non assimilati comprendono tra un terzo e la metà della popolazione americana. I gruppi slavi sembrano integrarsi lentamente, ma anche se dovessero scomparire del tutto, i restanti gruppi culturalmente parassitari rappresenterebbero comunque una condizione patologica di estrema gravità per l'America.

La vecchia visione del razzismo verticale non può trarre conclusioni dal caso dell'America, perché non si tratta di una mescolanza di razze, ma di una loro non mescolanza.[48] Tutti i gruppi parassitari hanno perso i contatti con le loro vecchie patrie, ma non hanno acquisito nuovi legami spirituali. Solo l'ebreo apolide, che porta con sé Nazione, Chiesa, Stato, Popolo, Razza e Cultura, ha conservato le sue antiche radici.

Il fenomeno del parassitismo culturale, anche se avulso dall'etica, non è estraneo

---

[48] Su 204 milioni di abitanti, solo 130 milioni (cioè il 63%) sono di origine anglosassone. Ci sono quasi 40 milioni di neri, messicani, meticci, siro-libanesi e indiani. Otto-dieci milioni di ebrei e circa venti milioni di slavi e italiani del Sud sono totalmente non assimilati, secondo quanto scrive lo scrittore americano Wilmot Robertsson nella sua opera "The Dispossessed Majority" (La maggioranza diseredata), pp. 58-59.

alla politica. Non serve a nulla parlare di gruppi culturalmente estranei in termini di elogio o di critica, di odio o di "tolleranza".

Le guerre, le rivolte, le uccisioni, le distruzioni, tutti gli sprechi degli insensati conflitti interni, tutti i fenomeni che inevitabilmente si verificano quando un ospite sopporta un parassita culturale, persistono finché dura la condizione patologica.

Il parassitismo culturale, provocando fenomeni di resistenza, produce un effetto doppiamente dannoso sul corpo della Cultura e delle sue nazioni. La febbre è un segno di resistenza alla malattia, anche se è la parte che salva. Fenomeni di resistenza come l'antinipponismo, l'antisemitismo e il fondamentalismo americano sono indesiderabili quanto le condizioni che combattono. Parallelamente, l'antisemitismo europeo non ha alcun valore positivo e, se esagerato, può facilmente sviluppare un altro tipo di patologia culturale, quella condizione aggravata che può derivare anche dal parassitismo culturale con determinate premesse, ovvero la Distorsione Culturale.

3. Distorsione culturale

I

Il potente Destino di una Grande Cultura ha lo stesso potere sull'organismo della Cultura come il destino della pianta sulla pianta e il destino umano sull'essere umano. Questo potere vasto e internamente innegabile non è però assoluto. È organico, e un organismo è una relazione di qualcosa di interno con qualcosa di esterno, di un microcosmo con un macrocosmo. Mentre nessuna forza interna può prevalere contro il destino dell'organismo, le forze esterne possono, a volte su tutti i piani della vita, portare malattia e morte all'organismo. I microrganismi che entrano nel corpo dell'uomo producono malattie per il fatto che le loro condizioni di vita sono completamente diverse da quelle dell'uomo. Il benessere del primo significa la rovina del secondo. Sono una forza esterna, anche se agiscono dall'interno dell'organismo umano. Esterno è, qui, un termine spirituale e non spaziale. L'esterno è ciò che ha un'esistenza separata, indipendente da ciò che può essere fisicamente. Ciò che ha lo stesso destino è uno; ciò che ha un altro destino è un altro. Non è la geografia a essere decisiva, ma la spiritualità. In guerra, un traditore all'interno della fortezza può essere prezioso per l'esercito assalitore quanto la metà dei suoi stessi soldati. Il traditore è esterno, anche se è interno.

La vita è il processo di realizzazione del possibile. Ma la vita è multiforme e gli organismi, nel realizzare le proprie possibilità, distruggono altri organismi. Gli animali divorano le piante, le piante si distruggono a vicenda, gli esseri umani annientano intere specie e uccidono milioni di animali. Le grandi culture, per il solo fatto di esistere, evocano impulsi negativi nelle popolazioni esterne. Chi non condivide questo sentimento della Cultura, che conferisce una superiorità indiscussa a chi la possiede, vuole istintivamente annientarla. Quanto più forte è la pressione della Grande Cultura sulle popolazioni esterne, tanto più nichilista è il sentimento negativo che prende forma nelle sottopopolazioni. Più l'espansione culturale si diffonde geograficamente, più l'estrema volontà di annientamento si diffonde nel mondo tra i popoli extraculturali. Le forme vitali sono ostili tra loro; la realizzazione di una significa la morte di mille altre. Questo è un altro modo per dire che la Vita è lotta. Una Grande Cultura non fa eccezione a questa grande regola vitale. La sua esistenza distrugge le altre forme e d'altra parte, per tutta la sua esistenza, è impegnata in una battaglia per l'esistenza contro l'esterno. Da questo alto punto di vista, il tentativo di distinguere tra offensivo e difensivo, aggressivo e resistente, è chiaramente privo di senso. È un cavillo pseudo-giuridico di stregoni razionalisti, persi nell'iperintellettualismo e ostili alla Vita. La difesa è aggressione; l'aggressione è difesa. La questione di chi colpisce per primo in una guerra è sullo stesso piano di chi colpisce per primo in un incontro di boxe. Il XX secolo lascia da parte tutto questo gergo, la stupidità, l'ipocrisia e i giochi di prestigio legalistici mentre si avvia verso un secolo di guerra, la più tremenda e implacabile di tutte le guerre fino ad oggi.

Ma quando deve affrontare il periodo di prova più decisivo, quello che richiederà ogni fibra delle sue riserve spirituali e ogni atomo delle sue risorse fisiche, è gravemente malato. Soffre di distorsione culturale.

La distorsione culturale è la condizione in cui le forme di vita esterne allontanano la cultura dal suo vero percorso vitale. Come una malattia umana può lasciare un uomo "*hors de* combat", così una malattia culturale può farlo nei confronti di una cultura, e questo è precisamente ciò che è accaduto all'Occidente, all'inizio del XX secolo.[49] Il concetto di distorsione culturale deve essere chiaramente compreso dalla civiltà occidentale.

Si è già visto che la parola esterno non ha un significato geografico quando viene usata nel regno dell'organico. Il fenomeno della Distorsione Culturale è il risultato di forze esterne che operano all'interno del corpo della Cultura, partecipando alla sua vita e alla sua politica pubblica, dirigendo le sue energie verso problemi estranei al suo compito interno, e indirizzando le sue forze, fisiche e spirituali, verso problemi estranei ed estranei.

Se ci fermiamo un attimo a riflettere, vedremo l'impossibilità che una simile malattia culturale si manifesti durante l'epoca della Cultura rigorosa, prima dell'avvento della Civiltà. A quei tempi le forme di cultura in tutte le direzioni della vita erano così altamente sviluppate che non solo richiedevano spiriti altamente dotati per padroneggiarle, ma li padroneggiavano nel processo stesso. Nessun pensatore, artista o uomo d'azione europeo avrebbe potuto, nel XVII secolo, tentare di concentrare l'energia europea sul pensiero, sull'arte o sulle forme d'azione asiatiche. Una cosa del genere può essere esistita come possibilità immaginaria, ma è dubbio che sarebbe stata possibile nella realtà. In ogni caso, non è accaduto per 800 anni in Occidente, se non nei suoi inizi rudimentali.[50] Non possiamo immaginare Cromwell, Oxenstierna o Oldenbarneveldt[51] che si occupano della restaurazione della dinastia abbaside in Asia Minore o della cacciata degli usurpatori manciù dalle rovine della Cina pietrificata.[52] Ma se uno statista europeo fosse riuscito a dirottare le energie occidentali in un'impresa così strana e sterile, si sarebbe trattato di una distorsione culturale. Se un artista fosse riuscito a variare lo stile occidentale della pittura a olio nello stile della pittura a linee egizia o della scultura classica, anche questa sarebbe stata una distorsione culturale. I futuri volumi di filosofia della storia occidentale del XX e XXI secolo sveleranno appieno gli effetti superficialmente distorsivi, in architettura, letteratura e teoria economica, della mania classicista

---

[49] In francese, nel testo, "fuori combattimento".

[50] Conte Axel Oxenstierna, statista svedese (1583-1654), consigliere di Gustavo Adolfo e precettore della regina Cristina di Svezia.

[51] Johann van Oldenvarneveldt, politico olandese (1547-1619), il principale fondatore delle province unite dei Paesi Bassi.

[52] È chiara l'allusione agli statisti occidentali della metà del XX secolo, soprattutto americani, ossessionati dalla ricostruzione dello Stato di Israele, scomparso diciannove secoli fa (N. del T.).

introdotta da Wincklemann nel XVIII secolo.

Si parlerà anche delle innumerevoli distorsioni derivanti dal parassitismo culturale, durante il periodo razionalista 1750-1950, dei vari aspetti vitali dell'Occidente, artistici, religiosi, filosofici, scientifici e nel campo dell'azione. Quest'opera riguarda l'azione e si rivolge soprattutto al futuro, cioè ai prossimi cento anni.

Nell'esposizione dell'articolazione di una Grande Cultura, si è visto che non tutta la popolazione dell'area culturale è utilizzabile per l'Idea. Questo è un fenomeno del tutto peculiare dei fenomeni parassitari. Lo strato più alto, psichicamente più sensibile, che porta l'Idea di Cultura e la traduce in una realizzazione progressiva, è completamente utile all'Idea, ma tale utilità diminuisce progressivamente man mano che si procede verso il basso nel corpo della Cultura. In basso significa, ovviamente, non economicamente o socialmente, ma spiritualmente. Così un uomo proveniente dal più basso strato spirituale possibile può trovarsi in una posizione elevata, come il mostro Marat.[53] Questi individui non appartengono a un'altra cultura, nemmeno a una cultura morta del passato, e sono apparentemente membri della cultura, ma nella loro anima desiderano distruggere ogni vita formativa. Le loro motivazioni non sono importanti, ma la loro tendenza è evidente.

Tali individui, che costituiscono uno strato ampio e completo in quei secoli, sono semplicemente al di sotto della Cultura. Si sono espressi in Inghilterra nelle rivolte di Wat Tyler e Jack Cade, nelle guerre contadine del XVI secolo in Germania, nel Terrore francese del 1793 e nella "Comune" del 1871. Quando la Germania esisteva come nazione del XIX secolo, questo strato al di sotto della cultura era conosciuto come der Deutsche Michael.[54] Fenomeni di questo tipo non vanno confusi con il parassitismo culturale. Sono una parte organica di ogni cultura, ma il parassitismo si sviluppa in esse solo incidentalmente, e non necessariamente L'"elemento Michel" della cultura non è una patologia e non è, di per sé, una minaccia. Il suo unico pericolo è che sia utilizzabile dalla volontà di annientamento, sia che questa volontà

---

[53] Jean Paul Marat, rivoluzionario franco-ebraico (17431793), fu uno degli istigatori del periodo del Terrore e fu assassinato da Charlotte Corday (N. del T.).

[54] Der Deutsche Michel", letteralmente "il Michele tedesco". Nome dato genericamente a coloro che scomparvero durante le guerre contadine del XVI secolo, e successivamente attribuito, per estensione, come "elemento Michel" alla plebaglia civica. (N. del T.)

si manifesti automaticamente, come nel liberalismo, nella democrazia o nel comunismo, sia che si manifesti esplicitamente, come nel caso delle forze extraeuropee che hanno portato, nell'epoca delle guerre mondiali, al nadir della civiltà occidentale.

In questa situazione, il "Michel" europeo ha mostrato le sue potenzialità distruttive. Una parte adorava il primitivismo del teppismo russo, l'altra la malattia spiritualmente corruttrice dell'hollywoodiano. Solo grazie a questo strato di Michel europeo le forze extraeuropee sono riuscite a dividere l'Europa, fisicamente e spiritualmente. Questo Michel europeo, con la sua adesione all'informale, ha portato alla sconfitta dell'Europa di fronte al Barbaro e al Contraffattore. Nel suo supremo odio per la grandezza e la creatività, si permise persino di creare movimenti militari all'interno dell'Europa per sabotarla e lavorare per la vittoria militare del barbaro durante la Seconda Guerra Mondiale.

Dopo la guerra, l'elemento Michel si rese conto che il suo destino era in fondo legato alle forze creative della cultura, perché era proprio con il corpo collettivo dell'Europa, perseguitato, derubato e affamato in preda alla vittoria dei barbari e dei falsari.

II

Il destino di un organismo vivente non deve essere confuso con l'idea completamente opposta di predestinazione. Quest'ultima è un'idea causale sia nella sua forma religiosa del calvinismo che in quella materialistica del meccanicismo e del determinismo. Il destino non è una necessità causale, ma una necessità organica. La causalità è una forma di pensiero, ma il destino è la forma del vivente. La causalità pretende una necessità assoluta, ma il Fato è solo una necessità interna, e ogni bambino che muore accidentalmente è una prova che il Fato è soggetto a incidenti esterni. Il Fato dice semplicemente: se questo deve essere, sarà in questo modo e non in un altro. Ogni uomo è destinato a crescere, ma molti non realizzeranno questo destino. Nessuno può pretendere di capire l'idea del Fato se la considera una sorta di causalità nascosta, una forma di predestinazione.

All'inizio di questa trattazione del tema del vitalismo culturale, si è detto che se le forze extraculturali fossero riuscite, dopo la Seconda guerra mondiale, nel loro tentativo di distruggere l'intero strato culturale dell'Europa, questo strato sarebbe riapparso nel giro di trenta o sessant'anni. L'affermazione era, ovviamente, ipotetica, perché ciò non è accaduto. Il solo fatto che qualcuno stia scrivendo questo testo e che qualcuno lo stia leggendo è la prova che non ci sono riusciti.

La base di questa affermazione era l'enorme vigore giovanile di una grande cultura. L'Occidente ha un futuro e questo futuro deve essere realizzato internamente. Internamente è diverso dall'estremo, perché la realizzazione delle potenzialità esterne dell'Occidente è una questione tanto di incidente quanto di destino.

Il futuro interiore dell'Occidente contiene molti sviluppi necessari, come il Rinascimento della religione, il raggiungimento di nuove vette nella tecnica, nella chimica, il perfezionamento del pensiero locale e amministrativo, e tutto questo potrebbe avvenire sotto un'occupazione permanente di barbari provenienti da altri continenti. L'aspetto più grande, più potente della Vita, quello dell'azione, della guerra e della politica si esprimerebbe in un tale regime, in una inesorabile, continua, aspra rivolta contro il barbaro.

Invece di piantare la bandiera dell'Occidente agli antipodi, si sarebbe semplicemente tentato di liberare il sacro suolo dell'Occidente dagli zoccoli dei primitivi. Non si pensava quindi a una predestinazione causale quando si diceva che lo strato della Cultura si sarebbe ricostituito anche se ogni suo membro contemporaneo fosse stato legalmente assassinato.

Questa affermazione implicava il dilemma: o l'Occidente realizza il suo tremendo destino mondiale di imperialismo illimitato e assoluto, oppure tutte le sue energie saranno impiegate in guerre sul suolo europeo contro lo straniero e gli elementi europei che riesce ad arruolare al suo servizio. Come per tutte le guerre, l'odio è dissociato dalla necessità di questo processo. Le guerre non sono prodotte dall'odio, ma da ritmi organici. La scelta non è tra la guerra e la pace, ma tra una guerra che promuova la cultura e una guerra che distorca, o stravolga, il suo corso naturale.

Se l'Europa rimane sotto le forze straniere, queste manderanno i suoi soldati al cimitero, perché la grandezza dell'Occidente non può essere annullata da una montagna di propaganda, da eserciti di massa di "soldati" occupanti, né da milioni di traditori dello strato Michel per due secoli scorreranno fiumi di sangue, indipendentemente dai desideri di qualsiasi essere umano. È nella natura degli organismi sovrapersonali esprimere le proprie possibilità. Se non si può fare in un modo, si farà in un altro. Questa idea recluta gli uomini e li lascia solo quando muoiono. Non esercita alcun diritto legale su di loro, nessuna adesione formale o minaccia di tribunale militare: la sua pretesa su di loro è totale. È un reclutamento selettivo: più alte sono le qualità di un uomo, più forte è il vincolo che l'Idea gli impone. Che cosa possono opporre a questo i barbari e i falsificatori? Ai suoi schiavi russi assassini, ai suoi neri selvaggi, alle sue misere recrute "tornate a casa" dal Nord America, l'Europa oppone la sua imbattibile superiorità sovrapersonale. L'Europa è all'inizio di un processo storico-mondiale: la fine non è in vista. Non si può prevedere quando - se mai - si raggiungerà un successo completo. Forse prima della fine, forze esterne avranno mobilitato le masse brulicanti della Cina e dell'India contro il corpo della civiltà occidentale. Questo non significa che il conflitto continuerà, ma solo che si allargherà.

Per continuare a soggiogare l'Europa è necessario che gli stranieri abbiano a disposizione un gran numero di europei raggiungibili per la realizzazione dei loro scopi: società segrete, gruppi, strati residui delle nazioni morenti del XIX secolo. Contro un'Europa unita non avrebbero mai potuto vincere, e solo contro un'Europa divisa possono resistere. Divisi, spezzati, distinti... questa è la tecnica di conquista. Resuscitare vecchie idee, vecchi slogan, ormai completamente morti, nella battaglia per far combattere gli europei tra loro. Ma sempre lavorando con lo strato debole senza cultura contro i forti portatori e apprezzatori di cultura. Questi devono essere "giudicati" e impiccati.

La disposizione del sub-strato della cultura a vantaggio di forze esterne è un tipo - il più pericoloso - di quella forma di patologia culturale chiamata Distorsione culturale. È fortemente correlata, tuttavia, a un altro tipo chiamato Ritardo culturale.

4. Ritardo culturale come forma di distorsione culturale

Nello studio dell'articolazione di una Cultura, è apparsa l'incessante battaglia tra Tradizione e Innovazione. Questo è normale e accompagna la Cultura dall'unione feudale al cesarismo, dalla cattedrale gotica al grattacielo, da Anselmo[55] al filosofo

---

[55] Sant'Anselmo, filosofo scolastico (1033-1109), arcivescovo di Canterbury, nato ad Aorta.

di quest'epoca, da Schütz a Wagner. La lotta infinita si svolge all'interno della forma della cultura e non è così, una forma malsana, perché anche il conflitto stesso è stato in ogni caso rigorosamente fuso nello stampo della cultura. Nel periodo 1000-1800, quando si combatteva contro un'altra idea occidentale, nessuno pensava di impedirne la realizzazione anche a costo di distruggere la cultura. Per essere precisi, nessuna potenza e nessuno statista europeo avrebbe ceduto l'intera Europa ai barbari solo per sconfiggere un'altra potenza o uno statista. Al contrario, quando il barbaro si presentò alle porte dell'Europa, tutta l'Europa lo affrontò, come quando tutti i suoi popoli si unirono finalmente per combattere il Turco nel momento del massimo pericolo. Dopo la sconfitta dell'esercito europeo a Nicopoli, all'inizio del XV secolo, il sultano Osmanly Bauazid giurò che non avrebbe avuto pace finché non avesse trasformato la cattedrale di San Pietro in una stalla per i suoi cavalli. In quel periodo della storia occidentale ciò non poteva accadere. La totale sottomissione dell'Occidente alle forze aliene dell'annientamento dovette attendere la metà del XX secolo.

Questa soluzione è arrivata solo perché alcuni elementi in Occidente hanno preferito rovinare l'intera Europa piuttosto che permettere all'Europa di passare alla fase culturale successiva, quella del risorgimento dell'Autorità.

Un fenomeno storico di questa portata non appare in un momento. Gli inizi di questa terribile divisione dell'Occidente si trovano alle origini del razionalismo. Già nelle guerre di successione austriaca emerse una nuova ferocia che faceva presagire l'imminente divisione. In quella guerra, gli Alleati pianificarono di fatto la divisione completa del territorio della nazione-cultura Prussia. Svezia, Austria, Francia... e Russia dovevano partecipare a questa divisione. È vero che durante il regime dei Romanov, dal XVII al XX secolo, la Russia si presentava come uno Stato e una nazione di tipo occidentale. Tuttavia, c'erano aperte perplessità da entrambe le parti, poiché c'era una differenza tra dividere le terre al confine con l'Asia, come la Polonia, e condividere con la Russia una parte della madrepatria europea.

Nella battaglia dei dinastici e dei tradizionalisti contro Napoleone, la tendenza andò oltre e nel 1815, al Congresso di Vienna, lo zar, con le sue truppe che occupavano mezza Europa, poté adottare la "postura" di salvatore dell'Occidente. Così, il Fürstenbund e l'Inghilterra erano al limite del culturalmente patologico quando portarono la loro lotta contro un sovrano occidentale, Napoleone, al punto di ammettere le truppe russe nelle capitali europee. Era tuttavia evidente che l'aspetto occidentale della Russia era decisivo nella questione: il Fürstenbund[56] e l'Inghilterra di Pitt non avrebbero ammesso in Europa una Russia nichilista o turca come mezzo per sconfiggere Napoleone e poi se stessi.

Ma la tendenza non si fermò lì: nella Prima guerra mondiale tra due nazioni europee, l'Inghilterra e la Germania, entrambe di stampo ottocentesco, l'Inghilterra prese di nuovo la Russia come alleata e presentò il dispotismo dei Romanov come una "democrazia" all'Europa e all'America. Fortunatamente per l'Occidente, ci fu un contraccolpo e quando i bolscevichi iniziarono la loro marcia contro l'Occidente dopo la guerra, furono respinti da una coalizione occidentale alle porte di Varsavia nel 1920. Nell'esercito antibolscevico c'erano tedeschi, francesi, inglesi, ieri nemici, oggi uniti contro il barbaro. Anche gli americani inviarono due spedizioni contro i bolscevichi, una in Arkangelsk, l'altra nella Siberia meridionale.

Durante il periodo di preparazione alla Seconda Guerra Mondiale, 1919-1939, sembrò più volte che la guerra imminente avrebbe assunto la forma di una lotta di alcune potenze occidentali - poiché l'Occidente era allora diviso in un insieme di piccoli Stati - contro la Russia, mentre altri piccoli Stati sarebbero rimasti neutrali, fornendo aiuti economici. Ciò sembrò evidente nel giugno 1936,[57] quando gli statisti dei quattro principali piccoli Stati firmarono un protocollo che prevedeva un accordo generale tra loro. Questo protocollo non fu mai ratificato. Tra il 1933 e il 1939 i portatori dell'Idea del XX secolo fecero non meno di venti sforzi diversi per raggiungere un accordo totale con i leader dei piccoli Stati ancora in preda all'Idea del XIX secolo, che già allora cominciava a manifestare il suo rigor mortis. Naturalmente gli elementi di spicco dello strato culturale di questi piccoli Stati erano in sintonia con la nuova Idea, ma alcuni elementi vi si opponevano a causa della loro insensibilità spirituale, della loro superficialità materialistica, della loro invidia negativa, delle loro salde radici nel passato e - per citare la ragione più importante - a causa dei loro interessi materiali, per i quali era di loro interesse la perpetuazione dello stile ottocentesco di economia internazionale e domestica, di cui solo loro traevano profitto e di cui soffriva l'intera Civiltà occidentale.

---

[56] Unione degli Stati tedeschi (N.)

[57] Errore di data. I capi di Stato di Inghilterra, Francia, Italia e Germania si riunirono a Monaco nel 1938.

Questi ultimi elementi decisero di permettere la divisione dell'Europa in Asia e America piuttosto che abbracciare l'idea occidentale di futuro.

Quando la lotta tra Tradizione e Innovazione, tra il vecchio e il nuovo, naturale e normale in ogni cultura, raggiunge questo grado, si parla di Patologia Culturale. Questa forma di patologia della cultura è definibile in base all'intensità dell'odio che mostra verso il futuro della cultura. Quando gli elementi conservatori arrivano a odiare così intensamente gli elementi creativi da essere capaci di fare qualsiasi cosa per portarli alla sconfitta militare, fino all'autodistruzione, questo è già un tradimento della Cultura e viene classificato come una forma acuta di Patologia Culturale.

L'impronta di questa malattia culturale è solo una questione di grado. Ogni nuova idea di cultura ha dovuto superare un'opposizione: nell'architettura, nella musica, nella letteratura, nell'economia, nella guerra e nella statistica. Ma fino a questa terribile eruzione della malattia culturale nel XX secolo, l'opposizione alla creatività non aveva mai raggiunto una totalità che può essere adeguatamente descritta solo come maniacale.

È stato anche un caso di patologia culturale il fatto che questo elemento sub-occidentale, durante la Seconda Guerra Mondiale, abbia reso alle forze parassitarie e barbare, alle quali si era volontariamente sottomesso nel suo odio per l'Europa e per il suo futuro, l'aiuto scellerato e servile di questo elemento sub-occidentale. Con indimenticabile disonore consegnò milioni di soldati dell'Occidente ai selvaggi russi, per farli scomparire per sempre nelle tombe anonime della Siberia. Questo elemento Michel ha collaborato con i barbari e li ha aiutati con entusiasmo; ha candidamente svelato tutti i loro segreti, ma questi stessi barbari hanno accettato tutto l'aiuto senza ringraziare e lo hanno ripagato con il sospetto, il sabotaggio e l'odio.

L'elemento Michel dell'Occidente ha sofferto della sconfitta occidentale e della sua sottomissione al barbaro e al contraffattore. La patologia del ritardo culturale ha avuto in questo caso conseguenze tragiche sia per i rappresentanti del passato che per quelli del futuro. Anzi, per i Michel del passato era ancora più tragica, perché nella lotta tra passato e futuro il passato è condannato. Alla fine l'Idea del Futuro trionferà internamente anche se il suo Destino esterno sarà frustrato. Il meccanicismo in politica lascerà il posto al futuro, così come il meccanicismo in biologia è scomparso da tempo. L'idea di individui che detengono il potere su gigantesche economie di organismi sovra-personali è destinata a morire, e questa è una delle cose che gli elementi sub-occidentali che odiano il Futuro hanno voluto salvare per sé. Il materialismo, la sua visione del mondo, ha lasciato il posto, ovunque in Occidente, allo scetticismo storico, che a sua volta lascerà il posto al misticismo e alla rinascita della religione. Il massimo che sono riusciti a salvare dalla distruzione generale è un accumulo di piccoli vantaggi personali per loro stessi. Per dimostrare la loro gratitudine, il Barbaro e il Contraffattore li hanno nominati loro commissari in Europa. Quanto è stato simbolico il fatto che i burattini che sono stati collocati nelle posizioni un tempo importanti in Europa dopo la Seconda Guerra Mondiale erano tutti vecchi! Erano vecchi, biologicamente parlando, ma spiritualmente erano vecchi di duecento anni, radicati in un passato parlamentare morto. Ai nuovi padroni europei non importava che questi funzionari in pensione mancassero di vigore e creatività: erano stati scelti proprio per questo. Chiunque mostrasse un po' di vigore veniva accuratamente messo da parte dai nuovi padroni. Alla letargia accoppiata all'oratoria si preferiva la volontà di esibirsi senza il blaterare patriottico del XIX secolo.

Questo è il risultato del ritardo culturale. Senza di esso, le forze esterne non sarebbero mai riuscite a schiacciare il fiore della cultura occidentale sotto gli zoccoli del suo primitivismo e della sua stupidità. Tuttavia, ha giocato solo un ruolo subordinato. Lo studio della patologia di altre forme di vita organiche, vegetali, animali e umane, offre numerosi esempi di simultaneità di malattie, in cui il danno causato da una favorisce la diffusione dell'altra. La simultaneità di polmonite e tubercolosi nell'organismo umano è solo un caso tra i tanti. La malattia più grave che ha fatto il suo corso contemporaneamente al ritardo culturale, e che è stata promossa da quest'ultimo, è stata un'aggravante del parassitismo culturale, che diventa un distorsore della cultura quando il parassita prende parte attiva alla vita della cultura.

5. Distorsione culturale derivante dall'attività parassitaria

I

Gli effetti elementari del parassitismo culturale sul corpo della cultura sono già stati analizzati: riduzione, per spostamento, della popolazione della cultura; perdita di energia culturale in attrito. Questi effetti sono la conseguenza della semplice esistenza del parassita, per quanto passivo possa essere. Molto più pericolosa per la sana realizzazione della cultura è la mescolanza di elementi parassitari nella vita culturale, così come l'attività del parassita della cultura, la sua partecipazione alla creazione di compiti, idee e politiche culturali. L'attività del parassita genera ad un livello di intensità maggiore la ripetizione dei fenomeni di attrito che accompagnano la presenza passiva del parassita. In California, ogni aumento della forza economica, ogni dimostrazione pubblica di energia collettiva da parte dei cinesi ha provocato rivolte anticinesi tra la popolazione americana. Lo stesso vale per il gruppo giapponese. Le rivolte peggiori sono state quelle provocate dalla progressiva avanzata dei negri nella vita pubblica americana. Finché il negro è rimasto "passivo", i disordini tra le due razze sono stati ridotti al minimo. Il 1865 segnò l'inizio della transizione dalla passività dei neri all'attività dei neri. Naturalmente non fu spontaneo: elementi razionalisti bianchi, liberali, amanti della "tolleranza", comunisti crearono un movimento la cui missione era quella di ignorare le distinzioni tra le razze, e sotto la loro guida scoppiarono periodicamente rivolte che paralizzarono temporaneamente la vita pubblica nelle più grandi città d'America. Tulsa, Beaumont, Jersey City, Chicago, Detroit, New York, sono solo esempi parziali delle rivolte di massa dell'ultimo quarto di secolo. Ogni sommossa è stata preceduta da un diluvio di propaganda sulla "tolleranza", con tanto di sentimentalismo, e in seguito un'inchiesta pubblica ha deciso che la causa di tutto era stata la mancanza di "tolleranza" e di "educazione". Durante l'occupazione americana dell'Inghilterra, tra il 1942 e il 1946, si verificarono diversi scontri razziali tra le truppe americane e quelle nere, nonostante il fatto che entrambe fossero in missione contro l'Inghilterra e l'Europa. I combattimenti furono così violenti che vennero utilizzate armi automatiche. L'utilità limitata dei gruppi culturalmente parassiti nei compiti militari è illustrata da questo esempio. Queste truppe nere facevano in realtà parte di unità americane dedicate alla distruzione dell'Europa, ma un piccolo incidente sociale in un bar è stato sufficiente a promuovere l'infiammazione dell'odio razziale sviluppato dal parassita e dall'ospite che condividono la stessa vita. Le truppe dei gruppi parassitari sono di scarso valore, essendo regolarmente a due dita dal tumulto razziale, e i razionalisti e i liberali hanno scoperto per esperienza che avrebbero potuto essere evitate semplicemente studiando le cronache di 5.000 anni di storia delle Grandi Culture. Queste truppe nere erano la prova del loro desiderio di distruggere sia l'America che l'Europa. Questi esempi di alta tensione tra ospite e parassita non sono che la forma più semplice della malattia della distorsione culturale come conseguenza dell'attività parassitaria. Si differenziano solo per il grado di resistenza al parassitismo culturale.

Molto più grave è il modo in cui il parassita partecipa in modo decisivo alla vita pubblica della cultura e ne orienta la politica verso i propri canali. Né in America né in Sudamerica il negro ha raggiunto questa importanza. Né tantomeno i gruppi giapponesi, cinesi, levantini o indiani del Nord America.

Un gruppo, tuttavia, ha causato una grande distorsione culturale in tutta la civiltà occidentale e nelle sue colonie in ogni continente, e questo gruppo è la retroguardia in Occidente della già compiuta cultura araba: la Chiesa-Stato-Nazione-Popolo-Razza dell'Ebreo.

Dalla cultura araba, già realizzata internamente intorno al 1100, l'ebreo ha tratto la sua concezione del mondo, la sua religione, la sua forma di Stato, la sua idea di nazione, il suo sentimento di popolo e la sua unità. Ma dall'Occidente ha preso la sua razza e la sua missione nella vita.[58] Vediamo già lo sviluppo di questa razza nella sua esistenza ghettizzata durante i primi ottocento anni della nostra cultura occidentale. Con l'articolarsi del razionalismo, a partire dal 1750, e con la realizzazione delle più ampie possibilità offerte dalla nuova fase vitale dell'Occidente, l'ebreo cominciò ad agitarsi contro il ghetto che aveva creato per sé nei giorni primitivi come simbolo della sua unità, spirituale e fisica. Questa razza aveva un tipo di ideale diverso da quello dell'Occidente e questo influenzò il materiale umano che

---

[58] L'autore allude alle ostilità dei popoli dell'Occidente contro l'ebreo, per motivi religiosi nel Medioevo, sociali ed economici nell'età moderna e "totali", cioè politici, nell'età contemporanea. Questa ostilità ha contribuito a sentimentalizzare la razza dei parassiti culturali. Gli stessi sionisti hanno sostenuto un certo antisemitismo, come si può vedere nei "Protocolli" di Serge Nilus.

entrò nel flusso sanguigno collettivo della razza del ghetto. A metà del XX secolo si vedono ebrei con pigmentazione nordica, ma la purezza razziale ha adattato il nuovo materiale al vecchio aspetto razziale. Per il razzismo verticale del XIX secolo, questi fenomeni erano misteriosi, ma il XX secolo ha visto il primato dello spirituale nella formazione della razza. Quando si dice che l'ebreo ha preso la sua razza dall'Occidente, non si intende che ha scavato nella stirpe dei popoli occidentali per reclutare la propria - anche se lo ha fatto, e continua a farlo, in una certa misura - ma che servendo, per il suo stesso imperativo culturale, come massa completamente estranea intorno all'ebreo, l'Occidente ha impedito la dissoluzione e la scomparsa dell'unità ebraica.

Infatti, va sottolineato che mentre il contatto con lo straniero è dannoso per un organismo quando lo straniero è all'interno dell'organismo, è il contrario quando lo straniero è all'esterno: tale contatto rafforza l'organismo. Le Crociate, il primo balbettio dopo la nascita dell'Occidente, hanno dato solidità al nuovo organismo, ne hanno dimostrato la vitalità. Le guerre di Castiglia e Aragona contro i barbari diedero alla Spagna la forza interna necessaria per portare a termine la sua grande missione ultramontana. Le vittorie inglesi sui campi di battaglia coloniali di tutto il mondo diedero all'Inghilterra il senso obbligatorio di una missione. Le guerre di Roma nella sua infanzia nazionale le diedero la solidità interna che le permise di intraprendere le guerre puniche che le diedero il dominio sulla civiltà classica.

È quindi evidente che il contatto reciproco dell'Occidente con l'Ebreo aveva un significato opposto per i due organismi: per l'Ebreo era una fonte di forza e di informazioni, per l'Occidente era una perdita di forza e una deformazione. L'ebreo era dentro l'Occidente, ma l'Occidente non era dentro l'ebreo. La persecuzione si rafforza se non persiste fino allo sterminio totale. La citazione riportata all'inizio di questo lavoro è valida per l'Occidente oggi come per l'ebreo ai suoi inizi.

Quando si parla di persecuzione, si nomina la fonte della missione vitale dell'ebreo. Un millennio di massacri, rapine, frodi, incendi, insulti, maltrattamenti, espulsioni, sfruttamenti: questo è il regalo dell'Occidente all'ebreo. Non solo hanno rafforzato e indurito il suo senso della razza, ma gli hanno dato una missione, la missione della vendetta e della distruzione. I popoli e i monarchi occidentali immagazzinavano esplosivi nello spirito dello straniero che viveva tra loro.

La regolarità organica della guerra governa la vita: persino le tribù primitive dell'Africa fanno la guerra anche se non hanno motivo di combattere, a differenza dei popoli di una Cultura. La comparsa sulla terra di una Grande Cultura, e la concentrazione di potere che la sua alta organizzazione e articolazione le conferisce, provoca negli ambienti umani una contro-volontà distruttiva, che contrasta la volontà creativa della Grande Cultura. Nella vita, non appartenere equivale a opporsi. L'opposizione può essere latente, per qualche tempo o per sempre, a causa di altre opposizioni più forti, ma esiste, latente e potenziale. Il contatto tra due organismi sovrapersonali può solo generare opposizione e guerra. L'Occidente e l'organismo ebraico sono stati in guerra permanente per tutto il millennio in cui è durato il loro contatto. Non è stata la guerra del campo di battaglia, dell'ingaggio della corazzata, ma una guerra di forma diversa.

La totale estraneità dell'ebreo lo rendeva politicamente invisibile all'Occidente. L'Occidente non lo considerava una nazione, perché non aveva una dinastia, né un territorio. Parlava la lingua del Paese in cui viveva. Non aveva uno Stato visibile di tipo occidentale. Sembrava che l'ebraismo fosse semplicemente una religione, e come tale non un'unità politica, perché anche nella Guerra dei Trenta Ariani, 1618-1648, la religione giocò un ruolo subordinato alla politica dinastica e di fronda.[59] Di conseguenza, anche quando l'Occidente stesso aveva affidato all'ebreo la sua missione politica di vendetta e distruzione, non poteva considerarlo un'unità politica.

La guerra tra la cultura occidentale e l'ebreo era quindi una guerra sotterranea. L'ebreo non poteva apparire nella sua unità e combattere apertamente contro l'Occidente, a causa della sua notoria inferiorità. L'Occidente si sarebbe immediatamente mobilitato contro un attacco ebraico dichiarato, distruggendolo completamente. L'ebreo fu costretto a portare avanti la sua politica con il metodo dell'infiltrazione, mescolandosi ai conflitti tra le forze, le idee e gli Stati occidentali e cercando di influenzarne l'esito finale a suo favore. Favorì sempre la parte che mirava al materialismo, al trionfo dell'economia, all'opposizione all'assolutismo e all'unità religiosa dell'Occidente, alla libertà di commercio e all'usura.

La tattica di questa guerra ebraica consisteva nella manipolazione del denaro. La sua dispersione, il suo materialismo, il suo totale cosmopolitismo gli impedivano

---

[59] Nome generico dato a una serie di guerre in Germania, iniziate formalmente con la rivendicazione di Federico, Elettore del Palatinato, al trono di Boemia. La pace di Westfalia pose fine alla guerra, il cui risultato immediato fu che i protestanti trovarono pieno godimento dei loro diritti civili e religiosi.

di prendere parte alla forma eroica del combattimento sul campo, e quindi si limitava a prestare, o a rifiutare di prestare, a corrompere, a ottenere potere per legge su individui importanti. Fin dall'inizio del Cristianesimo i Papi avevano proibito ai cristiani di prestare denaro a interesse, e da quel momento l'ebreo fu elevato a una posizione economica privilegiata. Cromwell li riammise in Inghilterra quando decise che "non c'era abbastanza denaro nel Paese". Nel XVII secolo erano le più grandi banche dell'Occidente. La stessa Banca d'Inghilterra fu fondata in base a una concessione concessa ad Ali-ben-Israel da Cromwell.[60] Questa banca procedette a pagare un interesse del 41/21% sui suoi depositi e a concedere prestiti al governo all'8%.

La filosofia scolastica, le leggi della Chiesa, lo spirito dell'epoca, il potere dei baroni feudali di derubarlo... tutto questo lavorava contro l'ebreo. Per esempio San Tommaso d'Aquino, nel XIII secolo, insegnava che il commercio era da disprezzare in quanto conseguenza dell'avidità, che tende a perdere ogni misura. Che far pagare gli interessi sui prestiti era un'ingiustizia, che gli ebrei dovevano essere privati del denaro che avevano guadagnato con pratiche usurarie e che dovevano essere costretti a lavorare e a perdere la loro ambizione di guadagno. Diversi papi emanarono bolle contro le pratiche economiche, il materialismo e la crescente influenza degli ebrei.

Ma l'anima stessa dell'Occidente si stava lentamente esteriorizzando. La svolta decisiva del 1789 fu preparata da piccoli cambiamenti nel corso dei secoli. L'antica interiorità dell'Occidente, che aveva dato ai secoli feudali la loro evidente coesione spirituale, fu gradualmente minata da nuovi conflitti, soprattutto quelli tra città e campagna, tra nobiltà commerciale e nobiltà terriera, tra materialismo e spirito religioso. La Riforma fu uno scisma nell'intera anima dell'Occidente. In essa apparve come simbolo del futuro trionfo del materialismo il sistema calvinista. Calvino predicava la santità dell'attività economica, approvava l'usura, interpretava la ricchezza come segno di elezione alla salvezza eterna. Questo spirito si diffuse; Enrico VIII legalizzò l'usura in Inghilterra nel 1545. La vecchia dottrina occidentale del male dell'usura fu abbandonata.

Tutto ciò rappresentava per l'ebreo una liberazione e la possibilità di accedere

---

[60] Nel 1694, la causa della creazione di questa banca fu un prestito di 1.200.000 sterline fatto da Manasseh-ben-Israel, chiamato anche Ali ben Israel, a Guglielmo III d'Inghilterra.

al potere, anche se mascherato e invisibile. All'epoca della Riforma si poteva vedere l'ebreo combattere ovunque contro la Chiesa, e nella lotta tra Lutero e Calvino aiutò quest'ultimo, poiché anche Lutero rifiutava l'usura. La vittoria in Inghilterra del puritanesimo - un adattamento locale del calvinismo - ha creato condizioni favorevoli per l'ebreo. Lo scrittore puritano Baxter sostenne addirittura come dovere religioso la scelta della più vantaggiosa tra due alternative economiche. Scegliere quella meno vantaggiosa equivaleva a disattendere la volontà di Dio. Questa atmosfera proteggeva la proprietà dell'ebreo e tendeva ad accrescerla, in modo che non si potessero ripetere le vecchie rapine di cui monarchi e baroni lo avevano reso vittima.

II

All'inizio del XVII secolo, nella storia dell'Occidente apparve una corrente sotterranea, una distorsione, un'alterazione. Molti degli aspetti più rapaci dell'influenza dell'usura e del capitalismo finanziario non erano affatto inglesi, ma erano da attribuire alla crescente influenza dell'ebreo. Anche in questo caso, questi effetti non devono tradursi in una critica all'ebreo. L'aspetto religioso dell'unità ebraica consentiva l'addebito di interessi e prescriveva un'etica diversa nei rapporti tra ebrei e goyim rispetto a quella dei rapporti tra ebrei. Secondo la religione ebraica era meritorio ledere gli interessi del goy. Questa dottrina religiosa sarebbe diventata inoperante in qualsiasi altro caso, ma non nel caso della missione vitale dell'ebreo, la cui formazione nei secoli di persecuzione è già stata vista. L'ebreo era semplicemente se stesso, ma la sua influenza non era occidentale e quindi creava una distorsione nella cultura dell'Occidente. Anche nel XIX secolo, dopo che la santificazione dell'ambizione era stata stabilita con fermezza, Carlyle, uno dei grandi esponenti della cultura occidentale, era inorridito dallo spettacolo del furto universale con astute armi economico-giuridiche e dall'inaudita mancanza di coscienza sociale che sacrificava intere nazioni alla spoliazione e alla miseria. Gli effetti distorsivi della presenza ebraica nella vita economica occidentale fin dalle sue origini sono stati chiaramente esposti dal principale economista e pensatore europeo Werner Sombart nella sua opera Gli ebrei e il capitalismo moderno. Con l'emergere, nell'anima occidentale, di un maggiore interesse per il mondo materiale, l'ebreo si sentì più sicuro, più indispensabile e più potente. Anche se avesse voluto dedicarsi ad attività diverse dall'usura, sarebbe stato impossibile, perché le corporazioni dell'Occidente ammettevano solo i cristiani. La sua originaria superiorità economica fu così mantenuta e alcuni notabili dell'Occidente arrivarono a dipendere da lui. Non potevano più attaccarlo, perché le nuove leggi commerciali che riflettevano il crescente spirito mercantile lo proteggevano nelle sue proprietà, nelle sue ipoteche e nei suoi contratti. La storia di Shylock ci mostra la doppia immagine dell'ebreo: sicofante e socialmente strisciante a Rialto,[61] ma feroce come un leone in tribunale. È stato l'Occidente ad attribuirgli questi due ruoli. Si aspettava da lui un ruolo puramente subalterno, ma allo stesso tempo gli dava la possibilità di giocare un ruolo da protagonista.

Più la cultura diventava materialista, più si avvicinava all'ebreo, e maggiore era il vantaggio dell'ebreo. L'Occidente fu abbandonato nel suo esclusivismo, ma lui mantenne il suo, invisibile all'Occidente.

Il periodo vede l'emergere del Razionalismo, l'affermazione radicale del materialismo. Nel 1750, nuove idee si fanno strada in Occidente: "libertà", "umanità", deismo, opposizione alla religione e all'assolutismo, "democrazia", entusiasmo per il popolo, fiducia nella bontà della natura umana, ritorno alla natura. La ragione sfida la tradizione e, lentamente, le vecchie e raffinate strutture occidentali del pensiero e dello Stato soccombono. Lessing, in questo periodo, fa dell'ebreo il protagonista della sua opera Nathan der Weise,[62] cosa che solo un secolo prima sarebbe sembrata ridicola. Gli intellettuali si entusiasmano per l'uomo del ghetto, con i suoi raffinatissimi sistemi di caste e la sua religione privata che coesiste con il suo materialismo esteriore. Era il cosmopolita e, in quanto tale, sembrava agli intellettuali dell'Occidente l'indicatore del futuro. Per la prima e ultima volta, occidentali ed ebrei collaborarono in un lavoro culturale di diffusione delle nuove idee. La distorsione culturale si trasferì poi nella vita politica. La forma assunta dalla Rivoluzione francese è dovuta alla distorsione culturale. L'epoca particolare che segna questo grande episodio è naturalmente uno sviluppo organico dell'Occidente. La distorsione si manifesta in questi eventi particolari che si verificano in un modo particolare e in un luogo particolare nel tempo e nello spazio.[63] In altre parole: la distorsione, la

---

[61] Famoso ponte in un quartiere di Venezia, dove si riuniva il meglio della società.

[62] In tedesco nel testo: Nataniel il Saggio (N. di T.)

[63] Allusione agli abusi rivoluzionari. Fu un ebreo, Marat, a radicalizzare la repressione dei cosiddetti reazionari,

distorsione è avvenuta solo sulla superficie della storia, non nelle sue profondità; perché lì non può esserci distorsione. Un'analogia umana si trova nella prigionia: essa distorce la superficie di una vita umana cambiandone tutti i fatti, ma non altera lo sviluppo interiore, fisico o spirituale. La distorsione è distorsione, deviazione, frustrazione; ma non è la morte, né può uccidere. È una malattia cronica, una piaga permanente, uno spreco, un'impurità nella corrente vitale della cultura.

Il filosofo ha affrontato in piena prospettiva il più noto esempio di distorsione culturale nella cultura araba. I vecchi romani civilizzati si infiltrarono nella vita risorgente del mondo aramaico.[64] Questa nuova cultura ha dovuto farsi strada attraverso l'intero corpo di forme vitali del mondo romano per esprimersi. I suoi primi secoli rappresentano una progressiva emancipazione dalla distorsione culturale, una lotta contro tale distorsione. Le guerre mitridatiche sono il primo focolaio di questa lotta.[65] I Romani erano gli "ebrei" di quel mondo, cioè i pensatori economici, con una completa unità culturale; immersi in una zona di religioni nascenti. La distorsione si manifestò in tutti gli aspetti della vita: diritto, filosofia, economia politica, letteratura, guerra. Si manifestò agli inizi della cultura, che lentamente si affrancò dal mondo completamente estraneo dei Romani. Ma l'anima più intima di questa nuova cultura non è stata colpita dalla distorsione; solo la sua realizzazione, la sua superficie, la sua espressione, i suoi atti sono stati colpiti.

Allo stesso tempo, solo i fatti del periodo 1775-1815, la Rivoluzione francese, sono stati distorti, falsificati. La grande transizione simboleggiata da questo terribile evento - il cambio di direzione dell'anima occidentale dalla cultura alla civiltà - sarebbe potuta avvenire in molti altri modi.

La politica dei falsari era quella di rendere le finanze pubbliche francesi dipendenti dal debito e dagli interessi, proprio come erano riusciti a fare, molto tempo

---

trascinandosi dietro lo psicopatico Robespierre, anch'egli ebreo, i procuratori-esecutori ebrei del tribunale rivoluzionario. Almereyde e Choderlos de Laclos, nonché il carceriere del Delfino, Simon. Anche un pittore ebreo, David, fu l'artista della Rivoluzione.

[64] Gli Aramei erano una confederazione di tribù che parlavano una lingua semitica, tra l'XI e l'VIII secolo a.C. in Aram (Siria settentrionale). Secondo la Genesi, gli Aramei, mescolati ad altri popoli del deserto della Mesopotamia, sono gli Ebrei.

[65] Mitridate, re del Ponto Euxino (Anatolia), volle approfittare della difficile situazione che Roma stava attraversando e fece decapitare tutti i Romani che si erano stabiliti nel suo regno, dando origine alla guerra con il popolo romano e fu sconfitto da Silla nella battaglia di Cheronea (N. del T.).

prima, in Inghilterra. Tuttavia, la monarchia assoluta, con la sua centralizzazione del potere, si opponeva alla sottomissione dello Stato al potere del denaro. L'idea era quindi quella di introdurre in Francia la monarchia costituzionale e, a tal fine, i falsari e il loro strumento Necker imposero la convocazione degli Stati Generali. Anche la sua composizione fu determinata, in larga misura, dai Falsi, e così fu istituita una monarchia costituzionale.

Necker tentò immediatamente di emettere due grandi prestiti, senza successo. Una soluzione alla crisi finanziaria fu suggerita da Talleyrand sotto forma di confisca delle terre della Chiesa. Mirabeau appoggiò l'idea, migliorandola con il suggerimento di emettere denaro garantito dalle proprietà confiscate. Necker rifiutò con la motivazione che tale denaro, che non doveva pagare interessi e non dipendeva dal peso del Debito, non sarebbe stato utile per gli scopi dei Falsari.

Al culmine della crisi finanziaria, Necker fu esiliato dalla Francia e Mirabeau divenne dittatore. La prima cosa che fece fu emettere immediatamente moneta, sostenuta dalle ricchezze delle terre appena confiscate, per salvare il Paese dal panico che i Falsificatori stavano cercando di provocare.

Ma dall'esterno della Francia, Necker, rappresentante del potere monetario e dei falsari, scatenò una guerra continentale contro la Francia, sostenuta da complici interni al Paese.

L'idea trainante della combinazione era che una guerra avrebbe richiesto ingenti prestiti da parte della Francia all'estero, in Inghilterra, Spagna e altrove, e che il denaro, sostenuto da terreni, i famosi assignats, sarebbe stato rifiutato dalle potenze finanziarie. La Francia sarebbe costretta a cedere alle richieste dei monopolisti dell'oro. Si può tracciare una linea retta da questa guerra al Terrore.

Agli albori della civiltà assistiamo allo stesso gigantesco conflitto tra Autorità e Denaro che durerà per generazioni nel futuro. È la lotta di Napoleone contro sei coalizioni.

Napoleone è stato descritto da uno scrittore di storia distorta come un semplice conquistatore; la sua filosofia di Stato è stata ignorata. Ma le sue idee economiche furono chiaramente esposte a Las Cases e Caulaincourt. Per lui l'economia era la produzione, non il commercio, e doveva basarsi prima sull'agricoltura, poi sull'industria e infine sul commercio estero. Inoltre, si opponeva alla moneta basata sugli interessi.

La lotta dei falsari contro queste idee contribuisce in modo significativo a delineare i fatti della storia occidentale dall'ascesa di Napoleone al Consolato fino al 1815. Al di là di ciò che questi eventi avrebbero potuto essere, il fatto che un parassita culturale abbia partecipato attivamente e in modo decisivo all'espressione dell'anima occidentale è stata una distorsione culturale. Nella lotta tra le forze occidentali, il cui esito è organicamente plasmato dallo sviluppo progressivo della nostra anima culturale, il peso di una potenza del tutto straniera sulla bilancia è un travisamento e una frustrazione.

Non sappiamo cosa sarebbe stata la storia dell'Occidente senza la partecipazione di queste forze estranee, ma è abbastanza ovvio che il potere del denaro non avrebbe mai goduto di un predominio così assoluto durante il XIX secolo se non fosse stato per la malattia della distorsione culturale. Ci sarebbero stati due poli nell'anima dell'Occidente, fino all'individuo, il polo del pensiero del denaro e il polo dell'autorità e della tradizione. Il trionfo assoluto del denaro ha imposto un tributo orribile alla vita e alla salute dell'Occidente. Ha sacrificato le classi contadine di interi Paesi all'interesse egoistico del commercio. Ha scatenato guerre per interessi privati, con il sangue dei patrioti. Basti ricordare la Guerra dell'Oppio: una guerra in cui soldati e marinai inglesi dovettero morire per costringere l'Imperatore della Cina a riconoscere e proteggere il monopolio dell'Oppio di cui godevano i falsari basati nella civiltà occidentale.

Il sistema del debito fu imposto a tutti gli Stati europei. La Prussia prese in prestito denaro da Nathan Rotschild nel 1818. Seguirono nell'ordine Russia, Austria, Spagna e Portogallo. Ma il vuoto spirito materialista dell'epoca, ostile al pensiero profondo e alla ricerca del superficiale, rimase cieco; la filosofia, che aveva prodotto Berkeley e Leibnitz, si accontentava ora di Mill e Spencer. Il pensiero economico si accontentava di Adam Smith, che predicava, di fronte alla rovina e alla miseria di milioni di persone, che il perseguimento dei propri interessi economici egoistici avrebbe fatto progredire la vita collettiva. Quando proposizioni come questa potevano diventare generalmente accettate, non può sorprendere che solo pochi occidentali fossero consapevoli della distorsione della vita culturale occidentale. Byron era uno di questi pochi, come dimostrano "L'età del bronzo" e frammenti di "Don Giovanni" e altre poesie. Anche Charles Lamb e Carlyle se ne accorsero, ma la maggior parte degli occidentali era impegnata ad eseguire l'ordine di Luigi Filippo:

Enrichissez-vous![66]

III

La vita economica, sebbene influenzata nelle sue forme dalla cultura, è in realtà solo la materia prima della cultura, una condizione preliminare della vita superiore. Il ruolo dell'economia in una Grande Cultura è esattamente analogo al suo ruolo nella vita di un uomo creativo, come Cervantes, Dante o Goethe. Per un uomo del genere essere vincolato a un obbligo economico è una distorsione della sua vita. Ogni Grande Cultura è creativa: tutta la sua vita è una continua creazione sovrapersonale. Pertanto, porre la vita economica al centro e dire che essa è la Vita, e tutto il resto è secondario, è una distorsione della Cultura.

Ma i falsari hanno ottenuto questo effetto da entrambi i lati. I Padroni del Denaro lavoravano esclusivamente per la propagazione della Sovranità del Denaro sulle vecchie tradizioni dell'Occidente. Sul lato inferiore, la distorsione del marxismo negava tutto tranne l'economia e affermava che il proletariato doveva sfruttare la civiltà occidentale a proprio vantaggio.

L'esame dell'articolazione di una Grande Cultura mostra che l'importanza culturale del proletariato è, in una parola, nulla. Questo è un semplice dato di fatto, non l'espressione di un'ideologia, e proprio perché è un dato di fatto, il falsificatore Marx, con il suo odio abissale e rabbioso per la civiltà occidentale, lo ha scelto come strumento di distruzione. Sopra e sotto, i falsificatori hanno impiegato le uniche tecniche che conoscevano, quelle economiche, nel tentativo istintivo di distruggere il corpo dell'odiato Occidente. Questo, non lo si ripeterà mai abbastanza, è al di là di ogni elogio e di ogni critica: i Falsificatori hanno agito per costrizione; la loro condotta era irrazionale, inconsapevole, e nasceva da una necessità organica.

L'idea del denaro e l'idea della lotta di classe su base economica apparvero a tempo debito in altre culture. La distorsione della nostra vita non si è manifestata nella semplice esistenza di questi fenomeni, ma nella loro universalità, nella loro forma assoluta e nell'acrimonia con cui hanno confuso e diviso l'intero Occidente.

---

[66] Luigi Filippo d'Orléans, beneficiario della Rivoluzione di giugno del 1830 che detronizzò Carlo X, togliendo i diritti alla Corona di Francia alla famiglia Capet e ai suoi discendenti. Questo re "rivoluzionario" fu detronizzato dalla Rivoluzione del 1848, che istituì la Seconda Repubblica.

La presenza del Falsificatore, una sorta di catalizzatore organico, si intreccia con tutte queste idee e sviluppi disgreganti e distruttivi.

L'Occidente ha ceduto a questa distorsione culturale solo a causa della propria esternalizzazione. Una volta che l'Occidente ha iniziato a cimentarsi con il Materialismo, i Falsificatori lo hanno aggravato. La scomparsa di alcune barriere ha permesso al Falsificatore di lavorare per l'annientamento di tutte le distinzioni. Trasformò il Deismo in Ateismo, ma mantenne le sue rune e i suoi filatteri. Nella lotta del Razionalismo contro la Tradizione, aggravò la divisione dell'Occidente con richieste sempre più assolute.

La situazione stessa del Contraffattore fu causa di aspre discordie nelle nazioni occidentali. In Inghilterra veniva continuamente sollevata la questione dello status degli ebrei. Questa questione non aveva nulla a fare con il corpo inglese, ma battaglia dopo battaglia, gli inglesi sprecarono le loro energie combattendo a favore o contro la cittadinanza ebraica, o la possibilità per gli ebrei di essere membri del Parlamento, dei tribunali, o di essere ammessi alle professioni liberali o alle cariche dello Stato. Simili dispute dividevano la società occidentale ovunque. Il risultato del deciso finanziamento della vita economica, che sostituì l'idea di merce a quella di denaro, fu la rovina della vita materiale e spirituale dei lavoratori manuali e dei contadini in tutte le terre dell'Occidente. La morte di milioni di loro durante il XIX e il XX secolo a causa della sporcizia, della malnutrizione e delle condizioni di vita subumane, del tifo, della fame e della tubercolosi, è dovuta alla trasformazione dell'economia in un campo di battaglia che oppone il Signore del Denaro all'imprenditore e all'industriale. È stato il Signore del Denaro a far trionfare la società per azioni come forma di proprietà dell'impresa, costringendo ogni imprenditore alla servitù degli interessi del Signore del Denaro, che ha acquistato le azioni e ha poi proceduto allo sfruttamento dei dipendenti delle imprese convertendo tutti i processi industriali in dividendi. Abbassare questo "costo" significava aumentare i propri profitti. Non importava che il risultato fossero bambini stentati, famiglie affamate, una vita nazionale svilita; ciò che contava era il profitto.

Secondo l'ideologia, ogni lavoratore manuale poteva, se lo desiderava, diventare un Signore del Denaro. Se non ci riusciva, era colpa sua. I Signori del Denaro non sentivano alcun obbligo, alcun dovere nei confronti di nessuno, perché si erano fatti da soli. D'altra parte, se le loro proprietà all'estero venivano attaccate, era dovere patriottico dei loro poveri concittadini venire in aiuto dei Signori del Denaro.

I terribili risultati dell'afflusso di denaro, che spinsero interi settori della popolazione nelle braccia della fame, provocarono, come era prevedibile, un effetto contrario. Il malcontento di queste masse fu usato anche come strumento della politica dei falsari.

Al centro c'era il nemico: il corpo della civiltà occidentale. Sopra c'era la tecnica finanziaria di dominio su quel corpo. In basso, la tecnica del sindacalismo. I milioni della maggior parte della popolazione erano il bottino della guerra su due fronti. Il ruolo del falsario era quello di aumentare la divisione, di freneticizzarla, di farla funzionare a suo vantaggio. Nessuno storico ha espresso la politica e i risultati dell'azione dei Falsificatori meglio di Baruch Levy nella sua famosa lettera a Marx:

Il popolo ebraico, considerato collettivamente, sarà il proprio Messia. Raggiungerà il dominio mondiale attraverso la fusione di tutte le altre razze umane, l'abolizione delle frontiere e delle monarchie, che sono le roccaforti del particolarismo, e l'erezione di una Repubblica Universale, in cui gli ebrei godranno ovunque di diritti universali.

"... In questa nuova organizzazione dell'umanità i figli di Israele saranno sparsi in tutto il mondo abitato e, poiché appartengono tutti alla stessa razza e alla stessa tradizione culturale senza avere allo stesso tempo una nazionalità definita, formeranno l'elemento principale senza incontrare opposizione.

"Il governo delle nazioni, che sarà affidato alla Repubblica Universale, passerà senza sforzo nelle mani degli israeliti, per il fatto stesso della vittoria del proletariato. La razza ebraica sarà allora in grado di porre fine alla proprietà privata e di amministrare in tutto il mondo i fondi pubblici.

Allora le promesse del Talmud si realizzeranno. Quando sarà giunto il tempo del Messia, gli ebrei avranno in mano la chiave delle ricchezze del mondo".

Questa era l'espressione del corpo estraneo nell'organismo occidentale. Per il falsario non c'è nulla di sinistro: per lui l'Occidente è un mostro brutale di orgoglio, egoismo e crudeltà. Le condizioni vitali dei due organismi, o di un'altra coppia di organismi di pari livello, sono semplicemente diverse. Per il Falsificatore, promuovere l'ossessione economica all'interno dell'Occidente, minarne l'anima e aprirgli una strada, non è altro che obbedire all'ovvio. È l'eterno rapporto tra ospite e parassita che si trova già nel mondo vegetale, nel mondo animale e nel mondo umano. Per l'Occidente, essere se stesso significa soffocare l'espressione del Falsificatore e limitare l'anima del Falsificatore; per il Falsificatore essere se stesso significa frustrare l'espressione dell'anima occidentale.

Dovrebbe essere chiaro che la Distorsione Culturale non può uccidere l'ospite, perché non può raggiungere l'Anima, ma può solo influenzare le espressioni di quell'anima quando raggiungono lo stadio della loro realizzazione. Se la Distorsione potesse raggiungere l'Anima, non sarebbe più tenuta come tale, perché l'Anima cambierebbe, ma l'Anima rimane nella sua purezza e intensità; solo la sua esteriorizzazione viene deviata dal suo corso, distorta. Questa è la fonte della tensione: la disgiunzione tra ciò che era possibile e ciò che è diventato reale è visibile. Inizia la reazione: a ogni vittoria della distorsione culturale cresce il senso di frustrazione e più decisa è l'ostilità degli elementi portatori di cultura. La propaganda non può influenzare questo processo, perché è organico e deve avvenire finché c'è vita.

IV

La distorsione culturale influisce sulla vita della cultura a tutti i livelli. Quando la cultura attraversa una fase politicamente nazionalistica, come quella dell'Occidente durante il XIX secolo e la prima metà del XX, non solo la vita di ogni nazione può essere distorta, ma anche le stesse relazioni tra le nazioni.

L'illustrazione più semplice dovrebbe essere ipotetica. Il gruppo parassitario cinese in America non avrebbe mai potuto raggiungere il livello di distorsione culturale, ma supponiamo che lo abbia fatto. Se avesse posseduto il potere pubblico in America in un momento in cui, ad esempio, l'Inghilterra rivendicava per sé sfere di influenza in Cina, l'elemento cinese in America avrebbe inevitabilmente lavorato per una guerra dell'America contro l'Inghilterra. Se il suo grado di potere pubblico fosse stato sufficiente, ci sarebbe riuscito. Sarebbe stata una distorsione della vita internazionale della civiltà occidentale. Sarebbe stata una guerra inter-occidentale per gli interessi cinesi. Un simile caso ipotetico si è ripetuto con altri partecipanti nel corso del XIX secolo. Il Paese che perseguitava il contraffattore culturale in Europa o procedeva troppo lentamente nel concedergli i diritti civili, la protezione legale e le possibilità finanziarie di cui aveva bisogno, era immediatamente oggetto della politica del contraffattore culturale. La distorsione non è mai stata assoluta, perché il potere pubblico del Contraffattore non è mai arrivato a tanto. Si trattava sempre di una semplice torsione, non di una trasformazione; di un'influenza, non di un comando; di un'azione nascosta, non visibile; di una deviazione, non di una linea retta. Il Falsificatore non è mai apparso da solo, perché farlo avrebbe significato la sua distruzione, non essendo altro che un piccolo parassita su un ospite gigantesco. La Distorsione è sempre stata mascherata da ideali occidentali: libertà, democrazia e così via. Questo, lo ripetiamo, non ha nulla di sinistro, perché era una necessità vitale della Distorsione portare avanti la sua politica in questo modo. Il loro numero ridotto rendeva impossibile sfidare l'intero Occidente sul campo di battaglia.

Per tutto il XIX e l'inizio del XX secolo, oltre alla storia superficiale della politica e dell'economia occidentali, c'è stata un'altra storia: quella del progresso del parassita culturale attraverso la sua stessa storia, con la conseguente distorsione della politica e dell'economia occidentali. L'Europa contemporanea ha potuto avere solo una visione parziale di questa seconda storia. A causa del suo nazionalismo politico, non poteva concepire un'unità politica senza un territorio definito, una lingua comune, una "Costituzione", un esercito, una flotta, un gabinetto e il resto dell'equipaggiamento politico occidentale. Non conosceva la storia della cultura araba e la sua idea di nazione, né i suoi residui sparsi in Occidente.

All'interno di ogni nazione ha lavorato per l'adozione di "costituzioni", per l'attenuazione delle vecchie forme aristocratiche, per l'espansione della "democrazia", per il governo dei partiti, per l'estensione dei diritti politici, per la rottura del vecchio esclusivismo occidentale. Tutte queste trasformazioni sono quantitative, sono la negazione della qualità. La democratizzazione di un Paese era un prerequisito per la conquista del potere dall'interno. Se la resistenza interna era troppo forte, altre nazioni in cui il potere era già stato raggiunto venivano mobilitate contro la nazione recalcitrante, e il risultato di tutto questo era la guerra.

Nel corso dell'intero XIX secolo la Russia - allora ancora membro del sistema statale occidentale - l'Austria e la Prussia resistettero alla Distorsione culturale. Anche la Chiesa romana rimase ferma e fu indicata come un nemico.

Nel 1858 era stato raggiunto un punto in cui il falsario culturale poteva mobilitare il governo francese e il sentimento pubblico in Inghilterra nel caso del bambino di Mortara. Se un incidente internazionale poteva essere scatenato tra le nazioni occidentali per un bambino ebreo privato, non ci si può stupire che questioni ebraiche di importanza ben maggiore avrebbero portato a conseguenze internazionali ben più gravi nel sistema politico occidentale.

Il più grande nemico di tutti era la Russia, la terra del pogrom. Abbiamo già visto come in occasione di un grande pogrom a Kiev nel 1906, il governo Roosevelt in America ruppe le relazioni diplomatiche con il governo russo.[67] Nessun americano fu in alcun modo coinvolto in quel pogrom; quindi il caso in questione è indicativo della forza del Faker. Se le vittime del pogrom fossero state lapponi, cosacchi, balti o ucraini, nessuno a Washington sarebbe stato chiamato in causa.

La Prima Guerra Mondiale, sia nella sua forma originaria che nel suo sviluppo, non fu affatto indicativa dei problemi occidentali dell'epoca. L'analisi di questo momento decisivo appartiene a un'altra sede, ma qui si può già vedere l'esito per la Russia, il grande nemico del Falsificatore. I legami del Falsificatore culturale con il bolscevismo vennero sbandierati dalla sua stessa stampa nei primi giorni della Rivoluzione sovietica. La Russia dei Romanov pagò mille volte i pogrom di tre secoli. Lo zar e la sua famiglia furono fucilati davanti alle mura di Ekaterinburg e sui loro cadaveri fu scarabocchiato un segno cabalistico. L'intero strato che era stato il veicolo della civiltà occidentale in Russia fu ucciso o espulso. La Russia fu persa per l'Europa e divenne la più grande minaccia per il corpo occidentale. Nelle guerre bolsceviche, nelle pestilenze, nelle persecuzioni e nelle carestie che seguirono immediatamente la Rivoluzione, morirono dai dieci ai venti milioni di persone. Tra gli altri cambiamenti in Russia, l'antisemitismo fu criminalizzato.

Questo esempio mostra fino a che punto può arrivare la distorsione culturale. L'enorme potere formativo della cultura occidentale aveva attirato la Russia nella sua orbita spirituale. Lo strumento di questo sviluppo era Pietro il Grande. La dinastia Romanov, da lui fondata nel XVII secolo, era stata il grande simbolo dell'influenza dello spirito occidentale sul vasto subcontinente chiamato Russia, con le sue popolazioni prolifiche e primitive. La trasformazione non fu naturalmente completa. Non avrebbe potuto esserlo, perché una Grande Cultura ha un suo sito inamovibile. Tuttavia la dinastia Romanov, lo strato occidentale che rappresentava in Russia, ha

---

[67] Theodor Roosevelt (1859-1919). A pagina 606 del volume 19 dell'Enciclopedia Britannica si legge: "L'ardente passione di Roosevelt per gli applausi del pubblico, unita allo stato di corruzione della vita pubblica di New York, lo indusse a dedicarsi alla politica e si iscrisse al Partito Repubblicano". (N. del T.)

dato all'Europa una relativa sicurezza a est per tre secoli. Il bolscevismo ha messo fine a questa sicurezza.

Quando le truppe dello zar Alessandro occuparono Parigi nel 1814, furono costrette dalla facciata occidentale dei loro comandanti a comportarsi come truppe occidentali. Era come se le truppe di un esercito occidentale occupassero una capitale straniera occidentale. Ma quando le truppe bolsceviche che nel 1945 piantarono la bandiera rossa nel cuore dell'Europa non avevano nulla in comune con l'Occidente. Nel loro sangue e nei loro istinti primitivi batteva l'imperativo senza parole: distruggere tutto!

V

Il fenomeno della distorsione culturale non si limita alla sfera dell'azione. L'influenza della civiltà classica sulla primitiva cultura araba intorno all'anno 300 ha causato una completa distorsione nelle espressioni della nuova cultura nascente. Il filosofo ha descritto questa situazione secolare come una "pseudometamorfosi", una "falsa formazione di tutte le manifestazioni dell'anima della nuova cultura".[68]

L'elevata raffinatezza delle nostre arti occidentali e la loro natura esoterica, che le rendeva accessibili solo a pochi, rendevano impossibile la loro distorsione da parte di estranei alla cultura. Occasionalmente gli stessi occidentali - ad esempio lo stile Chippendale, i classicisti della letteratura, della filosofia e delle arti plastiche - hanno cercato di introdurre in Occidente motivi extraculturali, ma li hanno trasformati utilizzandoli, adattandoli al nostro sentire. Ma non ci sono falsificatori culturali nella grande arte occidentale durante il suo periodo di maggiore sviluppo. Calderon, Rembrandt, Meister Erwin von Steinbach, Gottfried von Strassburg, Shakespeare, Bach, Leonardo, Mozart, non hanno paralleli in un panorama extraculturale. La pittura a olio e la musica sono rimaste interamente occidentali mentre erano in fase di realizzazione. Quando, alla fine del XIX secolo, queste due grandi arti sono passate alla storia, i Falsificatori sono emersi con atrocità nel regno della pittura e con baccano nel mondo della musica.

Grazie all'estensione del loro potere pubblico, erano in grado di presentare questi

---

[68] Allusione a Oswald Spengler che tratta questo tema nel *Declino dell'Occidente*. (N. del T.)

orrori come degni successori di Rembrandt e Wagner. Qualsiasi artista minore che continuasse a lavorare secondo le vecchie tradizioni veniva soffocato dalla legge del silenzio, mentre qualsiasi travisatore culturale veniva esaltato come un grande artista. A metà del XX secolo è diventato di moda prendere semplicemente le vecchie opere e distorcerle. Si adottò una forma di "musica" presa in prestito dalla cultura primitiva degli aborigeni africani e si adattarono a questa forma le opere dei maestri occidentali. La pretesa di originalità è stata abbandonata. Quando un travisatore culturale produceva un dramma, si trattava semplicemente di un'opera di Shakespeare, stravolta, distorta, travisata in modo da servire a propagandare la propaganda del travisatore. Ogni altro tipo di lavoro teatrale è stato soffocato dalla totale preponderanza dello straniero culturale, con il suo controllo dei canali pubblicitari.

In questo campo, come in quello dell'azione, è stato l'esclusivismo a mantenere pura l'anima occidentale nelle sue espressioni, ed è stata la vittoria delle idee, dei metodi e dei sentimenti quantitativi a rendere possibile l'ingresso della Falsa Cultura nella vita dell'Occidente.

Nel campo dell'azione, il denaro, la democrazia e l'economia - tutte quantitative, nessuna esclusiva - avevano ammesso lo straniero al potere pubblico. Senza il materialismo occidentale, il pensiero finanziario occidentale e il liberalismo occidentale, l'accesso dello straniero alla vita pubblica in Occidente sarebbe stato impossibile come la comprensione della casistica talmudica per un occidentale.

E con questo arriviamo al futuro.

I prossimi sviluppi dell'anima occidentale sono noti. L'autorità sta riapparendo; l'antico orgoglio e l'esclusivismo dell'Occidente sono tornati. Lo spirito del denaro lascia il posto all'autorità; il parlamentarismo soccombe all'ordine. La disarticolazione sociale sarà sostituita dalla coesione e dalla gerarchia. La politica è destinata a spostarsi in un nuovo campo: le nazioni occidentali sono morte e la nazione occidentale sta per nascere. La coscienza dell'unità dell'Occidente sostituisce il miniestatismo del XIX secolo.

Energia e disciplina sono le caratteristiche dell'anima occidentale nel XX secolo. L'individualismo patologico e la debolezza della volontà dell'Europa del XIX secolo sono morti. Il rispetto per il mistero della vita e per il significato simbolico delle idee viventi ha preso il posto del materialismo del XIX secolo. Il vitalismo ha trionfato sul meccanicismo, l'anima sul razionalismo.

Da Calvino in poi, l'Occidente ha progredito sempre più verso un materialismo sempre più assoluto. L'apogeo della curva fu raggiunto con la Prima guerra mondiale, e quell'epoca possente che inaugurò un nuovo mondo vide anche il riemergere dell'anima occidentale nella sua ineguagliabile purezza. Era uscita dalla lunga crisi culturale del Razionalismo e il suo sempre giovane Destino gestiva il Risorgimento dell'Autorità e l'unificazione dell'Europa in modo così evidente che nessuna forza in Europa, tranne i ritardatari e i falsari - entrambi patologici - vi si opponeva.

Questo avvicinamento al materialismo è stato un avvicinamento al contraffattore culturale, nel senso che ha reso possibile la sua ingerenza negli affari occidentali. Quando si contavano gli uomini, naturalmente si includeva anche lui. Ma la mania del conteggio è finita e il vecchio esclusivismo è tornato. Il fenomeno di Disraeli, un falsario culturale come primo ministro di uno Stato occidentale, sarebbe stato impensabile un secolo fa, ai tempi di Pitt, ed è altrettanto impensabile oggi nel futuro dell'Occidente.

L'abbandono del materialismo è un progresso nell'abbandono del contraffattore culturale. Nel campo del pensiero, il materialismo sta combattendo una disperata battaglia di retroguardia. È stato sconfitto in tutti i campi: fisica, cosmogonia, biologia, psicologia, filosofia, belle lettere. Questa tendenza irresistibile rende impossibile la distorsione, perché rende le vicende dell'Occidente inaccessibili al falsario. L'Occidente è sempre stato esoterico: quando nel 1790 furono pubblicate le Opere complete di Goethe, furono sottoscritte solo 600 copie. Ma quel pubblico fu sufficiente per la sua fama in tutta Europa. Buxtehude, Orlando, Gibbons, Bach e Mozart lavoravano per un pubblico ristretto, che non comprendeva i falsificatori culturali. La politica di Napoleone, nelle sue ramificazioni finali, fu compresa solo da poche persone nell'Europa contemporanea. I falsificatori potevano vedere solo ciò che li riguardava. Lo strato culturale dell'Occidente si erge al di sopra delle mura incrinate del nazionalismo verticale. L'Occidente si libera della pelle del materialismo e torna alla purezza della propria anima per portare a termine il suo ultimo grande compito interno: la creazione dell'unità Cultura-Stato-Nazione-Popolo-Razza-Impero dell'Occidente, come base per la realizzazione dell'imperativo interiore dell'imperialismo assoluto.

Il problema della distorsione culturale è quindi radicalmente modificato. La sola possibilità che un parassita possa essere ammesso nella vita pubblica dell'Occidente diventa sempre più remota. Con il suo fine istinto, il Contraffattore ha lasciato l'Europa, inserendosi progressivamente fuori dall'Europa.

I vecchi strumenti del capitalismo finanziario e della guerra di classe hanno perso la loro efficacia in presenza della rinascita dell'Autorità, e ora contano solo gli eserciti. Dall'esterno, il Contraffattore porta avanti la sua missione forzata di vendetta. In una colonia occidentale, l'America, le malattie culturali sono ancora in vigore e da lì hanno esercitato e continuano a esercitare un'influenza sugli eventi mondiali.

V - AMERICA

La battaglia dell'America non è ancora stata combattuta; e noi, con rammarico, ma senza dubbio, le auguriamo molta forza. Nuovi pitoni spirituali, molti dei quali, enormi megatorri, orrendi come qualsiasi cosa mai nata dall'argilla, appaiono, enormi e ripugnanti, davanti al futuro crepuscolo dell'America; ed essa avrà la sua agonia e la sua vittoria, ma a condizioni diverse da quelle in cui crede.

CARLINO

Le classi superiori intellettualmente primitive, ossessionate dal pensiero del denaro, manifesteranno subito, di fronte a questo pericolo, le forze latenti che portano all'effettiva costruzione di uno Stato e alla disponibilità spirituale a sacrificare beni e vite, invece di considerare la guerra come un mezzo per guadagnare denaro, come è avvenuto finora?".

SPENGLER

1. Introduzione

Siamo giunti al punto in cui il metodo storico-organico sviluppato in precedenza deve essere applicato al futuro immediato. Il metodo di pensiero è stato perfezionato, ci ha mostrato la nostra posizione storica, le nostre affinità, ciò da cui saremo per sempre separati internamente, il nostro imperativo interiore organicamente necessario. Ora verrà applicato a ciò che accadrà nell'immediato futuro. Dopo aver risposto al cosa, resta da capire il come. Il primo passo della politica pratica è l'affermazione dei fatti. Il successivo, l'intuizione delle possibilità. Questo vale tanto per la politica pratica di un leader di partito arrivista quanto per quella di un grande statista come Pitt, Napoleone o Bismarck. I fatti e le possibilità della politica occidentale nel 1948 non possono essere compresi senza una piena conoscenza del significato e delle potenzialità dell'America. Finora questa conoscenza non è esistita in Europa. È giunto il momento in cui tutte le politiche, le idee e le opinioni devono fare riferimento ai fatti. Pregiudizi, fantasie, astrazioni e ideali sono fuori dal tempo e, anche se non fossero ridicoli, sarebbero un lusso per un'Europa ristretta, saccheggiata e occupata, che deve pensare con chiarezza se vuole riprendere in mano il proprio destino. Fino alla Seconda guerra mondiale, l'errore e la confusione sull'America erano pressoché generali in Europa. In alcuni Paesi europei era maggiore che in altri, ma è utile distinguerli, perché l'Europa è un'unità ai fini della storia mondiale, che questo fatto sia ampiamente apprezzato o meno. L'Europa soffre come unità, perde nelle guerre mondiali come unità e, quando realizzerà la propria unità, sarà anche in grado di vincere nelle guerre mondiali e di imporre il proprio imperativo interno nella forma del Futuro. C'è un solo modo per quest'epoca di comprendere i fenomeni, e c'è un solo metodo per le unità organiche di scoprire i segreti del loro passato e del loro futuro: il metodo storico-organico. Il carattere e le potenzialità dell'America si trovano nella sua storia. Le tesi del vitalismo culturale forniscono i mezzi per comprendere il significato della storia dell'America, sia per se stessa che per l'intera civiltà occidentale.

2. Le origini dell'America

Il continente americano è stato popolato dall'immigrazione individuale. Il maggior numero di immigrati proveniva dalle razze nordiche dell'Europa. E ciò avvenne nel periodo 1500-1890. Durante il primo periodo coloniale (1500-1789), le condizioni di vita che i coloni dovevano sopportare erano rigorosamente estreme. Il territorio interno era popolato da selvaggi ostili. Il territorio sicuro era una piccola fascia costiera lunga circa 1500 miglia. Al di là si estendeva la vasta, inesplorata e sconosciuta "frontiera". Questa parola, importante per la comprensione delle anime nazionali delle precedenti nazioni europee, aveva un significato completamente opposto in America. Invece di un confine tra due unità di potere, si riferiva a un'area vasta, pericolosa e quasi vuota. Per essere incorporata doveva solo essere conquistata e, in questo processo, il più grande nemico era la Natura, piuttosto che i selvaggi, perché in nessun caso i selvaggi erano altamente organizzati. Così l'America non sviluppò, nei suoi primi secoli, la consapevolezza della tensione politica che emana da una vera frontiera.

Il fatto che un uomo si addentrasse o meno nell'entroterra per conquistare terre dipendeva esclusivamente dalla sua volontà personale. Questi milioni di miglia quadrate non furono sviluppati dall'azione dello Stato, ma dall'imperialismo individuale. Questo fatto è della massima importanza per la storia americana successiva. In primo luogo, questi immigrati avevano, in generale, la caratteristica gotica della distanza e dello spazio che ha dato alla storia occidentale la sua peculiare intensità. Che fossero avventurieri o rifugiati religiosi, mercanti o soldati, lasciarono le loro case europee per una terra sconosciuta e pericolosa, fatta di privazioni e condizioni primitive. Il modo in cui dovettero vivere perpetuò e sviluppò gli istinti che li avevano portati lì.

In piccoli gruppi, questi americani primitivi disboscavano la giungla, costruivano fortini e case. I contadini aravano i campi con i fucili in spalla. Le donne lavoravano in casa con le armi a portata di mano. Le caratteristiche umane stimolate erano la fiducia in se stessi, l'intraprendenza, il coraggio e l'indipendenza.

Lungo la costa sorsero delle città: Boston, New York, Filadelfia, e in queste città emerse nel XVIII secolo qualcosa di simile alla società e persino una sorta di enciclopedismo americano.

Le prime colonie, in numero di tredici, erano organizzate come parti indipendenti dell'Impero coloniale britannico. Il legame principale con l'Inghilterra era la difesa che essa forniva contro i francesi, il cui impero coloniale comprendeva il Canada e parte dell'entroterra delle colonie.[69] Con la sconfitta e l'espulsione delle truppe francesi dal Canada negli anni Sessanta del XVII secolo, le forze centrifughe nelle colonie acquistarono forza e la politica francese contribuì con ogni mezzo a separare le colonie americane dall'Inghilterra. Le ragioni commerciali e politiche erano presenti nelle motivazioni della guerra rivoluzionaria americana 1775-1783, ma ciò che più ci interessa ora è l'ideologia con cui gli enciclopedisti coloniali formularono i loro obiettivi bellici. La maggior parte dei propagandisti coloniali Samuel Adams, Patrick Henry, Thomas Payne, John Adams John Hancock, Thomas Jefferson e Benjamin Franklin avevano vissuto in Inghilterra e in Francia e avevano assorbito la nuova idea razionalista che aveva trionfato nella società inglese e che stava conquistando lo Stato e la cultura francese. I coloni adottarono la forma francese delle dottrine razionaliste, rivendicando i "diritti dell'uomo" piuttosto che i diritti degli americani.

---

[69] Nel 1682 una spedizione francese guidata da René Robert Cavelier prese possesso di un vasto territorio intorno alle foci del Mississippi, chiamandolo Louisiana dal nome del re Luigi XIV. New Orleans fu fondata dai francesi mezzo secolo prima dell'indipendenza americana.

Non furono gli ideologi, come al solito, a combattere la guerra. Furono i soldati a farlo, e quella guerra fu la più difficile che l'America avesse mai combattuto. La popolazione totale delle colonie era di soli tre milioni di persone, distribuite lungo la costa atlantica. L'unica cosa che avevano in comune era la loro opposizione all'Inghilterra e la speranza di una reciproca indipendenza. Gli inglesi erano più forti in mare dei francesi, che aiutavano i coloni, e gli inglesi non solo arruolavano selvaggi nelle loro unità di combattimento, ma ingaggiavano anche truppe mercenarie dal continente europeo. Grazie soprattutto all'aiuto prussiano e francese, i coloni riuscirono infine a concludere la guerra sulla base della loro completa indipendenza dall'Inghilterra.[70]

La guerra fu anche una guerra civile e i leader della Rivoluzione dovettero praticare il terrorismo contro gli elementi coloniali che volevano rimanere fedeli all'Inghilterra. Dopo la guerra, la maggior parte di loro emigrò in Canada, che rimase inglese. Se la Rivoluzione non fosse riuscita, i leader coloniali sarebbero stati impiccati per tradimento, ma poiché riuscirono nel loro intento, in America sono considerati i Padri fondatori.

Grazie a un piccolo gruppo di patrioti creativi - la storia è sempre affidata a una minoranza - le tredici colonie si articolarono in un'unione federale. I leader che portarono all'unione furono principalmente Washington, John Adams, Franklin, Pinckney, Rutledge e, soprattutto, Alexander Hamilton, il più grande statista che l'America abbia mai conosciuto. Alexander Hamilton, il più grande statista che l'America abbia mai conosciuto. Se questo grande spirito non avesse agito, la storia successiva del continente americano sarebbe stata la storia di una serie di guerre, che ormai sarebbero arrivate al punto di guerre di annientamento e probabilmente non avrebbero ancora raggiunto l'unione del continente.

L'unione fu realizzata sulla base di uno Stato federale e la distribuzione dei poteri tra questo e gli "Stati" che lo componevano fu espressa in un documento scritto, una "Costituzione". Le teorie politiche francesi in voga all'epoca avevano sviluppato un'opposizione, che esiste solo in letteratura, tra "lo Stato" e l'individuo. La Costituzione americana, e anche le varie costituzioni adottate da ogni componente

---

[70] Nel 1779 anche la Spagna accettò ufficialmente di aiutare i ribelli americani. Chiesero aiuto anche all'Austria e ai Paesi Bassi, ma invano.

coloniale, cercarono di codificare questa "opposizione" e catalogarono una serie di diritti individuali nei confronti dello Stato.

Non si è mai notato abbastanza quanto questi sviluppi fossero totalmente diversi rispetto ai fenomeni contemporanei nel territorio orientale della Cultura. Nelle colonie non c'era mai stato uno Stato se non a parole. Perciò la Costituzione rappresentava un inizio e non una degenerazione della tradizione, con il tentativo di sostituire la vecchia forma di Stato con un pezzo di carta. In America non c'era tradizione. Hamilton voleva uno Stato monarchico, secondo le linee tradizionali europee, ma l'ideologia razionalista e la propaganda erano troppo forti per essere superate e richiedevano una repubblica.

I "diritti individuali" proclamati in vari documenti non avevano alcuna analogia con le condizioni europee. Poiché in America non c'era mai stato uno Stato e non c'era mai stata una frontiera nel senso europeo del termine, c'erano solo "individui". La terra poteva essere acquisita richiedendola o stabilendosi su di essa. Chiunque volesse poteva, in qualsiasi momento, imbracciare il fucile o stabilirsi nell'entroterra, vivendovi come agricoltore o cacciatore. Quindi, il discorso sugli "individui" non era una novità e, inoltre, non aveva alcun riscontro con le condizioni europee, poiché lo Stato era la base della vita delle persone in Europa. Solo perché c'era uno Stato in Europa l'individuo poteva vivere e prosperare. Se non ci fosse stato lo Stato prussiano, metà della popolazione europea sarebbe stata soggiogata dagli Slavi.[71]

In America non c'era mai stato uno Stato - la cosa più vicina a uno Stato era stato il lontano governo inglese - e quindi l'ideologia antistatale americana non negava alcun fatto vitale, ma si limitava ad affermare il fatto dell'individualismo, che era nato da un paese vasto e vuoto. Lo Stato è un'unità di opposizione; non c'erano altri Stati sul continente nordamericano e quindi non poteva sorgere uno Stato americano.

3. Ideologia americana

---

[71] Si può naturalmente aggiungere che senza uno Stato subtedesco (l'Austria), i Turchi o, prima ancora, i Mongoli sarebbero arrivati almeno fino all'Italia. E che senza gli Stati peninsulari iberici prima dell'unità spagnola, gli arabi avrebbero attraversato i Pirenei e ci sarebbe voluto un altro Carlo Martello per respingerli. (N. del T.)

Questo individualismo organico è stato formulato in costituzioni scritte in una letteratura politico-letteraria. Tipico dello spirito di questa letteratura è la Dichiarazione di Indipendenza. Come frammenti di *Realpolitik*,[72] questo manifesto del 1776 è magistrale: punta al futuro e abbraccia lo spirito dell'età del razionalismo, allora predominante nella cultura occidentale. Ma, nel XX secolo, la parte ideologica di questa dichiarazione è semplicemente fantastica: "Noi dichiariamo che queste verità sono evidenti: che tutti gli uomini sono creati uguali; che tutti sono dotati dal loro Creatore di diritti intrinseci e inalienabili, tra i quali la vita, la libertà e la ricerca della felicità; che per garantire questi diritti sono istituiti tra gli uomini governi che traggono i loro giusti poteri dal consenso dei governati; che quando una forma di governo è contraria a questi fini, il popolo ha il diritto di modificarla o abolirla, istituendo un nuovo governo, fondandolo su principi e organizzando i suoi poteri nel modo più efficace per garantire la sua sicurezza e la sua felicità". E continuò facendo riferimento alla guerra civile, allora in corso: "Siamo impegnati in una grande guerra civile, per dimostrare che questa nazione, o qualsiasi altra nazione così concepita e così impegnata, può sopravvivere.

Questa ideologia si è protratta fino alla metà del XX secolo e anche dopo la prima e la seconda guerra mondiale, quando è prevalsa una prospettiva completamente diversa o incompatibile, è stata offerta al territorio d'origine della civiltà occidentale come un modello da imitare. Solo il successo materiale del tutto fortuito che ha sorriso alle armi americane ha reso possibile la sopravvivenza di questa ideologia nel corso di un secolo che l'ha superata, e non perché sia uno strumento per dividere e disintegrare l'Europa, questa ideologia arcaica deve essere esaminata qui.

La Dichiarazione d'Indipendenza è satura del pensiero di Rousseau e Montesquieu. L'idea di base, come in tutto il razionalismo, è quella di stabilire l'equazione tra ciò che dovrebbe essere e ciò che sarà. Il razionalismo inizia confondendo il razionale con il reale e finisce confondendo il reale con il razionale. Questo arsenale di verità sull'uguaglianza, sui diritti inalienabili e intrinseci riflette lo spirito critico emancipato senza rispetto per i fatti e la tradizione. L'idea che i governi siano "istituiti" per uno scopo utilitaristico, per soddisfare una richiesta di uomini

---

[72] In tedesco, "politica realista". (N. di T.)

"uguali" e che questi uomini uguali diano il loro "consenso" a una certa forma di "governo" e poi la aboliscano quando non serve più a questo scopo è pura poesia razionalista e non corrisponde a nessun fatto che si sia mai verificato da nessuna parte. La fonte del governo è la disuguaglianza degli uomini, questo è un fatto. La natura del governo è un riflesso della cultura, della nazione e dello stadio di sviluppo di entrambe. Pertanto, ogni nazione può avere una delle due possibili forme di governo: un governo efficiente o un governo carente. Un governo efficiente porta avanti l'idea della nazione e non la "volontà delle masse", poiché quest'ultima non esiste se la leadership è efficiente. La leadership crolla non quando il "popolo" decide razionalmente di abolirla, ma quando tale leadership raggiunge un grado di decadenza tale da minare se stessa. Nessun governo è fondato su "principi". I governi sono l'espressione degli istinti politici e la differenza di istinti tra i diversi popoli è la fonte delle differenze nella loro pratica di governo. Nessun "principio" scritto influisce minimamente sulla pratica del governo, e tutto ciò che serve è arricchire il vocabolario delle dispute politiche.

Questo vale per l'America come per qualsiasi altra unità politica esistita nei cinque millenni di storia delle Grandi Culture. Contrariamente a un certo sentimento messianico, l'America non è completamente unica. La sua morfologia e il suo destino possono essere letti nella storia di altre colonie, nella nostra Cultura e in altre precedenti.

Il riferimento della Dichiarazione d'Indipendenza al governo il cui scopo è garantire la "sicurezza" e la felicità della popolazione è un'assurdità razionalistica. Governare è il processo di mantenere la popolazione adatta al compito politico, espressione dell'idea di nazione.

La citazione di Lincoln riflette ancora l'epoca del Razionalismo, e Europa a quel tempo tale ideologia poteva ancora essere sentita e compresa, perché anche quando Stato, Nazione e Tradizione continuarono ad esistere in Europa - sebbene indeboliti - le ideologie razionaliste, che fossero di Rousseau, Lincoln o Marx, furono sempre contrastate. Nessuna nazione è mai stata "dedicata a una proposta". Le nazioni sono creazioni di una Grande Cultura e nella loro essenza ultima sono idee mistiche. Il loro arrivo, le loro individualità, la loro forma, la loro marcia, sono tutti riflessi di sviluppi culturali elevati. Dire che una nazione è "dedicata a una proposta" significa ridurla a un'astrazione che si può mettere su una lavagna per dimostrarla in una lezione di logica. Questa è una caricatura dell'Idea-Nazione. Parlare di una Nazione in questo modo significa insultarla e avvilirla: nessuno morirebbe mai per una proposizione logica. Se tale proposizione, oltre a essere proclamata "evidente", non è convincente, non sarà la forza armata a renderla tale.

La parola "libertà" è uno dei principali cliché dell'ideologia americana. La parola può essere definita solo negativamente, come liberazione da qualche vincolo. Anche il più furioso ideologo americano non sostiene la libertà totale da qualsiasi forma di ordine e, allo stesso tempo, la tirannia più rigida non ha mai voluto proibire tutto. In un Paese "votato" alla libertà, gli uomini sono stati prelevati dalle loro case, sotto la minaccia di essere imprigionati, dichiarati soldati e inviati agli antipodi come misura di "difesa" adottata da un governo che non ha chiesto il "consenso" delle sue masse sapendo bene che tale "consenso" sarebbe stato rifiutato.

In senso pratico, la libertà americana significa libertà dallo Stato, ma è ovvio che si tratta di mera letteratura, poiché in America non è mai esistito uno Stato, né se ne è mai sentita la necessità. La parola libertà è quindi solo un concetto di una religione materialista e non significa nulla nel mondo dei fatti americani. Nell'ideologia americana è importante anche la costituzione scritta adottata nel 1789, frutto del lavoro di Hamilton e Franklin. Il loro interesse era pratico, perché la loro idea era quella di unificare le tredici colonie in un'unica unità. Un'unione di questo tipo non poteva essere descritta come un governo, ma piuttosto come un'anarchia regolata. Le idee della Costituzione furono ispirate principalmente dagli scritti di Montesquieu. L'idea della "separazione dei poteri", in particolare, è dovuta a questo teorico francese. Secondo tale teoria, i poteri del governo sono tre: legislativo, esecutivo e giudiziario. Come tutti i pensieri razionalisti cristallini, questa teoria è oscura e confusa quando viene applicata alla vita reale. Questi poteri possono essere separati solo sulla carta, ma non nella vita. In America non sono mai stati realmente separati, anche se la teoria finge che lo siano. Con lo scoppio di una crisi interna nel terzo decennio del XX secolo, tutto il potere del governo centrale fu apertamente concentrato nell'esecutivo, e presto furono trovate teorie a sostegno di questo fatto, che continuò a essere chiamato "separazione".

Le varie colonie mantennero la maggior parte dei poteri che erano di loro interesse: il potere di fare le proprie leggi, di mantenere una milizia e di comportarsi in modo statale, la loro indipendenza economica dalle altre colonie. La parola "Stato" fu scelta per designare le componenti dell'Unione e questo portò a nuove confusioni nel pensiero ideologico, in quanto le forme statali europee, in cui lo Stato era un'Idea, vennero prese come equivalente degli "Stati" americani, che erano soprattutto unità territoriali economico-giuridiche, senza sovranità, finalità, destino, destino o scopo.

Non esisteva alcuna sovranità nell'Unione, cioè nemmeno la controparte legale dell'Idea-Stato. Il governo centrale non era sovrano, né lo erano i governi degli Stati. La sovranità era rappresentata dall'accordo dei due terzi degli Stati e del legislatore centrale o, in altre parole, da una pura astrazione. Se ci fossero stati cinquanta o cento milioni di slavi, o addirittura di indiani, alle frontiere americane, la concezione di queste cose sarebbe stata diversa. Tutta l'ideologia americana presupponeva la situazione geopolitica dell'America. Non c'erano potenze vicine, non c'erano popolazioni ostili, forti, numerose e organizzate, non c'erano pericoli politici... solo un vasto territorio semivuoto, a malapena occupato da selvaggi.

Importante nell'ideologia americana fu anche il sentimento di universalità espresso nel già citato discorso di Lincoln. Sebbene la Guerra Civile non avesse nulla a che fare con alcun tipo di ideologia e, in ogni caso, l'esposizione ragionata e legalista dei sudisti fosse più coerente dell'idea yankee, Lincoln si sentì in dovere di iniettare un'ideologia in quella guerra. L'avversario non poteva essere semplicemente un rivale politico, che cercava di ottenere gli stessi poteri degli yankee; doveva essere un nemico totale, determinato a distruggere l'ideologia americana. Questo sentimento informò tutte le guerre americane successive: ogni nemico politico era ipso facto considerato un avversario ideologico, anche se il nemico in questione non mostrava alcun interesse per l'ideologia americana.

All'epoca delle guerre mondiali, questa tendenza a confondere le ideologie con la politica era diffusa su scala globale. La potenza che l'America sceglieva come nemico era, per forza di cose, il nemico della "libertà", della "democrazia" e di tutte le altre parole magiche ma prive di significato che rientrano nella stessa categoria. Questo portò a strani risultati: ogni potenza che combatteva contro quella che l'America aveva gratuitamente scelto come nemico diventava ipso facto una potenza "amante della libertà". Così, la Russia di Romanoff e la Russia bolscevica erano potenze "amanti della libertà".

L'ideologia americana portò l'America a considerare alleati paesi che non ricambiavano il complimento, ma l'ardore americano non si raffreddò di conseguenza. Questo tipo di politica può essere considerata in Europa solo adolescenziale e, in effetti, ogni pretesa di descrivere i problemi e le vie del XX secolo secondo un'ideologia razionalista del XIX secolo è immatura o, per dirla in modo più schietto, sciocca.

Nel XX secolo, quando l'ideologia di tipo razionalista era già stata scartata dalla civiltà occidentale avanzata, l'universalizzazione americana dell'ideologia divenne il messianismo: l'idea che l'America dovesse salvare il mondo. Il veicolo della salvezza deve essere una religione materialista in cui la "democrazia" prende il posto di Dio, la "Costituzione" quello della Chiesa, i principi di governo quelli dei dogmi religiosi e l'idea di libertà economica quella della Grazia di Dio. La tecnica di salvezza consiste nel sottomettersi al dollaro o, in ultima istanza, alle baionette e agli esplosivi americani.

L'ideologia americana è una religione, così come lo era il razionalismo del Terrore francese, del giacobinismo, di Napoleone. L'ideologia americana è contemporanea a loro ed è morta. Morta completamente e internamente come è morta l'ideologia americana. Il suo principale utilizzo oggi (1948) è quello di dividere l'Europa. L'elemento europeo Michel approfitta di qualsiasi ideologia che prometta "felicità" e una vita senza sforzo ed energia. Così l'ideologia americana serve solo a uno scopo negativo. Lo Spirito di un'epoca passata non può fornire alcun messaggio a un'epoca successiva, ma può negare la nuova epoca e cercare di ritardarla, distorcerla e toglierla dalla sua sfera vitale. L'ideologia americana non è un istinto, perché non ne ispira nessuno. È un sistema inorganico, e quando uno dei suoi dogmi dà fastidio viene rapidamente scartato. Così, la dottrina religiosa della "separazione dei poteri" è stata espulsa dalla lista dei dogmi sacri nel 1933. In precedenza, il sacro dogma dell'isolazionismo era stato abbandonato nel 1917, quando l'America era intervenuta in una guerra occidentale che non la riguardava né la riguardava affatto. Resuscitato dopo la Prima Guerra Mondiale, fu nuovamente scartato nella Seconda Guerra Mondiale. Una religione politica che accende e spegne le sue dottrine soprannaturali non è convincente, né dal punto di vista politico né da quello religioso. La Dottrina Monroe, ad esempio, all'inizio del XIX secolo ha reso noto che l'intero emisfero occidentale era una sfera di influenza imperialista americana. Nel XX secolo, questo divenne lo status speciale di una dottrina esoterica ad uso interno, mentre il dogma esterno fu chiamato "politica del buon vicinato".

L'ideologia di un popolo non è altro che un abito intellettuale. Può corrispondere - o meno - all'istinto di quel popolo. Un'ideologia può essere cambiata da un giorno all'altro, ma non il carattere di un popolo. Una volta formatosi, è definitivo e influenza gli eventi più di quanto essi influenzino il carattere. Il carattere del popolo americano si è formato durante la Guerra Civile.

4. La guerra civile, 1861-1865

In America non esisteva una politica nel senso europeo del termine. L'unione americana si è formata prima che si sviluppasse lo stile di politica interna del XIX secolo. I partiti politici nella loro forma più recente erano sconosciuti ai redattori della Costituzione. La parola partito evocava qualcosa di pericoloso: faziosità, quasi tradimento. George Washington, nel suo addio alla vita pubblica, sconsigliò al suo popolo lo "spirito di partito".

Ma gli uomini ambiziosi cercheranno sempre di conquistare il potere, anche quello limitato e non rendicontabile che può essere detenuto entro i confini di una federazione rilassata. Quando la durata del potere è limitata a pochi anni (quattro anni nell'unione americana), il principale problema politico interno è quello di rimanere al potere. Quando il potere è stato ottenuto con maggioranze elettorali, appare e si sviluppa la scienza del reclutamento degli elettori. Gli elettori devono essere organizzati affinché i leader possano perpetuarsi al governo, e la tecnica di questa organizzazione è il partito. L'organizzazione ha bisogno di fondi e di ideali. Gli ideali sono per le masse votanti e i fondi ne rendono possibile la diffusione. I fondi sono più importanti perché sono difficili da ottenere, mentre gli ideali sono abbondanti. Il fatto che l'organizzazione del partito dipendesse dalla disponibilità di fondi ha creato una situazione in cui i ricchi potevano far agire le organizzazioni e i leader del partito nel modo a loro più congeniale. Il nome dato a questo tipo di governo è plutocrazia, il dominio del denaro. Questa è stata la forma di governo americana per tutto il XIX secolo, fino al 1933.

Le fonti della ricchezza degli uomini più ricchi d'America nel periodo 1789-1861 erano l'industria e il commercio. I più ricchi si trovavano negli Stati del Nord, sede principale del commercio e dell'industria. Gli Stati Uniti del Sud avevano un'organizzazione totalmente non plutocratica. Metà della popolazione era di razza africana e tenuta in schiavitù da proprietari terrieri e piantatori bianchi. La schiavitù era meno efficiente dell'industrializzazione, dal punto di vista capitalistico, perché gli schiavi godevano di una sicurezza totale - protezione contro la malattia, la disoccupazione, la vecchiaia - mentre i lavoratori delle fabbriche del Nord erano completamente privi di protezione in questo senso. Questo dava all'industriale del Nord un altro vantaggio rispetto all'umanitarismo del proprietario di schiavi.[73] Il "costo di produzione" dell'industriale era più basso. I lavoratori delle fabbriche che perdevano il lavoro per malattia o altre disgrazie non erano responsabilità degli industriali; avevano solo gli svantaggi della schiavitù, mentre gli africani degli Stati del Sud ne avevano anche i vantaggi.

Il Sud era quindi meno mobilitato economicamente rispetto al Nord e aveva quindi bisogno dei prodotti più economici disponibili, il che all'epoca significava importare merci inglesi. L'industria del Nord non poteva competere bene con le importazioni dall'Inghilterra e chiedeva alte tariffe doganali per proteggersi. La questione tariffaria fu al centro di una lotta politica che durò per tre decenni prima dello scoppio della guerra.

Quando un conflitto, indipendentemente dalla sfera vitale da cui deriva, diventa sufficientemente intenso da diventare politico, altri motivi gli vengono in aiuto. Così, gli ideologi yankee utilizzarono l'idea della schiavitù e ne fecero un motivo per le masse degli Stati del Nord. Lo sfruttamento finanziario del lavoro dei capitalisti del Nord fu presentato come umanitarismo e il trattamento patriarcale dei piantatori del Sud fu descritto come crudeltà, disumanità e immoralità. L'aspetto ideologico di questa guerra fu foriero di future guerre americane.

La guerra civile scoppiò quando gli Stati del Sud, che costituivano un'unità basata su un concetto aristocratico e tradizionale di vita, con un'economia basata sulla forza muscolare, cercarono di staccarsi dall'unione, che era stata conquistata dall'elemento yankee. Il territorio yankee era organizzato su base finanziario-

---

[73] L'aggettivo "umanitario", che può stridere con l'espressione "proprietario di schiavi", è perfettamente giustificato se si tiene conto delle circostanze di tempo e di luogo. Chi acquistava uno schiavo doveva pagare un prezzo elevato: il mercante di schiavi doveva comprare lo schiavo (e di solito anche sua moglie) dal capo della tribù e poi doveva pagare alla Marina britannica i "navycerts", il "nolo" e il cibo per il carico umano.
Una volta in America la "merce" era costosa. E nessuno, a meno che non sia uno psicopatico, maltratta una merce costosa.

industriale e la sua economia era basata sulla forza delle macchine. Per tre decenni, il conflitto principale nell'unione è stato l'equilibrio della rappresentanza nel governo centrale tra gli Stati del Nord e quelli del Sud. Il Sud era sulla difensiva perché il Nord lo superava in ricchezza, potere e controllo del governo centrale.

Ma a causa delle sue tendenze aristocratiche, il Sud aveva fornito un numero sproporzionato di ufficiali all'esercito centrale e la maggior parte del materiale bellico si trovava nel Sud quando la guerra scoppiò. L'eroico atteggiamento anti-finanziario del Sud gli diede un immenso vantaggio sul campo di battaglia rispetto agli eserciti yankee, che erano stati inoculati con una propaganda bellica basata sull'invidia per la superiore capacità di sostentamento del Sud. La guerra fu una lotta, e non l'ultima nella storia dell'Occidente, tra qualità e quantità. Il Nord possedeva tutte le industrie belliche, la maggior parte delle ferrovie e quattro volte la popolazione utile alla guerra.

La debolezza materiale del Sud era troppo grande per essere compensata dalla sua superiorità spirituale sul campo di battaglia, dove il suo spirito eroico ottenne una vittoria dopo l'altra contro forze numericamente superiori. D'altra parte, il Sud non poteva rimpiazzare le sue perdite umane, mentre gli Yankees potevano farlo, utilizzando soprattutto immigrati tedeschi e irlandesi. Questa guerra fu la più grande guerra su larga scala di tutta la civiltà fino alla Prima guerra mondiale. Gli eserciti arruolarono milioni di uomini, il teatro di guerra copriva un milione di chilometri quadrati. Le ferrovie e le armature entrarono per la prima volta nelle tattiche militari.

Napoleone aveva calcolato, grazie alla sua esperienza in 150 battaglie, che in guerra il rapporto tra lo spirituale e il materiale è di tre a uno. Considerando questo dato come vero, la sconfitta del Sud fu il risultato di una superiorità materiale degli Yankee più che tripla. Questa guerra offrì molte lezioni all'Europa, ma furono generalmente ignorate nelle capitali europee, che erano ancora nel periodo dei piccoli nazionalismi e non erano in grado di concentrare i loro pensieri sui grandi spazi. Mostrò l'enorme potenziale bellico dell'America; mostrò il carattere yankee, che d'ora in poi sarebbe stato considerato il carattere americano; scoprì l'enorme volontà di potenza della plutocrazia newyorkese: mostrò, in breve, che qui erano state poste le basi per la potenza mondiale.

L'unica potenza europea che se ne rese conto fu l'unica che all'epoca era in grado di pensare ai grandi spazi: l'Inghilterra. L'atteggiamento dell'Inghilterra nel corso della guerra fu di benevola neutralità nei confronti del Sud, per non dire di vero e proprio aiuto. L'unica cosa che impedì all'Inghilterra di dichiarare guerra al governo yankee fu l'atteggiamento della Russia.[74]

Poi i corsari sudafricani vennero armati nei porti inglesi e la famigerata Alabama aveva persino un equipaggio inglese. La forza degli yankee sui mari significava che il compito militare sarebbe stato troppo grande per l'Inghilterra. Questo dimostra che l'America aveva superato il periodo in cui poteva temere l'intervento di qualsiasi potenza europea negli affari americani o caraibici. Nessuna potenza europea poteva permettersi di ignorare la situazione russo-europea, per cui poteva dedicare agli affari transatlantici solo il suo "surplus di potenza", per così dire. Il potere americano era già diventato superiore al "surplus di potere" di qualsiasi possibile alleanza o combinazione europea, considerando la situazione delle potenze europee e le loro relazioni reciproche.

Questo fu l'inizio dell'isolamento americano. Indipendentemente da qualsiasi formulazione, l'America era infatti politicamente isolata dall'Europa ed era anche l'unica potenza di un emisfero. Questo fatto, insieme al vasto territorio interno dell'America, sviluppò qui la possibilità di pensare al grande spazio, in contrasto con i piccoli statismi dell'Europa, che consideravano cento chilometri una grande distanza.

È stato naturalmente il piccolo statalismo europeo a permettere lo sviluppo dell'America all'inizio e in ogni epoca successiva. Questo aspetto è trattato più diffusamente nella storia dell'imperialismo americano.

5. Pratica di governance americana

I

La vera forma di governo in America era una plutocrazia, ma la tecnica con cui

---

[74] L'Inghilterra aveva numerosi punti di attrito con la Russia, sui confini del Canada con l'Alaska (allora colonia russa); su quelli di India, Pakistan e Afghanistan con i territori asiatici dipendenti da Mosca; sui tentativi della Russia di spostarsi nel Mediterraneo, vero motivo della guerra di Crimea (1854-1856) e sulle ambizioni panslave della Russia, che minacciavano di distruggere l'"equilibrio di potere" mantenuto in Europa dall'Inghilterra per due secoli.

questo governo veniva mantenuto era generalmente considerata dai pensatori superficiali come il vero governo. La grande epoca nella storia della pratica del governo in America fu il 1828. In quell'anno Andrew Jackson fu eletto presidente del governo centrale e annunciò immediatamente la nuova concezione dell'amministrazione pubblica come economia privata. Con il suo slogan "il bottino appartiene ai vincitori" detronizzò per sempre l'idea federalista di una tradizione di servizio statale. Da quel momento in poi, il governo fu più che un "bottino" per i fortunati politici di partito. Le elezioni del 1828 videro l'ultima apparizione del Partito Federalista in una competizione elettorale. Il Partito Federalista, tuttavia, riuscì a mantenere il controllo dell'apparato giudiziario fino alla metà del XIX secolo. L'elezione di Jackson pose fine anche al metodo dei "caucus" con cui venivano scelti i candidati alla presidenza.[75] Da quel momento in poi, i partiti tennero le cosiddette convention di nomina a questo scopo. Le forze della tradizione, che erano sempre state concentrate nel Partito Federalista, non apparvero più nella politica interna come gruppo organizzato. Il suo unico significato rimasto era puramente sociale. Così, per tutto il XIX secolo, in America non ci fu un conflitto di tipo europeo tra Partito e Tradizione, tra i mercanti della Costituzione e le forze aristocratiche della Monarchia, dello Stato, dell'Esercito e della Chiesa. L'idea della Costituzione aveva tre significati diversi in America, in Inghilterra e sul continente. In America, la Costituzione era il simbolo dell'origine del popolo. In Inghilterra, la Costituzione "non scritta" rappresentava il legame organico nella storia dell'anima nazionale inglese che univa il passato al futuro. Sul continente, la Costituzione rappresentava il punto di raccolta di tutte le forze anti-tradizionali, la rottura con il passato organico e il tentativo di distruggere lo Stato e la società. In America non c'era tradizione ma solo una Costituzione; in Inghilterra, Costituzione e Tradizione erano sinonimi; sul Continente, Costituzione e Tradizione erano antitesi.

In America, la pratica del governo è stata determinata dal grande fatto che in America non esisteva lo Stato, ma solo la politica privata e la politica dei partiti. In Inghilterra, la pratica di governo si è sviluppata lentamente, nel corso dei secoli, e la Costituzione inglese è semplicemente il resoconto di tale sviluppo. Sul continente,

---

[75] Congressional Caucus", un'espressione anglosassone che si riferiva alle riunioni dei politici, al di fuori del Congresso, per nominare, in modo aristocratico, i candidati alla presidenza (N. del T.).

la pratica di governo, sviluppata attraverso secoli di tradizione, è stata messa in discussione, alla radice, dall'idea razionalista di sostituire la qualità alla quantità, cancellando la storia e la tradizione e mettendo al loro posto il predominio di un ragionevole pezzo di carta che avrebbe garantito per sempre il dominio della Ragione, dell'Umanità, della Giustizia e di tutto il resto. Di conseguenza, in America non c'erano forze che si opponevano alla Costituzione in quanto tale, né ce ne sono oggi, mentre in Europa le forze tradizionali si opponevano al costituzionalismo in quanto tale, in quanto semplice simbolo dell'anarchia.

Il pensiero storico è più interessato a ciò che si fa con una costituzione scritta che a ciò che essa dice, e la pratica del governo in America era, di fatto, completamente indipendente dalla Costituzione, anche se tale documento era costantemente invocato da tutti i politici di parte. In primo luogo, la Costituzione non riconosceva i partiti, ma solo gli individui. Non prevedeva che il business politico si sarebbe sviluppato in modo tale da costringere le masse attraverso l'uso di ideali, promesse e denaro. La Costituzione non riconosceva neppure il suffragio universale, poiché si riteneva del tutto superfluo vietare una cosa che all'epoca era considerata da tutti come sinonimo di anarchia.[76] Se i Padri Fondatori dovessero tornare, chiederebbero l'abolizione dei partiti e della loro coercizione sugli individui; proibirebbero la partecipazione dei gruppi alla politica e limiterebbero severamente l'emancipazione[77] totale con criteri educativi, razziali, sociali e materiali, perché tali restrizioni erano le realtà di cui gli autori della Costituzione americana ipotizzavano la continuazione.

La prima amministrazione pubblica ad esistere in America fu il governo federalista di Washington e Hamilton. Hamilton stabilì, già nel 1791, la dottrina dei "poteri impliciti" nel governo centrale, come misura per rafforzarlo. Ciò era, ovviamente, in completa opposizione allo spirito e alla lettera della Costituzione, che "delegava" alcuni poteri al governo centrale e riservava tutti gli altri poteri agli Stati. In seguito, due idee si sono biforcate: l'idea di un governo centrale forte e l'idea dei diritti degli Stati. Questo conflitto fu al centro dei movimenti secessionisti, prima negli Stati nordisti, poi in quelli sudisti, e la formulazione teorica dello stato di guerra tra

---

[76] Negli Stati Uniti il termine "Padri Fondatori" si applica agli uomini che hanno redatto la Costituzione.

[77] Emancipazione nel testo "franchigia". Si riferisce, nel testo originale, alla parità di diritti tra i cittadini. A titolo di esempio, possiamo ricordare che la maggior parte dei Padri fondatori era proprietaria di schiavi.

gli Stati, dal 1861 al 1865, si basava sul diritto di uno Stato di secedere dall'Unione.

Il procuratore generale Marshall fu l'ultimo rappresentante della tradizione federalista nel governo. Egli affermò l'idea, originale in America, che le leggi potessero essere annullate dal sistema giudiziario che poteva dichiararle "incostituzionali". Questo dispositivo avrebbe giocato un ruolo importante nella politica interna americana del XIX e XX secolo. Le decisioni di questo ministro rafforzavano più che altro le decisioni del governo centrale. Ma la tecnica da lui messa in pratica era necessariamente limitata; la sua efficacia era puramente negativa. Poteva bloccare le leggi, ma non poteva crearle. Anche questo era completamente contrario alla Costituzione, come i partiti, le convenzioni, il suffragio universale, i "poteri impliciti" e la regola dei privati. Questa usurpazione giudiziaria era un'ulteriore confutazione delle teorie razionaliste, secondo le quali la vita può essere programmata su un pezzo di carta e poi messa in pratica, poiché il pezzo di carta aveva specificato che il potere giudiziario doveva essere separato dal potere legislativo.

Ancora una volta non fu la logica ma la storia a permettere a Marshall di usurpare questa funzione di veto giudiziario. Già in epoca coloniale era sorta l'idea di "legge superiore". A quel tempo, era semplicemente un'espressione della tendenza politica centrifuga in tutte le colonie, perché "legge superiore" significava legge interna locale, in opposizione alla legge del re d'Inghilterra, che doveva essere una legge personale. I governatori reali delle colonie provenivano dall'Europa, mentre i giudici delle colonie erano nativi. Da qui l'espressione "legge superiore" e l'istituzione unica del "judicial review".

Una conseguenza naturale di questa vecchia idea coloniale fu il legalismo americano. La legge nelle colonie significava opposizione alla Corona, e così l'avvocato divenne una sorta di difensore pubblico. I Padri fondatori erano quasi tutti avvocati; quasi tutti i membri della Convenzione costituzionale erano avvocati. La Costituzione era un documento da avvocati, con una fraseologia giuridica e una totale assenza di buon senso politico. Il veto giudiziario alla legislazione sembrò quindi del tutto naturale in America e ottenne un posto di predominio. Da qui la strana abitudine di sottoporre al sistema giuridico ogni tipo di problema, da risolvere secondo i principi della common law. La teoria sosteneva che i problemi politici, sociali, economici, razziali e di altro tipo avrebbero ricevuto un trattamento imparziale, libero da qualsiasi pregiudizio umano.

Tuttavia, il diritto è una conseguenza della politica. Ogni sistema giudiziario è stato creato da un regime politico. Se la magistratura usurpa un potere che la rende più o meno indipendente, è diventata essa stessa politica. Ma in ogni caso le sue decisioni sono il risultato della politica, mascherata in una forma giuridica. Così la storia del legalismo in America, sotto forma di diritto costituzionale, è semplicemente un riflesso della storia politico-economica dell'America. Nella sua prima fase vi fu una serie di decisioni che rafforzavano il governo centrale come espressione della politica federalista. Nella stessa tradizione si colloca la decisione Dred-Scott del 1857, che rifletteva la visione sudista della schiavitù, poiché l'idea federalista non era abolizionista. Dopo la vittoria totale dell'industrialismo e del denaro nel 1865, le decisioni dei tribunali rappresentarono il trionfo del punto di vista del capitalismo industriale e finanziario. Il crescente capitalismo dei sindacati fu continuamente ostacolato dalla Corte Suprema. Per più di 300 volte, tra il 1870 e il 1933, la Corte annullò le leggi approvate da vari Stati e dal governo centrale che andavano a scapito degli interessi della plutocrazia.

L'istituzione del controllo giudiziario non avrebbe potuto essere attuata se ci fosse stato un forte governo centrale o un vero e proprio Stato. Né sarebbe potuta sorgere in nessun altro luogo se non in un Paese dominato dall'attività economica e privo di un vero conflitto politico. Prima del 1861, c'era un solo conflitto politico critico, quello dell'equilibrio di potere tra Nord e Sud. Tra il 1865 e il 1933 non c'è stato un vero conflitto politico, ma solo affari di gruppo, o privati, sotto forma di politica interna. La decisione Dred-Scott non sarebbe stata sostenuta con fermezza se non fosse scoppiata la guerra civile, poiché il conflitto di gruppo ha distorto la cultura in America. Il nuovo regime non riuscì a dominare immediatamente il sistema giudiziario, ponendo il veto a tutte le principali misure interne del nuovo regime fino a quando, nel 1937, fu intimidito con la minaccia che sarebbero stati nominati tanti nuovi giudici quanti necessari per mettere in minoranza gli oppositori del regime. Grant[78] aveva già fatto qualcosa di simile nel 1870 per costringere una Corte Suprema ostile, dimostrando che il controllo giudiziario era semplicemente tollerato

---

[78] Ulysses Grant, generale delle armate nordiste durante la guerra civile e presidente degli Stati Uniti dal 1868 al 1876. Acerrimo nemico dei sudisti, tanto o più in pace che in guerra.

dalle forze dominanti in America finché era favorevole ai loro interessi.

Dopo il 1936, la Corte Suprema passò presto sotto il controllo della Rivoluzione e il veto giudiziario sulle misure politiche fu abolito. Può essere usato come slogan o resuscitato artificialmente per scopi propagandistici, ma le forze che il XX secolo ha scatenato non prendono sul serio il legalismo. L'arma del judicial review in America ha avuto una certa efficacia conservatrice nel corso dei primi assalti della Rivoluzione del 1933, ma in una difesa negativa. Solo un movimento creativo può prevalere contro una determinata rivoluzione, solo la politica può sconfiggere la politica.

La teoria della "separazione dei poteri" si è tradotta in pratica o nel dominio di tutti i rami del governo da parte degli stessi interessi o nella divisione di questi rami in due gruppi contrapposti. Lo spirito autoritario del XX secolo si conclude con i tentativi di "separare" i rami del governo. Le vuote teorizzazioni possono continuare, ma questo metodo politico è morto, in America come altrove.

II

Per tutto il XIX secolo, con l'eccezione del conflitto politico che ha dato vita alla Guerra Civile, l'America è stata un Paese senza una vera politica. La politica interna era semplicemente un affare e qualsiasi gruppo poteva impegnarsi in essa per la realizzazione dei propri interessi economici o ideologici. Oltre ai partiti, cominciarono a proliferare le lobby. Il lobbismo è il mezzo per esercitare pressione sui legislatori una volta che sono stati eletti. Gruppi privati inviano rappresentanti privati alle Camere e lì convincono i parlamentari, attraverso la corruzione dei voti o semplicemente con il denaro, a sostenere, votare o opporsi a determinate leggi. Gruppi e società agricole, razziali ed economiche di ogni tipo utilizzano questo metodo. Con questi mezzi, le società per la temperanza sono riuscite a far approvare il divieto di produzione, vendita o trasporto di alcolici. Questa tecnica politica è ancora in vigore. Dopo la sconfitta del partito federalista all'inizio del XIX secolo, si è assistito a una costante tendenza all'estensione del suffragio, sostenuta da tutti i partiti e contrastata solo dalle forze sociali tradizionali.

Il Partito vuole sempre il suffragio più ampio possibile, perché questo priva completamente l'elettorato del potere. Se dieci uomini decidono un'elezione, tutti hanno almeno un po' di potere; ma se l'elettorato è composto da dieci milioni di persone, le masse privano gli elementi superiori di ogni significato. Lo sviluppo interno dell'America ha seguito il modello invariabile della democrazia, osservabile in tutte le culture e in tutti gli Stati.

La politica dei partiti è legata al mercantilismo, al razionalismo, al materialismo, all'attività economica. Nello spirito dell'Età del Risorgimento dell'Autorità, la politica dei partiti lascia il posto a forme autoritarie, indipendentemente dalle teorie o dalle tecniche impiegate. Il potere è semplicemente a portata di mano di un uomo o di un gruppo ambizioso. Come dimostra la Rivoluzione americana del 1933, questo gruppo può anche essere culturalmente estraneo. La vera tecnica per l'istituzione di un governo autoritario in America era istruttiva: i partiti repubblicani e democratici avevano detenuto, sotto vari nomi, il monopolio della politica interna per un secolo. Era facile per un gruppo particolare conquistare e mantenere il potere assoluto, infiltrarsi in queste vecchie formazioni e ottenere così il controllo assoluto di tutti i mezzi di espressione politica interna. Solo due candidati - o, eccezionalmente, tre - potevano essere nominati per la corsa alla presidenza. Se lo stesso gruppo li candidava tutti, si assicurava contro tutti i mezzi di estromissione, tranne l'azione rivoluzionaria della forza. Questo è stato fatto e il risultato si è visto nelle elezioni del 1936, 1940, 1944 e 1948.[79]

Nel corso dell'Ottocento, il secolo dell'ossessione economica in America, a nessuno venne in mente l'idea di infondere efficienza in qualsiasi fase della vita politica pubblica. Si lasciò che si sviluppasse una situazione in cui quarantotto unità amministrative teoricamente "sovrane" dettassero le proprie leggi su tutte le materie, imponessero le proprie tasse e attuassero i propri sistemi educativi, giudiziari e di polizia, nonché i propri programmi economici. Nel 1947 negli Stati Uniti c'erano 75.000 enti di riscossione delle imposte. Ogni ente può creare un debito pubblico, e ciò deve avvenire attraverso le grandi banche private. Nel 1947, il debito pubblico totale dell'America rappresentava una cifra superiore alla somma di tutti i valori imponibili del Paese. Questa ampia distribuzione dell'apparato di potere pubblico ha

---

[79] La stessa cosa ha continuato a succedere fino al 1976. E quando un presidente si è sentito di agire da solo, è stato praticamente buttato fuori dall'incarico dopo la campagna di stampa creata intorno al cosiddetto "caso Watergate" perché... era stato dimostrato che il presidente aveva detto una bugia. Cosa avrebbero dovuto fare con qualsiasi altro presidente?

fatto sì che le opportunità di corruzione e di distorsione della volontà del Paese che si verificano nel governo centrale si riproducano in miniatura migliaia di volte.

La Rivoluzione americana del 1933 non intendeva correggere questo stato di cose, ma si occupava principalmente di affari esteri. Lo sfondo dell'intervento di questo regime negli affari mondiali è la storia delle relazioni estere americane, dietro la quale saranno esposti in dettaglio gli obiettivi del regime.

6. Storia dell'imperialismo americano

I

L'America ha acquisito il suo immenso impero con meno spargimento di sangue di qualsiasi altra nazione conquistatrice nella storia del pianeta. Tutte le potenze che sono riuscite a tenere sottomessi altri popoli hanno dovuto acquistare questa posizione con guerre lunghe e pesanti. Un impero non può rimanere in pace. La guerra più dura che l'America abbia mai dovuto combattere è stata la prima, contro l'Inghilterra, dal 1775 al 1783. Da Lexington al Trattato di Parigi si dovette percorrere una strada lunga e sanguinosa che, in qualsiasi momento, avrebbe potuto essere stravolta. Il regime americano di allora non era quello di un Paese ricco e con grandi risorse, che entra in guerra, alla fine della guerra e dalla parte del vincitore, in una coalizione mondiale contro un'unica potenza. Non era nella posizione invidiabile del giocatore d'azzardo che può tenere le sue vincite ma non deve pagare se perde. I suoi leader rischiarono davvero la vita in quella guerra, e se avessero perso sarebbero finiti sul patibolo.

Le persone che hanno soppiantato i discendenti di questi proto-americani li avrebbero chiamati, in quel caso, "criminali di guerra", che è la descrizione che hanno inventato per i leader sconfitti in una guerra. Non erano forse "cospiratori contro l'umanità", "organizzatori di aggressioni" e tutto il resto? Questa piccola banda di generali, propagandisti, statisti, ideologi e finanzieri non poteva essere messa in un tribunale per essere "processata" per un anno e subire una condanna nota in anticipo? I leader della rivolta americana non avevano motivo di temere una cosa del genere, ma il fatto è che erano, legalmente, dei traditori del loro Re, e un tribunale legale con una reale giurisdizione avrebbe potuto essere costituito contro di loro.

I coloni americani ebbero successo solo grazie agli aiuti francesi e all'assistenza di volontari di grande abilità militare, come von Steuben, de Kalb, Lafayette, Pulaski. L'aiuto straniero fu decisivo. L'Inghilterra aveva conflitti più importanti altrove e non poteva dedicare sufficiente attenzione militare alla rivolta coloniale. Un altro contributo allo sforzo americano fu l'opposizione interna britannica che favorì le colonie. La deliberata inattività del generale Howe è una manifestazione di questa ostruzione.

Questa lunga e dura guerra segnò l'inizio dell'indipendenza politica americana. Le tredici colonie si estendevano come un serpente lungo la costa atlantica. L'entroterra era rivendicato da due potenze europee i cui giorni imperiali nell'emisfero occidentale erano ormai contati: Francia e Spagna. Il declino politico della Spagna si rifletteva nelle figure rivoluzionarie di Hidalgo, Itúrbide e Bolívar, che ponevano fine alla dominazione spagnola nell'emisfero occidentale. Sotto Napoleone, la Francia fu costretta ad abbandonare l'idea di un impero coloniale francese per sostituire quello inglese originario di Napoleone, e adottò invece l'idea di un impero europeo, ricostruendo il Sacro Romano Impero, sebbene diretto, questa volta, da Parigi. A tal fine, la miseria di tre milioni di dollari era più preziosa per Napoleone del vasto territorio della Louisiana, e il suo acquisto da parte dell'unione americana nel 1803 fu una sorta di fantasia storica di lotteria senza precedenti. Federico il Grande dovette combattere sette tremende guerre per conquistare la piccola Slesia, e altre due per mantenerla; Napoleone combatté per vent'anni contro sei coalizioni per controllare l'Europa occidentale; l'Inghilterra dovette pagare un figlio per ogni miglio quadrato del suo impero, e lo stesso o simile si potrebbe dire di qualsiasi pagina di storia imperiale. Ma l'America acquisì un territorio grande quanto l'intera Europa occidentale al prezzo di poche navi. Il calvinismo latente dei proto-americani non considerava questa fortuna fantastica, ma un segno della predestinazione, della grazia di Dio.

L'audacia e l'istinto gotico americano furono dimostrati nella Guerra di Barberia.[80] Questa guerra dimostrò anche che il materiale umano delle colonie poteva produrre il tipo richiesto dal fortunato imperialismo: William Bainbridge, William Eaton, Edward

---

[80] Guerra condotta dalla Marina statunitense contro i pirati di Libia, Tripolitania, Tunisia e Algeria tra il 1812 e il 1820.

Preble, Stephen Decatur.

La Guerra del 1812 fu un altro incredibile caso di fortuna. Ancora una volta Napoleone combatteva per conto dell'impero americano. L'Inghilterra, pienamente impegnata nella guerra contro il colosso del Continente, non poté nemmeno sfruttare la sua superiore posizione militare in America e, nonostante la sconfitta bellica, l'America ne uscì politicamente vincitrice con il Trattato di Gand[81] del 1814. L'annessione della Florida nel 1819 fu il risultato di negoziati, non di una guerra. Anche allora l'aforismo austriaco avrebbe potuto essere parafrasato dall'America: Bella gerant alii, tu, felix America, eme![82]

Il Grande Hamilton, agli albori dell'Unione, aveva caldeggiato l'annessione di Cuba, e altri l'avevano richiesta durante quel decennio, ma non sarebbe stata realizzata fino al 1900. Ma in quel periodo accadde qualcosa che si colloca tra le grandi audacie della storia: nel 1823 fu pubblicato il manifesto che sarebbe diventato noto come Dottrina Monroe. Questo manifesto annunciava che l'America si riservava un'intera metà del globo. Questa "Dottrina" fu promossa dalla flotta britannica, come artificio per distruggere l'impero coloniale spagnolo. Se l'Inghilterra si fosse opposta a questa dottrina, sarebbe morta prima di nascere, ma poiché era utile alla politica britannica, di fatto arruolò l'America al servizio dell'Inghilterra. Questo, naturalmente, non era noto in America, dove si riteneva che l'audace pronunciamento avesse spaventato tutte le potenze europee, poiché nessuna di esse si oppose. Inoltre, l'America del Sud era un campo interessante per ulteriori avventure imperialiste, e così avvenne che una tradizione di successo si affermò gradualmente nella politica estera americana. Si diffuse il sentimento calvinista secondo cui l'America era predestinata a dominare chiunque volesse. Passò quasi un secolo prima che la "dottrina" venisse messa in discussione, e a quel punto l'America disponeva della forza militare necessaria al suo mantenimento. Contemporaneamente agli sviluppi esterni, l'imperialismo "interno", per così dire, continuò senza sosta. Gli abitanti indigeni del continente, la cui volontà non è mai stata consultata né dalle potenze europee né da quelle americane, resistettero vigorosamente alla decisa marcia verso

---

[81] Il Trattato di Gand del 1814 pose fine alla guerra tra Stati Uniti e Inghilterra in Canada. Gli inglesi si spinsero fino a occupare Washington, ma la riconquista dell'isola d'Elba da parte di Napoleone costrinse Londra a dedicare tutta la sua attenzione agli affari del continente.

[82] Le guerre si fanno per gli altri, ma tu, America felice, compri. (N. del T.)

ovest dell'imperialismo americano. La risposta americana a questa resistenza dei pellerossa fu la formula: "L'unico indiano buono è l'indiano morto". I mercanti americani rifornirono gli indiani di armi e polvere da sparo e così le guerre indiane continuarono fino all'inizio del XX secolo. Sebbene le potenze europee avessero ceduto vasti territori a fronte di pagamenti in denaro, gli indiani cedettero le loro terre solo di fronte alla forza americana. A quel tempo, la pratica e la teoria americana erano la stessa cosa: il potere rende il diritto. Furono stipulati trattati e ancora trattati con gli indiani, delimitando confini che gli americani si impegnavano a non oltrepassare. Ogni trattato fu violato dall'istinto imperiale americano. Le violazioni dei trattati portarono alla Guerra dell'Ascia Nera, alle Guerre Seminole e a una serie di guerre che durarono un secolo e si conclusero con l'annientamento politico degli indiani. Negli anni Trenta del XIX secolo, gli americani riuscirono a infiltrarsi nell'Impero messicano e, grazie a una fortunata rivolta, separarono la vasta area del Texas dal Messico. Neanche dieci anni dopo, l'area era già stata annessa all'Unione. Un territorio più grande di qualsiasi potenza dell'Europa occidentale era stato conquistato in una guerra su piccola scala. Nel 1848, grazie a un trattato con l'Inghilterra, la frontiera del Nord-Ovest fu estesa. L'Oregon fu infine incorporato nel 1846.

Nel frattempo, però, l'istinto imperiale si era già messo in moto, dal Texas, per guardare al Messico fino al Pacifico. Si decise di privare il Messico di due terzi del suo territorio e, poiché ciò non poteva essere fatto né con acquisti né con trattati, si pianificò una guerra. Il Messico causò la guerra rifiutandosi di sottomettersi alle richieste dell'imperialismo americano. Una breve guerra si concluse con il dettato di Guadalupe Hidalgo, che smembrò il Messico.

Il trattato Clayton-Bulwer del 1850 con la Gran Bretagna riguardava specificamente un canale americano attraverso l'America centrale e portò, innanzitutto, alla realizzazione di una ferrovia americana in quell'area nel 1855. Il Giappone fu "aperto" nel 1853, dopo la sua debole resistenza militare, all'ala commerciale dell'imperialismo americano.

Dopo la Guerra Civile, l'Unione Americana stroncò il tentativo francese di annettere il Messico al suo Impero e permise a Massimiliano di essere fucilato da un plotone d'esecuzione di rivoluzionari. Poco dopo quella guerra, l'Alaska fu acquisita dall'imperialismo yankee. Questo territorio, grande quasi un milione di chilometri quadrati, fu acquistato dall'America dalla Russia[83] per una cifra irrisoria. Nello stesso decennio, il confine con il Messico fu nuovamente modificato a vantaggio dell'America, questa volta per una piccola somma di denaro al posto della guerra, nella transazione nota come Acquisto di Gadsden.

L'imperialismo americano era attivo ovunque nella seconda metà del XIX secolo: Hawaii, Cile, Colombia, Cuba, Cina, Giappone, Siam, Samoa. La flotta americana bombardava, quando voleva, i porti stranieri nelle aree coloniali del mondo e inviava spedizioni di sbarco quando necessario per assicurare la sottomissione alle richieste commerciali, imperialiste o territoriali americane.

Nel 1890 si concluse l'ultima guerra Sioux e da allora in poi la resistenza indiana all'imperialismo americano fu distanziata e localizzata. Era arrivato il turno delle Hawaii, e presto una "rivolta" preparò le Hawaii all'annessione all'America. Questa era solo la preparazione di un'avventura imperialista molto più grande di qualsiasi altra precedente. Nel 1898 furono attaccati i possedimenti spagnoli nei Caraibi e Pacifico. A seguito della guerra ispano-americana, la maggior parte dell'impero coloniale spagnolo passò in mani americane, comprese le preziose Filippine e Cuba.[84] Nel frattempo erano state annesse le isole del Pacifico di Tutuila, Guam, Wake, Midway e Samoa.

II

Innanzitutto, bisogna tenere presente una cosa: l'imperialismo americano era puramente istintivo. Non era intelligente o intellettualizzato, come l'imperialismo europeo contemporaneo. Nessun uomo pubblico ha mai sostenuto la costruzione di un impero americano e pochissimi si sono resi conto di ciò che stava accadendo. Anzi, sarebbe stato indegnamente negato che l'America fosse una potenza imperialista. È vero che l'espressione "Destino manifesto" come apologia dell'imperialismo è entrata in uso all'inizio del XX secolo, ma non esisteva una politica o un programma imperiale definito. Le colonie venivano acquisite in modo puramente istintivo e non pianificato, senza preoccuparsi della posizione strategica,

---

[83] La Russia era allora impegnata nella guerra di Crimea contro Francia, Turchia e Inghilterra e fu praticamente costretta a vendere l'Alaska all'America per la ridicola cifra di 7.200.000 dollari.

[84] L'autore omette di menzionare Porto Rico.

del significato o dell'importanza economica. William Jennings Bryan, nel suo discorso sull'imperialismo dell'8 agosto 1900, mise in guardia l'America dalla tentazione di entrare in una corsa all'imperialismo perché avrebbe potuto distruggere la forma di governo americana, affermando: "Non possiamo ripudiare il principio dell'autogoverno nelle Filippine senza indebolire quel principio qui".

Ma rimase inascoltato e la tradizione di fiducia che si era radicata durante un secolo di fortunate avventure imperialiste senza alcuna battuta d'arresto non poteva essere minata da un discorso minaccioso. Non fu preso in considerazione nemmeno l'aspetto opposto del monito di Bryan. Ciò che intendeva quando parlava di "autogoverno" era l'abitudine alla guerra di classe, alla guerra civile istituzionalizzata, alla libertà di ciascuno di imbrogliare e sfruttare gli altri entro i limiti del diritto penale. Il suo monito significava quindi: una nazione imperiale non può tollerare la disorganizzazione interna e l'incertezza.

Tuttavia, in America non esisteva una classe sociale interessata a qualcosa di diverso dall'arricchimento personale, quindi nessuno si preoccupava di tali questioni, tranne alcuni scrittori come Homer Lea. Le situazioni imperiali sono in continuo mutamento e bisogna essere preparati a eventuali contrattempi. In un Paese in cui anche la parola politica era completamente fraintesa e significava economia corrotta, non ci si poteva aspettare che la saggezza politica fosse presente per informare il comando che l'impero significava guerra, e la guerra presuppone l'ordine interno. In realtà non c'era nessun comando da informare. Ogni triennio o quadriennio, nell'amministrazione del governo si insediava un nuovo gruppo di rappresentanti degli interessi economici privati, e non esisteva una politica tradizionale, interna o estrema. Non c'era accordo su quali fossero gli interessi fondamentali dell'America, su quale fosse il casus belli, su quali potenze fossero alleate naturali e quali nemiche naturali. I leader politici, in ogni momento, erano particolarmente interessati a se stessi, ossessionati dal grandioso problema di perpetuare il loro mandato.

Ma la fortuna americana continuava. Sebbene isolata nel suo emisfero, nel senso che nessuna potenza mondiale poteva permettersi di attaccarla, l'America non era isolata nel senso che non poteva inviare le sue navi da guerra e le sue truppe da sbarco ovunque nel mondo coloniale in avventure imperialiste. Inoltre, come dimostrato dalla guerra con la Spagna, l'America poteva facilmente sconfiggere qualsiasi potenza europea nell'emisfero occidentale.

La guerra ispano-americana segnò l'emergere dell'America come potenza mondiale, così come la guerra civile aveva già segnato l'emergere dell'America come potenza mondiale. Tra queste solo Russia, Germania e Inghilterra potevano essere considerate di primo livello. L'America era esclusa solo a causa del suo isolamento geografico. Poteva agire contro una potenza mondiale nell'emisfero orientale solo con gli alleati e in un ruolo subordinato. Questa era la situazione all'inizio del XX secolo, l'era delle guerre di annientamento.

Per un intero secolo, tra il 1800 e il 1900, l'America ha praticato l'imperialismo nei Caraibi, in Sud e Centro America, nel Pacifico e in Estremo Oriente. Nel 1900 la sfera di influenza militare americana era più estesa di quella di qualsiasi altra potenza, ad eccezione dell'Inghilterra. Non aveva assolutamente condensato o formato il suo impero, a causa della natura puramente istintiva dell'imperialismo americano. Così, ad esempio, il Canada, nonostante non fosse difeso e fosse contiguo alla base del potere, non era stato politicamente incorporato nell'Impero americano. E nemmeno il Messico. L'istinto americano si accontentava semplicemente di essere più forte di qualsiasi altra potenza all'interno di una determinata sfera, in modo da garantirne l'ascendente economico. La costruzione di un impero, nel senso europeo del termine, era sconosciuta in America. L'impero americano è cresciuto semplicemente per la mancanza di resistenza all'istinto imperiale americano.

Per il suo impero, l'America aveva combattuto solo una guerra su larga scala. La prima guerra, quella del 1775, fu per l'indipendenza, mentre la Guerra del 1812 è più propriamente chiamata Seconda Guerra per l'Indipendenza. La guerra civile estese l'impero yankee verso sud, sopprimendo una potenza emergente nel continente nordamericano, e questa fu l'unica guerra imperiale che l'America yankee avrebbe dovuto combattere in questo secolo di costruzione imperiale. Nelle spedizioni di sbarco in America centrale, nella guerra contro il Messico, nelle lotte in Giappone, Cina e nelle isole del Pacifico, nella guerra contro la Spagna, l'America ebbe pochissime vittime. Mai una potenza imperiale aveva acquisito così tanto territorio e influenza per un prezzo di sangue così irrisorio.

Ma questo non fu capito, né in Europa né in America. Gli americani erano imbarazzati o cauti riguardo al loro impero. Gli europei o non ne sapevano nulla o pensavano che fosse la conseguenza di un pensiero politico saggio e maturo. Né gli europei né gli americani scrivevano o pensavano molto alla nuova potenza mondiale, al suo potenziale, alla sua anima, alle sue capacità imperiali.

In altre parti del mondo l'imperialismo americano era meglio compreso e il Giappone, in particolare, apprezzava la mancanza di pensiero politico in America, che rendeva possibile una politica completamente negativa, contro i propri interessi.

Certamente nessun potere in Europa, nessun governo, nessuna personalità, nell'anno 1900, pensava che appartenesse al regno della possibilità che, nel corso dei due decenni successivi, un esercito americano di due milioni di soldati sarebbe stato trasportato attraverso l'Atlantico per combattere una guerra intereuropea a .

Un pensiero politico intelligente in America avrebbe capito che l'imperialismo americano era promosso dagli interessi reciproci di tutte le altre potenze mondiali in relazione alla situazione nell'altro emisfero. Questo ha permesso all'America di continuare il suo imperialismo nell'emisfero occidentale senza l'interferenza di altre potenze mondiali.

Ogni altra potenza, compresa la Gran Bretagna, non poteva fare nulla per contrastare le azioni americane nell'emisfero occidentale. Ma non esisteva una classe dirigente americana, né un'idea, né una nazione, né uno Stato. L'imperialismo americano non fu uno sforzo razionalizzato e pianificato, ma un agglomerato disordinato, frutto di un istinto imperialista che agì contro una debole opposizione e in un contesto di fortuna.

I finanzieri yankee non erano interessati a creare una grande struttura politica che si estendesse dallo Stretto di Bering a Capo Horn, né a costruire una sorta di Impero americano. I loro interessi personali erano per loro primari ed esclusivi. I leader politici americani dipendevano per la loro permanenza in carica dai finanzieri, perché nel 1900 la finanza aveva raggiunto la padronanza dell'industria e dei trasporti. E i maggiori colpi finanziari non dovevano essere sferrati negli affari dell'America centrale o meridionale, ma in quelli dell'Europa occidentale.

7. L'imperialismo americano nell'epoca delle guerre di annientamento

I

In questo periodo, la civiltà occidentale stava affrontando la grande crisi della Prima guerra mondiale. Questa grande epoca segnerà la fine di una fase storica e l'inizio di un'altra. L'epoca del razionalismo, del materialismo, del criticismo economico, della democrazia e del parlamentarismo, cioè la prima fase della crisi della civiltà, stava per finire e la crisi si sarebbe dissolta nella nuova epoca, quella della politica assoluta, dell'autorità, dello storicismo. Nuove correnti erano apparse in tutti gli ambiti della vita occidentale, manifestandosi più nella decadenza, nel crollo delle forme della vecchia epoca, che nella comparsa di nuove formalità. Solo un uomo, il filosofo della nuova epoca, le ha formulate in tutta la loro portata.

Mentre preparava la sua opera sull'imminente Epoca delle Guerre di Annientamento e delineava la forma del Futuro in tutte le sfere della Vita, i materialisti, basandosi sull'uno o sull'altro punto di vista, negavano la possibilità di una guerra su larga scala, e quando più insistevano su questo punto, nell'agosto del 1914 scoppiò la Prima Guerra Mondiale.[85]

Le vecchie tradizioni spagnole della diplomazia di gabinetto fecero la loro ultima apparizione nei negoziati dell'Austria con la Serbia nel giugno 1914 e nel 1914, per poi scomparire per sempre dalla civiltà occidentale.

La guerra era solo l'aspetto politico del passaggio da un'epoca all'altra, ma poiché l'azione, e non il pensiero, è decisiva per la vita, la guerra assunse il pieno significato dell'epoca mondiale. L'aspetto culturale della guerra fu il passaggio dalla fase ottocentesca a quella novecentesca della civiltà occidentale. Ciò significava la fine dell'idea di mondo inglese e il trionfo dell'idea di mondo prussiana, poiché l'Inghilterra era stata la nazione internamente impregnata dell'idea della prima fase della civiltà occidentale. Il razionalismo, il materialismo, lo spirito economico, il parlamentarismo, il nazionalismo, e la Prussia era la nazione destinata a dare la giusta forma al XX secolo. Questo conflitto sul piano culturale era indipendente da qualsiasi altro conflitto sul piano politico. Solo una di queste Idee poteva trionfare: solo una esprimeva lo Spirito della Nuova Epoca. L'alternativa all'Idea prussiana era il caos. L'Idea prussiana avrebbe potuto trionfare sul piano culturale senza una guerra tra la Prussia e l'Inghilterra; infatti entrambe avrebbero potuto essere e

---

[85] Spengler pubblicò il primo volume del *Declino dell'Occidente* nel giugno 1918, ma iniziò a lavorare alla sua opera nel 1912.

continuare a essere alleate a fini politici. Lo sviluppo superiore è puramente spirituale e può solo portare a una vittoria prussiana o al caos per l'intera civiltà occidentale.

La guerra fu provocata in modo grottesco da un assassinio nei Balcani. Episodi precedenti, come quello di Fashoda, avrebbero potuto scatenare la Prima guerra mondiale[86] e in quel caso la distribuzione delle potenze schierate da una parte e dall'altra sarebbe stata completamente diversa e i risultati, sia spirituali che politici, sarebbero stati diversi. La forma che tale distribuzione assunse, infatti, anche se non ce n'era bisogno, fu quella di una coalizione di tutte le potenze del mondo contro la Prussia-Germania e il suo unico alleato, l'Austria-Ungheria.

A causa di alcuni legami formatisi prima della guerra, i finanzieri americani erano interessati alla vittoria britannica e rappresentavano la vera forza della plutocrazia americana. Nessun "politico" pubblico sapeva nulla degli affari esteri, poiché non avevano nulla a che fare con la loro permanenza in carica, che era la loro unica preoccupazione. Era una vergogna per l'America che a quel tempo a capo del governo ci un avventuriero. Non solo non si oppose alle richieste dei banchieri che sponsorizzavano la partecipazione americana alla guerra a fianco dell'Inghilterra, ma ebbe anche l'idea di usare la guerra per promuovere la sua smisurata ambizione. Lui e la sua cerchia proiettarono l'idea di una "lega delle nazioni" di cui sarebbe stato il presidente. Il governo britannico, che si trovava in una situazione militare disperata, diede il suo consenso all'idea.

In questo caso la debolezza dell'imperialismo americano è chiaramente dimostrata. Quando tutta l'Europa era in guerra, era evidentemente l'occasione per un'azione americana nel proprio emisfero. Era già in guerra con il Messico, e avrebbe potuto porre fine a quella guerra senza suscitare alcuna protesta da parte delle altre potenze mondiali. L'America avrebbe potuto persino imporre una cessazione delle ostilità contro la volontà dei belligeranti, perché avrebbe potuto costringere l'Inghilterra ad abbandonare la guerra.

---

[86] Nel 1898, una piccola colonna francese al comando del maggiore J.B. Marchand, proveniente dal Congo francese, occupò Fashoda sul Nilo Bianco con l'intenzione di collegarsi a un'altra colonna franco-etiope e incorporare il Sudan alla Francia. Lord Kitchener si presentò al comando di una flottiglia battente bandiera egiziana e costrinse Marchand a ritirarsi. Due anni dopo il Sudan fu incorporato nell'Impero britannico come Sudan anglo-egiziano. Lo schiaffo diplomatico di Fashoda provocò quasi una guerra tra Francia e Gran Bretagna.

Ma l'America non stava perseguendo il proprio interesse o quello della civiltà occidentale. Ora il popolo americano doveva raccogliere i frutti di un secolo di isolamento spirituale americano, di isolamento storico americano; dell'energia, della durezza, della crudeltà e dell'amarezza della storia. Poiché l'America aveva dovuto combattere una sola vera guerra nella sua storia imperiale, poiché non aveva mai conosciuto l'opposizione di una grande potenza, poiché aveva acquisito un enorme impero senza pagare alcun tributo di sangue, non aveva mai sviluppato una coscienza politica. La parola politica non era compresa, così come il fatto della lotta per il potere. Non esisteva lo Stato, il centro del potere. Non c'era una classe dirigente, custode dello Stato. Non c'era la Tradizione, la coscienza guida della nazione. Non c'era lo Stato, il fulcro del potere. Non c'era una classe dirigente, custode dello Stato. Non c'era la Tradizione, la coscienza guida della nazione. Non c'era una Nazione, né un'idea al cui servizio viveva il flusso di popolazione del continente. Non c'era il Genio della politica, perché non c'era la politica, ma solo sporche lotte personali, cariche e tangenti. C'era solo il gruppo dei banchieri e il misero opportunista Wilson, che sognava di dominare il mondo.

Il significato reale e spirituale della guerra non era noto a nessun personaggio pubblico. Anche l'aspetto superficiale e puramente politico della guerra non era compreso. La cosa più vicina al realismo si trovava nella richiesta pubblica di Boise Penrose di entrare in guerra perché l'America era creditrice dell'Inghilterra e quindi era nel suo interesse vincere, cosa che non sembrava probabile.

Se ci fosse stata una classe dirigente, uno strato dedicato dalla sua esistenza alla realizzazione e al servizio dell'idea nazionale, l'America sarebbe rimasta fuori dalla guerra o ne avrebbe imposto la fine per salvare l'Europa. La propaganda sulle atrocità,[87] il monopolio inglese delle notizie, gli sforzi sistematici di gruppi privati, finanziari e sociali per forzare l'intervento americano, non sarebbero stati permessi. Una classe dirigente non tollera la propaganda e l'attività politica straniera sul territorio nazionale.

---

[87] La propaganda sulle atrocità tedesche nel corso della guerra europea è stata contrastata da numerosi storici revisionisti americani come Elmer Barnes, Michael Connors, Tansill, ecc...

II

L'aspetto puramente politico della guerra era la lotta tra due potenze politiche, la Germania e l'Inghilterra. Questo era l'aspetto della prima fase della guerra. Nel 1916, la natura della lotta era cambiata e un Primo Ministro come Pitt se ne sarebbe accorto. Ormai era l'Europa occidentale contro l'Asia, e in particolare la Russia. Per i primi due anni la Russia e le altre potenze contro la Germania furono al servizio della politica britannica. In seguito, l'Inghilterra aveva assunto un ruolo secondario, il suo potere era stato superato dall'Asia e dall'America. Ogni nave persa dall'Inghilterra aumentava la forza dell'America e del Giappone. Ogni soldato inglese perso aumentava la forza di Russia, India, Cina e Giappone. L'Inghilterra aveva raggiunto un punto in cui la vittoria militare non poteva più essere tradotta in vittoria politica. L'unica speranza di uscire indenne dalla guerra era quella di fare la pace nel 1916.

Naturalmente, lo stesso valeva per la Germania. Ogni nave tedesca affondata aumentava la forza dell'America e del Giappone, e ogni vittima tedesca sul campo di battaglia aumentava la forza russa e asiatica nei confronti della civiltà occidentale.

Le nazioni bianche occidentali non potevano compensare le perdite che l'Asia e la Russia potevano facilmente sostituire. La civiltà occidentale era numericamente inferiore alle forze esterne con un rapporto di cinque a uno. Impegnata in una guerra interna - Inghilterra contro Germania - l'Europa combatteva collettivamente per la vittoria di Asia, Russia e America.

Nulla di tutto ciò è stato osservato da persone responsabili in America. Alcuni pensatori e scrittori, come Frank Harris e John W. Burgess, interpretarono in modo più approfondito di qualsiasi uomo pubblico le reali alternative. Tra i politici, solo uno, William Jennings Bryan, si oppose efficacemente all'intervento per qualche tempo.

Perché cosa c'entrava la guerra europea con l'imperialismo americano?

Che cosa poteva guadagnare l'America da una guerra del genere? L'Europa non era il nemico dell'America; lo impedivano sia le realtà politiche sia i legami culturali. L'Asia, il Giappone e la Russia non erano alleati dell'America perché l'America fosse interessata alla sua vittoria. Non c'era nulla da guadagnare, dal punto di vista americano, partecipando da una parte o dall'altra alla guerra europea.

Questo intervento è avvenuto semplicemente perché non c'era l'America, c'erano solo gruppi privati ed economicamente interessati nell'Amministrazione, un governo rilassato che rappresentava i gruppi più forti, e una completa e totale incomprensione del mondo della politica e dell'unità e del destino dell'Occidente.

Questa era la debolezza dell'imperialismo americano: nessun piano, nessuna tradizione, nessuna politica, nessun obiettivo, nessuna organizzazione.

La politica britannica contro la Germania era la stessa utilizzata contro Napoleone: la politica dell'"equilibrio di potenza", con la quale il Continente doveva essere mantenuto in una divisione permanente di due gruppi di potenze di pari potenza, in modo che in qualsiasi guerra la forza della Gran Bretagna sarebbe stata decisiva. Ma nel 1914 tale politica era del tutto stupida e superata, perché l'ascesa della potenza russa l'aveva superata. Chi era riuscito a penetrare sotto la sottile patina della cultura occidentale, in virtù della quale la Russia apparteneva al sistema degli Stati occidentali, ed era stato abbastanza perspicace da apprezzare l'insidioso militarismo asiatico che si celava sotto quella sottile crosta, sapeva che gli interessi a lungo termine delle nazioni dell'Europa occidentale erano identici e che la continuazione del mini-statalismo e delle guerre intereuropee doveva essere fatale per la posizione del potere monopolistico europeo nel mondo e per ogni singolo Stato europeo.

Tutto ciò era completamente sconosciuto, insospettabile, inimmaginabile nell'America ossessionata dall'economia. Quando arrivò la guerra, la popolazione reagì con uno spirito carnevalesco, come se fosse un gioco o uno sport pubblico.

L'America non imparò nulla di politica dalla guerra. Le sue perdite furono modeste ma, data l'ampiezza del fronte e il periodo di azione, furono sproporzionatamente maggiori di quelle di qualsiasi altra potenza europea, e la conclusione fu che l'America aveva vinto la guerra. In realtà, naturalmente, la guerra fu una sconfitta per l'America, poiché non fu coinvolta nella miseria. La situazione americana era neutrale, indipendente da qualsiasi intervento politico.

Dopo la guerra, l'America collaborò con le potenze europee, compresa la Germania, per contrastare il bolscevismo asiatico in Russia. L'America inviò due corpi di spedizione, uno nella Siberia orientale e l'altro nella Russia settentrionale, per combattere il bolscevismo che la guerra europea aveva scatenato contro l'Europa.

Tutte le vite materiali e umane che l'America aveva dato in guerra erano una perdita totale dal punto di vista americano. Certo, l'America era uscita dalla guerra con un potere di gran lunga superiore a quello che aveva quando vi era entrata, così come la Russia e il Giappone. Ma subito dopo, alla Conferenza di Versailles e alla Conferenza navale di Washington, sperperò quel potere. Non comprendendo la natura del potere, l'America era rimasta ignara della nuova distribuzione del potere risultante dalla guerra. Ha abbandonato il suo nuovo potere senza nemmeno rendersene conto. Questa ignoranza esisteva su scala nazionale, ma era anche individuale. L'ambizioso idealista Wilson, che voleva modificare la mappa del mondo, aveva solo nozioni molto vaghe di geografia, etnografia e storia europea. L'equilibrio dell'economia europea gli era sconosciuto e non aveva idea di cosa appartenesse alla civiltà occidentale e cosa no. Ad esempio, considerava la Serbia e la Polonia come "nazioni" occidentali.

L'America non ha imparato nulla dalla guerra perché credeva di essere "vittoriosa" e che questa prova pragmatica dimostrasse la giustezza della sua politica. Ma sperperando il suo nuovo potere politico, ha dimostrato di non aver compreso la logica secondo cui la guerra si fa per aumentare il potere. Se qualsiasi altra potenza si fosse comportata come l'America, cioè avesse combattuto contro il proprio interesse nazionale in una guerra mondiale, sarebbe stata rovinata e probabilmente sarebbe stata divisa tra i suoi vicini. Questo non poteva accadere all'America a causa del suo isolamento nel suo emisfero.

È di secondaria importanza, ma va comunque notato che la propaganda ufficiale in America non era nulla di più profondo dello slogan che il mondo deve essere fatto per la democrazia. Non si riteneva necessario collegare la politica americana agli interessi americani. Questa è una testimonianza sufficiente a dimostrare quanto sia primitivo il pensiero politico americano. Non si parla nemmeno della crisi della civiltà occidentale, della forma del futuro o di qualsiasi altra alternativa politica. Solo guerra in nome della guerra. Era la stessa costrizione che aveva sentito Lincoln: iniettare un'alternativa democratica nelle guerre. Tutte le guerre dovevano, in qualche modo, coinvolgere la "democrazia". Se era necessario, la Russia zarista o la Russia bolscevica dovevano figurare come "democrazie". L'unico gruppo in America, a parte i pochi cervelli che pensano in modo indipendente e che sono la speranza dell'America per il futuro, che non era soggetto a questi slogan e luoghi comuni idealistici erano i finanzieri. Per loro gli idealisti sono merce che il denaro può comprare. Non è vero? L'America avrebbe potuto perdere la Prima guerra mondiale in senso militare, così come avrebbe potuto non vincere in senso politico. In una parola, l'intervento americano nella Prima Guerra Mondiale fu un'avventura di irrealismo politico.

I delegati americani alla Conferenza di Versailles non sapevano quale fosse la natura dell'assemblea. La consideravano una sorta di tribunale teologico-giudiziario in cui si decidevano questioni morali. Questa allucinazione collettiva, che i delegati europei non fecero nulla per dissipare, portò alla bizzarra terminologia morale del Dettato di Versailles. Il vocabolario di quel Dettato era americano, le disposizioni erano inglesi. Gli americani stavano scrivendo, secondo loro, un epilogo della storia, un seguito dell'ultima di tutte le guerre. Gli inglesi stavano preparando le loro posizioni iniziali per la prossima guerra.

III

L'esito della Conferenza di Versailles fu un completo fallimento per l'Europa. I piccoli Stati mantennero la loro sovranità politica l'uno sull'altro; fu così confermato il trasferimento di potere alle parti esterne dell'Europa. Le premesse per una Seconda Guerra Mondiale si delineano esattamente come la Prima. Al fine di fornire maggiori opportunità per il suo scoppio, fu creato uno sciame di microscopici "Stati". Il pensiero del piccolo spazio divenne l'ordine del giorno. Si riaffermò il nazionalismo vecchio stile, che aveva condotto l'intero Occidente a una colossale sconfitta. La stupida ideologia di Wilson e della sua cricca fu scritta nei documenti di politica europea. Vennero introdotte nella politica le questioni di "colpa", insieme alla "moralità" internazionale, alla santità dei trattati e simili.

Tuttavia, al di sopra di questo quadro emergeva il grande fatto: l'intera Europa, e in particolare l'Inghilterra, aveva perso la guerra.

Nel nuovo quadro mondiale c'erano quattro potenze: Russia. America, Giappone e Inghilterra. La più forte di tutte, se si fosse realizzata, era l'America, ma, come abbiamo visto, rinunciò a gran parte del suo nuovo potere. Ma il fatto storico che era stato dimostrato - la certezza della preponderanza americana nell'alleanza anglo-americana - non doveva scomparire e rimase visibile per l'educazione politica di tutta l'Europa.

Il risultato della debacle europea fu una potente reazione negativa in tutta la popolazione americana. L'anima del popolo americano si allontanò con disprezzo dall'avventura europea e nessun politico saggio osò sostenere l'ingresso dell'America nella "Società delle Nazioni" o in una delle sue dipendenze. I banchieri avevano vinto la guerra e non avevano alcun interesse nelle ambizioni personali di Wilson di dominare il mondo.

Ma questa reazione non doveva essere considerata come un abbandono dell'imperialismo americano. Esso non può essere abbandonato, perché procede dall'istinto dell'anima del popolo. La guerra è stata detestata proprio perché era fuori dal cammino dell'imperialismo.

La marcia imperiale americana continuava. Le forze navali e marine americane continuarono a operare lungo le coste dei Caraibi e del Pacifico, bombardando porti e sbarcando truppe, proprio come avevano fatto nel secolo precedente. Vennero attaccati i porti cinesi, ma non più quelli giapponesi, perché la Prima Guerra Mondiale aveva reso il Giappone una Grande Potenza anche se il suo sforzo bellico era stato nullo.

Il Nicaragua fu attaccato e occupato per anni dalle truppe americane negli anni Venti. Subito dopo che le truppe avevano raggiunto i loro obiettivi in Nicaragua. L'America, alleata del Giappone, attaccò la Cina nel 1927. Il motivo della guerra era la resistenza cinese all'imperialismo commerciale giapponese e americano. Una dura rappresaglia fu attuata per il bombardamento di una raffineria di petrolio americana a Nanchino.

Mentre era impegnata nelle lotte imperialiste, l'America sponsorizzò il Patto Kellogg. Questo famoso trattato avrebbe dovuto porre fine alle guerre. Il solo fatto che numerosi governi occidentali avessero firmato questo elaborato e assurdo documento era un grave sintomo della malattia della civiltà occidentale. Oltre alla sconfitta politica dell'intera Europa, nella Prima guerra mondiale era stata ottenuta una vittoria superficiale dall'idea del XIX secolo contro l'idea del XX secolo. Il risultato è stato il caos nell'Europa occidentale dopo la prima guerra mondiale: completa disorganizzazione, mancanza di comprensione da parte dell'opinione pubblica dei nuovi problemi economici, sociali, spirituali e politici creati dallo sviluppo avanzato della civiltà, e come conseguenza della disfatta della guerra.

In questo periodo l'imperialismo commerciale americano è molto attivo in

Sudamerica e in America Centrale: nel 1931, ad esempio, vengono organizzate rivoluzioni a Panama, in Perù, in Cile, in Paraguay e in El Salvador. Un'altra rivoluzione fu provocata in Cile l'anno successivo. Nel 1931, le forze private americane esercitarono un'influenza decisiva sulla situazione spagnola e contribuirono a creare la situazione che avrebbe portato alla guerra civile del 1936-1939. Cuba fu un altro Paese nominalmente indipendente che risentì degli effetti dell'imperialismo americano.

Dopo la prima guerra mondiale, l'imperialismo americano ha seguito lo stesso doppio schema di prima: da un lato, una ricerca raddoppiata di maggiore potere su orizzonti lontani; dall'altro, una totale incapacità di organizzare, pianificare o intellettualizzare le proprie conquiste. Come esempio di confusione possiamo citare l'ideologia del "non riconoscimento", secondo la quale l'America non avrebbe "riconosciuto" Dio solo sa cosa possa significare! l'acquisizione di un territorio da parte di un'altra potenza con la forza delle armi".

Eppure l'intero impero americano, compresa la sua base originaria, era stato acquisito grazie alla forza armata americana. Questo include l'acquisto di territori che sono stati venduti all'America solo per la preponderanza americana in quella parte del globo. Ma affrontare questo argomento significa tornare alla Rivoluzione americana del 1933.

8. La rivoluzione americana del 1933

I

La guerra per l'indipendenza americana, 1775-1783, è stata considerata da due diverse classi di partecipanti sotto due diversi aspetti. I leader di tipo creativo, come Hamilton, Washington, Franklin, Rutledge, la considerarono una guerra internazionale, tra una nazione americana, in fase di formazione, e l'Inghilterra. Questa nazione americana era, per loro, una nuova idea e i vari ideali e slogan ideologici che venivano usati come materiale di propaganda non erano la veste essenziale, ma temporanea, della nuova idea nazionale. Per tipi umili come Samuel Adams, Thomas Paine e Thomas Jefferson, invece, la guerra era una guerra di classe e l'Idea dell'Indipendenza non era altro che uno strumento per realizzare gli ideali di uguaglianza della letteratura razionalista. L'attuazione di questi ideali egualitari ha sempre assunto la forma dell'invidia, dell'odio e della distruzione sociale, sia in America che in Europa. I combattenti di classe vedevano la guerra come una lotta per l'uguaglianza, non come una lotta per l'indipendenza nazionale americana. Odiavano la monarchia, la gerarchia, la disciplina, la qualità, l'aristocrazia, tutto ciò che era superiore e creativo.

L'Idea-Nazione, imminente nella mente dei creatori, guidati da Hamilton, era il sano e naturale rango organico della popolazione, dall'alto in basso, con a capo un monarca e un'aristocrazia, educati fin dalla nascita al concetto di servizio all'Idea Nazionale. Essi concepirono, già in questa fase iniziale, l'idea di un imperialismo americano pianificato, in tutto l'entroterra del continente e nei Caraibi.

Le due idee sono proseguite per tutta la storia dell'America. La lotta di classe è una malattia della cultura, che nasce all'inizio della crisi della civiltà e si liquida definitivamente solo con la fine della crisi e l'inizio della seconda fase della civiltà, rinascita dell'autorità. Tutta la storia dell'America finora si è sviluppata all'interno della prima fase organica della Civiltà, che è apparsa nella Cultura occidentale intorno al 1750, ha trionfato nel 1800 e ora ha raggiunto il suo compimento interiore.

Così, la lotta di classe è sempre stata vista come naturale e normale in America piuttosto che come l'espressione di una grande crisi della cultura, con un'origine, una direzione e una fine.

Le forze della lotta di classe, guidate da Jefferson al momento della fondazione dell'Unione Americana nel 1789, si sono trovate nella situazione unica di non avere davanti a sé nessun'altra ideologia contraria. Dalla sconfitta del Partito Federalista nel 1828, non c'è stata alcuna resistenza economica. Questo, che ha causato in America calamità che non avrebbe mai potuto causare in Europa, non è però dovuto solo a questo fattore, ma alla presenza di forze extra-occidentali. Queste forze sono intervenute nella vita pubblica americana e l'hanno necessariamente distorta e allontanata dalle sue origini occidentali.

La natura intima di una colonia, come già visto, non solo genera tendenze politiche centrifughe, ma indebolisce anche i legami con la madrepatria della Cultura, da cui deriva la vita interna della Cultura. Ciò ha reso l'area coloniale culturalmente insensibile, oltre che debole nel suo potere di resistenza alle forze extraculturali. È questo scarso potere di resistenza alle forze extraculturali e subculturali che ha portato all'ossessione per l'economia e ha permesso l'impareggiabile influenza di estranei sulla cultura che si è sviluppata nel corso dell'ultimo mezzo secolo.

Alla Convenzione costituzionale del 1787, Benjamin Franklin cercò di inserire nel progetto di Costituzione una clausola che escludesse per sempre gli ebrei dall'America. Gli ideologi dell'"umanità" e dell'"uguaglianza", che non sapevano assolutamente nulla degli ebrei, dato che fino a un secolo dopo non c'erano quasi più ebrei in America, rifiutarono il consiglio di Franklin. Il loro avvertimento che se non avessero accettato la sua proposta i loro discendenti avrebbero lavorato per gli ebrei dopo due secoli rimase inascoltato. Questi ideologi conoscevano solo l'"umanità" e volevano ignorare l'enorme differenza tra gli esseri umani che vivono all'interno di una certa visione del mondo e gli altri che ne sono al di fuori.

L'immigrazione in America durante il XIX secolo proveniva da tutte le parti dell'Europa occidentale, ma principalmente da Inghilterra, Germania e Irlanda. L'immigrazione ebraica iniziò verso la fine del secolo, seguita poco dopo da un afflusso di slavi dai Balcani, russi e popoli del Mediterraneo orientale. Vennero adottate deboli misure difensive, come l'Immigration Act del 1890, che fissava una quota per ogni Paese europeo, in modo da favorire gli immigrati nordeuropei rispetto a slavi e *levantini*.[88] Naturalmente, questo non riguardava l'ebreo, poiché, provenendo da una cultura diversa, i suoi movimenti erano statisticamente invisibili alle nazioni occidentali. Egli poteva immigrare in base alla quota inglese, alla quota tedesca, alla quota irlandese e a qualsiasi altra quota.

Nello schema del parassitismo culturale si potrebbe facilmente notare l'effetto della presenza di un numero significativo di neri, asiatici e indiani nella vita americana. A questi si possono aggiungere le popolazioni dell'Europa orientale, escludendo gli ebrei che, pur essendo assimilabili, non sono stati assimilati. La visione del mondo del razionalismo, che genera materialismo, l'ossessione per il denaro, la decadenza dell'autorità e il pluralismo politico hanno lavorato contro l'assimilazione e, man mano che i falsificatori della cultura aumentavano il loro potere e la loro importanza sociale, l'assimilazione è stata deliberatamente bloccata per mantenere l'America spiritualmente disunita e divisa e in una condizione caotica. Gli sforzi difensivi degli americani di sentimenti nazionalisti per limitare o abolire

---

[88] L'autore si riferisce a siriani, libanesi, turchi e palestinesi.

l'immigrazione sono stati vanificati dalla Distorsione culturale.

Tra il 1900 e il 1915, quindici milioni di stranieri sono immigrati in America Pochi di loro provenivano dall'Europa occidentale. Quasi tutti provenivano dall'Europa sudorientale, dalla Russia, dalla Polonia e dall'Asia Minore. Diversi milioni di ebrei erano inclusi in questa massa. La prima guerra mondiale interruppe l'ondata di immigrazione, che però continuò nel dopoguerra e fu notevolmente accelerata dalla rivoluzione europea del 1933. Gli ebrei fuggiti o espulsi dall'Europa si recarono in America "in massa". Vale la pena notare che la scarsa esclusività culturale delle zone coloniali aveva fatto sì che gli ebrei fossero trattati, dal punto di vista civile, come gli europei che dal 1737 in poi risiedevano nelle colonie americane, mentre dovette passare un secolo intero prima che questa politica razionalista trionfasse pienamente nella madrepatria della cultura occidentale. L'unica ragione di ciò, ovviamente, risiedeva nel fatto che nelle colonie non c'erano ebrei come gruppo, ma solo pochi individui ebrei, sparsi tra la popolazione, che venivano considerati come curiosità. Nel corso dei cinquant'anni successivi, il numero di ebrei in America passò da proporzioni trascurabili a una cifra stimata tra gli otto e i dodici milioni di persone. In questo periodo New York City divenne una capitale prevalentemente ebraica. Circa l'80% degli immigrati ebrei erano ebrei *ashkenaziti*.[89] Inevitabilmente, la reazione americana ai fenomeni causati dall'immigrazione di queste persone, con la loro visione del mondo, cominciò a influenzare la vita americana a tutti i livelli e in tutte le sfere. La risposta a questa reazione fu un'abile propaganda che utilizzava l'ideologia americana per servire gli scopi ebraici. L'America divenne un "melting pot", secondo l'espressione dell'ebreo Israel Zangwill, e l'ideologia americana puramente quantitativa rese questa immagine convincente in un'America ancora immersa nella fase dell'ossessione del denaro.

La parola "americano" è stata modificata da questa stessa propaganda per indicare un immigrato che aveva migliorato le proprie condizioni personali venendo in America, escludendo il nativo americano che era stato soppiantato dall'immigrato. Se quest'ultimo mostrava risentimento, veniva definito antiamericano. Nacquero così movimenti di nativi americani, come il secondo Ku Klux Klan, formatosi nel 1915, come espressione della reazione dell'organismo americano contro la presenza dello

---

[89] Gli ebrei *ashkenaziti* provenivano dall'Europa orientale, in particolare dalla Russia e dalla Polonia.

straniero. Quando questi movimenti ebbero successo, vennero definiti antiamericani dagli organi di propaganda, che già all'epoca avevano subito forti influenze di distorsione culturale.

Le parole "America" e "americano" persero tutto il loro significato spiritualenazionale, per assumere un significato puramente ideologico. Chiunque arrivasse in America era ipso facto un americano, indipendentemente dal fatto che conservasse la propria lingua, vivesse immerso nel proprio gruppo razziale nazionale, coltivasse i suoi vecchi legami con la Russia, l'Europa orientale o il Levante mediterraneo, e il suo rapporto con l'America fosse puramente economico. Al contrario, gli americani che discendevano dai nativi, i rappresentanti alla storia della nuova unità emersa nella civiltà occidentale chiamata popolo americano, non erano, ipso facto, americani.

Se sostenevano un senso di esclusività erano "antiamericani". Questa trasmutazione dei valori accompagna invariabilmente la distorsione della cultura e rappresenta un'esigenza di vita extrapersonale dell'elemento che distorce la cultura. I valori della cultura ospitante sono ostili alla vita del distorsore della cultura e per quest'ultimo adottare tali valori equivarrebbe a scomparire come unità elevata. L'assimilazione degli ebrei significherebbe che non esisterebbe più un'idea di ebreo, una cultura-stato-nazione-popolo-religione-razza ebraica.

sentimenti nazionalistici in America, l'Idea ebraica combatte per la continuazione della sua esistenza contro la civiltà occidentale ostile. Bisogna rendere omaggio all'astuzia politica dei leader dell'ebraismo per essere stati capaci, nel XX secolo, di identificare la loro Idea ebraica con l'America e di etichettare il nazionalismo americano con il termine "antiamericano".

II

Per la storia interna dell'America, quattro epoche sono state di grande importanza: 1789, 1828, 1865, 1933. Il 1789 ha segnato la formazione dell'Unione delle colonie, attraverso l'adozione della Costituzione. Il 1828 vide la sconfitta definitiva del Partito Federalista, l'unica forza autoritaria dell'Unione. Il 1865 fu l'inizio della completa sottomissione del continente alla finanza, ma anche della formazione del carattere specifico del popolo americano. Nel 1865, tuttavia, fu abbattuta l'ultima barriera contro l'ossessione economica e fu aperta la strada che si sarebbe concretizzata con il trionfo completo del distruttore della cultura nel 1933. La futura storia occidentale ricorderà questa data come l'anno della Rivoluzione Americana o, più precisamente, come la prima fase della Rivoluzione Americana, perché in quell'anno la Distorsione Culturale iniziò a infiltrarsi nelle ultime sfere della vita americana, il governo, l'esercito, l'amministrazione e la magistratura.

Eppure l'epoca è passata inosservata, non solo per la grande massa degli americani - il che non sorprende - ma anche per molti dei custodi del sentimento nazionale americano.

Superficialmente, il significato più profondo degli eventi non fu immediatamente evidente. Alla popolazione, e al mondo esterno, sembrò che ci fosse stato semplicemente un cambiamento nell'amministrazione, una sostituzione di un partito di uomini d'affari con un altro. Una rivoluzione gigantesca, che in un Paese europeo avrebbe causato una guerra, fu realizzata in modo astuto e invisibile in un Paese politicamente inconsapevole.

Fin dall'inizio, il nuovo regime suscitò una notevole opposizione poiché, per necessità interne, dovette intraprendere un programma ostile e distruttivo del sentimento nazionale americano.

L'acuto istinto politico degli stranieri alla Cultura aveva dato loro una completa padronanza della tecnica delle lotte di partito americane; così procedettero a monopolizzare il partito avversario, in modo che le elezioni successive divennero una mera vetrina, e non offrivano più la possibilità di un vero cambiamento di governo, ma solo la sostituzione di un partito distruttore della Cultura con un altro.

Fin dall'inizio della Rivoluzione gli affari esteri furono adattati alla politica del Pretendente. La Russia bolscevica fu riconosciuta diplomaticamente nel 1934 e Litvinov-Finkeistein fu inviato dalla Russia per congratularsi con il fortunato regime a Washington. Questo fu il primo passo nella formazione della coalizione americano-bolscevica contro l'Europa. Il regime stava ancora consolidando la sua presa di potere e doveva agire con cautela, poiché nel 1936 c'era ancora la possibilità di una ribellione nazionale nella vecchia forma elettorale.

Adattandosi alla preoccupazione popolare per i problemi interni, il Faker concentrò le "elezioni" del 1936 sulle alternative interne. Questa sarebbe stata l'ultima elezione nella storia americana in cui ci fosse almeno una remota possibilità di una rivoluzione nazionale la vecchia tecnica di voto. Da allora le elezioni sono state organizzate in modo tale che il regime distruttore della cultura potesse perpetuarsi al potere con questi mezzi.

III

La distorsione, o distorsione culturale, in America, come altrove nella Civiltà Occidentale, poteva solo contorcere, cambiare direzione o frustrare l'anima dell'ospite. Le tendenze autopatiche americane, derivanti dall'influenza disgregatrice del razionalismo e del materialismo, sono la fonte delle possibilità utilizzate dal contraffattore culturale. La sua tecnica consisteva nello spingerle sempre più sulla via della decadenza, ma allo stesso tempo poteva sempre fare riferimento alle dottrine razionalistiche, esse stesse prodotto della crisi della Civiltà, come fondamento semi-religioso per il suo compito di disintegrazione.

Così la retorica "egualitaria" della Dichiarazione d'Indipendenza del 1775 e i pii luoghi comuni di Lincoln e di altri politici di parte sono stati usati come base per la propaganda della "tolleranza", che insegna agli americani che non devono discriminare l'ebreo in alcun modo, nemmeno nel pensiero. Questa propaganda si diffonde dai più alti uffici ufficiali fino al livello della casa familiare, della scuola e della chiesa.

Il movimento dei neri è un potente strumento di Distorsione Culturale ed è stato organizzato come tale subito dopo la presa di potere nel 1933. Allo stesso modo, ai numerosi gruppi di recente origine straniera viene artificialmente impedito di assimilarsi e diventare americani, poiché qualsiasi gruppo considerato straniero in America è utile alla Distorsione Culturale. Così, il gruppo polacco, ad esempio, è stato molto utile per l'agitazione bellica nel crollo del 1939. L'utilità di questi gruppi stranieri può essere facilmente immaginata se si tiene presente che nel 1947 solo tre quarti della popolazione americana è composta da bianchi nati in America, che solo il 55% della popolazione ha genitori nati in America, mentre più del 20% ha almeno un genitore nato all'estero, e quasi il 15% della popolazione è composta da persone nate all'estero. In America vengono pubblicati più di mille giornali e riviste, scritti in quarantotto lingue straniere.

Il risultato di tutto ciò è stato quello di mettere il nativo americano completamente sulla difensiva, di concedere una posizione privilegiata al contraffattore culturale che incarna al massimo potenziale l'idea di straniero e di disintegrare progressivamente il sentimento nazionale americano. Una distorsione culturale portata così all'estremo non sarebbe stata possibile in Europa, a causa della sua maggiore sensibilità culturale e della sua maggiore esclusività, anche in condizioni democratico-materialistiche.

È necessario osservare con precisione i prodotti spirituali della distorsione culturale in America, in tutte le sfere della vita, perché l'America che interviene in Europa non è la vera America che esisteva ancora nel 1890, ma un impero composto da uno strato dominante, con la propria Cultura, e da una grande massa di sudditi, tra cui gli americani e i gruppi quasi altrettanto numerosi che si sentono stranieri. Lo strato inferiore fornisce i soldati che invadono l'Europa, ma i cervelli che decidono appartengono ai non americani.

9. Prospettiva globale

I

La tecnica utilizzata per eliminare la resistenza americana alla distorsione culturale è stata l'uniformità. Ogni americano è stato costretto a vestirsi allo stesso modo, a vivere allo stesso modo, a comportarsi allo stesso modo, a parlare allo stesso modo e a pensare allo stesso modo. Il principio dell'uniformità considera la personalità un pericolo e un peso. Questo grande principio è stato applicato a tutte le sfere della vita. La pubblicità, praticata in un modo e su una scala sconosciuti in Europa, fa parte del metodo per eliminare l'individualismo ovunque si veda lo stesso volto, vuoto e sorridente. Il principio è stato applicato; soprattutto la donna americana, nel suo abbigliamento, nella sua cosmesi e nel suo comportamento, è stata privata di ogni personalità.

Sul tema della meccanizzazione e della standardizzazione di tutti i problemi e le situazioni della vita si è sviluppata una letteratura vasta e completa. Si vendono milioni di libri che spiegano agli americani "come fare amicizia". Altri libri dicono loro come scrivere lettere, come comportarsi in pubblico, come fare l'amore, come praticare sport, come giocare, come standardizzare la loro vita interiore, quanti figli dovrebbero avere, come vestirsi e persino come pensare. Quest'ultimo principio è stato esteso all'istruzione superiore e non c'è dubbio che ogni ragazzo e ragazza americani abbiano diritto a tale istruzione. Solo in America poteva accadere che un giornalista criticasse l'istruzione superiore in quanto creava una sorta di aristocrazia.

Recentemente in America è stato organizzato un concorso per trovare il "Signor Medio". Sono state utilizzate statistiche generali per scoprire il centro della popolazione, la distribuzione coniugale della popolazione, le dimensioni della famiglia, la distribuzione rurale e urbana, e così via. Infine, sono stati scelti marito e moglie con due figli, residenti in una città di medie dimensioni, che sono stati designati come "la famiglia media". Furono premiati con un viaggio a New York, intervistati dalla stampa, omaggiati, invitati a consigliare prodotti commerciali ed esposti allammirazione di tutti coloro che, in un modo o nell'altro, non avevano qualcosa della qualità desiderabile della media. Le loro abitudini domestiche, il loro approccio alla vita erano oggetto di indagine e poi di generalizzazione. Una volta trovato l'uomo medio, le sue idee e i suoi sentimenti venivano generalizzati come le idee e i sentimenti di un uomo medio da generalizzare.

Nelle "università" americane mariti e mogli frequentano corsi di riadattamento matrimoniale. L'individualismo non dovrebbe essere permesso nemmeno in una cosa così personale come il matrimonio. In America il contraffattore della cultura ha imposto un modo di fare tutto. Gli uomini cambiano i loro cappelli di feltro con cappelli di paglia in un certo giorno dell'anno, e in un altro giorno abbandonano i cappelli di paglia. L'uniforme civile è rigorosa - per ogni tipo di occasione - quanto il più rigido abbigliamento militare o liturgico. Qualsiasi divergenza da essa è oggetto di interrogatorio o di disprezzo. Anche le arti sono state coordinate nel piano generale. In America, con i suoi 140.000.000 di abitanti, non c'è una sola compagnia d'opera che si esibisca senza interruzioni. Lo stesso si può dire del teatro. Tutto ciò che viene proiettato nei teatri sono "riviste" e opere di propaganda giornalistica.

Per il resto non resta che il cinema, che in fondo è il mezzo più forte di standardizzazione dell'americano da parte dello strato superiore dei contraffattori della cultura.

In una terra che ha prodotto West, Stuart e Copley, oggi non c'è un solo pittore di fama pubblica che si attenga alla tradizione occidentale. Le astrazioni, le follie pittoriche e la preoccupazione per il brutto monopolizzano l'arte pittorica.

In America la musica si sente raramente. È stata sostituita dal tambureggiamento incolto dei negri. Come dice un "musicologo" americano, "il ritmo del jazz, preso in prestito dalle tribù selvagge, è allo stesso tempo raffinato ed elementare e corrisponde alla disposizione della nostra anima moderna. Ci incita senza sosta come il primitivo tambureggiare del mago danzatore. Ma non si ferma qui. Deve, allo stesso tempo, tenere conto dell'eccitabilità della psiche moderna: desideriamo un'eccitazione rapida, un cambiamento costante, degli stimoli. La musica ha un eccellente mezzo di eccitazione, che è la sincope".

La letteratura americana, che ha prodotto Irving, Emerson, Hawthorne, Melville, Thoreau e Poe, è oggi interamente rappresentata da falsificatori culturali che utilizzano argomenti freudiani e marxisti nei loro romanzi e opere teatrali.

La vita familiare americana è stata completamente disintegrata dal regime della Cultura Contraffatta. Nella normale casa americana, i genitori hanno certamente meno autorità dei figli. Le scuole non disciplinano, né le chiese. La funzione di formare le menti dei giovani è stata completamente abbandonata a favore del cinema.

In America il matrimonio è stato sostituito dal divorzio. Non è un paradosso. Nelle grandi città, le statistiche mostrano che ogni due matrimoni, uno finisce con un divorzio. Considerando il Paese nel suo complesso, il rapporto è di un divorzio ogni tre matrimoni. Questa situazione non può più essere definita matrimonio, perché l'essenza del matrimonio è la sua permanenza. Il commercio del divorzio è un grande affare, che fa guadagnare avvocati, investigatori privati e altri ciarlatani, mentre gli standard spirituali della nazione ne risentono, come dimostra l'atteggiamento emotivamente indifferente dei bambini americani.

L'erotismo occidentale, basato sulla cavalleria dei tempi gotici, con il concomitante imperativo dell'onore di secoli di storia occidentale, è stato minato. L'ideale di Wedekind, il fomentatore di cultura che predicava la vita bohémien obbligatoria in Europa all'inizio del XX secolo, è stato messo in pratica dal regime del fomentatore di cultura in America. È emerso un puritanesimo al contrario. In questo nuovo sentimento, il puritanesimo è considerato solo nel suo aspetto sessuale per essere deriso nel cinema e nella letteratura. La tesi di Baudelaire "Solo nel male c'è felicità" è stata adottata dal Falsificatore e il suo risultato è stato la progressiva disintegrazione della moralità americana in tutti gli ambiti. In questo sforzo, la musica jazz è un utile aiuto, perché nel suo primitivo tam-tam non è che l'espressione della lussuria nel mondo dei suoni, un mondo che è in grado di esprimere tutte le emozioni umane, sia le più alte che le più basse.

Un aspetto di questa perversione generale è la mania della giovinezza fisica, che si è diffusa in tutta l'America. Sia gli uomini che le donne, ma soprattutto le donne, sono intimamente ossessionati dall'idea di rimanere fisicamente giovani. La pubblicità gioca su queste paure e le commercializza. La "ragazza", una ragazza, ma non è vero il contrario. Si è sviluppato un culto della "ragazza" che, insieme al cinema, alle riviste, al jazz, al divorzio, alla disgregazione della famiglia e all'uniformità, ha il grande scopo di distruggere i sentimenti nazionali degli americani.

Accanto all'uniformità, c'è la tecnica dell'eccitazione. La stampa suscita ogni giorno nuove sensazioni. In vista del piano generale, non importa se tale sensazione è un omicidio, un rapimento, uno scandalo governativo o una voce di guerra. Ma per scopi particolari e politici, queste ultime sensazioni sono le più efficaci e, durante gli anni di preparazione alla Seconda Guerra Mondiale, il Falsificatore somministrava ogni giorno una nuova "crisi". Il processo andò avanti fino a quando la popolazione fu pronta ad accogliere l'arrivo della guerra come un sollievo dalla crescente tensione nervosa. Quando la guerra arrivò, il Faker la chiamò immediatamente "guerra mondiale", nonostante il fatto che solo tre potenze fossero impegnate e le potenze più forti non fossero ancora coinvolte nella guerra. L'intento, ovviamente, era quello di cancellare dalla mente degli americani la possibilità di una localizzazione della guerra e di prepararli all'intervento americano.

La tensione che si cela dietro l'eccitazione, il piacere e il continuo movimento ha creato una vasta vita notturna, un mondo sotterraneo di criminalità che ottunde l'immaginazione degli europei e una corsa da una cosa all'altra che esclude la possibilità di riflessione e di cultura individuale. Quasi l'1% dell'intera popolazione vive di crimini professionali. Agli americani è stata tolta l'arte della lettura, perché si tratta di "fare qualcosa". In queste condizioni, la cultura individuale è generalmente soffocata e gli ideali di massa prevalenti impongono limitazioni alla forma di tale cultura personale, quando comunque può essere raggiunta.

Tutta la storia, tutto il pensiero, tutti gli eventi, tutti gli esempi sono utilizzati per dimostrare la bontà dell'ideale di vita di massa e dell'ideologia americana.

II

Nell'atmosfera razionalistica e materialistica dell'America del XIX secolo, esisteva solo un debolissimo legame di unione con le sublimi tradizioni gotiche occidentali del significato spiritualizzato della Vita, ma sotto il regime distorsivo della Cultura instaurato dal 1933, l'America ha perso ogni sostanza. Su tutti i piani, la realtà ultima del mondo e della vita è materialista. Lo scopo della vita è la felicità. E così deve essere, se la vita è solo un processo fisico-chimico, e sono apparsi persino articoli di giornale che sostengono che la scoperta di una "formula" vitale da parte degli scienziati è imminente.

L'aspetto contrattuale della vecchia religione puritana, che considerava l'uomo e Dio come se avessero conti privati tra loro, è stato portato alle sue ultime conseguenze, e tutta la vita non è altro che un dovere legale nei confronti della proposta mondiale chiamata America, che è stata resa all'altezza della missione di falsificare tutta la Civiltà occidentale, attraverso il processo di "educazione" dell'Europa. L'eroismo nel senso occidentale del termine è sconosciuto, e l'eroe ammirato dal popolo è il grande capitalista che ha trasformato gran parte della ricchezza pubblica in risorse proprie, o, semmai, un sorridente attore cinematografico. In America non si capiscono cose come un grande movimento spirituale o una rivolta nazionale: in primo luogo, perché non hanno visto nulla di simile nella loro storia e, in secondo luogo, perché il Contraffattore ha reso queste cose ridicole. All'americano è stato insegnato che la vita è un processo che consiste nel coltivare relazioni amichevoli con tutti, nell'aderire al maggior numero possibile di club e società segrete e nel confinare tutti i suoi pensieri e sforzi al piano personale.

Il "lieto fine" è l'ideale della vita e della letteratura. Non si pensa nemmeno a sopportare i colpi più duri del destino. Si crede che si possano evitare non pensandoci. L'uomo fortunato, e non quello che ha sofferto in silenzio ed è diventato forte, è il protagonista della letteratura del "lieto fine".

L'opposizione tra l'idea occidentale della realizzazione del Destino e quella del Contraffattore della Cultura, il sostituto disintegrante chiamato "happy end", è, infatti, l'idea centrale della Prospettiva Mondiale che egli vuole imporre alla prostrata nazione americana e alla sua parente, la Civiltà Occidentale. L'incompatibilità tra queste due idee si estende dal livello personale all'economia nazionale, alla società, allo Stato, alla religione e all'etica.

Nel grande sentimento di vita occidentale c'è la necessità di essere se stessi, di preservare l'io interiore che non può essere compromesso o contrattato, che è sinonimo di Anima, Destino, Onore, Razza. L'idea di "happy end" del Faker è opportunistica, debole, degenerata e nauseante per il senso dell'onore occidentale. L'espressione vuota e sorridente, la mente uniformata, l'ossessione insensata per il rumore, il movimento e le sensazioni, l'ossessione per il guadagno e la spesa, il rifiuto di tutti gli standard spirituali di condotta: tutto ciò riflette semplicemente l'interpretazione di base della vita come ricerca del fine felice. Per amore della felicità si compromette tutto, si dà tutto, si vende tutto. La felicità diventa sinonimo di ricerca di motivazioni economiche e sessuali. Esclude completamente qualsiasi lotta non redditizia contro forze superiori, semplicemente per essere se stessi. La comprensione e il rispetto per la tragedia della vita, la magia della vita, il potere dell'idea, sono stati esclusi dal sentimento del lieto fine.

Un'idea del genere è assolutamente impossibile per gli europei del XX secolo, anche se non hanno vissuto l'orribile catastrofe della Seconda guerra mondiale, in cui l'Europa ha ceduto alla doppia invasione dei barbari e dei falsari. Nessun grande artista, nessun religioso, nessun pensatore profondo si è mai illuso che la vita abbia il significato di un "lieto fine". In tempi tristi e difficili, l'uomo dell'Occidente affronta i colpi che il destino gli riserva, invece di limitarsi a subirli. Non parla di felicità o infelicità e non cerca di evitare i fatti nascondendo la testa sotto la sabbia. Nascondere la testa sotto la sabbia o guardare altrove non è una soluzione, ma un rinvio e forse la creazione di un problema ancora più grande. Il "lieto fine" ha un significato puramente negativo. È una negazione della Vita, un evitamento della Vita. È quindi una trappola e una menzogna.

Il caos razziale in America, che, deliberatamente perpetuato dal Faker, mette la nazione americana ancora più saldamente nelle sue mani, è possibile solo grazie al programma di denazionalizzazione preparato per il consumo degli americani. Questo programma inizia con la propaganda nelle scuole che insegna che l'America non è stata colonizzata, ripulita, conquistata o costruita dagli americani, ma da un grande conglomerato di stranieri. Si insegna che il contributo dell'ebreo e del negro sono le influenze formative decisive del "sogno americano". Nello Stato di New York, il

Mercante di Venezia di Shakespeare non può essere insegnato o citato nelle scuole. La promozione del grossolano "happy end" antinazionale, con la sua ossessione economica e sessuale e il suo atomismo sociale, è il prerequisito per la continuazione dell'intero programma di degenerazione.

Le razze e le nazioni si esprimono al loro massimo potenziale in individui forti, che incarnano le principali caratteristiche nazionali e acquisiscono un immenso significato storico-simbolico. Di conseguenza, gli sforzi del Falsario della Cultura per strangolare il nazionalismo americano non assumono la forma di un'offensiva contro l'individualismo, ma contro l'unico tipo di individualismo storicamente efficace: l'individualismo che concentra in sé un'Idea superiore e si dedica al suo servizio.

Il valore più alto consiste quindi nell'"andare d'accordo con le persone". Le caratteristiche robuste dell'indipendenza o della forza devono essere messe da parte e l'ideale stesso della mediocrità deve essere esaltato. La spiritualità universale, lo stesso cibo spirituale per tutte le classi, sostituisce la stratificazione organica della società. Questo cibo, ovviamente, ha solo una misura quantitativa del valore. Come il miglior prodotto è quello più pubblicizzato, così il miglior libro è quello che ha venduto di più. Il miglior giornale o rivista è quello con la maggiore tiratura. Questa equazione tra quantità e qualità è l'espressione completa della massa, la negazione dell'individualità.

Un corollario naturale della malattia della felicità è il pacifismo. Parliamo solo di pacifismo intellettuale, perché il distruttore culturale sa come usare l'istinto combattivo dei nativi americani. Il pacifismo intellettuale è propaganda di guerra. Il nemico è identificato con l'idea stessa di guerra e combattere contro di lui significa combattere contro la guerra.

Naturalmente, l'hollywoodiano non è in grado di trascinare un popolo all'eroismo, all'energia, al sacrificio, alla rinuncia. Di conseguenza, gli eserciti americani in campagna durante la Seconda Guerra Mondiale dovevano essere riforniti con un flusso infinito di libri illustrati, cioccolatini, birre, bevande di ogni tipo, dischi, jukebox, cinema e giocattoli di ogni tipo.

I fondamenti non possono essere evitati, e così accadde che, nonostante otto anni di preparazione attraverso il più intenso bombardamento emotivo che il mondo abbia mai visto attraverso il cinema, la stampa, il teatro e la radio, nessun entusiasmo bellico era stato suscitato nel popolo americano, mentre, al contrario, c'era un sentimento negativo tra le truppe destinate a combattere contro l'Europa nella Seconda Guerra Mondiale. Dei 16.000.000 di uomini arruolati nelle Forze Armate dall'inizio alla fine del breve coinvolgimento militare dell'America nella Seconda Guerra Mondiale, il numero di volontari era inferiore a 600.000. Quasi il doppio di questo numero di volontari si arruolò in un anno in una sola nazione europea nella Prima Guerra Mondiale. Va inoltre notato che gran parte dei volontari americani avevano ricevuto la notifica dell'imminente mobilitazione e si erano offerti volontari solo per coprire le apparizioni.

L'idea occidentale della realizzazione del Destino, con il suo imperativo interno di onore e fedeltà alle convinzioni, fa sì che il volgare sia l'opposto del degno. Nessuna idea superiore è "per tutti". Tutta la creatività proviene da pochi. Gli atti di alto contenuto etico non possono essere compiuti da tutti, e chi ne è capace non ha motivo di vergognarsi, di rinunciare ai valori spirituali e di adottare il volto sorridente, il vuoto interiore e l'ideale di "andare d'accordo" con la gente, a costo della propria anima.

Anche la distruzione e la distorsione, nella scala in cui è stata portata avanti in America, è opera di minoranze. Le masse americane e straniere sono solo l'oggetto della distorsione. L'unità organica che considera la disintegrazione dell'America come parte della propria missione vitale rappresenta, alla sua base più ampia, solo il dieci per cento della popolazione dell'Unione americana. E all'interno di questo dieci per cento, solo un numero relativamente piccolo di cervelli e uno strato di leader fidati che portano avanti la politica della cultura ebraica-Stato-nazione-religione-persona-razza. Per questi leader, la grande massa del loro popolo non è altro che carne da macello nella guerra non militare contro la civiltà occidentale in tutto il mondo. Non è necessario considerare questi cervelli come animati da motivi maligni e diabolici. Per loro la civiltà occidentale è il deposito del male e dell'odio collettivo del mondo, la fonte di mille anni di persecuzioni, una mostruosità crudele e irrazionale, una forza sinistra che lavora contro l'idea messianica ebraica.

10. L'uomo nero in America

Le condizioni democratico-materialistiche sorgono durante la crisi organicamente necessaria della Civiltà e sono quindi autopatiche. La distorsione culturale deriva dall'interferenza nella vita dell'ospite di un parassita culturale, che tuttavia vive nel corpo di quella Cultura. Entrambe le Culture in competizione aumentano l'intensità l'una dell'altra, e l'America è l'esempio più chiaro degli effetti multipli che tali malattie culturali possono esercitare su un popolo che non ha potuto resistere adeguatamente in primo luogo.

La popolazione dell'America, attualmente, è composta solo da una maggioranza esigua e scarna che è indiscutibilmente americana, in senso stretto, spirituale, nazionale. Il resto, quasi la metà, è costituito da neri, ebrei, europei sudorientali non assimilati, messicani, cinesi, giapponesi, siamesi, siro-libanesi, slavi e indiani. I gruppi slavi sono assimilabili dalla razza americana, ma il processo di assimilazione è stato deliberatamente ostacolato dall'intervento del distruttore della cultura. Gli ideali massificanti di rumore, eccitazione, uniformità mentale e fretta costante che gli americani condividono con questi gruppi stranieri non assimilati non rappresentano un'assimilazione di alcun tipo, perché questi tratti sono antinazionali, demoralizzanti, distruttivi dell'individualità, dello Stato, del popolo, della razza.

Il problema dei negri è una delle tante dislocazioni razziali che devono essere risolte con urgenza in America. Quando, in seguito alla Guerra Civile, i neri sono stati privati della loro sicurezza e consegnati alla schiavitù finanziaria in una civiltà industriale di cui non potevano sopportare i problemi, erano un popolo rassegnato e primitivo. Non avevano alcun dinamismo, alcuna missione distruttiva. Il loro numero era, all'epoca, di circa quattro milioni e mezzo, e quasi tutti si trovavano negli Stati del Sud, dove la vita sociale era adattata alla loro presenza e teneva separate le razze bianca e nera su tutti i fronti. Da nessuna delle due parti c'era il desiderio di alterare questa naturale formulazione dei rapporti.

Tuttavia, per un capitalista finanziario, un negro rappresenta semplicemente "manodopera a basso costo" o la prospettiva di un piccolo prestito. Il padrone del denaro non sa nulla di nazione, popolo, razza, cultura. È un "realista", il che significa, a livello intellettuale primitivo, che considera tutto ciò che è come la somma totale della realtà. Ma in realtà, naturalmente, egli rappresenta una fase già passata, un'idea già realizzata. La vera Realtà è il Futuro in azione, perché tale è l'impulso degli eventi. Così nessun pensatore del Denaro sarebbe in grado di pensare due o tre generazioni future, perché vede il futuro come stabile, anche se agisce per creare instabilità nelle condizioni immediate.

Dopo la Guerra Civile, un numero sempre maggiore di neri si trasferì negli Stati del Nord. Questo movimento migratorio fu fortemente incoraggiato dalle due guerre mondiali, quando milioni di neri si trasferirono al Nord per sostituire i lavoratori bianchi delle zone industriali che erano stati mobilitati. Per rafforzare questo processo di proletarizzazione, le imprese del Nord trasferirono addirittura le loro fabbriche al Sud per impiegare manodopera nera e aumentare così i loro profitti.

La conversione del negro in schiavo salariato lo ha completamente demoralizzato, rendendolo un proletario scontento e creando in lui una profonda amarezza razziale. L'anima del negro rimane primitiva e infantile, rispetto a quella nervosa e complicata dell'uomo occidentale, abituato a pensare in termini di denaro e civiltà. Il risultato è che il negro è diventato un peso per la società bianca.

Il matrimonio è quasi sconosciuto tra i neri e le donne conducono famiglie numerose. Nelle grandi città, la popolazione nera ha un tasso di criminalità dieci volte superiore a quello che dovrebbe essere in base al loro numero. [90]Le malattie sociali sono generali tra questa razza, e sia negli ospedali che nei penitenziari il numero di neri è grossolanamente sproporzionato. La violenza primitiva è naturale per i negri e il senso del disonore sociale è assente quando si tratta di crimini. I quartieri neri delle città del nord sono pericolosi per la vita dei bianchi.

Il bolscevismo e la distorsione culturale non hanno dimenticato le potenzialità del negro ai fini della disintegrazione interna e della guerra di razza. I procedimenti giudiziari contro i neri per reati negli Stati del Sud sono oggetto di un'intensa e accesa propaganda comunista, secondo le vecchie linee di "uguaglianza" e "tolleranza". Il Partito Comunista fornisce assistenza legale ai neri accusati di reati comuni.

Come tutte le razze primitive, la razza nera è feconda e possiede forti istinti. Oggi la sua popolazione, compresi i mulatti, è di circa 14.000.000 di persone.[91] Questo dieci per cento della popolazione totale dell'America è un ausiliario del programma del Contraffattore della Cultura. Politicamente, questa massa è organizzata come un'unità e ha sostenuto il regime di Roosevelt dal momento in cui ha preso il potere nel 1933. I negri sono stati al centro gran parte dell'attività

---

[90] Dal contesto del testo originale sembra che l'autore si riferisca alle malattie veneree.

[91] Oggi, nel 1976, la popolazione nera, compresi i mulatti, è di quasi sedici milioni di persone, pari a circa l'undici per cento del totale del censimento americano (N. del T.).

rivoluzionaria del regime di distorsione della cultura. Di tanto in tanto, il Contraffattore mette in scena pubblicamente una questione razziale, in cui il bianco del Sud gioca il ruolo del nemico pubblico e il negro è l'eroe della "democrazia". Il risultato di questa messa in scena è un'escalation della guerra razziale nelle città del Nord e del Sud.

Il negro ha sofferto più di chiunque altro, essendo stato gettato nella schiavitù dello sfruttamento finanziario e poi arruolato nel programma di guerra razziale del Contraffattore. Un tempo schiavo del cotone felice, profondamente e primitivamente religioso, completamente protetto e isolato dal dinamismo dell'industrialismo occidentale, ora è diventato un combattente scontento e malsano nella guerra di classe e di razza. La sua vita è diventata un pellegrinaggio attraverso fabbriche, ospedali, uffici pubblici di beneficenza, ed è stato dotato dal Faker di un programma di rivendicazioni, di una propria ideologia all'interno del quadro bolscevico e di una leadership dinamica. Uno scrittore nero ha recentemente affermato: "La vostra terra? Come è diventata vostra? Eravamo qui prima che sbarcassero i pellegrini. Qui abbiamo portato i nostri tre doni e li abbiamo mescolati ai vostri: il dono della poesia e del canto, delle melodie e delle vivaci melodie per una terra disarmonizzata e immelodiosa; il dono del sudore e della forza muscolare per superare la rozzezza e conquistare la terra di questo ampio e ricco Paese, duecento anni prima che le vostre deboli mani bianche potessero farlo; il terzo dono, il dono dell'anima. Questi doni non valgono nulla, non è vero, questo lavoro e questa fatica, l'America sarebbe potuta diventare l'America senza il popolo negro?". Questo non è solo il pensiero di un mulatto, perché queste idee sono state inculcate nella testa di milioni di neri urbani, per non parlare dei bianchi dagli istinti deboli, l'elemento liberale che è impegnato e favorisce la guerra razziale.

Il negro ha una volontà abbastanza forte da esigere la realizzazione delle sue richieste e oggi ci sono negri a tutti i livelli della vita pubblica: funzionari, giudici, amministratori, leader sindacali, avvocati, medici, insegnanti. Il problema dei negri ha due aspetti per l'America, quello immediato e quello a lungo termine. Nell'immediato il movimento negro è completamente al servizio della Distorsione Culturale, che controlla tutte le fasi del bolscevismo interno in America. Una crisi interna, in cui molti problemi della vita pubblica americana saranno posti simultaneamente, mostruosi nella loro portata e nelle loro richieste, al popolo americano nel prossimo futuro. Quando, nessuno può dirlo, ma è inevitabile, perché l'America non sarà un'eccezione nei cinque millenni di storia delle Grandi Culture e delle loro colonie. La posizione del negro nell'esistenza organica del popolo americano è molto chiara.

L'aspetto a lungo termine del problema è dimostrato dal calo del tasso medio di natalità della popolazione nativa americana e dall'aumento del tasso medio di natalità dei negri. Il vecchio elemento bianco sta diminuendo anche in numero assoluto, e questo processo è in corso da due decenni. Il rapporto più immediato è quello politico-spirituale, il problema più remoto è quello etnico-spirituale.

11. Arretratezza culturale in America

I

In sostanza, come abbiamo visto, il ritardo culturale è una mera negazione del futuro. Ma il destino non si inganna; si ingannano solo le menti che cercano di mantenere o ripristinare situazioni o ideologie morte. Solo sulla superficie della storia i ritardatari culturali possono ottenere una vittoria, e anche in questo caso solo grazie alla loro preponderanza puramente materiale. E quando ottengono questa vittoria, superficiale e temporanea, rappresenta semplicemente la sconfitta della qualità sulla quantità.

L'America, essendo una colonia e avendo quindi una minore resistenza organica alle malattie culturali, ha ceduto più profondamente alle influenze ritardanti rispetto alla madrepatria cultura occidentale. In America, queste forze ritardanti sono guidate e ispirate dalla più grave delle malattie culturali, la distorsione culturale o la contraffazione culturale, e sono aiutate con grande forza a evitare l'effetto negativo che deriverebbe dalla franca apparizione del contraffattore straniero.

L'immagine popolare del mondo che è stata dichiarata obbligatoria per gli americani in uniforme consiste semplicemente nella vecchia immagine materialista che l'Europa aveva già superato al tempo della prima guerra mondiale. Così, nelle università americane il darwinismo e il meccanicismo sono insegnati come l'ultima parola in biologia.

In sociologia, Mill e Spencer sono i personaggi alla moda. Si crede ancora nello schema antico-medievale-moderno e Buckle e Gibbon rappresentano la perfezione del metodo storico. Carlyle, Lamprecht Breysig, Meray, Eduard Meyer, Spengler, sono completamente sconosciuti. In psicologia ha trionfato l'idea della massa, per cui il genio viene equiparato all'intelligenza superiore e quest'ultima all'educazione di una "buona scuola". Come sempre non c'è differenza qualitativa tra le persone. La massima commerciale è "Il cervello si può comprare". Per il resto il freudianesimo è il vangelo. In America è perfettamente possibile che il titolare di un titolo accademico sia totalmente ignaro della storia della cultura occidentale, del significato di Carlyle, Nietzsche, Spengler o della ribellione della civiltà occidentale contro la democrazia e il materialismo. Il suo concetto degli eventi degli ultimi settantacinque anni in Europa è delineato in pochi cliché giornalistici. L'ampiezza e la profondità della concezione del mondo del XX secolo gli sono completamente sconosciute e lo portano a negare l'esistenza di tetti e possibilità incommensurabili sulla base di un materialismo da laboratorio.

L'arretratezza culturale come realtà grottesca è illustrata dal fatto che oggi l'America è indietro di 30-50 anni rispetto alla sua parente, la civiltà occidentale, nel mondo del pensiero. Nessuna università americana ha mai sentito parlare di geopolitica o di qualcosa di simile. Le teorie di Mahan sulla potenza navale sono l'ultima parola in fatto di grande strategia e l'esempio delle due guerre mondiali, che gli americani sono stati educati a considerare come "vittorie", rafforzano ulteriormente questa idea di potenza navale, nonostante il fatto che eventi di portata mondiale abbiano modificato radicalmente il rapporto tra potenza continentale e navale. Questo fondamentale errore americano darà i suoi frutti nella Terza Guerra Mondiale. Nella teoria economica la situazione è simile. Adam Smith è fondamentale. Astrazioni come "l'economia mondiale" sono considerate realtà concrete. List è sconosciuto, ma Marx è considerato un economista. Sombart è stato messo da parte dopo la rivoluzione americana del 1933. Il problema monetario viene affrontato sulla base della teoria del gold standard. L'abbandono europeo della teoria dell'economia basata sull'oro fu considerato un errore fatale. Le teorie economiche classiche della Scuola di Manchester sono al centro delle convinzioni piuttosto che una curiosità storica. Qualsiasi violazione di esse è considerata un male o, per lo meno, una deplorevole necessità temporanea. Queste dottrine del XIX secolo sono sempre descritte come le leggi dell'economia.

Questa mentalità ritardata ha naturalmente portato a gravi effetti nella sfera dell'azione, cioè in politica e in economia.

Essendo diventata una potenza mondiale in una parte del mondo in cui non aveva opposizione, l'America non è riuscita a sviluppare uno Stato, né una vera coscienza politica. Di conseguenza, e come eccezione tra tutte le altre potenze occidentali, l'economia ha sempre goduto di un'indiscussa preminenza sulla politica. La politica interna nel suo vero senso non esisteva in America: le lotte tra i partiti erano considerate da tutti come una mera competizione commerciale tra i due trust di partito. Di veri eventi politici in America - la disgiunzione di gruppi opposti come amici e nemici - ce ne sono stati solo tre: la Guerra d'Indipendenza, 1775-83; l'ostilità Nord-Sud culminata nella Guerra Civile, 1861-65; e la Rivoluzione del 1933, quando la Distorsione Culturale raggiunse il completo controllo del destino dell'America.

Questa preoccupazione esclusiva, a tutti i livelli della popolazione, per l'economia, è stata la causa della totale ascesa del Padrone del Denaro sulla vita americana, del mancato sviluppo di una vera coscienza nazionale e dell'ascesa al potere della Distorsione Culturale.

L'ampio cielo delle fluttuazioni finanziarie, con "prosperità" e "crisi" alternative, ha rovinato milioni di persone, e fino a tempi recenti questi individui diseredati potevano ancora rivendicare e ottenere nuove terre in Occidente, e ricominciare la loro vita economica. La guerra politica di classe non è mai stata importante in America fino a tempi recenti. Il prevalente sentimento puritano-calvinista della predestinazione economica militava contro una guerra di classe fondamentalmente politica, poiché ogni lavoratore pensava che un giorno sarebbe diventato ricco.

Con la scomparsa della "frontiera", tuttavia, le masse di lavoratori industriali divennero materiale da organizzare per i leader sindacali professionisti. Dalle sue deboli origini, il movimento operaio in America si trasformò in una potente organizzazione politica, in grado di decidere l'elezione dei politici nelle aree industriali. Questa situazione fu raggiunta già negli anni Ottanta del XIX secolo. Questo movimento operaio comprendeva anarchici, comunisti, marxisti, nichilisti e leader liberal-capitalisti. Gli elementi politici non hanno mai dominato questo movimento, nemmeno dopo la Rivoluzione del 1933, perché la classe operaia americana pensa e sente in modo economico e capitalistico, ma non in modo politico e socialistico. Il socialismo in America significa, ancora oggi, ciò che significava in Europa nel XIX secolo, cioè il capitalismo delle classi inferiori. Del vero socialismo non si sa e non si capisce nulla in America, perché il socialismo non è essenzialmente un principio di organizzazione economica, ma un'idea etico-politica, lo spirito di un'epoca politica, e la politica non è ancora compresa in America.

II

In generale, l'economia americana si trova ancora nelle condizioni capitalistiche che l'Europa ha iniziato a superare cinquant'anni fa e che si sono concluse definitivamente per l'Europa in occasione della rivoluzione europea del 1933.

In America, ad esempio, l'agricoltura si basa sul principio di cassa. Non esiste una politica che la isoli dall'economia urbana o che protegga gli agricoltori dallo sfruttamento finanziario. Così, durante la parte del ciclo in cui i capitalisti finanziari contraggono il volume di denaro, gli agricoltori sono portati alla rovina e le loro aziende vengono chiuse.

Non c'è quasi nessun "contadino" nel senso europeo del termine. Il contadino ha un rapporto spirituale con la terra, mentre l'agricoltore americano ha solo un rapporto finanziario con essa, e la abbandonerà non appena si presenterà un'opportunità economica migliore. Questo atteggiamento puramente economico ha portato a un rude sfruttamento del suolo, con un forte calo della sua produttività e un'ancor più forte diminuzione del valore nutritivo dei suoi prodotti. L'agricoltura è considerata solo su base estensiva e la mancanza di cura del suolo ha portato a devastanti perdite per erosione.

Lo sfruttamento dei giacimenti minerari avviene anche su base puramente finanziaria, e una miniera di carbone o un pozzo di petrolio possono essere abbandonati con l'80% del minerale da estrarre. L'apertura di un pozzo o di una galleria mineraria implica la mobilitazione industriale di un'intera area, poiché la proprietà della superficie implica la proprietà del sottosuolo. Secondo la legge americana. Il risultato di tutto questo può essere descritto come uno spreco dei tesori del suolo, che contrasta con l'atteggiamento del XX secolo nei confronti del suolo e dei suoi minerali.

La produzione industriale è semplicemente un campo di battaglia per i profitti e il controllo tra leader industriali e leader sindacali. Il danno sociale e lo spreco economico degli scioperi sono considerati nominali in America, quando l'idea del XX secolo non concepisce alcuna lotta interna in un'unità politica. Dietro la lotta tra i dirigenti che paga e i lavoratori che affitta, il capitalista finanziario domina la scena economica. L'esito dello sciopero non può danneggiarlo, poiché controlla le forze motivanti dell'economia finanziaria.

Questo ci porta alla questione del denaro in America. Dalla guerra civile del 1865, l'intero Paese, dal punto di vista finanziario, è stato un impero di sudditi ignoranti e i proprietari delle grandi banche di New York sono stati i monarchi economici. La codificazione di questa situazione avvenne nel 1913, quando fu creato il Federal Reserve System con un atto di legge. La legge prevedeva un sistema di dodici banche centrali, da cui il governo centrale sarebbe dipeso finanziariamente. Queste banche sono di proprietà privata ed emettono denaro a fronte di titoli di Stato, che vengono venduti attraverso le banche stesse. Così, lo sforzo bellico americano nella Seconda Guerra Mondiale ha prodotto un profitto di 7.500.000.000.000 di dollari per i proprietari del sistema. Tutto il denaro esistente in America è emesso privatamente da queste banche centrali. Questo denaro è chiamato "garantito da titoli di Stato". Tali obbligazioni, tuttavia, sono pagabili solo in tale denaro. L'intero sistema, ovviamente, ha il solo scopo di mascherare il controllo privato della vita economica del Paese. Il volume di denaro può essere aumentato o diminuito a piacimento dei capitalisti finanziari e, in un Paese senza Stato, questo è uno strumento di dominio.

Per l'anima della civiltà occidentale del XX secolo, il fatto che il potere pubblico risieda in mani private è inconcepibile. Così come il dominio della vita economica di uno Stato nazionale da parte del pensiero-denaro. Tre volte abominevole per il XX secolo è la concessione di qualsiasi tipo di potere nella mentalità del banchiere, che considera gli esseri umani come un "costo di produzione", che considera la politica come un campo riservato alla truffa privata e che usa l'eroismo dei soldati come un utile sotterfugio per conquistare nuovi domini finanziari oltreoceano.

Il capitalismo finanziario appartiene a un'epoca passata, l'età del denaro. Anche in America è passato in secondo piano, diventando una mera tecnica per il dominio assoluto del Contraffattore della Cultura. Più importante come tecnica è il controllo delle menti degli uomini, e la comprensione dell'America e delle sue potenzialità per l'Europa richiede una conoscenza esatta dei suoi sistemi di propaganda.

12. Propaganda

I

Se si credesse davvero all'ideologia settecentesca dell'uguaglianza, non ci sarebbe propaganda, perché ogni uomo penserebbe in modo del tutto indipendente e si offenderebbe di fronte a qualsiasi tentativo di influenzare la sua mente. Ma questa ideologia è attualizzata proprio dall'esempio dell'America, il paese in cui è stata adottata con fervore religioso, pur non corrispondendo ad alcun tipo di realtà. L'uguaglianza spirituale può essere stata più o meno di moda nei salotti degli aristocratici e dei razionalisti spirituali di Francia, Germania, Inghilterra o America nel XVIII secolo, ma a metà del XIX secolo, quando le masse si sono mobilitate, non c'era più alcuna possibilità di uguaglianza, perché le masse esigevano il comando in ragione della loro stessa esistenza. Quanto più radicale diventava la situazione delle masse, tanto maggiore era il sentimento della necessità di una forte leadership, come diceva Nietzsche: "Quando l'insicurezza è troppo grande, gli uomini si inginocchiano davanti a una forte volontà di potenza".

Le tecniche di leadership sono due ed entrambe indispensabili: la disciplina e la persuasione. La prima si basa su fiducia, fede, lealtà, senso dovere, buon istinto. La seconda si rivolge all'aspetto intellettuale e si adatta alle caratteristiche della persona o della popolazione in questione. Entrambe le tecniche utilizzano sanzioni, siano esse penali, morali, economiche o sociali. In un periodo in cui la riorganizzazione e l'addestramento di grandi masse è il problema principale dell'azione, la persuasione, o propaganda, è necessaria in parallelo, perché solo un'élite è capace della più alta disciplina, e le masse devono essere costantemente convinte.

Così, in America, il Paese in cui il pensiero di massa, gli ideali di massa e la vita massificata dominano la vita collettiva, la propaganda è la principale forma di diffusione delle informazioni. In America non esistono pubblicazioni dedicate esclusivamente all'intelletto, un regime distorsivo della Cultura si basa sulla sua indivisibilità e il pensiero indipendente di forti individualità è, ipso facto, ostile a tale regime. Non esistono nemmeno pubblicazioni che riportano solo fatti. Tutti i tipi di fatti e punti di vista sono coordinati, nella loro presentazione al pubblico, nel circuito dell'immagine propagandistica richiesta.

La tecnica della propaganda americana comprende tutti i tipi di comunicazione. Il principale è il cinema. Ogni settimana 80.000.000 di persone si recano al cinema in America per ingerire il messaggio propagandistico.[92] Durante il periodo di preparazione alla guerra, dal 1933 al 1939, il cinema produsse una serie infinita di film odiosi, diretti contro la Rivoluzione europea del 1933, le sue prospettive del XX secolo e le sue conquiste.

Il secondo più efficace è la radio. Ogni americano ha uno o più apparecchi radiofonici in casa, attraverso i quali gli viene somministrato in continuazione il quadro generale degli eventi. Ha già letto lo stesso punto di vista obbligatorio sulla stampa, lo ha visto al cinema e ora lo sente. La stampa, sia quotidiana che periodica, è al terzo posto per efficacia. Va detto che in America l'efficacia si misura solo in base al numero di individui raggiunti, poiché l'ideale del pensiero di massa ha trionfato sull'individualità, sulla qualità e sulla stratificazione intellettuale della popolazione.

In quarto luogo, la pubblicazione dei libri. Vengono pubblicati solo i libri che rientrano nel quadro propagandistico. Così, un'edizione per bambini de Le mille e una notte è stata recentemente ritirata in America perché si riteneva che il suo contenuto potesse creare pregiudizi contro gli ebrei nei lettori. Il contenuto si riduceva a un'illustrazione che mostrava un mercante senza scrupoli con le fattezze di un ebreo, nella storia di Aladino e della sua lampada. Nel corso degli anni 1933-1939, la politica del Falsificatore non poté essere contrastata in nessun giornale, libro o rivista di ampia diffusione.

Poi ci sono le università e i college. L'idea di massa, applicata all'istruzione, significa che l'"istruzione superiore" è così diffusa da rendere impossibile raggiungere gli elevati standard dell'istruzione superiore in Europa. L'America, con una popolazione inferiore alla metà di quella europea, ha un numero di istituti che rilasciano titoli di studio dieci volte superiore. In realtà, ciò che viene insegnato in queste istituzioni è una versione leggermente più esoterica dell'immagine ideologica e propagandistica imposta dal regime dei contraffattori culturali.

---

[92] Oggi l'autore collocherebbe senza dubbio la televisione al primo posto tra i mezzi di propaganda. Nella TV americana, tutti i posti di comando sono occupati da persone non anglosassoni.

Infine, c'è il palcoscenico. Al di fuori di New York, capitale spirituale del regime al potere, è quasi inesistente, ma a New York il teatro giornalistico svolge un ruolo importante nella tecnica propagandistica. Ciò è avvenuto in modo molto marcato nel periodo 1933-1939. Un flusso ininterrotto di opere teatrali tendenziose contro il concetto di XX secolo e i suoi rappresentanti europei. Molte di queste opere furono rappresentate in lingua yiddish, poiché i leader reali d'America richiedevano l'uniformità anche tra il loro popolo.

L'immagine propagandistica ha due aspetti, interno ed estero. La propaganda interna è rivoluzionaria e sostiene la Rivoluzione americana del 1933. Tutte le rivoluzioni ideologiche, dalla Rivoluzione francese del 1789, attraverso le rivoluzioni europee del XIX secolo in Europa, fino alla Rivoluzione bolscevica del 1918,[93] tendono ad assumere la forma di un culto. In Francia, il culto della ragione era il fulcro della frenesia religiosa; in Russia era il culto della macchina, secondo Dio Marx. La Rivoluzione americana del 1933 non fa eccezione. Il motivo centrale del nuovo culto è la "democrazia". Nell'immagine propagandistica, questo concetto prende il posto di Dio, come centro e realtà ultima. Così, un giudice della Corte Suprema, parlando ai laureati di un college ebraico, disse nel 1939: "In un senso più ampio c'è qualcosa di più importante della religione, ed è la realizzazione degli ideali della democrazia".

La parola è stata dotata di una forza religiosa e, di fatto, ha raggiunto lo status di religione. È diventata un cliché e non può essere sottoposta a un trattamento critico. L'apostasia o l'eresia suscitano una risposta immediata sotto forma di un'accusa di sedizione, tradimento, evasione fiscale o qualsiasi altra scusa. I santi di questo culto sono i "Padri fondatori" della guerra rivoluzionaria, in particolare Jefferson, nonostante aborriscano l'idea di democrazia e siano quasi tutti proprietari di schiavi, e anche Lincoln, Wilson e Roosevelt.

I suoi profeti sono giornalisti, propagandisti, star del cinema, leader sindacali e politici di partito. Il fatto che la parola non possa essere definita è la prova più sicura che ha smesso di essere descrittiva ed è diventata oggetto di fede di massa. Tutte le idee e i dogmi dell'immagine propagandistica fanno riferimento alla democrazia per la loro giustificazione fondamentale.

---

[93] Errore di data da parte dell'autore. La Rivoluzione bolscevica è iniziata nell'ottobre 1917.

La democrazia è immediatamente seguita in importanza dalla "tolleranza". Questa è ovviamente fondamentale per un regime culturalmente estraneo. Tolleranza significa essenzialmente tolleranza per gli ebrei e i neri, ma può anche significare la più feroce persecuzione degli europei o di altri soggetti le cui opinioni differiscono fondamentalmente dall'idea di massa prevalente. Questa persecuzione è sociale, economica e, se necessario, legale.

Per continuare l'atomizzazione dell'ospite, la lotta di classe rappresenta un aspetto essenziale del parassita. Viene predicata come "diritto del lavoro a organizzarsi", diritto allo sciopero e altri slogan simili. Ma anche il "capitale" ha i suoi diritti, poiché nessuna delle due parti deve ottenere una vittoria decisiva. La divisione, qui come sempre e ovunque, è una tecnica di vittoria.

Il femminismo viene predicato e promosso portando l'uniformità di massa nel campo dei sessi. Invece della polarità dei sessi, si promuove l'ideale della mescolanza dei sessi. Alle donne viene insegnato ad essere "uguali" agli uomini e il riconoscimento occidentale della polarità sessuale viene denunciato come sottomissione e "persecuzione delle donne".

Anche il pacifismo fa parte della propaganda che viene predicata. Non si tratta, ovviamente, di vero pacifismo, perché nasce senza che nessuno lo predichi, spesso senza che nessuno lo sappia e sempre senza che nessuno possa fare nulla a favore o contro la sua esistenza. In pratica, il pacifismo dottrinario è sempre una forma di propaganda bellica. Così, in America l'Europa significa guerra e l'America significa pace. L'imperialismo americano è sempre una crociata per la pace. Un importante membro del regime ha recentemente parlato del "dovere dell'America di imporre la pace in tutto il mondo".

Anche la "tolleranza religiosa" fa parte della propaganda e viene interpretata come indifferenza religiosa. I dogmi e le dottrine della religione sono trattati in modo del tutto secondario, come se non avessero alcun significato. Le chiese vengono spesso fuse o divise per considerazioni puramente economiche. Quando la religione non è semplicemente una distrazione sociale obbligatoria, è una manifestazione politica. La cooperazione tra le chiese è costantemente promossa, e sempre per qualche scopo utilitaristico che non ha nulla a che fare con la religione. E questo significa: la sottomissione della religione all'agenda del travisamento culturale.

II

Molto più importante per l'Europa della propaganda e dei suoi effetti sugli affari interni americani è la propaganda sugli affari esteri.

Il tema della democrazia viene utilizzato, anche in questo ambito propagandistico, come essenza della realtà. Un evento straniero che si desidera si verifichi viene descritto come "promotore della democrazia". Un altro tipo di evento che deve essere boicottato viene presentato come "antidemocratico o fascista". "Fascismo" è il cliché corrispondente al male in teologia, e in effetti sono direttamente equiparati in Americana.

Il nemico principale nell'immagine propagandistica fu sempre l'Europa e soprattutto lo spirito prussiano-europeo che emerse con forza evidente nella Rivoluzione europea del 1933 contro la visione negativa della vita con il suo materialismo, l'ossessione per il denaro e la corruzione democratica. Quanto più era chiaro che questa Rivoluzione non era un fenomeno politico superficiale, un semplice cambio di regime di partito, ma una rivoluzione totale e profondamente spirituale di uno spirito nuovo e vitale contro uno spirito morto, tanto più violenta diventava la campagna di odio diretta contro l'Europa. Nel 1938 questa propaganda aveva raggiunto un punto di tale virulenza, sia in termini di intensità che di volume, da non poter più essere superata. L'americano veniva bombardato senza sosta con il messaggio che l'Europa attaccava tutto ciò che aveva valore nel mondo: "Dio", "religione", "democrazia", "libertà", "pace", "America".

Questo uso eccessivo di astrazioni era di per sé indicativo della mancanza di realtà concrete a cui fare riferimento. Poiché, nonostante questo bombardamento propagandistico, il pubblico non era sufficientemente eccitato, si ricorse alla tesi secondo cui l'Europa stava progettando di invadere gli Stati Uniti con flotte ed eserciti. Idee di questo tipo conquistarono davvero il lato intellettuale della massa americana, ma non penetrarono al livello emotivo sufficiente a provocare una vera apprensione o un odio effettivo. Aggressore" era un'altra parola tendenziosa usata nell'assalto intellettuale. Anche in questo caso, non si riferiva ai fatti, ma era usata come termine offensivo. È stata inventata la "moralità internazionale", formulata in modo tale che il nemico del fomentatore di cultura fosse definito ipso facto come immorale. Se non si trovavano ragioni politiche per la loro politica, si inventavano ragioni morali, ideologiche, economiche ed estetiche. Le nazioni venivano divise in buone e cattive. L'Europa nel suo complesso era cattiva quando era unita, mentre se la Distorsione Culturale riusciva ad avere una testa di ponte in un paese europeo, quel paese diventava buono. La macchina americana reagì con odio velenoso contro la spartizione europea della Boemia nel 1938.[94] Tutte le potenze europee che parteciparono ai negoziati furono denunciate come aggressori malvagi, immorali, antidemocratici e tutto il resto.

Fondamentale per questa immagine politica era la tesi secondo cui la politica è questione di forme di governo in lotta tra loro. Non le nazioni o gli Stati, ma astrazioni come democrazia e fascismo erano il contenuto della lotta mondiale. Ciò imponeva la necessità di chiamare democratico o "fascista" l'avversario della situazione momentanea, che cambiava di mese in mese, di anno in anno. La Serbia, la Polonia, il Giappone, la Russia, la Cina, l'Ungheria, la Romania e molte altre unità politiche erano "fasciste" e "democratiche", a seconda del tipo di trattato che avevano concluso e con quale potenza.

La divisione tra potenze "democratiche" e "fasciste" corrispondeva esattamente a quella tra potenze che rispettavano i trattati e potenze che li violavano. A complemento di tutto ciò, c'era la dicotomia tra nazioni amanti della pace e.... l'altra. Si diffuse l'espressione "diritto internazionale", utilizzata per descrivere qualcosa che non era mai esistito e non poteva esistere. Non aveva nulla a che fare con il vero diritto internazionale di 500 anni di pratica occidentale. È stata divulgata per significare che qualsiasi cambiamento dello status quo territoriale internazionale era "proibito" dal "diritto internazionale".

Tutte le parole che avevano una buona "reputazione" erano legate ai temi principali dell'immagine. Così, Civiltà Occidentale era troppo impressionante per essere trattato come un termine ostile e fu usato per descrivere il parlamentarismo, la lotta di classe, la plutocrazia e, infine, la Russia bolscevica. Durante la battaglia di Stalingrado, alla fine del 1942, quando le forze europee e asiatiche si scontrarono, la macchina propagandistica insistette sul fatto che le forze asiatiche civiltà

---

[94] L'autore si riferisce indubbiamente alla divisione dello Stato cecoslovacco creata a Versailles, che si è disgregato al suo interno, con la Slovacchia e la Rutenia che hanno ottenuto l'indipendenza e la Germania, la Polonia e l'Ungheria che si sono spartite il resto del territorio, ma la Boemia vera e propria è stata incorporata nel Reich. Ma la Boemia vera e propria fu incorporata nel Reich.

occidentale. Il fatto che i reggimenti siberiani, turcomanni e kirghizi fossero utilizzati dal regime bolscevico fu addotto come prova che l'Asia aveva salvato la civiltà occidentale.

Per gli europei, questo genere di cose testimonia due grandi fatti: la totale mancanza di consapevolezza culturale o politica tra le masse della popolazione americana e la profonda, totale e implacabile inimicizia verso l'Europa del regime della Cultura Contraffatta in America. Anche il Giappone è stato trattato nel quadro della propaganda come un nemico, ma non come un nemico inconciliabile, come l'Europa. Alla propaganda contro il Giappone non fu mai permesso di assumere una forma razziale, proprio per evitare che gli istinti razziali della popolazione americana si risvegliassero tempestosamente, spazzando via il Contraffattore e ponendo fine alla sua influenza. Il tono generalmente mite della propaganda anti-giapponese era dovuto al fatto che il Giappone non aveva sperimentato e non avrebbe mai potuto sperimentare nulla di simile alla Grande Rivoluzione europea del 1933.

A causa della primitiva intellettualità di un paese la cui popolazione era stata mentalmente standardizzata, questa propaganda poteva arrivare a estremi molto rozzi. Così, durante la preparazione della guerra, tra il 1933 e il 1939, la stampa, il cinema e la radio annunciarono storie di insulti alla bandiera americana all'estero, di documenti segreti scoperti per caso, di conversazioni telefoniche registrate su registratori, di scoperte di depositi di armi appartenenti a gruppi nazionalisti americani e così via. I cinegiornali che si affermavano essere stati girati in Europa, in molti casi erano stati girati a Hollywood. Tutto divenne così fantastico che, un anno prima della Seconda Guerra Mondiale, un programma radiofonico che raccontava una storia immaginaria di invasione della Terra da parte dei marziani produsse sintomi di panico incontenibile tra le masse ottuse dalla propaganda.

Poiché l'America non era mai stata soggetta ai costumi della politica dei gabinetti spagnoli, che si identificavano con lo spirito europeo, il Falsificatore di Cultura fu in grado di sferrare attacchi propagandistici di una nefandezza estremamente ripugnante alla vita privata dei leader europei che rappresentavano la visione del mondo del XX secolo. Questi leader sono stati presentati al pubblico come omosessuali, tossicodipendenti e sadici.

La propaganda non aveva alcuna relazione con le basi culturali ed era completamente cinica nei confronti dei fatti. Come le fabbriche cinematografiche di

Hollywood producevano "documentari" fasulli, così i propagandisti della stampa creavano i "fatti" di cui avevano bisogno. Quando le forze aeree giapponesi attaccarono la base navale americana di Peral Harbour nel dicembre 1941, gli ingannatori culturali non sapevano che l'Europa avrebbe colto l'occasione per vendicarsi della guerra non dichiarata che il regime distorsivo della cultura con sede a Washington stava conducendo contro l'Europa. Il regime decise quindi di sfruttare subito l'attacco giapponese come se fosse una misura militare europea. A tal fine, gli organi di propaganda diffusero la "notizia" che aerei europei con piloti europei erano stati coinvolti nell'attacco, mentre il regime annunciò ufficialmente che erano stati causati solo danni leggeri. Ma queste falsificazioni propagandistiche non sarebbero nulla in confronto alla massiccia propaganda postbellica sui "campi di concentramento" portata avanti dal regime dei falsificatori della cultura con sede a Washington.

Questa propaganda annunciava che 6.000.000 di membri della cultura-nazione-stato-chiesa-popolo ebraico erano stati uccisi nei campi di concentramento europei, oltre a un numero indeterminato di persone di altre razze. Questa propaganda era organizzata su scala mondiale ed era di una mendacità adatta, forse, a una massa uniformata, ma era semplicemente nauseante per gli europei che ragionavano. Tecnicamente parlando, la propaganda era completa. Fotografie" furono esposte a milioni. Migliaia di persone uccise pubblicarono i resoconti delle loro esperienze in questi campi. Centinaia di migliaia di persone fecero vere e proprie fortune, dopo la guerra, sul mercato nero. Furono fotografate "camere a gas" mai esistite e fu inventato un "motore a gas" per eccitare gli appassionati di meccanica.

Veniamo ora allo scopo di questa propaganda che il regime ha imposto alle masse mentalmente schiavizzate. Dall'analisi della prospettiva politica del XX secolo, non può che esserci un unico scopo: tutto è stato fatto per creare una guerra totale, in senso spirituale, trascendendo i limiti della politica, contro la civiltà occidentale. Alle masse americane, sia militari che civili, fu somministrato questo veleno mentale per infiammarle fino al punto in cui avrebbero eseguito senza esitazione il programma di annientamento postbellico. In particolare, si trattava di scatenare una guerra dopo la Seconda Guerra Mondiale, una guerra di saccheggio, di omicidio e contro un'Europa indifesa.

La propaganda non è che un'appendice della politica, e quindi veniamo ora alla conduzione degli affari esteri da parte del regime americano dalla sua presa di potere nel 1933.

13. La direzione degli affari esteri americani dal 1933

I

Come già indicato nella descrizione della tesi generale della distorsione culturale come forma di patologia della cultura, gli incidenti antisemiti in Russia dopo la guerra russo-giapponese del 1904-1905 furono la causa della rottura delle relazioni diplomatiche con gli Stati Uniti. Poiché nessun altro incidente razziale, culturale, nazionale o religioso dello stesso tipo diretto contro elementi non ebrei in Russia, o in qualsiasi altro Paese, era mai stato motivo di rottura delle relazioni diplomatiche da parte del governo americano, questo può essere spiegato solo come un esempio di distorsione o travisamento culturale. La vera ispirazione per questa riflessione internazionale venne da alcuni elementi intorno all'allora presidente Theodor Roosevelt, che apparteneva alla stessa cultura-nazione-stato-persona-razza delle vittime del programma. Gli storici possono far risalire l'emergere della patologia culturale nella politica estera americana al 1900. Ma il periodo immediato da considerare inizia nel 1933, un anno fatale sia per l'America che per l'Europa.

Il primo atto positivo di natura non ordinaria compiuto dal regime rivoluzionario, dopo il consolidamento preliminare del potere, fu il riconoscimento diplomatico della Russia bolscevica. Questo atto fu spiegato a un popolo americano indignato come se si trattasse di una semplice routine, ideologicamente priva di significato e politicamente innocua. In realtà fu l'inizio di una cooperazione tra i due regimi, che sarebbe proseguita con alcune interpretazioni superficiali fino a quando le truppe russe e americane si sarebbero incontrate nel cuore della civiltà occidentale e Londra e Berlino non sarebbero state altro che un cumulo di rovine.

Nel 1936, la rivoluzione bolscevica e lo spirito autoritario occidentale del XX secolo si scontrarono sul campo di battaglia della Spagna. I leader del regime insediato in America espressero privatamente la loro simpatia per la Spagna rossa. L'inequivocabile opposizione della Chiesa cattolica agli aiuti americani alla Spagna rossa impedì l'intervento. La Chiesa cattolica in America ha venti milioni di aderenti e il regime del Contraffattore della Cultura non aveva ancora consolidato sufficientemente il suo potere per indulgere in un conflitto interno come quello che sarebbe derivato da un tale intervento. Stava per presentarsi alle sue seconde elezioni e c'erano ancora gruppi anti-regime fortemente organizzati. Un errore di politica estera avrebbe potuto rivelarsi fatale in quel momento.

Il perfezionamento della tecnica elettorale permise al regime di mantenere il potere. Nell'ottobre 1937 iniziarono i preparativi dichiarati per la Seconda guerra mondiale. Fu annunciato ufficialmente che il governo americano avrebbe messo "in quarantena gli aggressori". Gli organi di propaganda avevano già identificato il termine aggressore con l'Europa e con i custodi del futuro dell'Europa. Per soddisfare gli elementi nazionalisti, il Giappone fu incluso in questo termine, ma il regime continuò a rifornire il Giappone di materie prime essenziali per la sua industria bellica, rifiutandosi allo stesso tempo di vendere materie prime all'Europa e boicottando l'importazione in America[95] di beni provenienti da Paesi europei non dominati dal regime della Cultura Contraffattrice.

Alla fine del 1938, la scena era pronta per una guerra mondiale. La propaganda di quasi mezza Europa era caduta sotto il controllo di Washington e i governi di quasi mezza Europa erano i suoi burattini. L'incorporazione della Boemia nell'Europa era il punto culminante di un accordo reciproco di quattro statisti europei, che decidevano da soli, e i piani di Washington erano stati completamente vanificati, nonostante gli accurati preparativi fatti per riuscirci. Il Tesoro americano era stato messo a disposizione del regime come "di stabilizzazione" e poteva disporre di miliardi di dollari senza rendere conto a nessuno. I sussidi ai rappresentanti e agli agenti del regime di Washington in Europa furono aumentati a proporzioni così incredibili che presto quasi mezza Europa odiò, attraverso il canale della propaganda, gli statisti che avevano impedito una guerra intereuropea.

Ma uno Stato alle frontiere orientali era necessario per il prossimo incidente, dal momento che non c'era alcuna possibilità di guerra in Europa occidentale, e la Polonia fu così coordinata nei piani di Washington. Il governo polacco, apparentemente custode degli interessi nazionali della Polonia, ha combattuto una

---

[95] Mentre l'entourage di Roosevelt si opponeva alla vendita di materie prime a Paesi come la Germania, l'Italia, la Bulgaria, la Romania e l'Ungheria, la Finlandia, invece, manovrando il Senato, riuscì a far sì che l'industria privata americana vendesse a credito alla Gran Bretagna tutto ciò che richiedeva.

guerra senza speranza, e questo proprio dopo che la Russia aveva pubblicamente accettato la spartizione della Polonia. Il governo che aveva preparato lo scoppio della guerra scomparve immediatamente dalla scena e non se ne seppe più nulla. Aveva fatto il suo lavoro. La propaganda interna americana dell'epoca pretendeva che la Polonia potesse resistere per anni.

La guerra iniziò seriamente nel 1940. La Francia e i Paesi Bassi furono separati dall'America nel giro di poche settimane. Il regime americano vide il suo controllo sull'Europa fortemente ridotto, mentre la popolazione interna, ancora completamente nelle sue mani, non solo non aveva entusiasmo per la guerra, ma era ostile a qualsiasi tipo di intervento nella guerra che la stessa dittatura di Washington aveva creato.

Il movimento anti-interventista americano fu quindi catturato dal Culture Faker, e si avviò un nuovo tema di propaganda secondo il quale l'invio di materiale bellico a uno dei contendenti era il metodo per rimanere fuori dalla guerra. In altre , la partecipazione limitata era il non intervento. Essendo l'incoscienza politica americana quella che è in un Paese senza tradizione, senza Stato e senza Grande Storia, questo fu convincente e il potente sentimento anti-intervento fu così messo al servizio dei piani interventisti di Washington.

La partecipazione limitata divenne sempre meno limitata. Una legge che gli elementi nazionalisti erano riusciti a far approvare molto prima della guerra, rendendo impossibile tale coinvolgimento nelle guerre straniere, fu cinicamente messa da parte. Furono inviate forze di spedizione americane in Europa. Alle navi americane fu ordinato di attaccare le navi europee in alto mare, le navi mercantili europee furono requisite... e tutto questo su ordine di un governo che aveva tenuto una lezione pontificante al mondo sul diritto internazionale.

L'ampliamento del teatro di guerra con il coinvolgimento della Russia bolscevica contro la civiltà occidentale portò, in meno di quindici giorni, alla rottura delle relazioni con l'Europa. Ma la situazione interna continuava a impedire a Washington di intervenire direttamente e l'Europa non aveva risposto alla guerra non dichiarata degli americani in mare. L'unico bastione rimasto al regime di Washington in Europa era l'isola, e poteva essere mantenuto solo con mezzi politici e finanziari che potevano rivelarsi insufficienti in qualsiasi momento. Un intervento diretto con tutto il potenziale militare dell'America era essenziale se si voleva evitare che la guerra si concludesse con una vittoria dell'Occidente sulla Russia asiatica e con una soluzione generale di tutti i vecchi problemi politici dell'Europa occidentale, che avrebbe portato alla creazione di un'unità cultura-nazione-stato-popolo-razza occidentale con una base politica autoritaria impermeabile alla distorsione culturale e che avrebbe anche, come risultato di questo esempio, reso inevitabilmente possibile una rivoluzione nazionalista americana contro il regime della distorsione culturale.

Poiché gli sforzi per combattere l'Europa con una guerra non dichiarata non avevano sortito l'effetto desiderato, si cercò una guerra in Estremo Oriente, nella speranza di ottenere, con mezzi obliqui, l'auspicata guerra contro la civiltà occidentale. A tal fine, nel novembre 1941, consegnò un ultimatum al governo giapponese. L'ultimatum chiedeva ai giapponesi l'evacuazione di tutte le loro conquiste dal giugno 1936. La risposta del Giappone fu l'affondamento della flotta americana a Pearl Harbour nel dicembre 1941. Le indagini pubbliche e ufficiali condotte da elementi nazionalisti nel dopoguerra dimostrarono senza ombra di dubbio che il regime di Washington era a conoscenza dell'imminente attacco; si conosceva persino la data dell'attacco, poiché i servizi segreti erano riusciti a leggere i messaggi diplomatici giapponesi. Nonostante ciò, non furono prese precauzioni militari, causando la morte di migliaia di soldati e marinai americani per questa cinica astensione. La macchina propagandistica era già stata predisposta per attribuire l'attacco giapponese alla civiltà occidentale, ma la dichiarazione di guerra dell'Occidente, che seguì pochi giorni dopo, rese inutile tale propaganda.

Da quel momento in poi, l'80% dello sforzo bellico americano fu dedicato alla guerra contro l'odiata civiltà occidentale. L'Australia e l'India furono ignorate, tranne che per una leggera assistenza volta a prevenire un secondo attacco giapponese, che non si verificò. Se si fosse verificato, la popolazione bianca dell'Australia coloniale sarebbe passata nell'orbita giapponese come conseguenza della presenza nella civiltà occidentale di una distorsione patologica. Gli europei dovrebbero prendere nota del significato di una dichiarazione del comandante generale delle truppe americane proprio in quel quadrante minacciato del mondo bianco nell'estate del 1942: "Il futuro della civiltà dipende dalle coraggiose bandiere dell'esercito russo". Da questa frase si evince che l'uniformità mentale è un prerequisito anche per il grado militare.

II

La condotta americana nel corso della guerra, ai suoi massimi livelli, fu del tutto conforme ai principi d'onore che da sempre regolano le relazioni tra le nazioni e i leader occidentali. Il primo attacco all'Europa fu condotto da aerei da bombardamento che utilizzarono come base l'isola che, dal 1942, era occupata dalle truppe americane. I bombardamenti aerei furono diretti quasi esclusivamente contro la popolazione civile europea, anche se si sapeva che la guerra non poteva essere vinta con questi mezzi. La stampa americana parlò in modo cruento di "block busters", un appellativo che descriveva una bomba in grado di radere al suolo un isolato di edifici civili e di uccidere diverse centinaia di persone. Nel frattempo, si sviluppò la propaganda secondo cui chiunque si opponesse agli eserciti o all'ideologia americana era un criminale e doveva essere "processato" per i suoi crimini.

L'Europa sapeva già cosa fosse la propaganda delle atrocità inventate in America. A causa del livello intellettuale primitivo che la falsità e il ritardo culturale hanno pervaso l'America, quella propaganda è stata creduta al valore nominale, mentre le menti responsabili dell'Europa l'hanno presa per quello che era in realtà, cioè una propaganda di massa perpetrata per il consumo di cervelli marginali. Così, durante la Prima Guerra Mondiale, la stampa americana pubblicò storie di atrocità commesse - naturalmente! - dagli avversari degli eserciti americani. Il Belgio fu scelto come scenario per queste storie, e si diceva che i civili belgi fossero stati crocifissi dalle truppe di occupazione. Furono scritte molte altre cose orribili: bambini con le mani tagliate e altri dettagli del genere. In America la cosa fu presa molto sul serio, tanto che dopo la Prima Guerra Mondiale una delegazione di giornalisti americani si recò in gruppo in Belgio per indagare su queste storie e al loro ritorno informarono il pubblico americano che si erano rivelate tutte false.

Così, la tesi secondo cui chiunque si opponesse all'America era ipso facto un criminale non fu presa sul serio in Europa, ma servì a preparare la mente americana agli orrori postbellici che sarebbero stati "commessi" in Europa.

Una leadership che per anni ha parlato di "crimini di guerra", mentre conduceva la propria guerra contro le case e le famiglie, si è infine armata, nel 1945, di un proiettile che poteva essere usato solo contro le popolazioni civili, la bomba "atomica". Nelle condizioni tattiche allora in voga, questa bomba non poteva essere usata contro le forze militari ma solo contro le città che, in tempo di guerra, non ospitano uomini in età militare. Questa bomba fu usata senza preavviso e causò la morte di centinaia di migliaia di civili in pochi secondi.

Nel periodo successivo alla Seconda Guerra Mondiale, la politica estera americana mantenne la sua continuità. L'Europa occupata fu trattata come un'area da devastare; intere fabbriche furono smantellate e i loro macchinari consegnati alla Russia, e altri impianti furono deliberatamente fatti saltare in aria come parte del piano per distruggere la potenza industriale europea. La popolazione fu trattata in modo subumano e fu avviata una politica di affamamento su larga scala, che continuò fino al 1948. Sebbene l'America esportasse cibo in tutte le parti del mondo, senza alcun obbligo d'onore o morale, si rifiutò di inviare cibo sufficiente a sostenere la vita umana nell'Europa occupata. Le razioni umane furono fissate molto al di sotto del minimo qualitativo e quantitativo necessario per la salute, e in breve tempo la malnutrizione, le malattie della pelle, le infezioni e i disturbi degenerativi iniziarono a uccidere milioni di persone. Nella prima sfrenata esaltazione della vittoria, l'esercito statunitense vietò al proprio personale anche solo di parlare con la popolazione. Questo divieto rimase in vigore fino a quando le corti marziali divennero troppo numerose e fu abolito in quanto impraticabile, venendo sostituito dalla propaganda dell'odio. La popolazione europea fu trattata come totalmente ed essenzialmente inferiore ai conquistatori americani. Fu ufficialmente definita come una popolazione "indigena". Per loro furono create strutture sanitarie speciali negli edifici pubblici, mentre i superiori soldati americani e i neri usavano le loro.

I sequestri di case furono organizzati su larga scala: soldati e civili americani furono autorizzati a portare le loro famiglie dall'America e ad alloggiarle in case non distrutte, in cui avevano vissuto forse quindici o venti membri della popolazione "indigena". Ai proprietari di queste case fu generalmente permesso di portare con sé solo i vestiti e gli indumenti. Non era previsto alcun alloggio per i diseredati, considerati subumani.

Questa popolazione fu privata del diritto di difesa fisica contro gli americani. Gli europei che reagirono a un americano furono condannati alla prigione dai tribunali americani. Un europeo fu condannato a due anni di prigione con l'accusa di aver definito "sporco ebreo" un membro ebreo delle truppe americane.

L'immondo disonore che ha presieduto all'occupazione americana dell'Europa è sufficiente a dimostrare la presenza di elementi estranei alla Cultura, perché nessuna nazione o colonia straniera potrebbe scendere a una simile condotta. Quale altra nazione occidentale ridurrebbe le donne di un'altra nazione allo status legale di concubine, vietando il matrimonio tra i suoi membri e quelli di un'altra nazione occidentale? Essa permetteva il concubinato e proibiva il matrimonio. Come risultato di questa politica, le malattie veneree assunsero proporzioni da peste nell'Europa occupata.

In presenza di questa popolazione affamata e malata, i soldati americani e le loro famiglie, protetti da mitragliatrici e filo spinato, vivono nelle case che le loro bombe non hanno distrutto e consumano i loro pasti senza alcuna tassa. Le condizioni spirituali di questa situazione non sono delle più elevate. Nella prima fase dell'occupazione, gli avanzi di vestiti e cibo erano stati bruciati in presenza della "popolazione indigena" affamata e mal vestita.

Quando, nell'estate del 1947, si temeva una rivolta alimentare, uno dei governatori americani annunciò ufficialmente che il popolo americano non aveva alcun obbligo, in base al diritto internazionale o alla morale, di sfamare la popolazione civile sottomessa nell'Europa occupata e che, se si fosse verificata una rivolta, sarebbe stata repressa con baionette e mitragliatrici. Quanto qui descritto è solo parziale, ma il modello di questi eventi era universale nell'Europa occupata dagli Stati Uniti. Continua ancora oggi e ha un'ampia e profonda influenza sul pensiero europeo di livello superiore.[96]

III

Come è emerso chiaramente dall'analisi delle motivazioni della politica, le lotte di potere del nostro secolo derivano da fenomeni culturali. Nei primi secoli dell'Occidente, questa motivazione derivava spesso dalla lotta tra Imperatore e Papa per il dominio universale; in seguito, dalle differenze religiose; più tardi ancora dalle ambizioni dinastiche; poi dall'unità nazionale e dalla rivalità economico-commerciale. Ora, il fatto principale nel mondo è l'unità spirituale della civiltà occidentale, che sta

---

[96] Non dimentichiamo che "Imperium" è stato pubblicato per la prima volta nel 1948.

prendendo coscienza di se stessa e della volontà di distruzione che si sta risvegliando nel mondo esterno. Sul piano dell'azione, essa assume la forma di una lotta politica tra la civiltà occidentale e le sue colonie, da un lato, e le forze non occidentali, dall'altro. L'inimicizia tra America e Giappone era quindi naturale e tutti gli elementi contraffattori in America non hanno mai considerato importante tale inimicizia, poiché in Giappone non esisteva antisemitismo. Questo getta la luce necessaria per comprendere la politica americana nell'occupazione del Giappone.

Al momento della conquista del Giappone, le forze armate americane adottarono una politica di massima cordialità nei confronti della popolazione giapponese. L'esercito istituì ufficialmente dei bordelli con donne giapponesi per i suoi soldati. Non vennero requisite case per le truppe di occupazione, ma vennero costruite caserme ad hoc. L'imperatore mantenne il suo rango e la sua posizione e la sua origine divina non fu ridicolizzata di fronte al popolo. L'amor proprio dei giapponesi fu preservato dal trattamento dignitoso generalmente accordato alla popolazione civile. La politica americana mirava a ripristinare il potenziale industriale del Paese e a consentire l'autonomia giapponese.

Il regime, il governo e l'amministrazione giapponese sono stati rispettati e preservati. I leader politici giapponesi del periodo bellico sono stati ascoltati con rispetto nei processi per crimini di guerra, perché questa assurdità da imbroglioni è diventata un obbligo ovunque le truppe americane penetrino. L'unica esazione commessa contro la popolazione è stata l'impiantazione della religione americana del culto della "democrazia".

Per una popolazione la cui religione nazionale era già costituita da confucianesimo, buddismo, shintoismo e culto dell'imperatore, non si trattava di un grande sacrificio.

I leader contro i quali fu praticato il prolungato rituale dell'esorcismo dei crimini di guerra non furono diffamati dalla stampa giapponese o americana. Non furono fotografati all'infinito, sottoposti a inquisizioni freudiane, tormentati, costretti a raccogliere i mozziconi di sigaretta dei soldati americani o sistematicamente degradati, come avveniva per le vittime delle truppe americane in Europa. Inoltre, i procedimenti giudiziari per "crimini di guerra" non sono stati estesi all'intera popolazione o all'intera organizzazione della vita giapponese, come è stato fatto in Europa e continua ad essere fatto nel 1948.

La differenza più profonda tra queste due occupazioni è sufficiente a spiegare da sola l'intera influenza formativa della politica estera americana. L'impulso primario della politica di occupazione nell'Europa soggiogata è la vendetta. Ma come ha dimostrato l'analisi della politica, la vendetta non fa parte della politica, ma la trascende. La politica non è condotta allo scopo di umiliare il nemico, né di sterminare la popolazione dell'unità nemica se questa viene sconfitta. La politica è finalizzata all'aumento del potere e il regime americano non ha consultato le realtà del potere in nessun momento e in nessuna occasione in cui ha cercato di formulare ed eseguire la sua politica nell'Europa occupata. In un'area con un enorme potenziale bellico, che l'America controlla e che potrebbe utilizzare per i propri scopi di potere, distrugge sistematicamente fabbriche e macchinari. Di fronte a una popolazione che potrebbe fornire loro milioni di soldati tra i migliori al mondo, gli americani si comportano con una ferocia e una superiorità interessata che sembra calcolata per alienarsi per sempre le simpatie della "popolazione indigena". Dopo aver catturato i migliori capi militari della civiltà occidentale, che potevano dare loro lezioni, si sono messi a impiccarli per il reato di essersi opposti alle truppe americane sul campo di battaglia.

In breve, invece di aumentare la potenza americana, la politica di occupazione l'ha ridotta in tutti i sensi. Ciò dimostra in modo inequivocabile che le motivazioni di questa condotta esulano dalla politica. Le motivazioni derivano dalla profonda, totale e completa irrinunciabilità organica che esiste tra una Grande Cultura e un organismo parassitario che vive a sue spese. Questa relazione trascende la politica internazionale ordinaria. È qualcosa di simile al rapporto che poteva esistere tra le legioni romane e i barbari di Mitridate e Yugurta, o tra crociati e i saraceni, o tra l'Europa e i turchi nel XVI secolo. È ancora più profondo di tutti questi casi, a causa della rete di vendetta introdotta nell'anima del parassita attraverso secoli di sofferenza silenziosa, sopportando l'irraggiungibile superiorità dell'ospite. Quando l'Europa sconfitta e in particolare la sua parte più vitale, portatrice della grande idea europea del XX secolo, giaceva ai piedi di questo conquistatore straniero, membro di una cultura del passato, nessun sentimento di magnanimità, cavalleria, generosità, compassione, trovava posto nella sua anima esultante. Contava solo la bile che il parassita ha ingoiato per mille anni, mentre aspettava il suo momento di rivincita sotto l'arroganza dei popoli occidentali, popoli stranieri, che ha sempre considerato, e considera tuttora, barbari, goym.[97] Guardando le cose da questo punto di vista, le truppe americane sono state completamente sconfitte come le truppe della madrepatria culturale. Il vero vincitore è stato lo straniero culturale, il cui trionfo sull'intera civiltà occidentale ha segnato la massima effervescenza del suo destino.

IV

Il significato fondamentale della politica americana dalla Rivoluzione americana del 1933 è stato negativo per quanto riguarda l'America. Gli interessi naturali, geopolitici e nazionali dell'America si trovano in America centrale, in Sudamerica e in Estremo Oriente. In una competizione mondiale per il controllo del globo tra la civiltà occidentale e le forze esterne, la politica naturale dell'Europa è diretta verso l'Africa, il Vicino Oriente e i vasti spazi della Russia asiatica. L'America, essendo una colonia della civiltà, da cui trae tutto il suo nutrimento spirituale, è naturalmente complementare a questi interessi e non è in alcun modo in conflitto con essi. Che interesse ha un'America nazionalista in Russia, in Africa o nel Vicino Oriente? E, allo stesso tempo, che interesse ha l'Europa nell'America centrale o meridionale? Europa e America non hanno convergenze di potere naturali o organiche. L'America e il Giappone sì.

La politica estera americana ha violato ogni traccia di questa disposizione naturale. Questa politica ha alleato l'America con la Russia, ma non contro il Giappone, cosa che avrebbe potuto essere comprensibile, bensì contro l'Europa, il che era una follia per i veri interessi americani. Ha combattuto contro il Giappone e, dopo averlo conquistato, ha proceduto a riabilitarlo, invece di riorganizzarlo come parte permanente dell'impero americano. Ha combattuto contro il suo principale alleato, l'Europa, che non era un semplice alleato politico, ma un suo parente spirituale e un alleato culturale, cioè un alleato totale.

Quando le sorti della guerra diedero la vittoria militare alle armi americane, queste avrebbero potuto riscattare le proprie colpe interne. Il Giappone avrebbe potuto essere incorporato nell'impero americano d'oltremare. L'Europa avrebbe

---

[97] Parola ebraica, plurale di "goy", che significa "semenzaio animale", con cui gli ebrei designano i cristiani e, per estensione, gli occidentali.

potuto riabilitata. Ma è stato fatto il contrario. L'Europa fu saccheggiata, depredata e ridotta in miseria, mentre il Giappone, il nemico naturale, fu ricostruito per la sua prossima guerra contro l'America. In breve, la politica estera dell'America non era americana. Questo può essere visto con chiarezza meridiana alla luce delle sue azioni.

La distorsione culturale ha esercitato in America, dal 1933, il potere supremo di decidere l'esito della guerra e della pace per gli americani. Dalla vittoriosa dispersione delle armi americane, l'America non ha guadagnato alcun potere. Il Giappone è stato una spesa: la maggior parte dei suoi macchinari è stata data alla Russia, e lo sforzo per colmare il suo deficit alimentare è stato scaricato sulle spalle del popolo americano. Mentre la Russia ha guadagnato enormemente in forza industriale grazie ai macchinari che ha preso dall'Europa e a quelli che l'America le ha consegnato dalla sua zona di occupazione. L'America ha sostenuto solo maggiori spese. Ha devastato così completamente il territorio che ha occupato che gran parte dei rifornimenti necessari ai suoi eserciti hanno dovuto essere importati dall'America.

Le truppe americane hanno evacuato la Cina e l'India, il Nord Africa e la Persia, abbandonando il più grande impero della storia del mondo. Alla fine della Seconda Guerra Mondiale, Washington era la capitale di un impero militare che abbracciava 18/20 della superficie terrestre, compresi tutti i mari soggetti al controllo americano.

La politica del Contraffattore della Cultura non mirava, come alcuni sostenevano, al controllo del mondo. Un'idea così grandiosa poteva nascere solo in uno strato occidentale. Un organismo estraneo nel corpo della civiltà occidentale può solo distorcere, falsificare, la vita dell'Occidente. Il parassita non può diventare occidentale e il dominio del mondo è un'idea occidentale. Non è nemmeno un'idea per tutti, ma, come tutte le idee formative dell'Occidente, esclude le persone senza profondità o intensità. Questo è il motivo per cui l'America non ha potuto conservare il grande impero che era riuscita a formare. L'America non ha ancora la coscienza della politica, per amministrare o creare un impero. Nella mente massificata dell'americano, l'intera Seconda Guerra Mondiale ha avuto un solo scopo negativo: distruggere l'idea europea.

Pertanto, la Distorsione Culturale in America non ha perseguito l'interesse nazionale americano, né si è preoccupata di conquistare il mondo, per sé o per l'America. Di conseguenza, portò l'America alla sconfitta politica nella Seconda

Guerra Mondiale.

Questo fatto è del tutto ovvio per l'Europa. Ciò che conta di più è la questione della sua comprensione in America. Ciò riguarda i problemi della forma del futuro dell'America, del nazionalismo americano, delle prospettive di continuazione della patologia culturale e delle possibilità spirituali dell'America.

14. Il futuro dell'America

I

L'origine dell'America contiene il suo futuro, come diceva Leibnitz: "Il presente porta il peso del passato ed è incinta del futuro". L'America è nata come colonia della cultura occidentale. L'unità organica chiamata Grande Cultura è legata al suo luogo di nascita. Dove è nata è dove risolve i suoi ultimi e più grandi problemi. Nella sua fase attuale, la Civiltà occidentale domina l'orientamento spirituale del mondo intero. Unità come il Giappone e la Russia esistono solo come rivolte attive contro la Civiltà occidentale, come negazione della sua visione del mondo.[98] La Civiltà Occidentale ha persino creato i suoi stessi avversari; il suo dinamismo ha mobilitato forze esterne nella sua attuale attività. Le colonie che questa Cultura ha piantato nel mondo durante il periodo 1600-1800 hanno mantenuto le loro relazioni spirituali con l'organismo madre. Gli spiriti guida dell'Argentina, del Sudafrica, dell'Australia, dell'America, del Canada e delle altre colonie minori sparse per il mondo risiedono spiritualmente in Europa e dalle creazioni feconde e più ampie della loro parente, la Civiltà Occidentale, traggono la loro concezione del mondo, i loro progetti, le loro idee e il loro imperativo interiore. Queste colonie sono gli alleati spirituali della civiltà occidentale. I loro interessi politici non possono in alcun modo essere ostili a quelli dell'Occidente, poiché condividono con esso un destino comune. In quest'epoca, la motivazione della politica deriva dalla cultura. Il mondo è diviso tra la Civiltà occidentale e ciò che le è estraneo. Una vittoria dell'Europa sulla Russia o sull'India è una vittoria dell'America, e una vittoria dell'America sul Giappone o sulla Cina è

---

[98] Le espressioni "visione del mondo" e "prospettiva del mondo", che noi traduciamo con "prospettiva del mondo" o "concezione del mondo", corrispondono all'espressione tedesca Weltanschauung.

anche una vittoria dell'Europa. L'America e l'Europa costituiscono insieme un'unità spirituale. Pertanto, la possibilità che l'Europa e l'America tornino a essere politicamente unite è reale e organica. Coloro che condividono un destino comune formano di fatto un'unità politica e la continua disunione politica è artificiale e ostile agli interessi vitali dell'organismo. L'obiettivo primario della vita è la realizzazione del possibile. Questa è la vita. A causa della pericolosa posizione mondiale della civiltà occidentale - una posizione che non svanirà nemmeno con una guerra fortunata - le tendenze organiche all'unione tra Europa e America si esprimeranno inevitabilmente instillando nei migliori cervelli d'America e d'Europa la necessità dell'Unione. L'arco di tempo necessario per l'insorgere di questa tendenza non è superiore a una generazione. È impossibile prevedere se questa tendenza si realizzerà o meno, proprio come il destino di Karnak era imprevedibile per i Ramasidi.

Ma la sua necessità vitale imporrà che questa tendenza diventi il fulcro dell'azione.

Ma l'idea organica di Unione non può essere realizzata finché l'Occidente soffre delle sue malattie culturali interne. Ciò solleva la questione della reazione contro la patologia culturale in America.

I tratti originali dell'anima del popolo americano si sono manifestati nei tipi primitivi del colono indipendente, del pioniere, del miliziano, dell'esploratore, dell'uomo di frontiera. Le caratteristiche di questo tipo di uomo erano l'inventiva, il coraggio, la competenza tecnica. Si trattava semplicemente, ancora una volta, dell'antico istinto gotico per la distanza, i grandi spazi e la volontà di conquistarli. I primi americani possedevano un potente istinto di superiorità razziale, unito a uno spirito di fiducia in se stessi. Questo materiale umano è stato alla base del tipo Yankee creato dalla Guerra Civile. Quella guerra ha portato a innestare su quel materiale umano la forma dell'Età dell'Economia, del Denaro e del Materialismo.

Era l'esito naturale, perché l'intera civiltà occidentale era allora in preda alla crisi di civiltà. L'anima del popolo americano si è formata in quel cataclisma. È un popolo tardo, cioè tecnico, duro, rivolto verso l'esterno, ma privo di possibilità nel campo della cultura nel senso più stretto del termine. Questa durezza e questa esteriorizzazione, questa competenza tecnica rimarranno sempre nell'anima americana perché fanno parte della sua essenza. Gli orpelli ideologici non erano altro che abiti e appartenevano allo spirito dell'epoca. Lo spirito del XIX secolo è completamente morto e l'America non può perpetuare le sue idee sepolcrali più di quanto un organismo possa svilupparsi a ritroso dalla maturità alla giovinezza.

L'ideologia americana e il concetto di mondo americano non hanno futuro, ma l'anima del popolo americano sì, perché quel popolo è un organismo. La trasformazione di questo popolo in un conglomerato di ideali di massa, di comportamenti di massa, di pensiero di massa e di esistenza di massa è stata una distorsione e un'esagerazione delle tendenze dell'anima americana e delle possibilità dell'Età del Materialismo. Questa distorsione e travisamento del destino americano era possibile solo a causa dei disturbi del ritardo culturale e della falsità culturale. Il ritardo culturale in America era un riflesso della presenza dello stesso disturbo in Europa: l'Età del Materialismo aveva rappresentato una vittoria fortuita, sulla superficie della Storia, nella Prima Guerra Mondiale, e la realizzazione dell'Idea del XX secolo sia in America che in Europa era stata di conseguenza ritardata. La distorsione culturale in America fu il risultato della presenza, in dosi massicce, di un gruppo culturalmente estraneo. Il futuro immediato dell'America è quindi legato alla distorsione culturale e alla reazione americana contro di essa. Occorre considerare la distribuzione dei poteri, spirituali e materiali, che entreranno in gioco. In primo luogo, il gruppo che distorce la cultura.

La cultura-nazione-stato-razza ebraica in America comprende una popolazione di otto-dodici milioni di persone.[99] In ogni caso, i numeri non sono di primaria importanza, perché questa unità organica ha forti istinti razziali e un potente senso della sua missione. I numeri giocano naturalmente un ruolo, sia nella portata della distorsione culturale sia nella forma e nella portata della reazione contro di essa, ma il potere pubblico del gruppo distorsivo si basa sul controllo di organizzazioni centrali decisive.

Nella propaganda, il suo controllo è assoluto. Questo include il cinema, la radio, la stampa, le riviste, i giornali, i libri, le università e il teatro. La radio è controllata

---

[99] Secondo il demografo americano Wilmot Robertson (in "The Dispossessed Majority", p. 149, tradotto e pubblicato da Omnia Veritas, *La maggioranza diseredata*, www.omnia-veritas.com) la popolazione ebraica negli Stati Uniti nel 1969 era di 5.869.000 persone, pari al 2,9% della popolazione totale. La cifra coincide con l'American Jewish Annual dello stesso anno. È possibile che tra il 1948, anno di pubblicazione di Imperium, e il 1969, la popolazione ebraico-americana sia diminuita un po' a causa dell'emigrazione in Israele, ma non in misura tale da giustificare il "décalage" di cui sopra.

attraverso alcune reti di trasmissione a livello nazionale, che a loro volta controllano i programmi delle stazioni associate, anche se appartengono a gruppi privati.

La stampa è dominata dalla proprietà di poche ma potenti agenzie di stampa, che controllano la presentazione delle notizie ai giornali associati, che dipendono dalle agenzie, anche quando queste ultime sono di proprietà privata. Le riviste e i libri sono controllati dalla semplice proprietà maggior parte dei casi delle riviste, degli editori e persino degli stampatori, e da pressioni sociali, economiche, morali e legali nei casi restanti. Il palcoscenico è controllato dalla proprietà dei teatri e da altre pressioni. Le università sono dominate dal numero sproporzionato di membri del gruppo dei Contraffattori Culturali, sia nel corpo docente che in quello studentesco, nonché dalla loro attività organizzata e aggressiva.

Entrambi i partiti politici sono controllati dal gruppo dei Contraffattori della Cultura, che utilizza tutta l'attività politica interna dell'America al suo servizio. La tecnica del controllo politico viene esercitata attraverso una vasta burocrazia, creata a partire dal 1933, dominata in modo sproporzionato e composta da membri del gruppo. Questo controllo amministrativo si estende anche alle forze armate.

Nel mondo finanziario che domina e controlla completamente il mondo industriale, il potere di questo gruppo è enormemente sproporzionato rispetto alla sua percentuale di popolazione. Il loro potere in questo settore risale alla Guerra Civile, quando alcuni precursori dell'invasione del 1890-1950 si impegnarono nel commercio di armi tra l'esercito confederato e quello federale.

Il risultato di tutto questo è una potente influenza spirituale sul popolo americano. Leggono i libri che gli stranieri ordinano per loro. Vedono le opere teatrali e i film che sono autorizzati a vedere.

Pensa in base alle idee che gli vengono messe in testa. Viene spinto in guerre contrarie agli interessi americani, dalle quali non può che uscire perdente. Le alternative di guerra e di pace, di vita e di morte sono decise per l'America dallo straniero culturale. All'America è stato dato un carattere semitico. Gli americani che hanno un qualche potere lo esercitano a beneficio dello straniero. Nessun uomo pubblico osa opporsi. Agli americani è stato detto che dovevano interessarsi al coinvolgimento degli arabi, e non c'era alcun canale attraverso il quale un vero americano potesse fondamentalmente negare l'immagine del mondo che una tale politica sosteneva.

Ma chi ha studiato l'essenza della storia sa che lo straniero e l'autoctono non possono mescolarsi, possono solo opporsi. La simulazione, il terrore, le minacce, la tirannia, la pressione, la propaganda... nulla di tutto questo può arrivare all'essenza del rapporto tra i due. Il popolo americano - che non è ancora una nazione - ha una sua anima ed è solo la sua mancanza di esperienza storica, e lo stadio di sviluppo della Cultura che ha creato questo popolo, che ha reso possibile l'ampia e critica diffusione della patologia culturale in questo popolo.

Il fatto stesso della distorsione culturale presuppone l'esistenza, nella sua purezza interiore, dell'anima del popolo ospite. La distorsione non può distruggere l'ospite, ma può solo concentrare l'energia dell'ospite sui falsi problemi e sugli interessi del parassita.

II

Come l'Europa ormai sa, la Seconda Guerra Mondiale è stata un fenomeno di malattia culturale. Fu creata in America, astutamente preparata nel periodo 1933-1939 e abilmente presentata nella forma superficiale di una lotta tra due potenze europee di ieri, mentre il vero problema mondiale era l'unificazione dell'Occidente contro la minaccia alla sua esistenza rappresentata da forze esterne: Russia, Cina, India, Islam, Africa. La vera "forma" della guerra divenne chiara a tutti nel 1945, quando i vincitori emersero come il regime della Cultura Contraffattrice in America e i Mongoli al Cremlino.[100] Per la prima volta nella storia del mondo, il mondo era diviso tra due potenze. L'Europa aveva perso la guerra e aveva ottenuto nella sconfitta l'unità che non aveva pienamente raggiunto nelle sue vittorie. L'Europa occupava temporaneamente la stessa posizione che Cina e India avevano occupato in precedenza: quella di bottino per le potenze esterne.

L'esito di questa guerra fu una sconfitta anche per l'America; in primo luogo perché gli obiettivi della guerra erano falsi, e in secondo luogo perché lo sfruttamento dei suoi successi militari era altrettanto falso.

---

[100] L'Autore parla in senso figurato, perché non c'erano mongoli al Cremlino, fin dai tempi di Lenin, in parte mongolo e in parte ebreo. L'Autore si riferisce, senza dubbio, alla natura asiatica delle forze dislocate per il bolscevismo in Russia dall'élite rivoluzionaria, la cui grande maggioranza apparteneva allo stesso gruppo etnico dei leader di Washington. (N. di T.)

Fatti di tale portata non possono essere nascosti.

La conoscenza della natura organica della storia ci dice che in America esiste una reazione, che può essere vista anche quando si ignorano i fatti che l'hanno generata. I fatti della reazione nazionalista americana sono proprio quelli che ci si aspetterebbe. La storia opera attraverso le minoranze e la loro dimensione è un riflesso diretto della necessità dei fenomeni storici. La minoranza nazionalista in America conta almeno dieci milioni di membri. Questa minoranza è quasi interamente non organizzata. Esistono circa un migliaio di organizzazioni di resistenza, ma sono politicamente inefficaci, anche se molto sintomatiche, in senso spirituale.

Nel 1915 inizia la reazione nazionalista contro l'invasione di elementi culturalmente estranei, con la fondazione del secondo Ku Klux Klan. Quest'anno sarà segnato in retrospettiva come la seconda fase della Rivoluzione americana. La cifra di dieci milioni è, ovviamente, una stima approssimativa, ma si riferisce a persone il cui animo è fortemente influenzato dalla Nation-Idea immanente in America. Con minore intensità, questo sentimento è generale tra la popolazione americana.

Così, nessuno ha mai potuto negare che il desiderio prevalente della popolazione fosse quello di rimanere fuori dalla Seconda Guerra Mondiale che il regime distruttore della cultura con sede a Washington aveva creato in Europa. Questo nonostante la più grande campagna di propaganda scatenata contro un popolo nella storia del mondo.

Questo non può essere attribuito a un vero pacifismo, perché in America non esiste. Riflette semplicemente il fatto che l'anima di questo popolo istintivamente diffidente odiava ciò che la propaganda proponeva loro. Nel 1940, non ebbero la possibilità di esprimere i loro sentimenti nelle "elezioni", poiché entrambi i candidati alla presidenza si erano segretamente compromessi con le forze interventiste. La manipolazione delle elezioni ha finora vanificato l'espressione del vero spirito americano.

Questo nazionalismo sta diventando sempre più radicale, anche se non ha ancora raggiunto proporzioni politiche.[101] Alcuni nazionalisti americani sono stati

---

[101] Oggi - 1976 - il grosso del nazionalismo americano è raggruppato dietro il senatore Henry Wallace, il cui

imprigionati per aver detto, nel 1941, che una sconfitta militare era auspicabile per il bene dell'America, poiché tale sconfitta avrebbe distrutto il potere del Falsificatore culturale.[102] L'elemento nazionalista americano, in generale, sperava in una sconfitta delle truppe di leva, che erano state arruolate tra i giovani americani non entusiasti. Allo stesso tempo, diede il suo pieno appoggio alla guerra contro il Giappone, che era il naturale nemico geopolitico dell'America.

Il principio dell'individualità, della continuità dell'anima e del carattere, si applica ai popoli così come agli individui, e quindi lo Spirito che è stato efficace in uomini come Nathaniel Green, Mad Anthony Wayne, Ethan Allen, Nathan Alle, Richard Henry Lee, John Adams, Daniel Morgan, Davy Crockett, gli uomini di Alamo e San Jacinto, Stonewall Jackson, Robert E. Lee, William Walker e Homer Lea, è noto per durare. Il secolo del materialismo e dell'ossessione monetaria non ha naturalmente favorito l'eroismo, ma il XX secolo cambierà l'aspetto spirituale dell'America come ha cambiato l'Europa. L'eroismo latente del popolo americano sarà nuovamente richiamato dall'energia creatività dell'età della politica assoluta.

Nonostante la portata della distorsione culturale e i suoi tentativi di mantenere permanentemente un popolo in una massa uniforme e priva di personalità, ci sono milioni di americani che si sono istintivamente tenuti lontani dal programma del distorsore culturale.

Queste persone saranno al centro grandi forze storiche. Combattono contro forze enormi e devono superare enormi handicap.

Il nazionalismo americano non è legato a una grande tradizione di vita, pensiero e azione. È gravato dal peso di una missione politicamente rivoluzionaria, ma il popolo americano non è rivoluzionario. Sta reagendo a una malattia culturale che assume una forma crudamente razziale. Si trova di fronte a un compito politico colossale, ma non è consapevole della necessità di pensare al potere, cioè di pensare politicamente. Il suo intelletto non si è liberato dall'ideologia obsoleta dell'"uguaglianza", nata nel 1775, che utilizza ancora l'elemento distorsivo a proprio vantaggio.

---

partito ha ottenuto quattordici milioni di voti alle ultime elezioni, nonostante la campagna diffamatoria contro di lui. (N. del T.)

[102] D'altra parte, nel 1975, decine di politici professionisti e centinaia di giornalisti che adottarono la stessa tesi in relazione all'intervento americano in Vietnam non furono perseguitati.

Il lavaggio del cervello, l'imposizione della mentalità di massa al popolo americano era, in fondo, una semplice questione di tecnica, un artificio. Una forte individualità è stata sommersa, è vero, ma una forte individualità non può essere annientata. L'Età della Politica Assoluta risveglierà ancora una volta ciò che di grande c'è nel ceppo americano e ci si può aspettare una potente reazione, nonostante l'aspetto massificato dell'anima americana, sotto forma di singoli leader a cui verrà conferito un potere assoluto.

L'America non è un Paese con possibilità creative nel campo della filosofia, e la sua più alta comprensione delle grandi realtà del nostro tempo verrà dal suo profondo e definito legame con la madrepatria dell'Occidente.

Gli elementi che parteciperanno alla prossima lotta tra il nazionalismo americano e l'elemento patologico-culturale saranno numerosi. Probabilmente non è più possibile che la rivoluzione americana assuma una forma costituzionale. Le perfezioni tecniche elettorali-parlamentari di quest'ultima epoca democratica sembrano escludere tale possibilità. Non resta che la guerra civile. In questa guerra, la lotta razziale tra bianchi e neri, la lotta di classe dei sindacati contro i leader industriali, la guerra finanziaria dei dittatori del denaro contro l'imminente nazionalismo autoritario e la guerra per la sopravvivenza del distorsore della cultura contro il popolo americano saranno combattute simultaneamente.

Non si può prevedere se questa crisi sarà di natura acuta e critica, come la guerra di secessione, o se assumerà la forma di un'evoluzione incerta e a lungo termine, come la guerra dei Trent'anni, o piuttosto quella della lotta tra lo spirito di Cromwell e la Restaurazione. In entrambi i casi, si tratterà di una lotta richiesta da una necessità organica, e solo il fatto che si verificherà può essere assicurato, ma non la forma che assumerà né la data in cui scoppierà.

Queste sono cose imponderabili. Quando la Rivoluzione nazionale americana prenderà forma politica, la sua ispirazione verrà dalla stessa fonte ultima della Rivoluzione europea del 1933. Ciò che è scritto qui è vero per l'America reale, anche se l'America effettiva del momento, e dell'immediato futuro, è un'America ostile, un'America di strumenti di massa al servizio del Contraffattore della Cultura, il nemico politico e totale della Civiltà Occidentale.

VI - LA SITUAZIONE MONDIALE

L'immaginazione governa il mondo".

NAPOLEONE

Per i compiti del prossimo secolo, i metodi di rappresentazione popolare sono i più inadeguati che si possano immaginare. La condizione dell'Europa porterà di nuovo all'esplosione delle virtù virili, perché gli uomini vivranno in un pericolo permanente. Vedo, al di là di tutte queste guerre nazionali, nuovi imperi e tutto ciò che viene alla ribalta. Ciò che mi interessa, e che già accenna lentamente ed esitantemente, è un'Europa unita. Le nazioni che sono diventate qualcosa non hanno mai raggiunto il loro status con le istituzioni liberali: i grandi pericoli ne hanno fatto qualcosa che merita riverenza; quel pericolo che solo può farci capire le nostre risorse, le nostre virtù, i nostri mezzi di difesa, le nostre armi, il nostro genio... che ci spinge a essere forti".

NIETZSCHE

Il pacifismo sarà sempre un ideale; la guerra sarà sempre un fatto; e se la razza bianca sceglierà di non guerreggiare più, le razze di colore lo faranno e diventeranno padroni del mondo.

SPENGLER

1. Il mondo politico

La politica è legata alla guerra e la guerra alla strategia. La strategia implica immediatamente le realtà fondamentali della geografia fisica e umana. E anche un esame dei fatti e delle possibilità della politica mondiale inizia dalla geografia.

Nell'Era della Politica Assoluta, l'intero globo è oggetto degli istinti di potenza, sia della Civiltà Occidentale, sia di un processo di negazione esterna che è completo quanto l'affermazione imperialista occidentale delle forze extra-occidentali. Pertanto, il quadro geografico complessivo del pianeta è il punto di partenza.

Dividendo il mondo in due emisferi longitudinali lungo il 20° meridiano, vediamo che l'emisfero orientale è la grande massa terrestre che comprende l'Asia-Africa, le isole remote dell'Australia e dell'Oceania e la maggior parte dell'Antartide. Queste terre rappresentano, in totale, più di 100 milioni di chilometri quadrati. Nell'emisfero occidentale si trovano le due isole collegate, il Sud America settentrionale e parte dell'Antartide. Queste aree coprono quarantasette milioni di chilometri quadrati, meno della metà dell'emisfero orientale. Più importante della superficie è la popolazione, perché il potere significa controllo sulle persone e le persone possono essere controllate politicamente solo dove si trovano. La popolazione dell'emisfero orientale è di circa 1.700.000.000 di persone, mentre quella dell'emisfero occidentale è di soli 300.000.000.

Ciò significa che il mondo, dal punto di vista politico, si trova nell'emisfero orientale. Il pianeta può anche essere diviso in emisfero settentrionale ed emisfero meridionale, lungo l'equatore. Secondo questa divisione, più di 9/10 della terra e della popolazione si trovano nell'emisfero settentrionale. Se si divide il pianeta in quadranti, si può notare che più della metà della popolazione della grande massa terrestre Asia-Africa, o circa la metà della popolazione totale del pianeta, si trova nel quadrante nord-orientale. Questo comprende l'Europa, la maggior parte della Russia, l'India, l'Asia Minore e la maggior parte dell'Africa. Tutta questa massa terrestre è contigua, ad eccezione delle fratture rappresentate dai mari stretti, il Mediterraneo, il Golfo Arabico, il Golfo Persico, il Baltico. L'intera area è controllabile da una potenza terrestre, nonostante gli stretti mari, le cui entrate possono essere controllate dalla terraferma.

È quindi del tutto ovvio che il controllo del mondo significa, in primo luogo, il controllo di questo quadrante nordorientale. In secondo luogo, il controllo del mondo significa il controllo della massa terrestre Asia-Africa. In terzo luogo, presuppone il controllo dell'emisfero settentrionale e, infine, il controllo di tutti i mari e le terre del pianeta. In quanto area più importante, il quadrante nord-orientale è il fulcro di tutto l'imperialismo del XX secolo.

Questi fatti geografici fondamentali sono alla base di tutto il pensiero politico su larga scala. La base, ma non la fonte, dell'origine di un grande pensiero di qualsiasi tipo è una Grande Cultura, che si rende efficace attraverso uno strato di esseri umani portatori di cultura. La scienza della geopolitica era un sistema di conoscenze creato da una Grande Cultura che aveva raggiunto lo stadio dell'Imperialismo illimitato, l'Epoca della politica assoluta. Tuttavia, essa portava con sé un fardello di pensiero materialista che era la causa dell'errore di credere che l'origine, la determinazione o la motivazione della politica fossero basate su fatti fisici. Questo fu un errore assoluto, perché tutto il materialismo come descrizione dei fatti è un errore assoluto. L'origine delle idee, degli impulsi, dell'esperienza è l'anima.

L'origine della politica stessa è l'anima umana. L'origine della grande politica creativa è l'anima di una Grande Cultura. L'origine della politica distruttiva è la negazione, da parte delle anime dei popoli esterni, dell'imperativo politico di una Grande Cultura.

Nell'attuale fase della civiltà occidentale, il motivo della politica è la cultura e non più il nazionalismo o l'economia, come spesso accadeva nel XIX secolo. L'unità spirituale della civiltà occidentale e delle sue colonie è un dato di fatto, e questo fatto primordiale è la fonte delle grandi lotte politiche di questo secolo. L'imperialismo illimitato dell'Occidente ha creato nei popoli esterni una volontà altrettanto forte di distruggere l'imperialismo occidentale. L'unico modo per raggiungere questo obiettivo è attraverso il loro stesso imperialismo. L'idea dell'Impero domina quindi la forma della lotta mondiale di questo secolo e del prossimo. Non importa se lo si serve o lo si contrasta, perché è imposto dalla sua universalità.

L'errore della geopolitica è stato quello di credere che l'esterno potesse determinare l'interno. Ma l'anima è sempre al primo posto e l'uso che si fa del materiale, o della posizione geografica, è solo un riflesso del tipo di anima. Gli Indiani d'America possedevano molte più risorse dei coloni americani, ma il loro primitivismo tecnico li rendeva indifesi. Tuttavia, la totale superiorità tecnica non è una superiorità materiale, ma spirituale.

La geopolitica, essendosi sviluppata in una fase precedente, non si è fondata sulle visioni novecentesche della storia e della politica, ma su tacite idee materialiste portate avanti dal XIX secolo. Le indagini di questa scienza, tuttavia, hanno un valore duraturo e la sua affermazione del pensiero dei grandi spazi è stata, storicamente, una realizzazione essenziale. L'uomo di Haushofer rimarrà in un posto d'onore e sarà onorato nel pensiero occidentale. Il futuro della geopolitica sarà il riadattamento dell'intera struttura all'orientamento spirituale fondamentale del mondo: la divisione tra l'Occidente e le sue colonie da un lato, e le forze esterne dall'altro.

2. La prima guerra mondiale

Dopo la fortunata conclusione da parte dell'Inghilterra della guerra boera nel 1901 e la repressione occidentale della rivolta dei Boxer in Cina, il mondo intero, ad eccezione di alcune piccole aree, era sotto il dominio diretto dell'Occidente e delle sue colonie. In Estremo Oriente erano esclusi solo il Giappone e il Siam; nel Vicino Oriente solo la Turchia, la Persia e l'Afghanistan; in Africa solo l'Abissinia e la Liberia; nell'altro emisfero solo Haiti e il Messico. Tuttavia, l'Occidente aveva un controllo indiretto su Turchia, Messico e Afghanistan. Nell'Islam e in Cina, gli occidentali godevano di diritti di extraterritorialità, affidandosi ai propri tribunali piuttosto che a quelli locali. L'atteggiamento dei popoli esterni nei confronti degli occidentali era rispettoso e deferente. In una parola: tutti erano politicamente passivi.

Solo questa passività rendeva possibile la grottesca sproporzione tra numero di uomini e controllo del territorio. In India, ad esempio, l'Inghilterra aveva il controllo di 350.000.000 di sudditi con una guarnigione di meno di 100.000 uomini. Nell'ammutinamento indiano del 1857, l'Inghilterra trovò il suo controllo sull'India ridotto, in pochi giorni, alle zone costiere e a pochi punti isolati nell'interno. Ecco quanto facilmente il dominio bianco su un territorio non occidentale può svanire quando le popolazioni sottomesse diventano politicamente attive.

Oltre alla passività politica dei soggetti esterni, si deve tenere conto di un fatto importante nel monopolio del potere dell'Occidente prima del 1914. Questo fatto era la solidarietà dei popoli occidentali. Paul Kruger era un simbolo di questa solidarietà. Nella guerra boera, nonostante combattesse contro forze materiali enormemente superiori, egli proibì risolutamente l'uso, nei suoi eserciti, di barbari neri contro inglesi bianchi.

Il genio politico dimostrato dalla sua condotta non è stato apprezzato.

Due grandi sviluppi storici si stavano verificando nel mondo nel periodo precedente la Prima Guerra Mondiale: l'emergere, nell'anima occidentale, dell'Idea sovrapersonale del Socialismo Etico come forma della prossima Era Occidentale; e la crescita, nelle forze esterne, di una rivolta mondiale contro i domini dell'Occidente.

Questi due eventi furono i veri problemi della Prima guerra mondiale. Erano le tendenze storiche mondiali che avrebbero formato il contenuto interno della successiva guerra mondiale, il cui inesorabile avvicinarsi era compreso da tutti i cervelli guida d'Europa. Questo grande evento fu visto e descritto da molti uomini d'azione e pensatori; tra questi, Rudolf Kjellen, Werner Sombart, Paul Rohrbach, Bemhardi, Lord Kitchener, Homer Lea.

L'Età del capitalismo stava per finire. L'Inghilterra, la cui potenza era stata creata da questa Idea che era stata al suo servizio, aveva realizzato pienamente questa fase dello sviluppo organico dell'anima occidentale. La Prussia-Germania era la potenza che incarnava la fase successiva, la realizzazione del socialismo etico. Lo sviluppo interno dell'Occidente tendeva quindi ad assumere la forma di una competizione tra queste due potenze.

La Prussia-Germania era nello stile della nazione dell'Età del capitalismo. Era anche democratico-parlamentare e impegnata nell'imperialismo commerciale. La sua differenza rispetto all'Inghilterra consisteva nella presenza, al suo interno, della nuova idea sovrapersonale del socialismo etico. L'Inghilterra, con il suo Imperativo Interiore storicamente magnifico, aveva conquistato il più grande impero della storia fino a quel momento. Il monopolio del potere mondiale dell'Occidente si basava principalmente sull'Impero britannico. Per le forze esterne che si stavano risvegliando nell'attività politica anti-occidentale in Africa, Cina, Giappone, Indie Orientali, Russia, non c'era alcuna differenza tra le nazioni occidentali. Il grande fatto del nazionalismo occidentale era, anche all'epoca, una grande illusione, di cui però soffrivano solo i popoli occidentali. Il mondo esterno sapeva meglio dell'Occidente che l'Occidente era storicamente un'unità e non un insieme di "nazioni" spiritualmente sovrane.

La forma superficiale della Prima Guerra Mondiale era una competizione idealistica tra due nazioni occidentali nello stile del XIX secolo. Superficialmente era Inghilterra contro Prussia-Germania; in realtà era capitalismo contro socialismo. Superficialmente era una guerra tra due coalizioni nazionaliste; in realtà era una guerra di forze esterne contro l'intera civiltà occidentale.

Nel 1916 era ormai chiaro che la contesa militare tra Germania e Gran Bretagna era una situazione di stallo e che il proseguimento della guerra tra le due nazioni avrebbe portato solo alla sconfitta di entrambe. Più la guerra si trascinava, più questo diventava chiaro. Le famose Ventuno Richieste del Giappone furono una prova della forza occidentale in Estremo Oriente, e l'Occidente soccombette nel bel mezzo della sua guerra suicida. Il Giappone stava ovviamente vincendo la guerra semplicemente restandone fuori; l'America stava altrettanto ovviamente vincendo; la Rivoluzione in

Russia dimostrò che l'intero Occidente stava perdendo. Il potere che aveva risieduto in Europa fu gradualmente trasferito, man mano che la Prima Guerra Mondiale si trascinava, a forze esterne, Giappone, Russia, America. Dal vecchio punto di vista nazionalista l'Inghilterra stava perdendo, e dal nuovo punto di vista era l'intero Occidente a perdere. Se i cervelli senili e negativi non avessero presieduto agli eventi, nel 1916 sarebbe stata conclusa una pace europea per salvare la posizione mondiale dell'Europa. Ma le teste deboli, il pensiero finanziario-capitalista e la rigidità mentale hanno prevalso. Non solo la guerra suicida fu portata avanti fino alla fine, ma furono mobilitate forze esterne per partecipare alla lotta.

L'Inghilterra e la Francia reclutarono truppe di colore dai loro imperi coloniali per usarle contro l'intera civiltà occidentale - compresi loro stessi, perché le forze esterne avevano sempre considerato l'Occidente come un'unità. Il genio di Paul Kruger non era stato compreso. Se l'unico modo per sconfiggere un avversario era il suicidio, la guerra aveva perso ogni significato e doveva finire. Ma la realizzazione di semplici proposizioni come questa è accessibile solo al Genio, e il Genio non era presente al vertice degli affari europei.

Per più di un secolo, l'Inghilterra era stata l'arbitro dell'Europa: era riuscita a impedire qualsiasi potenza, mentre lei stessa aveva mantenuto comunicazioni ininterrotte con il suo impero d'oltremare. Di conseguenza, la sua supremazia commerciale nel mondo era indiscussa e poteva conquistare qualsiasi mercato estero desiderasse o avesse bisogno.

Nel 1918, con la Gran Bretagna "vittoriosa" nella Prima Guerra Mondiale, si rese conto di dover condividere i mari con l'America e il Giappone. La sua supremazia commerciale era scomparsa e la sua potenza militare era rapidamente diminuita a vantaggio delle potenze esterne. La Germania aveva perso in senso militare, ma aveva comunque perso molto meno dell'Inghilterra perché aveva meno da perdere. I veri vincitori, i vincitori politici, furono il Giappone, la Russia e, in senso puramente esterno, l'America.

Questo ci porta ai risultati politici su larga scala della guerra. I problemi mondiali del 1914 erano due: il problema interno del nascente socialismo etico e il problema esterno della crescente rivolta mondiale contro l'Occidente.

Come sono stati risolti? Il problema interno è stato risolto nell'unico modo in cui un evento così organico può essere risolto: il socialismo ha trionfato sul capitalismo, e con il passare del tempo questo si è visto sempre più chiaramente. Il metodo capitalista-materialista del pensiero e dell'azione parlamentare non poteva far fronte alla nuova situazione mondiale e ai suoi problemi organizzativi. La malattia si diffuse nella vita dell'Occidente: spiritualmente, politicamente, socialmente ed economicamente. Questa malattia poteva essere curata solo dal nuovo atteggiamento del socialismo etico nei confronti di tutti questi problemi. Il grave problema esterno della guerra è stato risolto contro l'Occidente. In tutto il mondo le popolazioni sottomesse si agitano minacciosamente. Le fondamenta degli imperi delle nazioni occidentali della vecchia scuola tremarono e si incrinarono.

Dove ieri l'occidentale comandava, oggi doveva adulare e promettere. Dove un tempo poteva muoversi liberamente e con orgoglio, ora doveva essere circospetto e temere, come funzionario, la rivolta e, come individuo, la morte improvvisa. L'arrivo di truppe di occupazione di colore barbare in una nazione occidentale dopo la Prima guerra mondiale ha confermato e rafforzato la rivolta esterna contro l'Occidente. Ai barbari fu inculcata la sensazione di poter dominare l'uomo bianco. L'attività anti-occidentale prese piede in tutto il mondo: in Sud America, in Messico, nelle Indie Orientali, nell'Islam, in Giappone, in Cina, in Russia. Che cosa significa?

La base indispensabile della dominazione occidentale su tutto il mondo esterno era stata la passività politica dei popoli soggetti. Dopo la prima guerra mondiale i sudditi divennero attivi nella zona afro-asiatica; iniziarono ad agitarsi, ribellarsi, opporsi, boicottare, sabotare, chiedere, sperare e odiare. La guerra aveva minato le fondamenta del sistema mondiale occidentale.

Il terzo risultato della Prima guerra mondiale si è manifestato sulla stessa scala: un vecchio mondo spirituale è stato spazzato via; tutte le basi spirituali del XIX secolo sono svanite. Individualismo economico, parlamentarismo, capitalismo, materialismo, democrazia, pensiero monetario, imperialismo commerciale, nazionalismo e mini-statalismo. La fine del capitalismo e del nazionalismo fu simboleggiata dalla creazione e dal genio di Benito Mussolini, che proclamò, di fronte all'apparente vittoria mondiale delle idee del XIX secolo, la volontà organizzativa e l'imperativo interno del XX secolo, la rinascita dell'Autorità e del Socialismo Etico. Proprio mentre gli ideologi materialisti si cimentavano in esercizi logici di politica internazionale e creavano una stupida e inutile "Società delle Nazioni", questo araldo del futuro sfidò l'assurdità abortita di Ginevra, reincarnando la volontà di potenza e l'eroismo dell'uomo occidentale. Alzando la voce al di sopra degli inni alla "democrazia", Mussolini parlò del cadavere della democrazia.

La parola nazionalismo ha cambiato significato dopo la Prima guerra mondiale. Se prima aveva significato liti di confine e patriottismo sciovinista, da quel momento in poi ha significato l'idea di unità dell'Occidente.

I "nazionalisti" di ogni Paese cercavano il benessere della propria patria nell'unità occidentale, abbandonando le guerre intra-occidentali, che avrebbero automaticamente creato un nuovo corpo politico.

Il vecchio mini-statalismo dell'Occidente è stato infatti distrutto dalla Prima guerra mondiale, anche se all'epoca non era storicamente visibile. Nessuna delle ex "nazioni" occidentali aveva una forza politica sufficiente per resistere a forze politiche esterne. In altre parole, ciascuna di esse aveva cessato di essere un'unità politica adatta alla grande lotta mondiale, ma non aveva ancora realizzato la propria unità e quindi il mondo esterno poteva continuare a sviluppare la crescente attività anti-occidentale che la guerra aveva scatenato.

3. La seconda guerra mondiale

La Prima Guerra Mondiale è stata un fallimento nel risolvere i due grandi problemi che rappresentavano le alternative reali e storiche di quella guerra. Ha risolto il problema del capitalismo contro il socialismo dando una vittoria apparente e materiale al capitalismo che rappresentava il passato e non poteva in alcun modo plasmare il futuro. In altre parole, il risultato della guerra è stato una mera negazione politica dello spirito del socialismo etico. Risolse il problema della ribellione mondiale a favore di forze esterne e contro la civiltà occidentale. Il risultato fu, storicamente, assolutamente falso, perché tale esito non rifletteva le grandi realtà spirituali. In realtà, lo Spirito dell'Occidente era allora avviato solo al suo massimo stadio imperialista e possedeva il potere materiale necessario per realizzare il suo imperativo interiore di imperialismo politico, autoritario e illimitato. L'approccio storicamente falso alla guerra non aveva corrisposto a queste grandi realtà spirituali, ma aveva fatto apparire superficialmente che l'Occidente era affaticato e si stava ritirando dalla sua posizione mondiale, e che il mondo esterno aveva sufficiente vigore per detronizzare il padrone occidentale di ieri.

Anche nel suo terzo grande risultato - la completa scomparsa delle basi spirituali del XIX secolo - la guerra è stata un fallimento, in quanto ha realizzato questa grande trasformazione solo in profondità, ma sulla superficie della Storia gli ideali e i luoghi comuni del passato morto erano ancora oggetto dell'adorazione verbale dei leader uniformemente stupidi che la guerra aveva innalzato. Infatti, a parte il suo tragico significato come simbolo della vittoria dei barbari sull'Occidente, la Società delle Nazioni era semplicemente una monumentale burla storica.

Ma il destino è irreversibile e lo Spirito del Socialismo, con il suo latente risorgere dell'Autorità e la sua giovanile volontà di potenza, progredì rapidamente. Lo Spirito dell'Età catturò le vecchie potenze europee, una dopo l'altra. Solo l'intervento di due regimi extraeuropei, che avevano sede a Mosca e a Washington, impedì la completa pacificazione interna dell'Europa. Questa pacificazione interna avrebbe significato, come hanno dimostrato le analisi politiche, la creazione autonoma di una nuova unità politica mondiale, l'Europa, con la Civiltà dell'Occidente organizzata come unità politico-economica-spirituale-culturale-nazionale-militare.

Le potenze che erano esistite nel XIX secolo erano diventate, in ultima analisi, semplici spettatori della lotta mondiale. Russia, America e Giappone erano i nuovi arbitri della situazione mondiale negli anni Venti e Trenta. Questa era l'eredità della Prima guerra mondiale e della cecità che ne era seguita fino al punto in cui gli alleati dell'Inghilterra avevano trionfato sull'Inghilterra e sulla Prussia-Germania.

L'ascesa alla dittatura assoluta del gruppo Distorsione Culturale in America permise al potere americano di vanificare la pacificazione dell'Europa come preludio alla riconquista europea della posizione mondiale perduta nel 1900: cioè lo stato di monopolio del potere nel mondo. Attraverso la propaganda parlamentare-finanziaria, la Distorsione Culturale riuscì a portare parte dell'Europa sotto il controllo di Washington e a determinare la forma della Seconda Guerra Mondiale.

La Rivoluzione europea del 1933 ha scatenato la più tremenda forza spirituale che la storia conosca: il destino, lo Spirito dell'Epoca in marcia. Era questa stessa forza che aveva dato agli eserciti francesi le vittorie in centinaia di battaglie in tutta Europa nelle guerre che durarono dal 1790 al 1815. Contro questo Destino, le forze interne della Cultura non potevano prevalere. Per sconfiggere Napoleone fu necessario fare appello alla Russia, e anche in questo caso la "vittoria" fu solo superficiale, perché Napoleone era stato il simbolo della distruzione delle fondamenta del XVIII secolo. Queste fondamenta non potevano essere ricostruite, anche se i signori del Congresso di Vienna pensavano di poterlo fare.

Formalmente, la Seconda guerra mondiale iniziò sulla falsariga della Prima. Superficialmente, sembrava essere una contesa tra due potenze europee di ieri. Ma, a un'analisi più attenta, la guerra non fu tale. Anche la lotta tra socialismo e capitalismo, che era uno dei problemi apparenti della guerra, non era reale, perché quel problema era stato risolto a favore del socialismo. L'alternativa al socialismo non era il capitalismo, ma il caos.

Questo ci porta ai veri problemi della Seconda guerra mondiale. Negli anni 1918-1939, l'idea del XX secolo aveva trionfato ovunque in Occidente e solo l'intervento di forze esterne con sede a Mosca e Washington aveva ostacolato la fondazione dell'unità generale europea. Nel mondo esterno, la rivolta contro l'Occidente aveva raggiunto proporzioni spaventose in India, Cina, Giappone, Islam, Africa, Messico, America centrale e meridionale, Caraibi, Indie orientali e, soprattutto, nella Russia bolscevica. Questo sviluppo esterno era stato accelerato dalla Prima guerra mondiale, invece di essere stroncato come avrebbe fatto la distribuzione effettiva della forza militare. Di conseguenza, questa gigantesca rivolta estera ha dominato il quadro mondiale. L'inversione di questa rivolta esterna e la riaffermazione del vigore imperialista dell'Occidente era il grande problema del completamento dell'unità dell'Occidente attraverso l'espulsione delle influenze extraeuropee dalla madrepatria occidentale.

Tuttavia, a causa della Rivoluzione americana del 1933 e della conseguente conquista del potere americano da parte della Distorsione culturale, la guerra iniziò in una forma disastrosa: quella di una lotta tra due ex potenze europee. Il gruppo dei distorsori culturali non era solo spinto dalla sua vecchia missione di vendetta contro l'Occidente per un millennio di insulti e persecuzioni, ma era anche infiammato dall'affronto senza precedenti che gli era stato fatto con il rinnovo dell'esclusività occidentale nella Rivoluzione europea del 1933. Per la prima volta, l'antisemitismo semplicemente sociale faceva comodo al falsario culturale, perché serviva a radunare i suoi seguaci. Ma l'antisemitismo culturale significava la fine del potere del falsario in Occidente. Contro questa minaccia, il falsificatore culturale preparò una guerra che voleva continuare, se necessario, fino allo sterminio fisico del mondo occidentale. Ha sviluppato una formula insensata, del tutto nuova nella storia europea: "resa incondizionata". Questa formula trascende la politica. La politica tende alla resa politica, non all'umiliazione personale, alla privazione della vita, dell'onore, del rango, dell'umanità e della decenza.

Il suo grande problema, così come era iniziato, era destinato a fallire. La rivolta delle forze esterne contro l'Occidente fu temporaneamente oscurata dalla lotta suicida tra truppe bianche occidentali contro altre truppe bianche occidentali, che stavano tutte morendo per la sconfitta dell'Occidente e il trionfo delle forze esterne.

Chi ha vinto la Seconda guerra mondiale? Innanzitutto, in senso militare, l'America e la Russia, perché alla fine della guerra il mondo appariva diviso tra loro. La Russia dominava metà del mondo politico: la maggior parte del quadrante nord-orientale del globo, mentre l'America dominava l'altra metà. Ma come abbiamo visto, l'America sprecò gran parte della sua vittoria militare perché la forza che governava la politica americana non era americana e quindi non poteva perseguire una politica occidentale di costruzione dell'impero, ma esercitava solo un'influenza distorsiva sulla politica americana.

In secondo luogo, in senso politico: il vincitore è stato la Russia e probabilmente il Giappone. Non si può dire che l'America sia stata un vincitore politico, dal momento che ha perso gradualmente potere dalla fine della guerra. Un Paese che è sotto la totale tutela culturale degli stranieri non può ottenere una vittoria politica, perché le eventuali vittorie militari saranno utilizzate solo a vantaggio dello straniero e non della nazione sottomessa. Questa è la natura del rapporto ospite-parassita, e l'America ne è un esempio. La Russia, d'altra parte, ha guadagnato enormemente in forza grazie alla sua "vittoria", che è stata conquistata dalle forze americane. Il potere della Russia è aumentato ovunque grazie alla guerra ed è l'unica potenza che può dirsi definitivamente vincitrice della guerra. Quando saranno trascorsi due decenni, tuttavia, è possibile che anche il Giappone possa essere considerato vincitore guerra, anche se, naturalmente, tale opinione è espressa con riserve, che dipendono da altri eventi che possono verificarsi. Ma l'occupazione benevola e protettiva del Giappone da parte delle forze americane per ricostruire l'economia e il potere politico del Giappone può portare a un certo punto in cui l'occupante si rende conto che esiste un nuovo equilibrio di potere.

Terzo, in senso spirituale: il grande vincitore collettivo è la rivoluzione mondiale contro l'Occidente. A guidarla è l'Architetto della Guerra, il Contraffattore della

Cultura. Dall'alto di una montagna di cadaveri occidentali, può considerare che la sua missione di vendetta è stata apparentemente compiuta. Dietro di lui c'è lo spirito del bolscevismo asiatico, che ora domina sul "marcio Occidente", come i letterati russi del XIX secolo chiamavano l'Europa che tanto odiavano. Ovunque, poi, si stanno sollevando forze esterne, con rinnovate speranze di successo per la ritirata dell'Occidente. In India, in Egitto, in Cina, nelle Indie orientali, esse avanzano costantemente mentre l'uomo bianco si ritira.

Questi sono i vincitori, chi sono i vinti?

Innanzitutto l'Europa, la madrepatria dell'Occidente. L'organismo della civiltà occidentale ha perso la guerra con la stessa decisione con cui l'aveva vinta la Russia. I milioni di uomini uccisi in combattimento, le centinaia di migliaia di persone uccise nelle loro case dalla guerra americana contro i civili, i milioni di persone morte di fame e di freddo a causa dell'occupazione russo-americana... tutti loro sono morti per la vittoria della Russia asiatica, della distorsione culturale e della rivolta mondiale contro l'Occidente.

La triste realtà della sconfitta dell'Occidente solleva un altro aspetto della Seconda guerra mondiale: quello economico.

Come abbiamo già visto, la base politica del monopolio occidentale del potere nel mondo prima della Prima guerra mondiale del 1914 era la passività politica dei popoli sottomessi. La sua base economica era il monopolio tecnico-industriale della civiltà occidentale. Le centinaia di milioni di persone che vivono nella piccola area dell'Europa sono qui perché il loro monopolio economico ha permesso loro di vivere con le importazioni di cibo. Le importazioni di cibo e il tenore di vita favolosamente alto dell'Occidente sono stati mantenuti dalla produzione in Occidente di manufatti destinati ai mercati esteri. Le centinaia di milioni di africani e asiatici dovevano ottenere i loro prodotti dalla civiltà occidentale.

Le prime due guerre mondiali hanno completamente compromesso questa situazione. Ovunque nel mondo esterno sono sorte gigantesche aree industriali; la rivolta contro l'Occidente non è solo politica, ma anche economica. Che cosa significa?

Ciò significa che non solo il potere dell'Occidente è stato minato, ma che la sua stessa sopravvivenza è in pericolo. Il grande problema della Seconda guerra mondiale, la restaurazione del potere mondiale dell'Occidente, aveva quindi anche un aspetto economico. Era una lotta per l'esistenza biologica di oltre cento milioni di occidentali.[103]

La situazione mondiale del momento presenta quindi non solo l'aspetto di una lotta per il potere, che è di natura comune e universale, ma anche l'aspetto estremamente raro, orribile e antieroico di una lotta per l'esistenza fisiologica.

Non solo l'Europa, ma anche il popolo americano ha perso la guerra. Dalla Rivoluzione del 1933, questo Popolo ha lavorato, prodotto ed esportato. Ha dato i suoi tesori e la vita di centinaia di migliaia di suoi figli; ha obbedito ciecamente a leader culturalmente estranei di sua scelta,[104] e per obbedire a loro ha abbassato il suo tenore di vita e ha divorziato dalla sua anima... e in cambio non ha ricevuto nulla, né spiritualmente né materialmente. Né i suoi tempi di sacrificio sono finiti. Continuerà a pagare per la Seconda guerra mondiale, che ha perso per anni. Nella coppa della vittoria americana c'era il veleno per l'anima dell'America.

4. Russia

I

La partecipazione della Russia come unità politica alla storia occidentale inizia con Pietro il Grande. In precedenza, la Russia aveva mantenuto una competizione politica solo con gli Stati slavi ai confini dell'area culturale occidentale. Nei secoli precedenti a Pietro il Grande, in Russia c'erano sempre stati due modi di pensare: uno era il sentimento delle grandi masse di contadini e di uomini dai forti istinti; l'altro era il desiderio più intellettuale di adottare le forme di pensiero e di azione occidentali e di inculcarle alla popolazione slava. Il primo era limitato a un piccolo strato, costituito dai discendenti fisici dei Varangi, che dalla Scandinavia avevano invaso la Russia al tempo di Carlo Magno e, di tanto in tanto, assimilavano nuovo sangue dalla Svezia e dalla Germania. Facendo affidamento su questo strato. Pietro il

---

[103] O l'autore si riferisce in questo paragrafo esclusivamente alla Germania, o si sbaglia, poiché la popolazione dell'Europa occidentale, escluse le colonie culturali, è di quattrocento milioni di abitanti.

[104] Anche ammettendo, a scopo puramente polemico, che il popolo americano abbia "eletto" i suoi Presidenti, non c'è dubbio che gli uomini che prendono le decisioni politiche al di sopra dei Presidenti non sono stati eletti dal popolo, nemmeno i loro esecutori come Baruch, Hopkins, Weinberg e, oggi, Kissinger.

Grande superò la fazione dei "vecchi russi" e trascinò una Russia riluttante nella comunità delle nazioni occidentali.

Non riuscì mai, né la dinastia Romanov che venne dopo di lui, a impiantare le idee occidentali sotto la superficie dell'anima russa. La Russia, la vera Russia spirituale, è primitiva e religiosa. Odia la cultura occidentale, la sua civiltà, le sue nazioni, le sue arti, le sue forme statali, le sue idee, le sue religioni, le sue città, la sua tecnologia. Questo odio è naturale e organico, perché la sua popolazione risiede al di fuori dell'organismo occidentale e tutto ciò che è occidentale è, per logica conseguenza, ostile e mortale per l'anima russa.

La vera Russia è quella che il petritismo ha cercato di costringere. È la Russia di Illya Muromyets, Minin, Ivan Grosny, Pozharsky, Teofilo di Pskov, Avakkum, Boris Godunov, Arakcheyev, Dostoevskij, Stopski e Vassili Shuiski. È la Russia moscovita, la "terza Roma", il mistico successore di Roma e Bisanzio. Non può essercene una quarta", scriveva Teopilo. Questa Russia si identifica con l'umanità e disprezza il "marcio Occidente".

Essendo primitiva, la Russia ha il suo centro di gravità spirituale nell'istinto, tanto che anche durante il XIX secolo, razionalista ed egualitario, la Russia era una terra di pogrom. Il russo sentiva la totale estraneità della cultura-stato-nazione-chiesa-razza dell'ebreo e il regime zarista istituì riserve in cui potevano vivere solo gli ebrei.

L'Alta Russia, lo strato occidentalizzato che giocava con la filosofia materialista occidentale, parlava tedesco e francese, viaggiava nelle terme d'Europa e praticava la politica dei gabinetti europei, era oggetto di un odio feroce da parte dei russi puri, i nichilisti, che incarnavano l'idea senza parole della completa distruzione dell'Occidente e della russificazione del mondo. Che questa grande Idea distruttiva si sia espressa nella forma religiosa dell'affermazione dell'unica verità del cristianesimo ortodosso orientale, o nella forma successiva della slavofilia e del panslavismo, o nella forma attuale del marxismo-leninismo, il punto è che continua a possedere lo stesso imperativo interiore di distruggere tutto ciò che è occidentale, che sente soffocare la sua anima russa.

La Rivoluzione bolscevica del novembre 1917 è stata un'epoca politica sia per la Russia che per l'Europa. La possibilità di una rivoluzione di questo tipo era sempre esistita, come dimostrano l'insurrezione di Pugachev durante il regno di Caterina la Grande, i numerosi assassinii del XIX e XX secolo, la malavita descritta nelle opere di Dostoevskij e la massiccia rete di spionaggio e polizia segreta. La forma effettiva della Rivoluzione, quando scoppiò, era duplice: c'era una rivolta dell'anima russa primitiva contro il regime filo-occidentale dei Romanov e tutto ciò che rappresentava, e c'era anche, contemporaneamente, un'appropriazione del comando di quella rivolta da parte della cultura-nazione-stato-razza ebraica. Il finanziamento necessario è stato fornito a New York dai membri del gruppo Culture Faker in America.

L'influenza della Distorsione Culturale sulla politica russa non ha avuto lo stesso grado di influenza che in America, almeno in politica estera, perché l'obiettivo globale della Russia è lo stesso del gruppo della Distorsione Culturale: la distruzione del nemico occidentale. Ma, in ogni caso, questa influenza esiste ed è in gran parte responsabile della politica russa. Con mezzi astuti e brutali mantiene il suo potere in Russia.

La dualità della Rivoluzione bolscevica ha reso l'aspetto istintivo, primitivo e asiatico un fallimento. L'obiettivo dell'aspetto russo della rivoluzione era quello di spazzare via tutte le istituzioni, le idee, le forme e le realtà occidentali. In questo modo, voleva estirpare la tecnologia e le forme economiche occidentali e gli altri aspetti dell'occidentalizzazione della Russia. Non ci riuscì, perché la minoranza bolscevica voleva industrializzare la Russia, secondo i moduli occidentali, al massimo grado, per preparare una serie di guerre contro l'odiata Europa.

Nel periodo 1918-1939, la politica russa all'estero fu condotta attraverso la sua organizzazione internazionale, il Komintern, che comprendeva al suo interno tutti i partiti comunisti presenti nella civiltà occidentale. La politica del Gruppo Faker e della Russia reale coincideva nel minare l'Occidente dall'interno, utilizzando i residui più obsoleti delle idee del XIX secolo nelle loro forme più degenerate: guerra di classe, sindacalismo, manipolazione finanziaria, pacifismo, parlamentarismo, democrazia, corruzione delle arti e delle lettere, decadenza sociale tradizionale.

Naturalmente, tale indebolimento interno doveva essere il preludio al governo completo. Se necessario, l'ultima fase, quella militare, doveva essere realizzata quando la corruzione interna avesse raggiunto un livello tale da rendere inutile la resistenza. Ma la Rivoluzione europea del 1933 mandò in frantumi questi piani. Con la sua riaffermazione positiva e vigorosa degli istinti fondamentali dell'Occidente e della sua missione nel mondo, ha reso vano ogni tentativo di minarlo, poiché l'esclusivismo dell'Occidente del XX secolo lo rende organicamente inaccessibile a tutto ciò che è culturalmente estraneo.

Lo scoppio della Seconda Guerra Mondiale nel 1939 fu causato dalla Distorsione Culturale in Occidente, in collaborazione con il regime bolscevico di Mosca. I bolscevichi calcolarono che una guerra europea avrebbe dissanguato l'Occidente fino al punto in cui gli eserciti russi avrebbero potuto occupare l'intero Occidente con uno sforzo militare relativamente ridotto, stabilendo così il dominio mondiale della Terza Roma sulle rovine dell'Europa.

All'inizio le cose non andarono così, e il regime bolscevico si ritrovò quasi a New York a un certo punto della Seconda guerra mondiale.[105] Ma l'intervento totale dell'America fu infine ottenuto Culture Fake Group e, di conseguenza, la Russia non solo fu salvata, ma ottenne una vittoria militare che la rese proprietaria del più grande impero contiguo mai esistito nella storia del mondo; un impero situato, inoltre, in una posizione dominante, al centro del mondo politico, il quadrante nord-orientale del globo.

II

Esistono quindi due Russie: il regime bolscevico e la vera Russia sottostante. Il bolscevismo, con il suo culto della tecnologia occidentale e una sciocca teoria straniera della lotta di classe, non esprime l'anima della Russia reale. Questo si è manifestato nell'insurrezione degli Streltse contro Pietro il Grande e di Pugachev contro Caterina la Grande. Nella loro ribellione Pugachev e i suoi contadini uccisero tutti gli ufficiali, i funzionari e i nobili che caddero nelle loro mani. Tutto ciò che era legato all'Occidente fu bruciato e distrutto. Intere tribù si unirono al movimento. Per tre anni, dal 1772 al 1775, il movimento imperversò con virulenza e la stessa Corte di Mosca fu minacciata. Quando fu processato dopo la sua cattura, Pugachev spiegò che era volontà di Dio punire la Russia. Quello spirito continua a esistere, perché è organico e non può essere ucciso, ma deve esprimersi. Questo è lo spirito del bolscevismo asiatico, che attualmente è imbrigliato nel bolscevismo del regime di Mosca, con la sua ossessione tecnico-economica. Questo ci porta al ruolo che

---

[105] L'autore allude al fatto storico che almeno due terzi dei primi rivoluzionari russi del 1917 provenivano dal ghetto del Lower East Side di New York (N. del T.).

l'ideologia bolscevica svolge nell'attuale situazione mondiale. Identificare la Russia con una teoria della lotta di classe, come si fa nella civiltà occidentale, è di per sé un trionfo della propaganda russa. Le teorie in politica sono tecniche, strumenti. La politica è attività in relazione al potere, non ragionamento, argomentazione o dimostrazione.

Qualsiasi occidentale che creda che la Russia rappresenti una sorta di desiderio di riformare la società o l'economia favorendo questa o quella classe dimostra di essere completamente incapace di pensare politicamente. Né è più corretto pensare che la Russia voglia organizzare il mondo intero secondo le stesse linee socio-economiche-politiche della Russia di oggi. La missione della Russia è quella di distruggere l'Occidente, e ogni disordine interno all'Occidente favorisce questa missione. La lotta di classe, la lotta razziale, la degenerazione sociale, l'arte folle, i film decadenti, le teorie e le filosofie selvagge di ogni tipo sono al servizio di questo vasto programma russo. Il comunismo è solo uno strumento, ma se un domani se ne manifestasse un altro più efficace, verrebbe sostituito.

L'ideale del comunismo, come programma teorico di riorganizzazione della società, non esiste nel mondo reale, né in Russia né in America. Il comunismo che l'Occidente deve temere è di due tipi, nessuno dei quali è minimamente teorico: primo, la lotta di classe e secondo, l'organizzazione comunista. Il primo è una cosa del tutto autoctona che può essere liquidata solo dall'idea novecentesca di socialismo etico; finché non viene liquidata, serve allo scopo russo di indebolire e disintegrare l'Occidente dall'interno. Il secondo è semplicemente l'agente diretto, situato in Occidente, che obbedisce ai mandati politici di Mosca.

In questo momento, il 1948, l'unico nemico della Russia è l'America. Rispetto all'America occupa una posizione superiore sotto ogni aspetto, tranne quello tecnico. La sua arma migliore contro l'America è l'indebolimento interno attraverso la propaganda e la degenerazione sociale. Questi metodi sono efficaci contro l'America a causa della grande frattura spirituale che esiste in quel Paese tra la vera anima del popolo americano e l'alto strato dei contraffattori culturali. L'arretratezza culturale dell'America rende efficace la propaganda materialista del XIX secolo e gli ideali sociali ultramoderni.

La presenza del Falsificatore in Russia è dimostrata dal fatto che il personale dirigente del Paese proviene in modo sproporzionato da questo gruppo, dal fatto che l'antisemitismo è un reato e soprattutto dalla politica russa nei confronti della Palestina. Nei quattro anni dal 1944 al 1948, la politica russa è stata, in tutto e per tutto, l'esatta negazione della politica americana. D'altra parte, sulla questione della spartizione della Palestina, una parte del mondo islamico, il regime di Mosca ha appoggiato la politica mondiale della razza-cultura-stato-nazione ebraica, nonostante gli interessi imperialisti della Russia consistessero nell'opporsi all'America su questa questione.[106]

Ma la natura della distorsione culturale come malattia è dimostrata ancora una volta dalla situazione attuale. Nonostante le loro situazioni interne parallele, la Russia e l'America si stanno dirigendo verso una guerra tra loro. Il periodo attuale è di preparazione alla Terza Guerra Mondiale. La natura della politica, il lato politico della natura umana, spinge verso questa guerra, e la presenza di gruppi attivi stranieri nelle due potenze politiche esistenti gioca solo un ruolo subordinato a questo grande fatto. Il ruolo di questi gruppi è quello di fare in modo che la guerra scoppi in modo tale che la loro posizione mondiale non venga danneggiata dal suo esito. La posizione strategica della Russia nei confronti dell'America è chiaramente superiore. In primo luogo, il grande fatto fondamentale della posizione della Russia sul pianeta le conferisce un vantaggio inestimabile. Il quadrante nord-orientale, come abbiamo visto, è il fulcro del controllo mondiale nell'Era della Politica Assoluta. La Russia si trova all'interno di questo quadrante, mentre l'America non è nemmeno nel mondo politico, che si trova nell'emisfero orientale, la fonte fondamentale che rappresenta sei volte il potere dell'emisfero occidentale.

Il quadrante nord-orientale, in senso militare, è controllato in parte da armi russe e in parte da armi americane. Le posizioni russe sono contigue e integrate. Il metodo diplomatico russo è quello del terrore, dell'occupazione militare, del rapimento e dell'assassinio. Il metodo americano consiste nella propaganda degenerativa, nei regimi fantoccio locali che attuano il proprio terrorismo e nella conquista finanziaria. Di questi due metodi quello russo è chiaramente superiore. Le guerre si combattono

---

[106] Dal 1948 a oggi, la Russia è stata un alleato molto condizionato degli arabi. Nella cosiddetta Guerra dei Sei Giorni i famosi tecnici radar russi di stanza in territorio egiziano fallirono completamente. Nella guerra del 1974 si sostiene che l'URSS aveva avvertito Israele all'ultimo momento dell'attacco che Egitto e Siria stavano preparando. La politica russa in Medio Oriente dà l'impressione di dover screditare l'America senza danneggiare Israele.

con i soldati, non con il denaro, e la diplomazia non è altro che preparazione alla guerra e sfruttamento della guerra. Quindi i mezzi finanziari sono sussidiari a quelli militari, semplicemente annessi ad essi.

Le posizioni americane nel quadrante nord-orientale sono state comprate, ma non potranno mai essere pagate. Queste posizioni dipendono dal mantenimento di regimi fantoccio formati dallo strato meno valido d'Europa, i politici di parte che si vendono per denaro. Pertanto, una rivolta nella sfera americana in Europa, portata avanti dallo strato più vigoroso e onorevole, porrebbe automaticamente fine all'ascendente americano, mentre una rivolta nella sfera russa in Europa, nelle condizioni attuali, sarebbe affogata nel sangue. Certo, la diplomazia finanziaria americana è sostenuta in ultima analisi dalle baionette americane, ma questo non impedisce il persistere, nella mente americana, di una pericolosa illusione sul valore dei mezzi finanziari. La diplomazia russa accresce il prestigio della Russia, mentre quella americana risveglia nelle popolazioni interessate la speranza di guadagni materiali, assecondando gli istinti più bassi dell'avidità e della pigrizia. L'America conduce una gigantesca "festa" delle impiccagioni, secondo i moduli delle vecchie vendette semitiche. La Russia valuta gli individui in base alla loro utilità presente o futura per i piani russi, e non è interessata alle loro azioni passate. Tuttavia, se la Russia decidesse di organizzare una serie di uccisioni per "crimini di guerra", potrebbe dare lezioni di tecnica agli americani. Il precedente del processo Florinsky durante il Terrore Rosso a Kiev nell'estate del 1919 è esemplificativo. Il professor Florinsky dell'Università di Kiev era sospettato di antisemitismo. Irritata dalla sua mancanza di umiltà, uno dei suoi giudici, Rosa Schwartz, brandì un revolver e lo uccise a metà processo.

La posizione della Russia nel Quadrante Nord-Est offre alla Russia la possibilità di un alto grado di applicazione dei principi strategici della concentrazione e dell'economia delle forze. D'altra parte, la lontananza della Russia dall'America la costringe a mantenere un'enorme organizzazione navale che, in caso di guerra, dovrebbe sopportare il peso delle operazioni prima di poter inviare un solo soldato nel teatro di guerra. La Russia, quindi, ha il vantaggio della linea interna contro l'America.

E ora possiamo fare le ultime considerazioni sulla Russia, sulla sua missione e sul suo potenziale.

La Russia è fuori dall'Occidente: il suo imperialismo è un mero negativo dell'imperialismo organizzativo illimitato dell'Occidente. La missione della Russia è quindi puramente distruttiva per l'Occidente. La Russia non è portatrice di speranze utopiche per l'Occidente, e chi lo crede è un idiota culturale. La Russia è internamente divisa; il regime al potere non rappresenta l'anima autentica, asiatica, religiosa, primitiva, ma una caricatura tecnologica del petrinismo, ed è molto probabile che un giorno il regime faccia la stessa fine dei Romanov. Questa divisione può essere usata contro la Russia, così come lei usa tattiche rivoluzionarie interne contro i suoi nemici politici. Questa tattica è stata utilizzata con successo dall'Occidente contro il regime dei Romanov nel 1917. In virtù della sua situazione fisica, ai confini dell'Occidente, la Russia è e rimarrà sempre il nemico dell'Occidente, finché i suoi popoli saranno organizzati come unità politica.

5. Giappone

La creazione della potenza mondiale Giappone è stata uno dei risultati dell'imperialismo commerciale americano del XIX secolo. Fu "aperto" - la terminologia ipocrita che accompagna sempre lo spirito del commercio! - nel 1853 dai colpi di cannone della flotta americana. Non essendo tecnologicamente all'altezza, l'imperatore giapponese si arrese sul posto. In seguito, lo sviluppo del Giappone fu la storia dell'imitazione giapponese della tecnica materiale occidentale e dei metodi della diplomazia occidentale. Il suo sviluppo fu un percorso di alti risultati politici: studiò l'arte del possibile e la mise in pratica con invariabile successo. Meno di una generazione dopo l'"apertura", il Giappone riuscì ad assicurarsi una testa di ponte sul continente asiatico, perché i suoi leader sapevano che il potere politico mondiale non poteva basarsi su isole sovraffollate, ma doveva basarsi sul controllo dei territori continentali e delle popolazioni che essi ospitavano, proprio come l'Impero britannico si basava sull'India. Nell'ultimo decennio del XIX secolo era pronto per la guerra. Nella guerra sino-giapponese ebbe successo e aumentò la sua testa di ponte continentale. Nel 1904 giudicò la situazione favorevole per una guerra contro la più grande delle potenze continentali occidentali, poiché a quel tempo la Russia figurava nel mondo come un membro del sistema statale occidentale. In questa seconda grande guerra, il Giappone fu vittorioso, sia militarmente che politicamente. La sua abile tradizione politica sapeva come sfruttare una vittoria militare: nel 1914 attaccò abilmente la più debole delle guarnigioni nazionali in Estremo Oriente, conquistando così l'intero Impero tedesco in Estremo Oriente con uno sforzo militare quasi nullo. La sua posizione nel continente asiatico era in costante miglioramento. Dopo la Prima Guerra Mondiale subì una sconfitta diplomatica per mano dell'Inghilterra e dell'America e si ritirò in attesa.

In più di tre quarti di secolo, dal 1853 al 1941, il Giappone non ha commesso un solo errore politico. Si tratta di un successo notevole nella storia del mondo, che è riuscito a costruire una forte tradizione di fiducia nella leadership e nella tradizione nazionale. Questa tradizione è stata rafforzata dalla prima religiosità del Giappone, che credeva nell'umanità di Dio, nella divinità dell'Imperatore e nella missione divina del Dai Nippon.

Nel 1941, il governo giapponese si trovò ad affrontare una nuova situazione politica. Nella guerra tra Occidente e Russia, i suoi interessi puramente politici risiedevano in una vittoria occidentale. Ciò avrebbe esteso le posizioni continentali del Giappone a vasti limiti, fino alle frontiere dell'India, del Tibet, del Sinkiang. Ma un'altra potenza occidentale, l'America, era in possesso di una parte del continente asiatico, di migliaia di isole nella sfera di espansione del Giappone, di una potente flotta nel Pacifico e della volontà di annientare il Giappone. Lasciando l'Europa a combattere la sua guerra contro la Russia, decise di dedicare tutte le sue energie militari alla guerra contro l'America. Solo in un senso molto limitato questo può essere definito un errore, perché non c'è certezza che l'America non l'avrebbe attaccata se il Giappone avesse attaccato la Russia, invece di attaccare l'America. Ma, in generale, è meglio attaccare una potenza che sta già lottando per la sua vita piuttosto che una che non viene attaccata da nessuno. Un eventuale attacco può essere contenuto mentre la potenza che sta combattendo su due fronti viene liquidata.

In ogni caso, la Seconda Guerra Mondiale si conclude con una pace negoziata tra Giappone e America. La nazione, lo Stato, l'imperatore e le istituzioni giapponesi furono rispettati, l'esercito giapponese fu disarmato con onore e le truppe americane poterono occupare il Giappone. Questa decisione fu portata avanti con religiosa disciplina. Non portò disonore ai leader del Paese, alla nazione o ai singoli individui; nessuno perse la faccia, perché le nuove condizioni venivano adottate solo per ordine del Dio Imperatore. La superiorità tecnologica americana, che in pochi giorni aveva disciplinato l'inimicizia in una situazione di maestro-discepolo, riportò il Giappone alla situazione spirituale del 1853. Era necessario un periodo di apprendistato. Ancora una volta l'America avrebbe insegnato al Giappone la tecnica necessaria per la potenza mondiale. Le truppe americane furono presentate come servitori dell'Imperatore per istruire il suo popolo.

Può un occidentale pensare che la tradizione dei samurai si sia dissolta in una settimana, in una nazione con la fermezza e l'integrazione spirituale del Giappone, una nazione che ha prodotto una successione infinita di piloti kamikaze i cui generali si sono arresi per salvare le vite dei loro soldati e poi hanno fatto harakiri? Pensarlo significa non capire la Storia con la sua forza silenziosa e irresistibile, il Fato. L'anima del popolo giapponese ha un destino. La loro missione, come quella dei russi e delle altre forze non occidentali, consiste semplicemente nella negazione e nella distruzione dell'Occidente.

Anche una politica americana ben coordinata e intelligente in Giappone non potrebbe distruggere la sua anima; il massimo che potrebbe fare è cercare di monopolizzare i mezzi di espressione politico-militari. Ma la politica americana ispirata dalla distorsione culturale in America per ricostruire e aiutare la tradizione giapponese, per fortificare la sua spiritualità, rende il futuro del Giappone molto promettente. Quale sarà questo futuro, nessuno può dirlo. Una rivoluzione americana potrebbe ribaltare bruscamente la situazione. La Terza Guerra Mondiale potrebbe influenzarlo in un senso o nell'altro. Quando una potenza è sommersa come il Giappone, la sua volontà conta poco.

Il Giappone è, e continuerà ad essere, il nemico dell'Occidente, perché appartiene a forze esterne e la forza motivante della politica mondiale in quest'epoca di politica assoluta è nella cultura. Nella grande divisione spirituale del mondo, il Giappone appartiene alle forze non occidentali. La minaccia del Giappone all'Europa è mitigata dalla distanza geografica, ma la sua minaccia all'Australia rende l'inimicizia americano-giapponese ancora più reale, perché l'America ha il dovere culturale di proteggere l'Australia, dato che la stupida diplomazia occidentale ha perso tutta l'influenza europea in quell'area.

Il Giappone non può essere considerato alla stregua dell'India e della Cina, perché è integrato. La politica è una lotta di volontà contro volontà. L'India e la Cina in quanto tali non hanno volontà. Non sono unità organiche, ma semplici raccolte di terre e popolazioni riunite sotto un unico nome per comodità. La loro volontà negativa è diffusa attraverso tutti i loro individui, mentre quella del Giappone è concentrata e articolata in uno strato che rappresenta la nazione. Il Giappone è quindi la potenzialità di una potenza del futuro, mentre l'India e la Cina saranno sempre un bottino per le potenze straniere.[107]

Per l'Europa e il suo futuro, più importante delle forze esterne è l'America. La situazione esterna, i piani e le possibilità dell'America devono essere esaminati.

6. America

Le forze armate sotto il comando del regime di Washington controllano l'Europa settentrionale e occidentale, parte dell'Europa sudorientale, l'intero Mediterraneo, parte del Vicino,[108] Medio ed Estremo Oriente, nonché tutta l'America centrale e la maggior parte dell'America del Sud. Controlla anche tutti i mari del mondo. L'ampiezza di questo impero è mitigata dalla sua lentezza. La distanza fisica dell'America dal mondo politico è la prima debolezza di questo impero. La seconda è la mancanza pensiero imperiale nei suoi leader. La terza è la diplomazia finanziaria vecchio stile, che è l'unico vincolo che tiene insieme ampie parti di un impero. E la quarta è la terribile tensione interna creata dal dualismo tra la vera anima del popolo americano e il regime culturalmente estraneo.

La prima debolezza determina che lo sforzo bellico dell'America contro la Russia per il controllo del mondo deve essere maggiore di quello della Russia. Questa debolezza dell'impero americano non è apprezzata in America, dove la completa ignoranza degli attuali rapporti di forza perpetua la convinzione ottocentesca della

---

[107] In alcuni opuscoli pubblicati dopo l'apparizione di Imperium, l'Autore insiste su questo apprezzamento dell'India e della Cina, ammettendo la possibilità di una straordinaria individualità che articola superficialmente ed esternamente, attraverso il Terrore, questi conglomerati amorfi. Tale articolazione durerà solo finché quella personalità vivrà. La Cina di Mao, secondo l'Autore, sarà solo una seconda versione della Mongolia di Gengis Khan.

[108] Il controllo del Vicino Oriente è stato quasi completamente perso e le recenti battute d'arresto nel Sud-Est asiatico fanno pensare che il controllo sarà perso anche lì. Si può aggiungere che in Africa, l'imperiosità del regime di Washington - o quello che è - sta permettendo l'installazione di potenti teste di ponte che dipendono dal controllo di Mosca. (N. di T.)

supremazia del potere navale su quello terrestre. Questa debolezza dell'impero americano non è apprezzata in America, dove la completa ignoranza degli attuali rapporti di forza perpetua la convinzione ottocentesca della supremazia del potere navale su quello terrestre. Forse tale convinzione poteva essere ammessa quando l'intero entroterra dell'Asia - il mondo - era politicamente passivo, e il controllo di poche teste di ponte e forti lungo la costa dava automaticamente accesso all'entroterra e ne consentiva il controllo. Ma nelle nuove condizioni di rivolta esterna, riflesso della fase di sviluppo della civiltà occidentale in cui le popolazioni del mondo, una volta assoggettate, sono politicamente attive, il potere terrestre appare come l'unico potere, mentre quello navale è solo un ausiliario. Non è altro che comunicazione e trasporto, ma è il combattimento che decide le guerre. Questo implica eserciti, e così come la Russia può dedicare tutti i suoi sforzi alla lotta per il potere terrestre, l'America deve mantenere una gigantesca potenza navale come semplice prerequisito per partecipare alla battaglia per il controllo del mondo. Inoltre, le popolazioni dell'Impero russo, militarmente più valide, sono più numerose del 50% di quelle dell'Impero americano, e il tasso di natalità medio russo è primitivamente alto, mentre quello degli elementi combattenti americani è in forte declino.

Un altro aspetto della debolezza dell'impero americano è la sua fiducia nella superiorità tecnica. Si tratta di un'altra forma di fallacia della potenza navale, in quanto si pensa che il potere possa avere altre basi oltre agli eserciti. Le armi sono semplici ausiliari in una lotta: la cosa principale è, ed è sempre stata, lo spirito. Contro questo fatto vitale fondamentale nessuna arma può prevalere. La superiorità tecnica è inutile, in ultima analisi, se non è accompagnata dalla superiorità della volontà di potenza, o della volontà di conquista. La stessa arma che può aver dato una vittoria militare può poi essere inutile contro un Paese occupato dai soldati della potenza "vincitrice", che può trovarsi politicamente sconfitto.

La seconda debolezza dell'impero americano è il fatto che la malattia culturale dell'arretratezza in America ha impedito l'emergere di un vero pensiero imperiale. Il pensiero imperiale non può svilupparsi in una terra satura di propaganda pacifista, di follia per il contenuto di piacere della vita e di mediocrità intellettuale come ideale spirituale. Il pensiero imperiale non può essere costruito su inutili "leghe di nazioni", né su idealismi bavosi di qualsiasi tipo, tanto meno sull'odio cieco come pietra angolare di una politica estera. Eppure, politicamente parlando, questo è tutto ciò che c'è in America. Non c'è nessuno standard elevato tra la gente, nessun gruppo unicamente americano che senta il bisogno di arricchirsi. Non ci sono Samurai, né Komintern, né Società del Drago Nero, né nobiltà, né idea, né nazione, né Stato.

Né il pensiero imperiale inizierà a svilupparsi solo perché un insider culturalmente estraneo vuole usare le indolenti popolazioni americane per realizzare il suo imperativo di vendetta contro la civiltà occidentale. Il pensiero imperiale deve sorgere spontaneamente negli strati superiori. Proprio perché questi strati mancano come élite dirigente in America, il vero pensiero imperiale non potrà emergere in America nel prossimo futuro.

La terza debolezza, quella di affidarsi a regimi fantoccio basati principalmente su mezzi finanziari e solo secondariamente su mezzi militari, è semplicemente un altro effetto del ritardo culturale. Il metodo finanziario di conquista è superato. Questa è l'era della politica assoluta e il potere non può essere comprato e assicurato come mezzo di arricchimento. Chi non si rende conto di quello che è lo Spirito dell'epoca si troverà improvvisamente travolto da eventi giganteschi che non avrebbe potuto immaginare.

La diplomazia finanziaria è, in quest'epoca, un'assoluta stupidità.

Il quarto punto debole è la tensione interna all'America stessa. Il futuro del nazionalismo americano è pienamente definito, dal punto di vista spirituale: parteciperà alla lotta per il controllo americano del Destino dell'America. Questa lotta nasce dalla natura organica delle cose. L'ospite e il parassita sono reciprocamente ostili e l'ostilità non può essere abolita. Come, con quali successi iniziali? Sono cose imponderabili.

In ogni caso: L'Europa deve sapere e rendersi conto che entrambe le potenze occupanti, America e Russia, sono divise orizzontalmente al loro interno. In entrambe, lo strato dirigente è internamente e spiritualmente estraneo alla grande massa dei popoli sottomessi. Questo è un fatto primario, elementare. È essenziale per una visione di ampio respiro delle possibilità del mondo, una visione che metta da parte ottimismo e pessimismo, viltà e spavalderia, esultanza e disperazione. Queste due potenze si differenziano, ai fini europei, per il fatto che la vera America appartiene alla civiltà occidentale, mentre la vera Russia non potrà mai appartenervi. Ma nell'immediato, nell'arco di un quarto di secolo, una delle due potenze è più pericolosa dell'altra.

La totale estraneità della Russia è percepita in tutta Europa, sia orizzontalmente che verticalmente. Con l'occupazione russa dell'Europa, anche i comunisti europei parteciperebbero alla grande e interminabile rivolta contro il barbaro. Gli elementi spiritualmente più poveri dell'Europa, con la loro passione per la ciarlataneria parlamentare e il loro amore per il denaro, nonché il loro odio per la ferma e forte volontà di potenza prussiano-europea, saranno purificati dalla loro malattia spirituale sotto la frusta dei mongoli. Allora torneranno ad essere europei. Inoltre, un'occupazione russa non potrebbe tenere l'Europa perennemente sottomessa. In primo luogo, la volontà e l'intelligenza europee sono superiori alla volontà e all'intelligenza dei barbari. In secondo luogo, il barbaro non ha risorse umane sufficienti per asservire la civiltà occidentale in questa fase del suo sviluppo, quando il suo imperativo interno si presenta sotto forma di volontà di potenza e di necessità di un imperialismo autoritario illimitato.

L'America, invece, è generalmente malvista in Europa. Anche negli strati culturali dell'Occidente non è chiaro che l'America, sotto la guida della Distorsione culturale, sia il nemico totale dell'Europa. Solo lo sviluppo del pensiero culturale ha permesso all'Europa di comprendere la natura organica della cultura e della patologia culturale. Per la prima volta, l'Europa può ora vedere nella sua dualità: sotto, l'America di Alexander Hamilton, George Washington, John Adams, degli uomini di frontiera, degli esploratori, degli uomini di Alamo; sotto, l'America della distorsione culturale con il suo monopolio del cinema, della stampa, della radio, della mente e dell'anima, e con il suo imperativo di vendetta diretto contro il corpo e l'anima della civiltà occidentale. Sfruttando l'arretratezza o il rallentamento culturale dell'Europa, il falsario americano può dividere gli occidentali e spingerli gli uni contro gli altri sulla base di vecchi e superati motivi nazionalistici del XIX secolo. La divisione spirituale e la balcanizzazione dell'Europa servono a questo scopo. A coloro che si oppongono ai suoi piani, il falsario sta ora dimostrando le sanzioni che userà contro di loro, con le sue uccisioni legali per "crimini di guerra".

La differenza tra l'atteggiamento della Russia e quello dell'America, anche quando cerca di dividere l'Europa, è semplicemente che la Russia, anche quando cerca di dividere l'Europa, può solo unirla. L'occupazione americana, invece, ha l'effetto di dividere, perché fa appello ai sub-europei, agli arretrati, agli elementi spiritualmente inferiori, agli adoratori del denaro, ai pigri e agli stupidi, agli istinti peggiori di ogni europeo. La distruzione materiale che accompagna un'occupazione russa è notevole, ma lo è anche quella che accompagna una devastazione americana: che differenza fa per l'Europa se i russi smantellano un'industria e la portano nel Turkestan, o se gli americani la fanno saltare in aria? La differenza tra gli effetti spirituali delle due occupazioni rende quella russa meno dannosa. Le pratiche russe di arresti notturni, assassinii, deportazioni in Siberia, non convincono nessuno. Mentre le pratiche americane di uccisioni legali per "crimini di guerra" rappresentano un'altra tecnica per la divisione dell'Europa e, d'altra parte, servono a realizzare l'imperativo di vendetta del Culture Faker.

7. Terrore

> *È una debolezza, anzi una meschinità di cuore, non parlare bene dei propri nemici e non dare loro l'onore che meritano.*
>
> Federico il Grande Prefazione alla sua
> *Storia della Guerra dei Sette Anni*, 1764

In ogni Grande Cultura, il sentimento universalmente prevalente è stato lo stesso espresso da Federico II. Nemmeno l'insorgere della crisi di civiltà ha fatto scomparire del tutto questo sentimento di onore senza parole. Per quanto feroci siano state le battaglie, per quanto lunghe siano state le guerre, ogni vincitore su un avversario appartenente alla stessa Cultura ha sempre mostrato generosità e rispetto per il nemico sconfitto. Questo concetto è insito nella natura della politica all'interno della stessa Grande Cultura, che si realizza solo con il potere e non con il massacro degli individui dopo la guerra, con l'esecuzione o con la fame provocata artificialmente. Una volta conquistato il potere, l'obiettivo è stato raggiunto e gli individui dell'ex nemico non sono più considerati nemici, ma semplicemente esseri umani. Nei mille anni di storia dell'Occidente, naturalmente con qualche eccezione, il disonore è sempre esistito. Ma esercizio della malignità e dei maltrattamenti contro l'avversario sconfitto non è mai stato praticato, né tanto meno incoraggiato su larga scala, né per un lungo periodo di tempo, sarebbe stato semplicemente impossibile tra due gruppi appartenenti alla cultura occidentale.

In tempi molto recenti questo imperativo organico è stato ben illustrato: ad esempio, quando Lee si arrese ad Appomatox, nel 1865, il feroce guerriero Grant, così implacabile sul campo di battaglia, si dimostrò un vincitore magnanimo e gentile. Il caso di Napoleone mostra lo stesso imperativo organico in azione da parte dei suoi rapitori, dopo Lipsia e persino dopo Waterloo. In precedenza, il governo inglese, che era in guerra con lui, lo aveva avvertito che si stava ordendo un complotto contro la sua vita. E quando Napoleone III fu catturato, Bismarck si interessò personalmente alla sua sicurezza e al suo trattamento onorevole.

Ma tra una potenza appartenente a una Grande Cultura e un'altra appartenente a una Cultura diversa, questi usi d'onore non sono mai stati generalizzati, né nella condotta della guerra né nel trattamento del nemico sconfitto. Così, in epoca gotica, la Chiesa proibiva l'uso della balestra contro i membri della cultura occidentale, ma ne autorizzava l'uso contro i barbari. In questi casi, il gruppo avversario non era considerato come un semplice avversario, ma come un vero e proprio nemico, visto che il XX secolo utilizza ancora una volta questo termine per descrivere elementi esterni alla Civiltà occidentale. Il tribunale militare spagnolo che "processò" l'ultimo Inca e lo condannò a morte non si sentiva legato a lui dallo stesso obbligo d'onore che avrebbe sentito nei confronti di qualsiasi leader occidentale del suo rango. A maggior ragione, la comunità d'onore che nasce all'interno di una cultura non si estende allo straniero che non appartiene ad alcuna cultura, cioè al barbaro. Così Yugurta, Mitridate, Sertorio, Vercingetorige furono tutti perseguitati fino alla morte personale dai Romani. Il barbaro intende le cose allo stesso modo, come dimostrano gli omicidi e i massacri compiuti da Mitridate, Giuba, i Goti, Arminio e Attila. Non è una questione di popolo, né di razza, ma il fatto grandioso di appartenere, o meno, a una Grande Cultura, che è decisivo in questo caso, come dimostrano i massacri dei mongoli di Gengis Khan e degli attuali russi, entrambi esterni a una Grande Cultura.

Così, quando dopo la Seconda Guerra Mondiale fu organizzato un enorme e completo programma di sterminio fisico e di persecuzione politica, legale, sociale ed economica contro il corpo indifeso dell'Europa, divenne molto chiaro che non si trattava di un fenomeno intra-culturale, ma di un'ulteriore, trasparente ed esemplare manifestazione di distorsione culturale. A essere distorti erano, nello specifico, i costumi politico-militari d'onore di molte alte tradizioni occidentali. Queste consuetudini erano ancora osservate dall'Europa durante la Seconda guerra mondiale, e un gruppo numeroso di politici e generali di piccoli Stati è sopravvissuto alle carceri europee per tutta la durata della Seconda guerra mondiale, perché a nessuna mente europea è venuto in mente che potessero essere sottoposti a processi farsa e impiccati. Queste consuetudini si estesero anche a situazioni estreme, come la protezione della vita del figlio del barbaro leader Stalin, tenuto prigioniero in Europa durante la guerra, e furono osservate in alcuni casi persino dal barbaro Giappone, che salvò la vita di alti militari americani, quando avrebbe potuto ucciderli con o senza processi farsa. Ma l'obbligo incondizionato dell'onore di guerra, fino ad allora assoluto nella civiltà occidentale, è stato alterato dal Contraffattore della Cultura dopo la Seconda Guerra Mondiale.

Poiché la malattia culturale non può mai influenzare l'anima della cultura nel suo intimo, non può mai cambiare in modo permanente quell'anima, ma deve condurre una lotta senza fine contro di essa. In questa lotta, non può fare pace, né tregua. Gli istinti culturali resisteranno sempre agli elementi di malattia, siano essi parassitari, ritardanti o distorsivi. Stando così le cose, la Distorsione Culturale ha proceduto a scatenare il Terrore Europeo dopo la Guerra, quando non c'era più alcuna lotta politica nella Civiltà Occidentale.

La storia del programma "crimini di guerra" mostra la sua natura. Le sue basi sono state gettate nella propaganda antieuropea che ha travolto l'America a partire dal 1933. La stessa propaganda mostrava che erano all'opera forze extraeuropee, rifiutando la comunità delle nazioni e l'onore politico. I leader europei venivano dipinti come criminali comuni e pervertiti sessuali, e attraverso questa vile propaganda si diffuse l'idea che questi leader potessero e dovessero essere uccisi. Gradualmente, la tesi fu ampliata e l'idea del Socialismo Etico del XX secolo fu equiparata al Male Assoluto, e le popolazioni al suo servizio furono dipinte come afflitte da follia collettiva e bisognose di "rieducazione" da parte dell'America.

Per essere efficace, la distorsione culturale deve sempre utilizzare mezzi efficaci, oltre a idee e costumi consolidati. Così, in America, ha fatto appello al patriottismo e al legalismo americano. Durante la Seconda guerra mondiale, la propaganda iniziò a chiedere esplicitamente di "processare" i leader europei e gli strati culturali dell'Occidente. Nel corso della guerra, in America, fu istituito un massiccio "processo per tradimento" contro gli elementi americani ostili alla Distorsione Culturale e favorevoli all'Impero d'Occidente. Per superare, almeno temporaneamente, i nativi istinti d'onore occidentali, la guerra fu presentata come unica, come una guerra contro l'umanità, contro la "moralità", di "pace", contro la guerra, una guerra che, quindi, doveva essere condotta con misure uniche contro il nemico in caso di vittoria; una guerra in cui il nemico non solo doveva essere sconfitto, ma fisicamente sterminato come "punizione" per i suoi crimini, come al solito la Legge fu chiamata a sostenere la struttura, e ai giuristi fu ordinato di preparare nuovi crimini, di escogitare nuovi tribunali, procedure, giurisdizioni, sanzioni. Non solo i leader, ma anche gli eserciti e persino i civili dovevano essere condannati per nuovi crimini.

Al livello intellettuale più basso, questa operazione è stata francamente presentata come una vendetta, ma ciò ha richiesto la creazione di fatti nuovi, che nulla di simile a questo programma era mai accaduto in cinque millenni di Grandi Culture. Per questo motivo fu inventata l'infame propaganda dei "campi di concentramento" per infiammare l'immaginazione pubblica.

La fantasia divenne fatto, la menzogna divenne verità, il sospetto divenne prova, la mania di persecuzione divenne sete di sangue. Poiché l'Europa non aveva fatto processi farsa per giustificare la vendetta, la propaganda disse che ci sarebbero stati se la guerra fosse stata vinta, e questa menzogna dimostrabile assunse lo status di fatto.

La naturale affinità degli elementi malati di una cultura è stata dimostrata dal fatto che i leader dei gruppi di Ritardo Culturale in Occidente, e in particolare in America, hanno dato il loro sostegno al programma. Senza le forze del Ritardo Culturale in America l'intera operazione di "processi e crimini" sarebbe stata impossibile. Come era prevedibile, le migliori menti della civiltà occidentale, sia in America che in Europa, rifiutarono totalmente il programma, ma il potere di attuarlo era nelle mani del vincitore esotico.

Lo schema dei crimini aveva tre aspetti principali: in primo luogo, l'incriminazione di massa dei massimi dirigenti europei, gli autori della Rivoluzione europea del 1933; in secondo luogo, l'incriminazione, anch'essa su larga scala, degli ufficiali di ogni grado che si erano distinti in guerra, dei militari che avevano prestato servizio di guardia nei campi di concentramento e dei civili che avevano preso parte alla difesa contro i raid aerei; in terzo luogo, l'incriminazione individuale di milioni di membri di organizzazioni politiche di massa.

Sebbene questi procedimenti venissero chiamati "processi", in realtà non erano affatto processi, poiché non esisteva un sistema giuridico che autorizzasse alcuna sanzione. Il diritto internazionale occidentale escludeva la possibilità che i leader di uno Stato nemico potessero essere processati, impiccati come parte dello sfruttamento della vittoria, poiché il suo principio fondamentale era la sovranità degli Stati. Il diritto internazionale, quindi, si basava puramente su una comunità di comitatologia, non sulla forza. Un vero processo presuppone, da un punto di vista puramente giuridico, un sistema giuridico preesistente, un potere giudiziario altrettanto preesistente per far rispettare la legge, una giurisdizione sulle questioni da giudicare e una giurisdizione sulla persona i cui atti dovevano essere giudicati. Senza una legge preesistente, non ci può essere reato, né tribunale, né giurisdizione su atti o persone. La semplice custodia non è giurisdizione, perché se lo fosse, un rapitore potrebbe affermare di avere giurisdizione sulla sua vittima.

I processi farsa non sono una novità nella storia della cultura, ma quando si svolgono tra membri della stessa cultura sono semplicemente disonore, e il disonore si riflette sull'autore, e solo su di lui, e mai sulla vittima. Sono disonorevoli semplicemente perché sono inganni e sotterfugi; sono un tentativo di fare, sotto la copertura della forma e della legge, ciò che l'istinto e la coscienza vietano. Così i preliminari delle esecuzioni di Luigi XVI di Francia e di Carlo d'Inghilterra non furono processi, anche se questo nome fu dato loro da coloro che vi parteciparono, perché secondo la legge allora vigente in Francia e in Inghilterra il monarca era sovrano e, come tale, non poteva essere sottoposto ad alcun tribunale.

A parte le ragioni strettamente legali e le considerazioni sulla comunità d'onore intraculturale, c'è una fonte indipendente di ragioni per cui i processi per "crimini di guerra" non possono essere definiti processi: è la fonte della psicologia umana. Un vero processo presuppone l'imparzialità del tribunale; una vera imparzialità mentale, al di là della mera presunzione legalistica di innocenza dell'imputato. Ma i processi in questione erano apertamente e francamente formulati contro i nemici. Le vittime erano legalmente definite "nemiche" e la guerra era dichiarata legalmente in corso. L'inimicizia esclude l'imparzialità, e l'imparzialità non era presente nel programma "crimini". In precedenza, i "processi" con cui Filippo il Bello eliminò i Templari come potenza politica, i "processi" a Giovanna d'Arco, a Lady Alice Lisle e al Duca d'Enghien non erano veri processi a causa della parzialità del tribunale. A maggior ragione, quando i processi sono il risultato dell'impatto di due culture diverse, allora non ci può essere un processo vero e imparziale, come dimostrano il "processo" di Cristo da parte del procuratore romano e quello di Atahualpa da parte di una corte marziale spagnola. Lo spettacolo di Norimberga è stato un ulteriore esempio, il più conclusivo di tutti, della totale inconciliabilità delle anime di due Culture e delle profondità abissali a cui può scendere la malattia culturale. Già mentre il processo era in corso, i suoi organizzatori ordinarono alla stampa di sondare il pubblico su quali metodi di esecuzione dovessero essere usati contro le vittime.

Naturalmente, è impossibile ingannare sempre l'intera popolazione di una cultura. C'è un certo strato che vede la realtà attraverso le frodi, e in questo strato la propaganda dei crimini e dei "processi" ha avuto esattamente l'effetto opposto a quello voluto. Chiunque sia in grado di orientarsi storicamente sa che l'appellativo di "criminale" può essere affibbiato, con successo superficiale e temporaneo, a ogni persona al potere. Nel corso del millennio di storia occidentale, centinaia di persone e nomi creativi che hanno occupato posti importanti sono stati accusati di crimini o imprigionati. L'imperatore del Sacro Romano Impero Conradino Hohenstaufen fu decapitato nonostante fosse la persona laica di più alto rango di tutta la cristianità. Altri accusati di crimini o imprigionati furono: Riccardo Cuor di Leone, Ruggero Bacone, Arnoldo da Brescia, Giordano Bruno, Cristoforo Colombo, Savoranola, Giovanna d'Arco, Galileo, Cervantes, Carlo d'Inghilterra, Shakespeare, Oldenbarneveldt, Luigi XVI, Lavoisier, Voltaire, Napoleone, l'imperatore Massimiliano del Messico, Thoreau, Wagner, Carlo III, Federico il Grande, Edgar Poe Napoleone III, Garibaldi. Il periodo del Terrore durante la Rivoluzione francese iniziò nel 1793 e durò poco più di un anno, anche se nacque e si sviluppò come risultato di condizioni prolungate e continue di attività politica interna ed esterna, portate a un grado di intensità fino ad allora sconosciuto in Europa. La Nuova Repubblica Francese stava combattendo per la sua vita sui campi di battaglia e contemporaneamente si confrontava con la maggioranza della sua stessa popolazione. In queste condizioni di lotta per il potere, gli abusi del Terrore possono essere compresi storicamente, date le circostanze. Le qualità drammatiche del Terrore non possono oscurare il fatto che egli da solo ghigliottinò, secondo le stime dei suoi oppositori, tra le due e le quattromila persone.

Ben diverso fu il Terrore che seguì la Seconda guerra mondiale. La sua motivazione trascendeva la politica, poiché questa parola è usata solo per le attività di potere all'interno di una cultura. Non era una fase della lotta per il potere. L'Europa sconfitta fu completamente occupata da eserciti al servizio della distorsione culturale. Non c'era resistenza fisica. Così, per un imperativo puramente revanscista, fu organizzato un programma di persecuzione e di esecuzioni di massa.

L'elaborata finzione di legalismo è un altro segno di malattia culturale. Un'orgia di frodi così prolungata per cercare di mascherare un disonore così evidente sarebbe stata impossibile per qualsiasi gruppo appartenente a una Grande Cultura contro il suo avversario intra-culturale. Basti dire che non ci sono precedenti per una simile procedura in cinque millenni di storia elevata. La distorsione culturale è testimoniata anche dal prolungamento indefinito del programma di esecuzione. Gli organizzatori del programma non avevano una comunità d'onore con le persone che condannavano a morte e avrebbero potuto continuare il loro compito all'infinito. Tre anni dopo il suo inizio, il "programma" si stava sviluppando su una scala più ampia rispetto al suo inizio. Il sentimento della propria vergogna non trova posto in uno straniero culturale, a differenza dei giacobini intransigenti e della canaille parigina.

La ridicola veste legalistica, usata puramente pro forma e che in nessun caso poteva influenzare "verdetti" e "sentenze", è un segno aggiuntivo di origine extra-culturale. Il pensiero giuridico occidentale non ha mai mirato all'annientamento dell'onore tra gli occidentali, anche se spesso è stato messo al servizio di cause politiche, economiche o religiose, sotto la veste di puro "pensiero giuridico". Ma lo straniero culturale non ha il senso della moderazione e continua ad indossare il suo travestimento anche dopo essere stato riconosciuto.

Né il programma "crimini" è una manifestazione di barbarie, perché la barbarie è molto più ostile ai giochi polisillabici degli avvocati che ai sentimenti onorevoli degli strati superiori di una Grande Cultura. Così, nella loro occupazione dell'Europa, i russi non hanno tenuto "processi" per "crimini di guerra", ma hanno semplicemente ucciso quando volevano, senza pretese legali.

Anche il Terrore della Rivoluzione francese aveva un'idea positiva per la nazione, e le morti e le distruzioni che ha compiuto avevano lo scopo di imporre un nuovo regime intimidendo e distruggendo quello vecchio. Una volta raggiunto il suo obiettivo politico, il Terrore finì. Il Terrore che seguì la Seconda guerra mondiale, invece, iniziò con un obiettivo politico già raggiunto e quindi non aveva una ragion d'essere politico-culturale. Il suo movente era l'odio esistenziale e il suo scopo era semplicemente la vendetta totale, apocalittica... ma la vendetta non interviene nella politica culturale.

I gruppi appartenenti alla stessa Cultura, nella storia passata, hanno sempre mostrato tratti di generosità nei confronti di un nemico sconfitto della stessa Cultura, anche nella fase delle guerre di annientamento. Era lo Stato nemico che doveva essere distrutto, non il popolo. La stessa durata dei "processi" indica una malattia culturale. Il Terrore francese processò e condannò a morte, in soli due giorni, una persona importante come la Regina di Francia, ma i famigerati finti "campi di concentramento" legali durarono mesi e mesi, e la tortura legale di Norimberga si prolungò fino a un anno.

L'aspetto più crudele dell'ampio piano era senza dubbio quello che prendeva di mira persone di scarso rilievo, poiché comprendeva milioni di persone. I regimi fantoccio, installati dal regime americano, istituirono tribunali di "denazificazione" per dare nuovo impulso al grandioso programma di persecuzione di massa. Le vittime furono private di tutti i loro beni. Professionisti e accademici furono costretti a diventare lavoratori manuali; ai ragazzi di alcune famiglie fu impedito di frequentare l'università. Cominciarono a essere distribuite tra la popolazione razioni di cibo molto basse; questa tecnica era stata utilizzata da Lenin nel suo programma di sterminio della "borghesia" in Russia. Gli oppositori della distorsione culturale furono mandati in prigione per diversi anni. Le famiglie delle vittime furono trattate allo stesso modo, in modo da non poter dare loro alcun aiuto.

Questo programma, in tutti i suoi aspetti, era contrario a tutte le Convenzioni Internazionali che legavano tutti gli Stati occidentali al comune codice culturale-internazionale di onore politico-militare. Queste convenzioni rappresentavano i sentimenti dell'Occidente, altrimenti non sarebbero state attuate, da qui la loro completa negligenza 'America nell'occupazione postbellica dell'Europa, e inoltre costituiscono la prova definitiva della natura patologico-culturale del vasto programma del Terrore. Nessuna forza occidentale ha potuto essere coinvolta nel lungo e fraudolento tentativo di presentare il diritto internazionale occidentale come un codice penale, poiché non ha mai previsto una scala di sanzioni. Ma gli elementi culturalmente estranei non potranno mai penetrare i sentimenti che stanno alla base delle idee e delle istituzioni occidentali, così come gli occidentali non potranno mai comprendere appieno le sottigliezze della Kabbalah o della filosofia maimoniana. Infine, e soprattutto dal punto di vista spirituale, c'è il disperato tentativo del terrore di portare alla trasmutazione di tutti i valori occidentali. La vita e la salute dell'ospite è la morte del parassita e la fioritura del parassita è la malattia e la distorsione dell'ospite, pertanto qualsiasi tentativo, normale e naturale, fatto da elementi portatori di cultura per opporsi ai fenomeni patologici-culturali all'interno della civiltà occidentale viene presentato come criminale e moralmente riprovevole. L'opposizione alla distorsione culturale e ai suoi strumenti è stata dichiarata un "crimine" e il sostegno alla Rivoluzione europea del 1933 poteva comportare la pena di morte. In questo tentativo di trasmutazione dei valori, un ufficiale delle Forze Armate americane che non era un membro della Civiltà Occidentale arrivò a dire che se Bismarck fosse stato vivo sarebbe stato processato come un criminale dalle sue truppe. Infine, la famigerata "Commissione di controllo legale n. 10" definì "criminali" i leader della vita politica, militare, industriale e finanziaria dell'Europa e dei suoi Stati partner dell'Europa orientale.

Questo Terrore mostra il significato dell'occupazione americana in Europa. La natura di colonia dell'America, separata da una grande distanza dalla madrepatria della cultura occidentale, spiega chiaramente perché la malattia culturale abbia potuto giocare un ruolo così decisivo in quel Paese. Gli usi dell'onore occidentale, esistenti anche in America, non hanno mai messo radici così profonde in quel Paese, e così lo straniero culturale ha potuto innestare il suo imperativo di vendetta nell'organismo americano. Questo processo è organico e quindi ha una direzione. Non può continuare all'infinito, per sempre, senza subire la sfida profonda e potente degli istinti nazionali americani, ma in quest'epoca decisiva, il significato dell'America per l'Europa è simboleggiato dal programma di distorsione culturale del terrore che ha scatenato sugli ex Stati europei, ormai trasformati in sue colonie, dopo la Seconda guerra mondiale.

8. L'abisso

I

L'Europa si trova in un abisso politico spirituale. La storia dell'Occidente dal 1914 in poi impone il suo prezzo di vergogna e orrore. L'ossessione per i confini si è sviluppata al punto che i confini europei non esistono più e i confini delle potenze extraeuropee sono in Europa. Povertà per tutti, malattie, carestie, saccheggi, freddo e omicidi deliberati di membri dello strato culturale dell'Occidente: questa è l'eredità del nazionalismo e del patriottismo di ieri. Pensavano al Reno e non all'Amur, all'Obi, allo Yangtze Kiang, al Gange, al Nilo e al Niger. Di conseguenza, l'Europa è diventata un bottino, e le potenze saccheggiatrici provenienti dall'estero si stanno disfacendo delle loro vite e dei loro tesori, e persino delle opere d'arte che esprimono la loro anima interiore.

Negli ultimi nove anni abbiamo assistito a eventi che lasciano presagire la fine della civiltà occidentale? Il terreno sacro della nostra cultura è occupato da eserciti di barbari e distruttori dei nostri istinti culturali e del nostro patrimonio. In passato, Rollo, Guglielmo di Normandia, gli Hohenstauffen, Cuor di Leone, Goffredo di Buglione, i Cavalieri Teutonici, Rainald van Dassel, Gustavo Adolfo, Waldstein, il Duca d'Alba, Cromwell, Richelieu, Turenne, il Duca di Sassonia, Federico il Grande, Pitt, Napoleone, Bismarck, hanno calcato il suo suolo. Oggi, mentre scrivo, è occupata da kirghisi, mongoli, armeni, turcomanni, indiani, senegalesi, neri, americani, ebrei. Questi eserciti culturalmente estranei governano attraverso governi traditori, i cui membri sono emersi dalle crepe della strada, e che esprimono odio contro lo Spirito del Tempo.

Dal 1900, il potere mondiale dell'Europa è costantemente diminuito. La Prima guerra mondiale ha accelerato bruscamente la rivolta esterna contro l'Occidente e la Seconda guerra mondiale ha eliminato completamente l'Europa dalle combinazioni di potere mondiale. La rivoluzione europea del 1933 fu un raggio di speranza per l'Europa. Sembrava che anche l'Europa potesse partecipare alla lotta per il dominio mondiale e riconquistare la posizione mondiale che è alla base della vita fisica di milioni di europei, invece di essere il mero bottino dei barbari provenienti dall'estero.

Quali risorse può raccogliere l'Europa nella lotta per la sua sopravvivenza spirituale e fisica? È un altro modo per chiedere: quali sono le possibilità interne dell'Europa?

II

La forma falsa e distorta che ha assunto la Seconda guerra mondiale può forse indurre alcuni a pensare che la cultura non sia la forza motivante della politica in quest'epoca di politica assoluta. Ma, in realtà, la Seconda guerra mondiale ne è la prova. In effetti, nel corso del fenomeno chiamato Seconda Guerra Mondiale si sono svolte contemporaneamente tre guerre distinte. In primo luogo, c'era la guerra del gruppo della Cultura Contraffatta contro la Civiltà Occidentale. In secondo luogo, c'era la guerra della civiltà occidentale contro la Russia. Infine, c'è stata la guerra tra l'America, colonia della civiltà occidentale, e il Giappone. Tutte queste guerre sono state motivate culturalmente.

I conflitti che si stanno attualmente sviluppando nel mondo si basano su contrasti culturali. In tutto il campo della cultura occidentale è in atto una lotta orizzontale: in basso, la vigorosa ed eroica idea novecentesca del socialismo etico; in alto, i fenomeni malsani del parassitismo, dell'arretratezza e della distorsione. A ciò si aggiunge la lotta del Giappone contro l'America, che è anch'essa una lotta culturale, e il conflitto tra America e Russia.

La situazione attuale in Europa è dominata dal fatto che l'Idea del XX secolo ha trionfato profondamente nella Seconda Guerra Mondiale, e solo superficialmente hanno prevalso le idee ottocentesche del capitalismo, del materialismo, del nazionalismo e del patriottismo di ieri. In tutta Europa, e non solo in Prussia-Germania, luogo di nascita dell'Idea del Socialismo Etico del XX secolo, è presente lo Spirito del Tempo. Si tenta di confonderlo, di distorcerlo, di indirizzare la sua energia verso vicoli ciechi. Soprattutto, la tecnica di cercare di resuscitare l'odio nazionale del XIX secolo e il patriottismo di vecchio stampo viene utilizzata per portare al suicidio dell'Europa. Nella prima fase delle terre di annientamento, tutte le nazioni europee sono state vittime di questo annientamento e le forze esterne hanno vinto sulla civiltà. Questo processo non è reversibile. Ciò che è diventato un fatto rimane e bisogna adattarsi ad esso.

Quindi, per ragioni sia materiali che spirituali, il nazionalismo del XIX secolo è morto. È spiritualmente morto perché l'Europa ha raggiunto lo stadio dell'Imperium nel suo sviluppo culturale. Anche se non ci fosse una minaccia esterna così spaventosa come quella che c'è, questo sarebbe ancora vero. Ma, inoltre, la base di potere di ciascuna delle vecchie nazioni occidentali è stata distrutta. Nessuna di esse ha risorse sufficienti, spirituali o materiali, per agire in modo indipendente nella politica mondiale. L'unica alternativa è essere vassalli collettivi o formare un'unità di cultura-stato-nazione-razza-persona. Questo crea automaticamente un'unità economico-politico-militare.

D'altra parte, l'Europa può resistere all'idea prussiano-tedesca del XX secolo, l'idea del socialismo etico, e continuare nel caos attuale. Il risultato sarà, in tal caso, l'eliminazione politica della civiltà occidentale, per sempre dalla lotta mondiale. La Russia, il Giappone, o altre potenze che oggi non esistono nemmeno, combatteranno tra loro per la conquista delle rovine dell'Occidente, proprio come i barbari all'estero hanno combattuto guerre infinite per il controllo degli imperi egizio, babilonese, cinese, romano e islamico. I compiti puramente spirituali e intellettuali che restano da svolgere alla nostra Cultura potranno essere portati a termine sotto il dominio dei barbari, ma il più grande di tutti i compiti interni, e l'imperativo più energico della più forte volontà di potenza che la Storia abbia mai conosciuto, resterà incompiuto: la creazione dell'Impero d'Occidente.

In tutti gli strati dell'Europa si deve capire che l'unità dell'Occidente è qualcosa che può essere raggiunto solo su una base. Dal 1940 al 1944 quasi tutta l'Europa è stata unita e gli eventi della Seconda Guerra Mondiale hanno mostrato al mondo intero l'unità dell'Europa, perché tutta l'Europa è stata sconfitta, nonostante l'ingannevole tentativo di far sentire vittoriose alcune parti dell'Occidente. L'unità dell'Europa può essere raggiunta solo con la forza, perché questa è l'unica arma che la storia conosce. Il modo in cui l'Europa è stata sconfitta da forze esterne è lo stesso in cui può essere liberata e riunificata. Che questo avvenga sotto forma di guerre civili o internazionali non ha importanza: i due fronti sono gli stessi: Da un lato, il barbaro e il contraffattore, il caos e la morte; dall'altro, lo spirito dell'epoca, l'idea prussiano-europea.

Questa idea non è "nazionale" nel senso ottocentesco del termine: non è altro che la propaganda di elementi parassitari, che ha convinto solo i sub-europei. Questa idea trascende le vecchie divisioni "nazionali" dell'Occidente. È, in sé, l'anima, la missione, la forma etica di una nazione, una nazione la cui popolazione e il cui territorio metropolitano provengono dalle vecchie formazioni "nazionali" dell'Occidente: Spagna, Francia, Inghilterra, Italia e Germania. Non si tratta di una federazione, né di una "unione doganale" di qualche artificio economico per mantenere l'Europa a un livello marginale di esistenza sufficiente a impedire la sua rivolta contro il Contraffattore e il barbaro. Si tratta di unità spirituale e, naturalmente, di unità economica. Ma questa unità spirituale deve realizzarsi anche quando è economicamente scomoda, perché l'economia non è più il motore della Storia.

9. Imperium

I

La storia delle nazioni nella cultura occidentale segue un grande sviluppo triadico. La tesi era l'unità dell'Occidente, l'unità delle Crociate e del periodo dell'Impero e del Papato. Questa continuò, nel grande fatto essenziale di preservare questa unità di fronte ai barbari, fino alla metà del XVIII secolo. L'antitesi fu il periodo del nazionalismo politico, che accompagnò il Materialismo, e che esercitò un'influenza così potente che si arrivò a pensare che le nazioni producessero la Cultura, il contrario. Infine, l'insistenza del nazionalismo divenne così grande che alcuni leader preferirono tradire le loro nazioni alleandosi con forze extra-occidentali piuttosto che unirsi a un corpo occidentale unificato. La Sintesi è il periodo del futuro. Esiste nella mente dei membri dello strato culturale dell'Occidente e, per un breve periodo, è stata attualizzata nella sua prima forma, grezza e provvisoria, durante la Seconda guerra mondiale. Essa ritorna alla Tesi, ma conserva le creazioni dell'Antitesi, perché questa grande Sintesi non è un semplice negativo. Nessuna "nazione" europea del vecchio Stato può più, secondo questa nuova idea, essere oggetto di un tentativo forzato di cambiare o abolire le sue caratteristiche locali. Considerata come una realtà spirituale, la sintesi non può essere propagata con la forza fisica.

Non solo nella sfera delle nazioni, ma nella totalità delle manifestazioni vitali della civiltà occidentale, la Sintesi penetra con nuovi valori, la sua più alta immaginazione e i suoi nuovi poteri creativi.

Durante la progressiva radicale disunione dell'Occidente, l'antagonismo delle varie idee tra loro degenerò in una mania. Il commercio combatteva l'autorità, il terzo stato combatteva la società, il protestante combatteva il cattolico, il nord combatteva il sud, l'Inghilterra combatteva la Spagna, la Francia combatteva la Spagna, l'Inghilterra combatteva la Prussia, la scienza combatteva la religione, il razionalismo combatteva l'anima, la guerra di classe combatteva l'autorità e la proprietà. La febbre nazionalista, la peggiore di tutte, fu diffusa in lungo e in largo dagli eserciti della Francia sotto il Grande Napoleone. Lo stesso fervore nazionalistico delle sue truppe, che gli diede la vittoria su 150 campi di battaglia, si diffuse come contenuto dello Spirito dell'epoca. Questo Spirito contagiò l'intero Occidente e informò la resistenza spagnola e la reazione prussiana che lo sconfisse definitivamente.

Non c'era alcuna necessità interna per l'orribile esito dell'epoca del nazionalismo, cioè le guerre di annientamento. Non era dovuto al destino, ma alla patologia culturale, che l'intero Occidente dovesse declinare e che forze straniere venissero a combattere le sue guerre sul suo territorio e con il suo sangue. Tuttavia, è successo e l'orribile esito della Seconda guerra mondiale impone un nuovo modo di pensare all'intero strato culturale dell'Occidente. Al contrario, ora c'è la necessità interna di porre definitivamente fine all'Era dei nazionalismi e delle guerre di annientamento. La grande sintesi, l'Imperium, la sostituisce. La sintesi contiene in sé le vecchie componenti di Tesi e Antitesi. Gli istinti gotici essenziali della cultura occidentale sono ancora presenti nell'idea di Imperium. Non può essere altrimenti. Sono presenti anche le varie Idee che questi istinti, nel quadro di questa Cultura, hanno formato per essa, le religioni, le nazioni, le filosofie, le lingue, le arti e le scienze. Ma non sono più presenti come contrasti, bensì come semplici differenze.

Morta - morta per sempre - è l'idea che una di queste Idee nazionali, linguistiche, religiose, sociali abbia la missione di destinare un'altra Idea. I sostenitori dell'Impero restano distinti dai sostenitori del Papato, ma questa distinzione non governa più le loro menti, perché ora è l'idea dell'Imperium, il ritorno alle origini sovra-personali, a predominare, e queste due grandiose idee procedono dalla stessa fonte spirituale. Le differenze tra protestanti e cattolici, che un tempo costituivano un casus belli, hanno fatto la stessa fine. Continuano a esistere, ma è ormai inconcepibile che queste differenze possano dividere nuovamente la civiltà occidentale. Ci sono state anche le differenze razziali e di temperamento tra teutonici e latini, tra nord e sud. Un tempo contribuivano a fornire i motivi per la storia; ora non possono più farlo. Ancora una volta, insistiamo tutti, sono parti dell'Occidente, per quanto diverse, e l'idea di Imperium monopolizza le motivazioni della Storia.

Le vecchie nazioni, i religiosi, le razze, le classi: sono ora il materiale da costruzione della grande struttura imperiale che si sta fondando. L'idea di Imperium non ha bisogno di annientare le idee che la compongono, i prodotti collettivi di mille anni di storia occidentale. Al contrario, le afferma tutte; in un senso più alto le perpetua tutte, ma le mette al suo servizio e non saranno più al centro della Storia.

L'Idea di Imperium non deve essere confusa con una stupida dottrina razionalista o con un millennio scellerato. Non è un programma, non è un insieme di richieste, né uno schema di giustizia, né una serie di sofismi giuridici intorno al concetto di sovranità razionale. Come il futuro ha sempre dovuto lottare contro le forze radicate del passato, così deve fare questa idea potente e universale. La sua prima fase consiste nella conquista spirituale delle menti e delle anime dei membri dello strato culturale dell'Occidente. È del tutto inevitabile. La fase successiva è la realizzazione esterna, in una nuova forma di Stato e in una nuova forma di Nazione, dell'Idea. In questa fase ci possono essere guerre civili, forse guerre "internazionali" ritardate tra le ex nazioni occidentali, e forse guerre di liberazione contro forze esterne.

La prima fase è già iniziata, con un ritmo lento ma irresistibile. Le altre fasi dovranno seguire, indipendentemente dal fatto che la perfezione finale dell'Idea sia raggiunta o meno nella realtà. Il Trattato di Fontanebleau del 1763, firmato prima della sua nascita, ebbe conseguenze fatali per Napoleone, che lottò invano contro di esso e le sue conseguenze. L'Occidente deve lottare contro l'eredità di due guerre mondiali, che hanno detronizzato l'Europa e l'hanno trasformata in un vassallo di barbari e coloniali. Deve riconquistare la supremazia mondiale che gli avversari invidiosi e meschini dell'Eroe hanno gettato al vento.

II

L'uso della forza militare ha lo scopo di combattere l'Esterno perché non è soggetto al Destino dell'Occidente. Ogni organismo politico non occidentale, con la sua stessa esistenza, nega l'Occidente, il suo Destino, il suo Imperativo e il suo diritto all'esistenza fisica. Questa lotta di potere non può essere evitata.

Come abbiamo già visto, l'attuale situazione dell'Occidente le impone non solo una lotta per il potere, una lotta per evitare di passare sotto la schiavitù dei barbari, ma anche una lotta per il mantenimento dell'esistenza biologica della popolazione europea. C'è un'eccedenza di cento milioni di europei per il territorio europeo. Questi cento milioni sono lì per svolgere il tremendo compito vitale dell'organismo occidentale. Prima di allora, le loro vite potevano essere sostenute dal monopolio occidentale dell'industria e della tecnologia. Due disastrose e stupide guerre mondiali hanno distrutto questo monopolio. Il lavoro di questi milioni di persone non è più necessario. Davanti a loro incombe lo spettro della dispersione, della disoccupazione, della fame e della schiavitù. Se la situazione attuale continua, questo esito non può essere evitato. La Persepoli dell'Europa ha iniziato a prendere forma.

Tra un secolo, Berlino, Londra, Roma, Parigi, Madrid, potrebbero schierarsi accanto a Tenochtitlan, Luxor, Samarra e Tel-el-Amarna, se l'attuale conquista dell'Europa potrà essere mantenuta... Succederà?

Sono stati menzionati i presupposti spirituali della contesa. L'intero lavoro è stato dedicato a proporre l'unico concetto di mondo e l'unico imperativo interiore che può servire a questa lotta per la liberazione dell'Occidente. Come può l'Occidente liberato realizzare questo grande compito di salvare cento milioni di vite occidentali? C'è una sola soluzione, ed è la più vicina. Il territorio agricolo della Russia fornisce i mezzi per preservare la popolazione dell'Occidente e la base necessaria per il dominio mondiale di questa Civiltà, che sola può salvare l'Occidente minaccia di annientamento da parte di forze esterne. Si tratta quindi di una soluzione militare, e non ce ne sono altre. Il nostro monopolio industriale tecnico-commerciale è scomparso. La nostra superiorità tecnico-militare esiste ancora, così come la nostra superiore volontà di potenza, il talento organizzativo e la disciplina. I giorni gloriosi del 1941 e del 1942 hanno mostrato ciò che l'Occidente è in grado di fare contro il barbaro, per quanto grande sia la sua superiorità numerica. Come la Russia, la civiltà occidentale si trova nel quadrante nord-est. La Russia, quindi, non ha contro l'Occidente i vantaggi militari che ha contro l'America. Le frontiere terrestri comuni permettono all'Occidente di fare a meno di una gigantesca potenza navale come prerequisito per combattere sulla terraferma. L'Occidente potrà schierare tutte le sue forze nelle pianure in cui si combatterà la battaglia per il futuro dell'Occidente.

Questa soluzione militare presuppone una cultura occidentale liberata e unita. Il suo presupposto è la liberazione dell'anima occidentale dal dominio dei traditori e dei parassiti. Questi sono i due grandi compiti d'azione che costituiscono l'imperativo interiore dell'Occidente.

In primo luogo, la liquidazione della tirannia delle idee del XIX secolo. Ciò significa che l'anima occidentale deve essere completamente ripulita da tutte le forme di materialismo, razionalismo, uguaglianza, caos sociale, comunismo, bolscevismo, liberalismo, tutte le varietà di sinistra, il culto del denaro, la democrazia, il capitalismo finanziario, il dominio del commercio, il nazionalismo, il parlamentarismo, il femminismo, la sterilità razziale, i deboli ideali di "felicità" e tutte le forme di lotta di classe. A questi ideali si sostituisce l'idea forte e virile dell'Epoca della Politica Assoluta: Autorità, Disciplina, Fede, Responsabilità, Dovere, Socialismo Etico, Fertilità, Ordine, Stato, Gerarchia... la creazione dell'Impero d'Occidente. In secondo luogo, la soluzione dell'imminente problema vitale dell'Occidente attraverso la conquista delle pianure orientali come base della futura esistenza e del compimento della missione mondiale della civiltà occidentale.

III

La situazione nel 1948 ci permette di sognare che questo grandioso. Imperativo possa essere attuato? Mentre scrivo, milioni di persone muoiono di fame in Europa e nessuno nel mondo esterno se ne preoccupa. Altri milioni vivono in condizioni subumane, nelle prigioni, nei campi di concentramento o come casta di Intoccabili, privati di tutti i diritti umani. L'Occidente non solo non ha un esercito, ma i suoi leader che non sono ancora stati impiccati sono in prigione. Il potere in Europa, oggi, è detenuto da due classi di individui: gli stranieri culturali e i traditori. Può una Civiltà morire così? Possono due poteri informi strangolare una Cultura, disperdere e distruggere la sua popolazione? Quest'opera è l'espressione della mia convinzione che non possono, che la forza imperscrutabile del Destino prevarrà sulle forze esterne, così come sull'ostacolo interno del passato. Proprio nel momento in cui la vittoria sembra matura e definitivamente assicurata, l'Europa comincia ad agitarsi. Torturato e punito dalla tragedia, dalla sconfitta e dalla catastrofe, l'Occidente emerge dalle rovine, indistruttibile nella sua volontà. E più puro di prima nella sua unità spirituale. Il grande sogno e l'aspirazione di Leibnitz, l'unione di tutti gli Stati d'Europa, è ora più vicino. Proprio in virtù della sua sconfitta, perché in quella sconfitta prende coscienza della sua unità. La missione di questa generazione è la più difficile che una generazione occidentale abbia mai dovuto affrontare. Deve rompere il terrore che la tiene in silenzio, deve guardare avanti, deve credere quando apparentemente non c'è speranza, deve obbedire ai suoi impulsi interiori anche quando ciò significa morte, deve lottare fino al limite prima di sottomettersi. Deve fortificarsi con la consapevolezza che contro lo Spirito dell'Eroismo nessuna forza materialista può prevalere. Come gli uomini di Aragona e Castiglia che combatterono contro i Mori, come i Cavalieri Teutonici e i Prussiani che combatterono contro gli Slavi, gli uomini di questa generazione devono combattere per l'esistenza permanente dell'Occidente. Alla fine, nulla potrà sconfiggerli se non la decadenza interna.

L'Occidente può portare nella mischia qualcosa che il Barbaro e il Parassita non hanno: la forza del più grande Destino sovrapersonale che sia mai apparso in questa terra di lupi. Questa Idea sovrapersonale ha una forza così tremenda che processi farsa, massacri, piramidi di teschi non possono scalfirla.

L'Occidente, nei secoli a venire, dovrà cedere decine di milioni di vite nella guerra contro il barbaro e il contraffattore. Ha una volontà, che non solo è emersa intatta dopo la Seconda guerra mondiale, ma è ora più articolata in tutta Europa e sta guadagnando forza ogni anno, ogni decennio. La mera superiorità materiale significherà poco in una guerra la cui durata si misurerà probabilmente in secoli. Napoleone sapeva, e l'Occidente sa ancora, che lo spirituale è essenziale in guerra. Il suolo dell'Europa, sacralizzato da fiumi di sangue che lo hanno reso spiritualmente fertile per un millennio, sarà nuovamente innaffiato di sangue fino a quando i barbari e i falsari non saranno stati scacciati e la bandiera dell'Occidente non sventolerà sulla sua terra d'origine da Gibilterra a Capo Nord e dai promontori rocciosi della Galilea agli Urali.

Questo ci viene promesso non da meri scopi umani, ma da un alto Destino, a cui poco importa se siamo nel 1950, nel 2000 o nel 2050. Questo Destino è instancabile, non può essere spezzato, e il suo manto di forza scende su quelli di noi che si trovano al suo servizio.

Was mich nicht umbringt, macht mich
(*Ciò che non mi distrugge mi rende più forte*)

FINIS

Altri libri

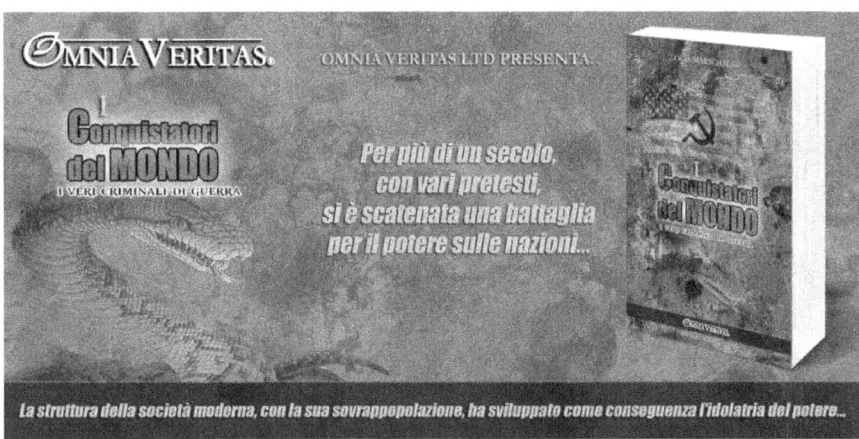

IMPERIUM - Filosofia della storia e della politica

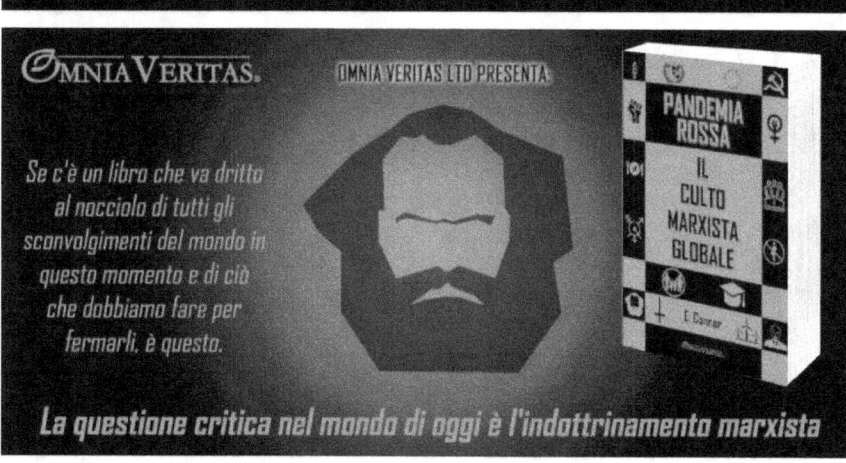

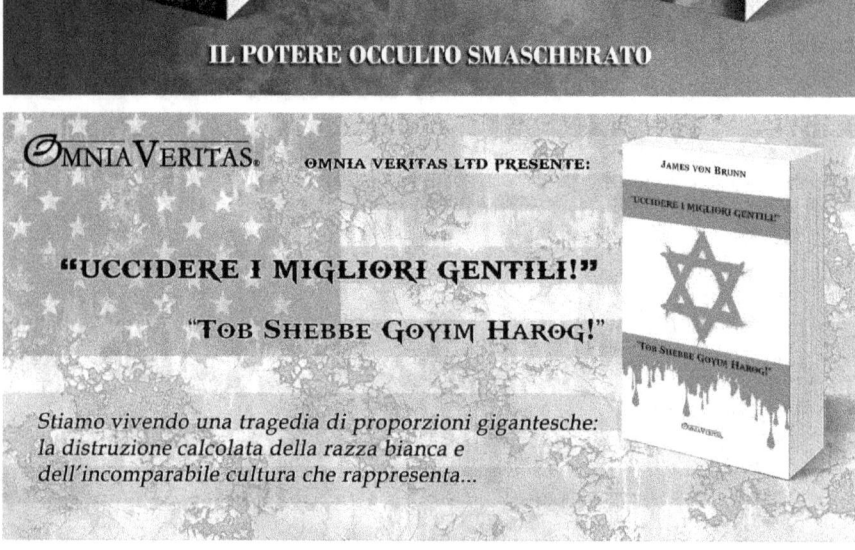

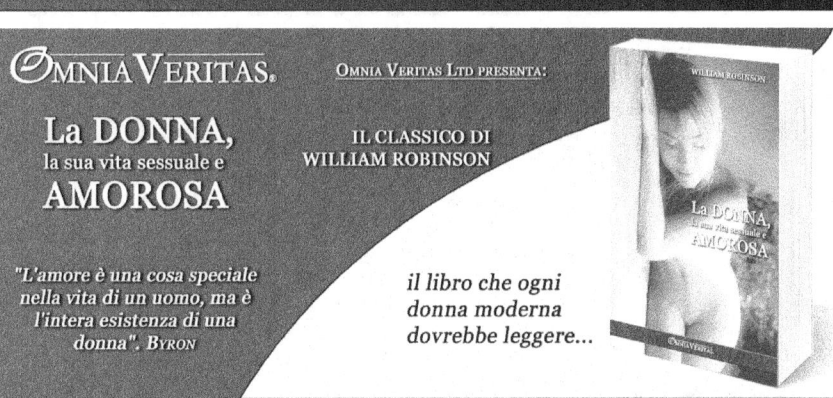

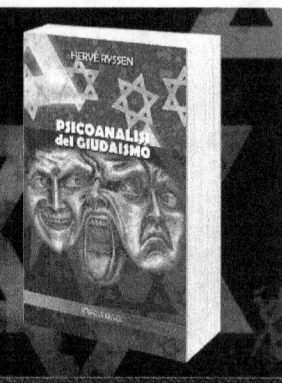

www.ingramcontent.com/pod-product-compliance
Lightning Source LLC
Chambersburg PA
CBHW050323230426
43663CB00010B/1728